PAUL BUISSONNEAU
ou
LA VIGOUREUSE IMPATIENCE

REMERCIEMENTS

Merci à Jean-Claude Germain qui a soutenu ce projet sans faillir.

Merci à Monik Verschaelden et à Normand Biron, sans qui ce livre n'aurait pu voir le jour.

Merci à André Lasser, Louise Loiselle, Diane Martin et Monique Thouin pour leurs précieux conseils.

Merci à tous ceux qui nous ont accueillis et nous ont fait partager la formidable énergie buissonnienne.

Jean-Marie Bioteau • Olivier Lasser

PAUL BUISSONNEAU
ou
LA VIGOUREUSE IMPATIENCE

Tragi-comédie en cinq actes

LANCTÔT
ÉDITEUR

LANCTÔT ÉDITEUR
1660A, avenue Ducharme
Outremont (Québec)
H2V 1G7
Tél.: (514) 270.6303
Téléc.: (514) 273.9608
Adresse électronique: lanedit@total.net

Photo de la couverture: Jean-Marie Bioteau

Maquette de la couverture: Gianni Caccia

Mise en pages: Folio infographie

Distribution:
Prologue
Tél.: (514) 434.0306/1.800.363.2864
Téléc.: (514) 434.2627/1.800.361.8088

Distribution en Europe:
Librairie du Québec
30, rue Gay-Lussac
75005 Paris
France
Téléc.: 43 54 39 15

Nous remercions le Conseil des arts du Canada de l'aide accordée à notre programme de publication. Nous remercions également la SODEC, du ministère de la Culture et des Communications du Québec, de son soutien.

Dépôt légal — 4e trimestre 1997
Bibliothèque nationale du Québec
ISBN 2-89485-043-3

Paul n'est pas cruel... mais il y a chez lui
une espèce de vigoureuse impatience.

PASCALE MONTPETIT

À Fleur, Julian et Romain

Prologue

Un soir de juin en 1994, Cité du Havre. De l'autre côté de ce bras du fleuve, Montréal est un gros chat écrasé de chaleur. Il ronronne... Il ronronne ferme près du cœur, là-bas, vers la Sainte-Catherine. Cette année encore, les filles y sont dangereusement belles.

Le soleil couchant aime les quais du port. Été comme hiver, il y découpe des façades de miel avec des ombres bleues. Quelques navires rouillés et muets attendent. Quoi ?

Magnétophone, cassettes, carnets, stylos : tout est là. La voiture rouge se dirige tranquillement vers Habitat 67. Nous avons rendez-vous avec l'ogre pour qu'il nous offre des morceaux de sa vie.

Oh ! il ne les donnera pas, il les crachera, c'est sûr, et il les reprendra. Il va les marchander, jouer avec — les transformer ? —, ne les laissera pas aller comme ça ! D'ailleurs, au début, il ne voulait pas entendre parler de ce livre. On le connaît un peu.

La première fois, onze ans plus tôt, cela se passait avenue des Pins. Nous débarquions de France ; c'était un mois de février sans neige. Juste çà et là des croûtes sales sur les trottoirs. Il était sorti de sa boutique en gueulant, enfoncé dans un énorme manteau de fourrure : « J'en ai marre ! M'font tous chier. J'vais faire une pizzeria de c'théâtre ! Vous voulez l'acheter ? »

Nous l'avions trouvé exotique. Un peu plus tard, il y eut son livre. Un recueil d'histoires pleines d'enfance que l'un de nous mit en pages tandis que l'autre lui tirait le portrait pour la télévision.

Donc on le connaît un peu. Mais on a peur quand même. C'est un ogre. Il va nous crier: « Salut, les cons! » On aura l'air con, fatalement. Nous nous étions dit que, à force de le voir faire le clown à la télévision, tout le monde oublierait le reste. Le théâtre, la Roulotte, les comédiens mis au monde, la chanson, la vie à fond la caisse. Dans ce pays sans mémoire, c'est sûr, on allait l'oublier. Nous nous étions dit qu'il fallait alors raconter. Et maintenant il nous attend.

Le dixième étage de l'immeuble de béton est envahi par les éphémères. Nous sonnons. Rien. Nouveau coup de sonnette. Personne. Derrière un mur, nous devinons par une fenêtre le début d'un désordre dans la pénombre. Nous attendons. Un quart d'heure. Une demi-heure... Rien. L'ogre s'est planqué. Il se bidonne dans un coin, nous observe peut-être. Ou bien il a changé d'avis. Pire encore, il a oublié! En tout cas, il a raison, on a l'air con. Mais on reviendra.

Vue de ce côté, Montréal est magnifique la nuit.

ACTE I

L'enfrance

J'ai rencontré le Roi des fous!
Sur sa tête une couronne de vent,
une barbe aux fins cheveux de petite fille,
de grands yeux vagues perdus dans les
nuages.
«Viens avec moi!» Je l'ai suivi.

PAUL BUISSONNEAU

SCÈNE I

La famille ou la venue d'un cinquième dans le XIIIe

Personnages principaux

LUCIEN BUISSONNEAU : le géniteur
ANDRÉA BUISSONNEAU née Martin : la génitrice
LUCIEN, ANDRÉ, ODETTE et RENÉ : la tribu
PAUL BUISSONNEAU : Paulo

Au lever du rideau, l'action se déroule en France, à Paris, dans un décor populaire où se côtoient la bakélite du prolétaire et la fange du zonard. Nous sommes dans le premier quart du XXe siècle.

Côté cour : des usines tout droit sorties du XIXe siècle
Côté jardin : un trois-pièces cuisine au sixième

« EN TOUT CAS, c'est pas Bethléem... » Lucien Buissonneau colle son front à la vitre, songeur. La rue est grise comme d'habitude. Grise de l'usine à gaz toute proche, grise de l'hiver parisien. Les petites gens du XIIIe arrondissement s'agitent en tous sens : c'est Noël. Le père Buissonneau, lui, tourne en rond, pas sûr d'aimer ça jouer les saint Joseph : dans la chambre à côté, sa femme Andréa née Martin accouche bientôt.

« Teeerminus ! » Voilà le cinquième ! « Teeerminus ! » Cela deviendra un surnom. Après Lucien, le fils aîné qui a fêté ses dix ans en avril, après André puis Odette et René, voilà le dernier qui s'amène, éructant déjà... Au bout de ses efforts, Andréa la joueuse de mandoline, envolée de son Alsace natale, donne enfin naissance à Paul Georges Buissonneau, le point final de la famille. Nous sommes le 24 décembre 1926, il est deux heures dix et il pleut doucement sur Paris. « Teeerminus ! » Paulo descend.

Au 18 de la rue Ernest et Henri Rousselle, c'est l'effervescence. « Tu parles d'une idée, débarquer à Noël ! » Les aînés se fendent la poire... Seul Lucien, le père, est ailleurs. A-t-il jamais quitté les tranchées de la Grande Guerre, celui-là ? S'il a toujours été fantaisiste, inconstant, délaissant un travail pour un autre, un projet pour une lubie, il est franchement bizarre depuis qu'il est revenu, gravement blessé, du front. Petit héros anonyme, accroché à sa cantinière de cuistot de l'armée française, il a été enterré vivant par un obus des Boches. On l'a sauvé de justesse. Le bel homme aux moustaches noires et à la chevelure gominée fendue d'une raie parfaite est devenu Lucien le miraculé, en proie à des crises nerveuses de plus en plus fortes.

Parfois il va mieux. De son service militaire en Tunisie, il a gardé l'art du couscous, dans la confection duquel il se lance avec un savoir-faire acquis auprès d'un Bédouin à la garnison de Metlaoui. Il a toujours cette voix si mélodieuse que, certains dimanches, l'ami Émilien vient soutenir en joignant son violon à la mandoline d'Andréa ; c'est gai, on oublie un peu les petites misères et aussi sans doute les grands malheurs, comme celui de 1922, quand le dernier de la famille fut emporté à l'âge de neuf mois par une méningite. Mais de plus en plus souvent Lucien Buissonneau décroche. Il lui arrive de disparaître ; les flics le ramènent. Une encéphalite aiguë le cloue au lit pendant six semaines : la machine est détraquée. Le médecin de famille ne peut que constater le déclin progressif de cet homme chasseur d'étoiles qui n'a rencontré que la mitraille de la guerre de 1914-1918.

Les Buissonneau ne sont pas des bourgeois. Comme la maladie du père s'est déclenchée bien après l'armistice de novembre 1918, il n'a pu obtenir la pension des blessés de guerre. Dès 1928, pourtant, la famille déménage et s'installe dans un appartement flambant neuf: près de la place d'Italie, 50, avenue Edison, sixième étage, numéro 133. En haut lieu, on a décidé de rajeunir le XIIIe, cet arrondissement jusque-là délaissé. Le nouvel immeuble a beau être une HBM (habitation à bon marché), il a fière allure. L'architecture Art déco, avec ses colonnades aux balcons du dernier étage et ses briques claires, donne un côté faussement rupin à l'ensemble.

Les quatre garçons occupent l'une des deux chambres : Paul partage un lit double avec André et Lulu avec René. Ce dernier, qui a toujours chaud et ne supporte pas que la fenêtre soit fermée, dort sous celle-ci, été comme hiver. Odette, elle, a été casée dans le salon-salle à manger, qui ne sert de toute façon que pour les très grandes occasions. Sept personnes vivent dans ce mouchoir de poche, mais le logis possède, luxe suprême, une commodité que l'on retrouve alors rarement dans le quartier : des chiottes privées, des *water-closets*, bref des toilettes dans l'appartement et non sur l'étage. Bien des années plus tard, Paul parlera avec émotion du trône, de « sa cuvette immaculée et de son beigne de bois poli, encaustiqué par les soins d'une maman besogneuse ». Dans sa tête d'enfant, le trône en question classait définitivement les Buissonneau du côté des privilégiés !

□

Petit Paul ne le sait pas encore en cette fin d'année 1926, mais le hasard ne l'a pas fait naître dans les beaux quartiers. On est très loin du VIIIe ou du XVIe arrondissement, de leurs avenues confortables qui ressemblent à des décors de théâtre. Situé à l'extrême sud-est de Paris sur la rive gauche de la Seine, le XIIIe

ne possède pas d'Arc de triomphe ou de grand musée. Ses monuments, plus pragmatiques, sont la gare d'Austerlitz et l'hôpital de la Salpêtrière, lieu sordide où on enfermait jusqu'au XVIIIe siècle les plus ou moins folles, les présumées criminelles ou les supposées putains... dernière escale avant un ailleurs nommé la Nouvelle-France!

Le XIIIe est rouge. Rouge drapeau, rouge sang ou rouge pinard, rouquin ou picton[1]. La misère des taudis en a fait au cours de l'histoire un lieu d'insurrection idéal. Depuis toujours, c'est le fief des ouvriers de Paris mais aussi de ceux qui ont eu moins de chance encore: les vagabonds, les Tsiganes, les marchands de tapis du Maghreb, les miséreux de tous bords et parfois les petits bandits. Il y a bien la manufacture des Gobelins: depuis trois cents ans, des artisans y créent des tapisseries de haute lisse dont on parle dans le monde entier; mais cela ne suffit pas à faire de ce quartier un lieu de promenade pour touristes! «J'ai mauvais goût, j'aime le XIIIe!» crie haut et fort l'auteur Alphonse Boudard, roi de l'argot et enfant du quartier lui aussi. Il faut être comme Henry Miller, attiré par la face cachée et sombre de la vie, pour venir y flâner:

> «Cet arrondissement est de mon point de vue le plus intéressant de tous les quartiers de Paris. C'est un petit univers en soi et le plus putride, le plus sordide, le plus morbide et le plus hallucinant[2].»

Le XIIIe est une zone industrielle avalée par la métropole. Outre l'usine à gaz, construite vers 1840 afin d'alimenter la ville en gaz d'éclairage, il y a la raffinerie de sucre Say, la chocolaterie Lombart, la brasserie Lutèce, une fabrique de mélasse et surtout deux usines d'automobiles Panhard et Levassor ainsi que

---

1. Argot: synonymes de vin.
2. Brassaï, *Henry Miller grandeur nature*, Paris, Gallimard.

Delahaye. Traversé par la Bièvre, un tout petit affluent de la Seine, le XIIIe fut longtemps un lieu de prédilection pour les tanneurs, les maroquiniers, les mégissiers. Le mince cours d'eau dans lequel pourrissaient les peaux est invisible aujourd'hui, enterré dans le sous-sol parisien.

Si le quartier a encore mauvaise réputation à la fin des années 20, si on dit qu'il ne fait pas toujours bon s'égarer dans le labyrinthe de ses ruelles, l'esprit communautaire y fleurit. Ici, la rue est une famille : il n'y a pas d'indifférence, il ne peut pas y en avoir. On vit les uns sur les autres, on s'engueule parfois, on s'entre-déchire dans les cours des immeubles. Il faut se tailler une place, mais chacun sait d'instinct que le sort lui a joué un tour au départ et que c'est pareil pour le voisin, alors tous s'entraident pour faire face : bienvenue chez les prolos, les rois de la démerde, les futés du système D, les magouilleurs de première, les génies de la bricole ! C'est ici qu'à la fin du XIXe siècle un ancien prestidigitateur, Paulin Enfert, créa, pour venir en aide aux plus nécessiteux, la première soupe populaire : L'Œuvre de la Mie de Pain. La fraternité pousse sur les pavés disjoints de la rue bien mieux que chez les riches. Les prolétaires du coin sont souvent communistes, ils brandissent volontiers le poing, mais ils ne sont pas égoïstes !

Dans ce ghetto prolétaire, Andréa Buissonneau est à son aise. Il faut la voir grimper ses six étages, chargée comme une mule. Il faut l'entendre régner sur son logis : « Andréééé, Luluuuuu ! Où êtes-vous ? Attendez que j'vous attrape ! » La mère Buissonneau n'est pas née dans la dentelle, et ça fait longtemps qu'elle a compris que sa mandoline ne sortira pas souvent de l'étui. Il y a belle lurette qu'elle a réalisé que son Lucien de mari, qui a presque dix ans de plus qu'elle, ne deviendra jamais Rockefeller et que la vie ne veut plus vraiment de lui ou l'inverse.

Du haut de son mètre quarante-sept, c'est elle le chef de famille. Andréa est une petite femme ronde. À cause de ses yeux qui débordent de tendresse, elle ressemble à une miche de pain frais. Mais il ne faut pas s'y tromper, elle est bourrue Andréa ! Et puis, elle est protestante. Elle a donc des principes, une certaine rigueur morale, un esprit d'indépendance et de liberté. Pour elle comme pour tous les protestants, l'autorité du pape n'existe pas et il est scandaleux d'adorer des images ou de participer à des fêtes religieuses. Il y a aussi chez cette femme de la générosité à revendre : en plus de ses cinq mômes, elle prendra soin de Pierre et Roger Caneau, qui ont perdu leur mère et qui habitent avec leur père quelques étages plus bas dans le même escalier.

Ce n'est pas une madame montée sur talons ; elle a vingt-neuf ans quand Paul se pointe et c'est déjà « la mère Buissonneau ». Elle mène sa barque droit. Comme son quartier, elle est tendre et dure à la fois, capable de pleurer en cachette pour un rien, comme de se lancer dans une énorme colère à la moindre injustice. Andréa Buissonneau n'arrête jamais : pour faire marcher sa famille, la voici devenue confectionneuse d'alaises et de couches pour les hôpitaux. Mille pièces ! Mille morceaux par semaine à produire, c'est le contrat. Alors, tout le monde s'y met. Pendant que René coupe le fil, Odette fait des points d'arrêt, André repasse, Lulu cire le parquet. On n'est pas vraiment du style langoureux chez les Buissonneau. Andréa n'a été obligée de s'arrêter qu'une seule fois, victime d'une pleurésie au milieu des années 20.

Et puis, il y a Paul. Il a un petit appétit, il est faible. Par un phénomène étrange, chaque année à la date de son anniversaire il tombe gravement malade comme s'il renaissait dans la douleur. Son père le sauve une fois avec un de ces remèdes miracles dont on se transmet la recette de génération en génération : une décoction de guimauve ! Oui, il est fragile le dernier. Est-ce qu'il devine que, quatre ans auparavant, un frère n'a fait partie de la famille que pendant quelques mois ? Est-ce qu'il hésite lui aussi à vivre ? Andréa nomme René et Odette les anges gardiens du petit : à eux de s'en occuper. Âgés de six et sept ans à la naissance de Paul, le frère et la sœur joueront ce rôle bien plus encore que la pauvre Andréa ne peut l'imaginer.

En attendant, Paul a l'air de vouloir quand même prendre pied dans son petit monde. On décide de le baptiser. Voici la marraine qui entre en scène et ce n'est pas rien. Mlle Louise est une amie de la famille, une commerçante de la rue de Tolbiac. Une brave femme qui prend son titre de marraine très au sérieux : tous les ans elle apporte au petit des jeux éducatifs et des vêtements. Mais Paul appréhende la rencontre : la matrone a quatre verrues poilues sur les joues et elle se jette chaque fois avec appétit sur son filleul pour le couvrir de gros becs. Paul dans sa tête commence à construire un grand théâtre : dans le rôle de l'ogresse, la marraine !

□

Au début des années 30, la crise économique née en 1929 aux États-Unis gagne l'Europe et les ouvriers des usines du quartier de la gare chôment des semaines entières. L'exposition coloniale qui se tient à Paris en 1931 ne fait pas longtemps diversion. Pour gagner sa vie, on accepte de faire n'importe quoi. Les camelots envahissent les rues ; dresseurs de puces ou vendeurs de brosses à reluire, ils essaient d'allécher les passants avec leurs boniments et tentent en vain de vendre des bidules miracles dont personne n'a besoin : les gens du coin fabriquent tout, des meubles aux vêtements. Chez les Buissonneau, on est en général adroit de ses mains. René entre autres, c'est l'as de la bricole : il fabrique pour sa mère une sorte de réfrigérateur en bois aux formes arrondies, silhouette des années 50 avant l'heure ! Les tables de nuit, exécutées en faux-fini façon acajou, sont aussi nées de ses mains. Acheter n'est pas encore devenu un passe-temps ; ce n'est même pas un réflexe. Andréa n'a pas le temps de tricoter, mais on récupère les vêtements un peu usés ou passés de mode que les bourgeoises offrent de temps en temps aux familles de l'immeuble. Le dimanche, on se rend au jardin communautaire dans les anciennes fortifications, passé la Poterne des peupliers. Andréa, qui rêve d'une maison à la campagne avec un jardinet, loue une parcelle où poussent quelques légumes.

Dans le quartier de la Butte-aux-Cailles, à la cité Jeanne-d'Arc, ou chez les Arabes qui logent ironiquement rue du Château-des-Rentiers, la misère gagne. Parfois des bagarres au rasoir éclatent, il vaut mieux déguerpir.

Au cœur de la tribu, Paul est protégé de tout cela. Il s'est fait des amis : la petite Michèle Déteindre et son frère Jean-Pierre. Les Déteindre sont les plus proches voisins des Buissonneau. À vrai dire, ils détonnent un peu dans l'immeuble, un revers de fortune a dû les pousser là ! Mme Déteindre est une belle femme élégante, une couturière. Une vraie, qui ne fait pas dans le torchon, elle. Son rayon, c'est la haute couture, et parfois des voitures de maîtres s'arrêtent devant le 50, avenue Edison. M. Déteindre est un très bel homme, mais il est tuberculeux. Paul apprendra plus tard que cet homme s'était fabriqué une deuxième famille non loin de là, passage Ricaud... Même si elle semble un peu snob au début, Mme Déteindre finit par sympathiser avec ses voisins ; elle adore Paul, qui n'est pas indifférent à la petite Michèle. Pendant l'Occupation, la couturière confectionnera à la demande de Paulo une superbe chemise en toile de jute avec des boutons de cuivre façon Far West. Cette chemise aura la particularité d'être parfaitement importable, le tissu irritant rapidement la peau !

Il n'est pas question pour les enfants de jouer dans la cour intérieure de l'immeuble. Paul se rattrape cependant en prenant une drôle d'habitude : pour descendre les six étages, il joue les cow-boys et saute les marches trois par trois puis six par six jusqu'au jour où, dans un fracas qui fait sortir les voisins de chez eux, il parvient à sauter un demi-étage... Les gosses du coin fréquentent les terrains vagues ou le tout nouveau square de

Choisy. Une piste pour patins à roulettes y a été tracée. Paul y connaît un premier échec dans sa carrière de séducteur en herbe. Désirant impressionner une magnifique fillette du nom de Jacqueline qui s'élance chaque jour avec grâce sur ses patins, Paul en chausse à son tour... Las! incapable de se tenir debout, il doit se contenter d'observer ses copains plus adroits faire du gringue à la demoiselle. Il se console en s'amusant au jeu des cinq osselets ou à chat perché; mieux encore, il se glisse dans la carcasse rouillée d'un des vieux camions du garage voisin et il roule ainsi jusqu'à un bord de mer imaginaire, son pistolet à bouchon posé près de lui tandis que les plus vieux cachent dans leurs poches des lance-pierres qui ne sont pas destinés qu'aux pigeons. Les mères de famille se croisent dans l'escalier, partageant leurs soucis quand elles ne sont pas occupées à brasser leur linge dans l'énorme lessiveuse posée sur le poêle à charbon. Dès la belle saison, les romances à la mode s'échappent des postes de TSF et valsent dans la cour en se mélangeant aux odeurs de cuisine à l'oignon. « Dans la vie, faut pas s'en faire; moi je n'm'en fais pas! » chante un Maurice Chevalier hilare au plus fort de la crise économique. Petit Paul est bien d'accord, mais la vie elle... Dans le théâtre de son cœur, on va bientôt monter une première tragédie.

□

Un matin de 1931, un silence épais s'installe chez les Buissonneau. On n'entend plus la voix tonitruante d'Andréa: elle pleure en cirant de noir les chaussures de ses enfants. Au-dessus d'elle, accrochée au mur de la chambre et encadrée, la grand-mère Krauss, l'Alsacienne, a l'air elle aussi d'un oiseau triste avec les grandes ailes de son énorme coiffe noire. Andréa a déjà revêtu le deuil: Lucien, le père poète, le mari chanteur qui entonnait « *O sole Mio* », s'en est allé pour de bon. C'est un cancer de la gorge qui a finalement eu raison de l'homme déchu. Paul n'a que cinq ans. Il ne comprend pas très bien le sens de ce remue-ménage. Est-ce une fête ? Mais pourquoi pleure-t-on ? On lui coud un brassard noir sur la manche. Odette et René, les anges gardiens, pleurent eux aussi... Que peut-on faire quand ses propres anges gardiens ont de la peine ? Il y a si peu de temps encore, le petit dernier trônait à table, fier, entre les moustaches et les genoux de son père, au-dessus d'une assiette fumante de bouillon gras. Tout est fini, il ne reste que ce souvenir.

Paul ne reconnaît pas son père que la vie a quitté : l'homme étendu sur un lit est maigre, les derniers jours de lutte contre la maladie l'ont terriblement vieilli, les traits de son visage sont figés dans une expression de surprise. Le petit garçon refuse d'embrasser les joues froides du défunt. Les voisins défilent à leur tour, puis voici le cousin André, sa femme, la tante Eugénie, l'oncle Henri. Tout le monde est là... Andréa renifle derrière sa voilette, les fleurs ont envahi l'église.

Plus encore qu'avant, il va falloir se débrouiller. Les deux aînés ne vont pas tarder à prendre le chemin de l'usine. Andréa travaillera plus fort encore. Elle ne dort que deux ou trois heures par nuit. C'est une vie de malheur, ce ne sera pas une vie de misère. On se tient debout, fier, les enfants serrant les rangs derrière leur mère. Andréa répartit les tâches sans faire de différence : Odette a beau être une fille, on lui confie les mêmes responsabilités qu'à ses frères. Lorsque Paul hérite à son tour de la corvée du seau de charbon, la brave Odette l'accompagne jusqu'à la cave de l'immeuble et s'offre elle-même pour porter le pesant fardeau.

Depuis peu, Paul fréquente l'école de la rue Baudricourt. Pour s'y rendre, il faut suivre pendant deux kilomètres les murs noircis, couverts de graffitis obscènes, dissimulant d'anciennes usines.

> « Ils encadraient la rue de Gentilly et chaque soir des lampadaires au gaz éclairaient, d'une lueur verdâtre, les pipis desséchés des quidams de passage, pris de court. [...] Ces murs trop longs étaient notre tableau noir, notre mur de caverne, notre

Lascaux sans toit et nous y inscrivions la légende de nos révoltes, de nos hargnes et de notre condition d'enfants de n'être rien du tout. »

Dans la cour de l'école, Paul continue d'apprendre la vie. Tiens, voilà Raymond le morveux qui avale tout crus d'énormes escargots pour impressionner ses copains. Plus loin, quelques bohémiens, de jeunes Tsiganes se tiennent entre eux. Ils apparaissent pendant l'année, ne restent jamais longtemps. Bientôt la roulotte de leurs parents les entraînera vers une autre ville. Un jour, Paul voit une Gitane en colère s'avancer jusque dans la cour d'école pour battre son enfant à coups de ceinture. Le professeur doit s'interposer. La France des années 30 n'est pas vraiment le pays des enfants-rois ! Le quartier est particulièrement dur et le directeur de l'école a bien du mal avec les plus vieux, des graines de voyous qui le narguent avant d'enjamber le mur du fond de la cour de récréation et de s'enfuir vers la gare de triage toute proche.

Pour un instituteur, être nommé dans le XIIIe, ce n'est pas une promotion. Cela ressemble plutôt à une voie de garage ! Ainsi, Mme Andrée Phélly, préceptrice dans les colonies qui a eu autrefois le malheur de dénoncer certaines pratiques malhonnêtes des colons français et de la famille régnante du Maroc, se retrouve à l'école Baudricourt ! Cette femme intelligente et douce est aussi peintre et exécute des portraits de ses élèves. Elle fait connaître au petit Paul les contes et légendes de la France ancienne ainsi que les histoires de Dickens. L'imaginaire de l'enfant commence à se peupler : Merlin, Barbe bleue et les princesses captives côtoient le futé Maître Renart ; Roland qui sonne de l'oliphant rencontre Oliver Twist.

Il y a aussi là un curé à l'allure étrange :

« L'abbé Pethier avait un nez crochu incroyable au bout duquel pendait toujours une goutte. C'était paraît-il un des

> meilleurs mathématiciens de France mais comme il n'était pas montrable, on l'avait envoyé dans notre coin : on récupérait tous les phénomènes ! »

Lorsque l'abbé attrape un mioche en train de lancer des pierres, il l'emmène dans une salle fermée. Là, il demande d'une voix suave des nouvelles de la famille. Puis, après avoir obligé l'enfant à s'asseoir, il lui prend la jambe, roule tranquillement sa chaussette avant de battre violemment le mollet dénudé avec une cordelette tandis que la goutte au bout de son nez menace de tomber !

Paul est un élève moyen et particulièrement étourdi. À la maison, on se moque de lui : « Alors, Paulo, t'as encore rien pigé ! » Ce qu'il préfère, c'est l'heure de la sortie ! Il faut dire qu'André et Lulu viennent parfois le chercher. Ce sont des jeunes hommes maintenant, les cheveux gominés à la Tino Rossi, la chemise au large col ouvert. Ils possèdent tous les deux de superbes motos anglaises BSA et y font grimper le frangin avant de s'en aller en pétaradant :

> « Mes frères c'étaient des gandins, des branleurs qui se prenaient déjà pour des hommes. Ils travaillaient et avaient donc un peu de pèze[3]. Ils avaient leur vie à eux, ça m'impressionnait. Et puis quand je disparaissais enveloppé par la fumée de leurs bécanes, quelle gloire ! Mes potes n'en revenaient pas. »

À la maison, parfois, la vie semble à tous trop lourde à porter, des gros cumulo-nimbus s'accumulent au plafond du petit appartement. Andréa donne alors un grand coup de balai là-dedans et organise un pique-nique sur le palier ! C'est la fête pour les plus jeunes et puis... on remplit aisément un panier avec ce qui aurait paru dérisoire sur la table de la cuisine.

3. Argot : synonyme d'argent.

Il n'y a pas l'eau chaude dans l'appartement, alors, une fois par semaine, les garçons vont aux bains-douches de la Butte-aux-Cailles. Un jour, on va même se baigner dans la Seine, quai de Bercy ! Chaque soir, pendant que tout le monde s'active, on écoute des feuilletons radiophoniques. Les succès de l'heure se nomment : *Adolphe et Adolphine*, *Toto apprend le piano*, *Sur le banc* avec Raymond Souplex et Jeanne Sourza, ou *La Famille Duraton*. On en suit religieusement les épisodes, les commentant le lendemain avec les voisins ou les copains.

Les jours passent ainsi. Parfois, Odette se fait accompagner par son petit frère au cinéma, mais Paul en revient déçu : la sœurette a un faible pour les films sentimentaux comme *Parade d'amour*, *Un rêve blond* ou *Au service du tsar !* Tout cela dégouline de larmes, d'œillades et de serments tragiques. Le petit garçon s'ennuie ferme.

À cette époque, la radio est la reine du foyer : le son n'est pas très bon, le ton des commentateurs, plutôt pompeux, les rengaines et les publicités sont la plupart du temps parfaitement idiotes, et malgré cela on ne peut s'en passer. La TSF est magique : contrairement à la télévision qui accapare entièrement, la radio, elle, invite à créer. Paul aime cela par-dessus tout : s'emparer d'un radioroman et continuer de le faire vivre dans sa tête, le transformer à sa manière. Lorsqu'il écoute la radio, son imagination est en éveil ; il invente des visages, des costumes, des mimiques à toutes ces voix et parfois, au cours du repas familial, il lui arrive de se lancer à son tour dans une imitation, un numéro clownesque. Ça marche, ses frères en redemandent ! Paulo apprend à soigner ses effets. Il arrive que les réactions de son public le surprennent : durant un spectacle organisé au patronage par les curés de la paroisse, Paul, dans le rôle d'un vieillard, doit chanter *Le Temps des cerises*... À peine est-il entré en scène que tout le monde s'esclaffe.

À sept ans, Paul, orphelin de père, devient officiellement « pupille de la nation ». Ainsi la République est-elle censée le prendre sous son aile. En réalité, c'est Andréa qui continue d'user sa santé tandis qu'Odette et René à leur tour quittent l'école et se mettent au boulot. La sœur de Paul est tellement épuisée certains soirs qu'elle s'endort littéralement dans son assiette. Ses frères se moquent gentiment d'elle. L'adolescente, qui dort en compagnie de l'énorme buffet Henri II du salon (un chef-d'œuvre kitsch dont les colonnes représentent des dragons menaçants), mène la vie trop sage d'une fourmi ouvrière. Parfois, Odette au grand cœur se laisse aller : elle connaît sur le bout des lèvres toutes les chansons sentimentales à la mode... Amours contrariées, fiancé disparu, famille réunie après le malheur... Même Paulo est ému aux larmes quand Odette entreprend son récital !

□

En 1934, l'agitation sociale est à son comble. Les scandales politico-financiers se multiplient. Les gouvernements se succèdent dans une danse effrénée pendant que les manifestants envahissent les boulevards. Outre-Rhin, des bruits de bottes se font entendre : un petit homme à la moustache noire et au parler saccadé semble avoir une faculté surprenante pour rassembler le monde autour de lui ; il s'appelle Adolf et il a décidé d'effacer de la mémoire allemande l'humiliation de 1918. Plus au sud, la botte est italienne et elle est portée par un certain Mussolini qui triomphe dans un décor de mégalomane. En Espagne, la guerre civile est sur le point d'éclater, les uns vont bottés, les autres pieds nus. L'Europe gronde. Cela n'affole pas outre mesure les Français. N'ont-ils par gagné la dernière guerre ? Depuis Verdun, n'ont-ils pas prouvé que l'armée française était la plus grande, la plus forte, la plus courageuse ?

En 1936, les forces de gauche s'allient et portent au pouvoir Léon Blum : c'est le début du Front populaire et la liesse chez les ouvriers. On danse et on chante dans les ateliers : les temps nouveaux sont arrivés ! Pour la première fois, un gouvernement va représenter le vrai peuple. Effectivement, dans les premiers temps, des mesures sociales d'importance sont décidées : hausse des salaires, droit syndical, semaine de quarante heures et surtout congés payés ! C'est l'heure de gloire pour les tandems et les side-cars. Dès les premiers beaux jours, les Parigots envahissent la France ; on les appelle les vacanciers et, quand ils ont le dos tourné, on murmure : « Parisiens, têtes de chiens, Parigots, têtes de veaux ! » car on ne les voit pas toujours arriver d'un bon œil, bruyants, tellement heureux, envahisseurs ! *Boum !* La vie ressemble à la chanson de Trenet ! Chez les Buissonneau, on décide qu'il est temps que Paul ait sa propre bicyclette...

Selon la tradition familiale, cet engin ne sera évidemment pas acheté à *La Samaritaine* ou au *Bazar de l'Hôtel de Ville,* mais entièrement et savamment élaboré par la tribu Buissonneau ! On ramasse, fouille, échange du marché aux puces à la casse et bientôt le vélocipède unique made in Buissonneau prend forme :

> « Ah ! si vous aviez pu voir l'engin bricolé astucieusement avec des trucs sans cul ni tête, deux roues dissemblables en forme de lunettes, un hybride de bicycle, un modèle pour Picasso ! Et la honte du Tour de France ! [...] Jamais ce vélo ne m'a laissé tomber. Ce paquet de ferraille m'a donné plus de joie que toutes les mécaniques compliquées que j'ai eues par la suite. »

Sur son vélo, Paul s'échappe jusqu'aux limites de Paris. Il franchit la Porte d'Italie et se rend là où l'herbe pousse au bord des routes. Il oublie la misère du quartier, les rats de la Cité Jeanne-d'Arc, Bouboule l'idiot du coin rongé par l'alcool ou « la mère à la pie » avec son oiseau perché sur l'épaule et son pilon. Il pense aux jambes d'Elvira, la belle Italienne qui a épousé le cousin André, il pense à Pauline, la voisine. La jeune fille est très portée sur la chose et, depuis quelque temps, dès que sa mère s'absente, elle s'occupe de l'initiation de Paul, qui ne dit pas non... Malgré la crainte de se faire prendre, car le lieu choisi pour le déniaisage est la chambre de la mère de Pauline ! L'initiatrice a sans doute déjà compris que le risque augmente le plaisir.

Le cœur du quartier bat au patronage, le « patro » où chacun peut donner libre cours à son sens artistique, devenir un autre lui-même. Depuis quelque temps, Paul y est particulièrement heureux : il a découvert, au-dessus du gymnase, la caverne d'Ali Baba, l'île au trésor, le paradis sur la Terre ! On lui a ouvert les portes du costumier de la paroisse Sainte-Anne-de-la-Maison-Blanche. Cet endroit est une sorte de grenier géant dans lequel les prêtres entassent tout ce qui est nécessaire aux représentations théâtrales du *Théâtre des familles.* Paul connaît bien l'abbé Jonvelle, le frère d'un copain, qui détient les clés du royaume et accepte de les prêter. Sous le prétexte d'aller y faire un peu de ménage, Paul se réfugie avec son copain Guy Barbeau dans ce jardin extraordinaire peuplé de costumes d'époque taillés dans de vieux brocarts à ramages, de masques de courtisanes et de couronnes de rois, de glaives télescopiques et de lourds colliers, de bibelots brillant de mille feux. Voici la cape de Cyrano, le crâne d'Hamlet, la bosse de Quasimodo, l'épée de Lorenzaccio et la cassette d'Harpagon qui déborde de pièces d'or. Jamais il n'oubliera cet endroit. Après la guerre, les curés disperseront la collection chez les antiquaires et Paul passera le reste de sa vie à tenter de reconstituer sa caverne merveilleuse.

□

Dans ce coin peuplé de gens modestes, les activités sociales sont florissantes, instaurées par le clergé ou quelque bourgeois de l'ouest de Paris. Ainsi Mlle Bossière, professeur de dessin pour fils de famille, a-t-elle loué dans la sinistre Cité Jeanne-d'Arc un local pour y implanter une section de scouts. Paul y rejoint quelques-uns de ses copains et devient louveteau. Parfois, le quartier tout entier se transforme :

« Chaque année avant guerre, il y avait la fête de la paroisse. On construisait des échoppes dans lesquelles les commerçants, déguisés avec des costumes moyenâgeux, vendaient leurs produits. Des joutes en armures étaient organisées. Tout le monde participait et les curés n'hésitaient pas à venir trinquer avec leurs paroissiens. »

Avec ses copains louveteaux, Paul fait parfois de petites virées autour de Paris. La campagne! Quel monde étrange pour ces gamins élevés dans la rue. Tout petit, Paul est déjà allé à la montagne, dans le Massif central: son père était cuisinier à la colonie de vacances de l'abbé Vachet, un maniaque de cinéma qui faisait jouer les enfants dans ses films. Il y eut aussi un court séjour en Vendée, à La Roche-sur-Yon avec Andréa. Mais la vraie découverte du pays des vaches, Paul la fait avec son frère René dans le cadre de l'Œuvre des petits Parisiens à la campagne. Chaque année, des familles de provinciaux se proposent d'accueillir pour l'été des enfants de la capitale qui ont besoin d'un grand bol d'air frais mais dont les parents n'ont pas de villa au bord de la mer. Les familles d'accueil sont bien entendu subventionnées, d'où l'intérêt de la chose. C'est ainsi que les frères Buissonneau se retrouvent dans le Cantal, déposés par le tortillard chez la mère Moissinac venue les attendre à la gare du Rouget avec son âne et son carretou[4]. Paul a le cafard et, s'il n'était accompagné de son frère, il se laisserait carrément aller au désespoir. Le XXe siècle n'a pas encore atteint la France profonde, encore moins la France très profonde!

« Ça sentait l'herbe et la bouse de vache. C'était rude. Je me souviens d'un enfant qui avait été pris à chaparder. On l'avait enfermé dans la cave. Pendant toute la nuit je l'ai entendu hurler. Cela dit, les gens étaient braves mais malgré la miche de pain et le jambon sur la table, malgré les poissons du

4. Petite charrette.

ruisseau et les champignons frais, la vie était dure. C'était comme ça. »

Chaque soir, c'est l'heure de la prière et chaque soir la mère Moissinac s'en prend aux trois orphelins qui, eux, demeurent chez elle toute l'année et ont un intérêt très modéré pour le chapelet. Cela donne lieu à un discours mi-français mi-patois fort peu catholique : « Sainte Marie, mère de Dieu, priez pour nous... Ah puto d'effant, t'es foutraye mon pé pel lo ciou qu'esto chalebestia[5] ! » Paul, partagé entre le fou rire et la crainte, guette chaque soir le bruit de la gifle qui ne manque pas d'atterrir sur la joue la plus proche. Sous la chambre des enfants se trouve l'étable que se partagent un âne et quelques bœufs. Près de la fenêtre pousse une vigne sur laquelle Paul fait pipi tous les matins jusqu'à ce que les feuilles donnent de sérieux signes de dégénérescence. Les plaisirs de la campagne ! Paul apprend à différencier les couleuvres des vipères, les bœufs des taureaux, les lièvres des lapins et les limaces des vers de terre... Jusqu'au jour où Andréa débarque récupérer sa progéniture : nous sommes en août 1939, la guerre est là. Adolf est devenu führer. Le loup ouvre sa gueule : après la Tchécoslovaquie et la Pologne, il a décidé de dévorer l'ouest de l'Europe. Le monde est devenu fou.

5. « Ah, putain d'enfant, j'te foutrais mon pied au cul, quelle sale bête ! »

SCÈNE II

L'usine
ou comment devenir un homme
en plantant des clous en temps de guerre

Personnages principaux

PAUL BUISSONNEAU : le petit sellier garnisseur
JULES CHAMPROBERT : le maître compagnon
GUY, MOMO et CLAUDE : les potes
LE COUSIN GERMAIN : l'occupant

L'action se déroule dans une capitale vert-de-gris où la faim, la peur et le froid rivalisent d'importance. Nous sommes au début de la Seconde Guerre mondiale.

Côté cour : un petit atelier de carrosserie
Côté jardin : un patronage paroissial haut en couleur

ANDRÉA BUISSONNEAU, les Allemands elle connaît ça. Au début du conflit, le 3 septembre 1939, les vieux souvenirs de la Première Guerre mondiale ont ressurgi en elle. Les réflexes ne sont pas perdus et, dès l'annonce de l'invasion allemande au mois de mai 1940, avant le déferlement vers Paris, elle réunit ses quatre garçons et sa fille. Elle donne un peu d'argent à chacun en disant :

> « Les enfants, on ne partira pas, j'ai déjà connu ça, n'ayez pas peur. Allez ramasser tout ce que vous pouvez dans les magasins. »

Le ton est donné et pour Paul, qui se fie totalement à sa mère et à sa force de caractère peu commune, il n'y a pas lieu de paniquer.

> « Grâce à ma mère et à sa réaction, j'étais blindé. Sans ça, j'aurais eu la pétoche, comme les autres. »

Malgré ses douze ans et demi, aux premiers jours de la déclaration de la Seconde Guerre mondiale, Paul n'est pas un enfant de chœur (il ne l'a jamais été, d'ailleurs). Pour sa famille comme pour lui, la France est entre les mains d'un gouvernement pourri.

> « Ce gouvernement avait mis tout le monde dans la merde. Et ce con d'Anglais, ce Chamberlain avec son pépin qui revenait de serrer la main à Hitler. Ce con, ce con... je pense que j'étais conscient de ça. »

Paul Buissonneau continue de fréquenter, au début de 1940, l'école de la rue Baudricourt. Cette année est particulièrement cruciale pour lui, c'est celle du certificat d'études : « le certif ». Sans ce véritable sésame, il ne faut guère espérer trouver une place, ne serait-ce que d'apprenti, dans la moindre usine de la capitale.

L'armée allemande approche et, par sa percée en Hollande, en Belgique et dans les Ardennes, elle provoque l'exode de millions d'habitants depuis l'est de la France jusque dans le sud.

Paris se vide en quelques jours, spectacle désolant d'un peuple qui s'enfuit la peur au ventre dans un désordre indescriptible. Paul assiste à cette débandade jusque dans sa rue. Des bœufs passent sous ses fenêtres en tirant d'énormes charrettes chargées à la va-vite dans lesquelles s'entassent des familles entières. Faute de mieux, les moins valides sont installés dans des landaus, et c'est ainsi qu'on voit des grands-mères retomber en enfance dans ces véhicules de fortune avec les pieds qui dépassent et pendent dans le vide ; spectacle inouï, proche des caricatures de Daumier.

L'armée hexagonale, quant à elle, frise le ridicule. C'est en vélo que les soldats français abandonnent les Parisiens à leur sort ; derniers bruits de vélocipèdes laissant retomber derrière eux un silence lourd de mauvais augure.

Durant cette même période, un après-midi, comme il traverse le square de Choisy, juste en face de chez lui, Paul entend à sa grande surprise le babillage d'un perroquet mélangé à des cris de singes. Il sait pertinemment qu'il n'y a pas le moindre zoo dans ce jardin public. Mais plus il avance, plus les cris se font présents et nombreux, c'est une véritable cacophonie digne du Paradis terrestre. Paul réalise alors que, dans leur précipitation, les gens ont ouvert les cages de leurs animaux de compagnie, abandonnant ainsi à leur sort un nombre impressionnant de représentants de l'arche de Noé : serins jaunes, perroquets multicolores et petits primates facétieux. Ces animaux habitués à la présence de l'homme n'étant guère farouches, Paul a tout loisir de les approcher et de s'imaginer aux confins de la forêt amazonienne.

Le grondement de l'armée allemande, d'abord imperceptible comme le bourdonnement d'un inoffensif insecte, se fait bientôt plus présent et c'est ainsi que, le 15 juin 1940, Paris devient un faubourg de Berlin : les Chleuhs, les Boches, les Frisés, les Fridolins, les Fritz, les Teutons, les Goths, les Germains, l'air fier et le port altier, entrent dans la capitale qui n'a plus rien d'une

«Ville Lumière». Dans un fracas d'acier, les Prussiens s'offrent un séjour touristique au-delà du Rhin, leurs valises pleines à craquer de *Panthers*, *Stukas* et *Messerschmitts*[1]. Pour la première fois de son histoire, la plus belle avenue du monde est descendue au pas de l'oie. Les hommes sont tombés sur la tête, rien ne va plus.

> «J'étais ébahi et admiratif devant cette apparition. Mon frère René pleurait comme une vache. Quand j'ai vu ces soldats arriver, superbes dans un alignement parfait, j'avais honte pour les troufions français minables qui s'étaient tirés lâchement comme de vulgaires comiques troupiers.»

Certes, l'habit ne fait pas le moine, mais la différence entre les deux armées est telle qu'elle n'échappe pas à la perspicacité de l'adolescent curieux. L'impression est si forte qu'elle ressurgira de nombreuses années plus tard dans une mise en scène et les soldats romains chargés de mettre à mort le Christ porteront comme par hasard des casques allemands.

Très vite la France se met à genoux et, le 17 juin 1940, elle capitule par la voix d'un vieillard de quatre-vingts ans héros de la Première Guerre mondiale: le maréchal Pétain. Le pays est divisé en deux parties bien distinctes: au nord et sur le littoral Atlantique, la zone occupée où les Allemands s'installent, et au sud, la zone libre avec un semblant d'autonomie. Entre les deux, une ligne dite de démarcation impossible à franchir sans laissez-passer.

En invoquant le malheur de son peuple, l'octogénaire signe l'armistice avec l'ennemi. Un mois plus tard, il prend en main les destinées de ce qui reste de l'État. Vichy, célèbre station thermale, devient la ville éponyme d'un gouvernement que l'histoire n'osera plus jamais qualifier de français.

1. Marques de chars d'assaut et d'avions allemands.

« Maréchal nous voilà
Devant toi, le sauveur de la France
Nous jurons, nous tes gars
De servir et de suivre tes pas... »

Cette année-là, ce refrain est sur toutes les lèvres. En peu de temps, le culte du maréchal Pétain prend une ampleur inimaginable. Les manuels d'histoire sont remaniés pour dresser du personnage le portrait le plus flatteur qui soit afin de bien conditionner la jeunesse. Les hommages se multiplient et le nouveau patron de la France s'y prête avec un plaisir évident. Cette propagande est bien orchestrée. Tous les milieux et toutes les couches sociales sont méthodiquement infiltrés. La radio et le cinéma jouent le jeu à fond, et force est de constater que cette gigantesque manipulation de l'opinion trouve un écho favorable parmi la population.

Ainsi Lebugle, l'un des clients d'*Au Bon Beurre*, la célèbre crémerie de Jean Dutourd, n'hésite pas à s'écrier :

« Moi, madame, j'admire les dictatures. Je considère que Hitler est un grand méconnu. Nous avons Pétain, c'est entendu. Mais, sacrebleu, qu'on nous laisse la faire l'expérience Pétain ! Elle ne fait que commencer ! Pétain, pour moi, c'est le modèle du soldat. Un homme intègre, un grand Français[2] ! »

Le Pétain en question reçoit une correspondance à faire pâlir d'envie les plus grandes stars de la planète, ce que confirme François Truffaut dans un article sur le film de Claude Berri intitulé *Le Vieil Homme et l'Enfant* :

« Comme tous les Français de ma génération, j'ai passé tout au long des quatre années d'occupation allemande le plus clair de mon temps scolaire à écrire des lettres au maréchal Pétain.

2. *Au Bon Beurre*, Jean Dutourd, Gallimard, Paris, 1952.

"Mon cher maréchal, en ce beau jour de la fête de Jeanne d'Arc, je prends la plume pour te dire, etc." C'était obligatoire, c'était amusant, c'était récompensé... généralement par un biscuit vitaminé supplémentaire. »

Pour la plupart des Français, Charles de Gaulle, l'officier rebelle exilé à Londres, est encore un moins que rien qui aurait mieux fait de se taire le 18 juin !

Le *Travail, Famille, Patrie* s'impose comme un idéal de société. Derrière ce slogan à l'odeur réactionnaire se cache le nationalisme le plus exacerbé et le plus zélé qu'on puisse imaginer. Sans la moindre pression de l'occupant, Vichy promulgue un statut des Juifs et crée des camps de regroupement qui vont vite s'avérer être ni plus ni moins les pourvoyeurs d'autres types de camps de triste mémoire, « là-bas où le destin de notre siècle saigne », comme l'a écrit à tout jamais Louis Aragon.

Bien sûr, Paul est impressionné par la discipline des soldats vert-de-gris ; bien sûr, il écoute la propagande de Jean Hérold-Paquis, l'animateur de Radio-Paris à la solde de l'occupant. Il est nourri lui aussi, comme tout bon Français, d'un sentiment anti-Anglais issu d'un atavisme napoléonien que les Allemands attisent habilement : on raconte que les soldats britanniques ont coupé les mains aux Français pour les empêcher de s'enfuir avec eux depuis Dunkerque au moment de la débâcle, sans oublier la destruction de la flotte française en juillet 1940 à Mers el-Kébir.

Intoxiqué malgré lui par cette propagande insidieuse, Paul donne parfois raison au maréchal jusqu'au jour où il se met à écouter clandestinement le World Service de la BBC, plus communément appelé « La radio de Londres ». Il découvre cette voix désincarnée qui répète inlassablement : « Radio-Paris ment, Radio-Paris ment, Radio-Paris est allemand ! »

À partir ce moment-là, il se met à réfléchir et sa haine de l'Anglais se dissipe. Elle renaîtra des années plus tard sur un autre continent, dans un curieux pays où il se rendra compte que sa langue maternelle est bafouée.

Mais, pour l'instant, Paul a faim !

Dès l'entrée des Teutons dans Paris, comme l'avait pressenti la mère de Paul, les étals et les vitrines se vident. À la voracité de l'occupant s'ajoute l'opportunisme écœurant de commerçants sans vergogne qui retiennent les aliments jusque sous leur lit en attendant l'instauration de tickets de rationnement. Avec cette armée parfaitement disciplinée, leur jour de gloire vient d'arriver ! Pour cette puissante minorité de petits commerçants de la saucisse, du beurre et du jambon, la guerre va devenir synonyme d'enrichissement grâce au marché noir épicé çà et là de délations juteuses. Pendant ce temps, comme la majorité des Parisiens, Paul commence à sentir les premiers symptômes d'une véritable carence alimentaire :

> « Je courais Paris à la recherche de galettes sans beurre, sans farine et sans rien, des galettes miracles qui allaient peut-être calmer mes fringales d'adolescent frustré. »

Maigre et pâlot, il est à l'affût de la moindre miette de pain. Son activité cérébrale est vouée à l'élaboration du plus petit stratagème qui fera taire son ventre. C'est là qu'il décide d'aller soutirer quelques tickets de rationnement à la marraine de son frère Lulu, blessé sur sa moto d'estafette dès les premiers mois de la guerre et qui gît alité à la maison pour plusieurs semaines, dans un joli costume blanc en plâtre. Cette femme, mieux connue sous le nom de marraine Vivise, concierge de son état, donne à Paul sans le vouloir nécessairement des faux tickets qui vont valoir à l'adolescent une petite visite au commissariat. Paul s'en tire à bon compte grâce à ses talents de comédien et surtout au plâtre de Lulu, qui attendrit le commissaire.

□

Un matin, dans la chambre qu'il partage avec ses frères avenue Edison, Paul est encore enfoui sous ses draps. Bien au chaud, il se dit que toute cette histoire de guerre et de pénurie n'est qu'un rêve qui vient hanter son sommeil comme tant d'autres. Un mauvais rêve où les hommes se déchirent, véritable cauchemar mettant en scène la connerie humaine. En pleine errance entre son subconscient et la réalité, il sait que la sonnerie du réveil va y mettre un terme et le ramener du même coup à une vie normale et paisible.

En ce qui concerne la sonnerie du réveil, Paul n'a pas tort. Elle se fait entendre comme il se doit à six heures trente, mais pour ce qui est de la vie normale et paisible : Nein !

Non seulement la guerre est bel et bien là avec son lot de souffrances mais, en plus, ce jour de septembre 1940 est un jour crucial pour lui : à treize ans et demi, il va passer brusquement de l'enfance à l'âge adulte, précisément en dix-sept minutes, le temps du trajet à pied entre l'appartement familial et l'atelier.

Finies les escapades avec les copains d'école sur les terrains de l'ancienne usine à gaz, à jouer les chercheurs d'or pour quelques malheureux morceaux de charbon. Finis les jours de congé passés à rêver, accoudé à la fenêtre en regardant celles des voisins comme autant d'écrans d'une télévision qui n'en est qu'à ses premiers balbutiements. Finis les graffitis de la rue Gentilly sur le chemin de l'école. FINI.

Grâce à la générosité d'examinateurs soucieux de ne pas renchérir sur le destin, le petit Paul, ni doué ni cancre, a obtenu son certificat d'études avec, en guise de récompense, une place à l'atelier où travaille son frère René.

Si ce n'est le manque de nourriture, Paul n'est pas traumatisé par les circonstances. Il est tout à fait normal pour lui d'aller travailler comme ses parents l'on fait avant lui, comme ses frères et sa sœur le font aujourd'hui. C'est dans la logique des choses. Guerre ou pas, c'est le chemin tracé pour les prolétaires et les fils de prolétaires du XIIIe arrondissement.

Paul saute du lit pour tenter de gagner sa place au lavabo de la cuisine déjà pris d'assaut par ses grands frères. Une fois sa frimousse débarbouillée, il revient dans la chambre, attrape la salopette bleue à bretelles toute neuve qu'il a soigneusement pliée la veille et l'enfile.

Dans la cuisine, sa mère, debout depuis plusieurs heures, a déjà dressé la table pour le petit déjeuner, mais l'odeur du café a été remplacée par celle moins appétissante d'un vague mélange d'orge, de malt et de pois chiches. Chacun avale sa maigre pitance avant de filer. Paul jette un dernier coup d'œil à l'appartement, embrasse sa mère et disparaît.

Sur le chemin de l'atelier, il passe devant des panneaux de signalisation allemands tellement nombreux que les indications en français sont de plus en plus difficiles à trouver : le voilà initié de force à cette langue indo-européenne des plus rugueuses.

Pour l'instant, Paul quitte la place d'Italie en empruntant le boulevard de l'Hôpital, vers la Seine. Mis à part quelques rares voitures officielles et des véhicules militaires, les rues sont surtout empruntées par des cyclistes et des piétons qui se hâtent comme lui vers leur travail.

Devant l'hôpital de la Pitié, où son père est décédé dix ans plus tôt, il ralentit avant de traverser le boulevard et de pénétrer dans le lieu qui va devenir le décor de son apprentissage. Emboîtant le pas à René et aux autres ouvriers, il pousse la lourde porte métallique au-dessus de laquelle est écrit : *« Carrosserie René David »*.

Dans les premiers temps, René s'occupe d'apprendre à son petit frère le fonctionnement de l'atelier. Les premières tâches de Paul sont rudimentaires. Il s'agit essentiellement de planter des semences, ces petits clous noirs particulièrement piquants qui font le bonheur de tout sellier. Pour ce faire, Paul doit s'en fourrer une pleine poignée dans la bouche et aller les chercher un à un avec le marteau aimanté pour ensuite les enfoncer dans le bois en serrant la toile de jute. Cette méthode un peu primitive le marque tellement que pendant des années il rêvera qu'il avale des poignées de petits clous !

Comme il est un bon apprenti, on lui confie rapidement des tâches plus élaborées en compagnie d'ouvriers qui ne sont plus de la première jeunesse.

Depuis le début de la guerre, la France a déjà essuyé un grand nombre de pertes humaines, sans compter les milliers de soldats prisonniers dans toute l'Europe, jusqu'en Silésie. Par ailleurs, avec l'exode massif vers le sud, ce sont autant d'hommes qui ont déserté leur poste de travail, de sorte que la main-d'œuvre est plus rare dans la zone occupée. C'est pourquoi on a rappelé les ouvriers déjà à la retraite et qui n'ont pas été engagés au combat. Leur compétence est telle qu'ils vont pouvoir encadrer les nouveaux, comme le jeune Buissonneau.

Au fond, cette situation est loin d'être désavantageuse. Il n'est pas certain qu'en des temps plus cléments Paul aurait eu l'occasion de jouir d'un enseignement à la mesure de celui que lui offrent les vieux ouvriers qu'il côtoie du matin au soir. Quand, sinon dans de telles circonstances, aurait-il appris aussi vite à couper, faufiler, coudre et rembourrer avec un savoir-faire indéniable ? Le sort n'est pas si mesquin que cela et lorsque, bien des années plus tard, Paul conseillera l'un ou l'autre dans la conception de costumes ou de décors, il aura une reconnaissance particulière pour ces années de galère.

En attendant, on le place devant un établi pour qu'il y apprenne le métier de sellier garnisseur en carrosseries. Il s'agit de rembourrer les sièges des véhicules, de capitonner l'intérieur depuis les portes jusqu'au toit sans oublier les bâches et autres capotes qu'il convient de tailler et de coudre avant d'y incruster les œillets et de les poser sur une structure métallique.

À ce travail d'installation, Paul est un champion. Ses cours de culture physique et de trapèze dispensés au patronage par Aténol, le pâtissier boulanger, lui ont donné la souplesse d'un chat et l'agilité d'un ouistiti. Fort de cet acquis et compte tenu de la moyenne d'âge des ouvriers, il est le seul capable de monter et d'installer une bâche de cent kilos sur un camion. Son adresse est tellement surprenante que dès le début de cette opération tout l'atelier s'arrête de travailler pour venir voir l'acrobate à l'œuvre. Par une succession de rétablissements, d'enroulements et de mouvements d'équilibre, en un tournemain il parvient à placer l'énorme bâche comme il faut sur la structure métallique du camion. Dès lors, Paul inspire un respect mêlé d'amusement et d'admiration.

Pour le reste, il lui faut d'abord suivre l'enseignement de ses maîtres et en particulier celui de Jules Champrobert, son voisin d'établi qui est revenu prêter main-forte à l'économie du pays, malgré ses presque trois quarts de siècle : il est né sous Napoléon III, l'année même où les colonies de l'Amérique du Nord britannique s'entendent pour former la Confédération du Canada.

Jules n'est pas un simple ouvrier ; il a été façonné à l'école du compagnonnage, véritable institution française datant du Moyen Âge qui a la réputation de former les meilleurs ouvriers du monde dans toutes les disciplines artisanales : les compagnons du Tour de France.

Auprès du père Champrobert, Paul va apprendre le vrai métier, celui qui transforme l'ouvrier en artisan. Il tend les deux oreilles vers ce maître qui lui transmet son savoir-faire en murmurant humblement sous sa moustache en guidon de vélo. Même si le foin de pâturage a provisoirement remplacé les laines et les crins, Paul maîtrise peu à peu, jour après jour, les techniques de rembourrage et bourrelets à l'aiguille courbe ainsi que la pose du capiton. Le cœur manque parfois à l'ouvrage, mais ce parrainage y remédie tant bien que mal.

> « Les expériences de mon vieux maître me consolaient du peu de plaisir que je prenais à faire ce métier-là. J'essayais malgré tout de le faire bien, mais aussi de le faire vite. »

À ce petit jeu de la vitesse, les premières semaines ne sont pas les plus faciles, car il faut compter aussi avec la présence d'Alfred. Certes, cet homme, de taille modeste mais à l'embonpoint inversement proportionnel à celle-ci, vient du Cantal, région qui a bercé la jeunesse de Paul. Certes, cet Auvergnat se laisse aller parfois brièvement à une petite bourrée pour égayer les quatre murs d'un atelier plutôt morose. Certes ! Mais il n'en oublie pas pour autant son rôle de contremaître : il lui arrive de se pencher sur le travail de Paul avec son air consciencieux, de sortir son couteau, de défaire un à un chaque point d'un ouvrage trop vite effectué et de demander à l'apprenti Buissonneau de recommencer. À ce régime-là, le néophyte s'emploie rapidement à devenir un véritable professionnel et, comme il arrive en de telles circonstances, à dépasser ses maîtres. C'est là un trait de caractère qui va s'affirmer chez lui tout au long de sa vie. Développer maîtrise, rapidité et précision, pour ne jamais avoir à subir l'humiliation d'être obligé de recommencer un travail. C'est le caractère de l'homme qui se forge peu à peu, à treize ans et demi, et c'est l'orgueil qui croît à la mesure des expériences de la vie.

Le fil de ce quotidien souvent terne et rébarbatif est quelquefois interrompu par un échalas aux dents si déchaussées que Paul craint de les voir voler en éclats au premier claquement des mâchoires. Cette espèce de vieille ganache desséchée, mieux connue sous le nom de Jules Lemaître, s'est spécialisée dans le léchage de cul, en l'occurrence celui de la patronne, afin de conforter sa position de prétendant et de candidat naturel à la succession d'Alfred au poste de contremaître.

Outre le fait de chanter quelques ritournelles des premiers jours de ce siècle avec une voix tout juste capable d'émouvoir l'arrière-grand-mère sourde comme un pot oubliée après le digestif au bout de la table dans n'importe quelle réunion de famille normalement soporifique qui se respecte, le Jules en question y va certains jours de fantaisies plus viriles héritées d'une gouaille parisienne surannée :

« Du cul, du cul ! Ma femme en est ! Quatre sous, les porte-monnaie. »

Ce genre d'intervention a le don de contrarier Jules Champrobert, qui ne prise guère la vulgarité et qui n'a jamais complètement réussi à s'accommoder de sa condition de veuf. Discrètement, sans un mot, il se fend d'un sourire réprobateur vers son voisin apprenti.

C'est donc parmi ces ouvriers issus d'un autre temps que Paul fait ses premiers pas dans la vie professionnelle, petit homme vite confronté à un monde où le vulgaire et le beau peuvent cohabiter, où le professionnalisme est une évidence et où la joie et la tristesse rivalisent pour s'imposer au gré des caprices d'un destin qui ne sera jamais tracé d'avance.

Ayant assimilé les rudiments de son métier, et mû par un instinct naturel, Paul accélère la cadence :

> « J'allais vite, de plus en plus vite, toujours plus rapide à me débarrasser des rembourrages de coussins en série, et je crois que la technique de mon travail dépassait largement la compréhension d'Alfred mon contremaître. J'étais présent à ce que mes mains faisaient mais mon esprit était ailleurs. J'étais dans une loge à me maquiller ; je me tenais embusqué dans les coulisses d'un théâtre ; je déclamais sur la scène d'un théâtre ambulant ; j'habitais déjà les maisons imaginaires d'un art dramatique que je ne connaissais pas du tout. »

C'est à cette époque que Paul acquiert la capacité d'abattre toujours plus de boulot que les autres, mettant jusqu'à quatre fois moins de temps qu'un compagnon d'expérience. Et le plus formidable dans cette frénésie, c'est qu'il s'efforce de ne jamais gâcher son travail, de le faire bien.

« Seulement, doucement ! Mollo mon petit Paulo ! »

Tout cela ne fait guère l'affaire des autres ouvriers, qui ne sont même plus en âge de tenter de le suivre et qui doivent alors cacher ce travail trop vite terminé sans quoi la direction aura tôt fait d'augmenter les cadences. Pour calmer cette folle ardeur,

Alfred fait balayer à Paul l'atelier ou lui demande d'aller assister le père Champrobert à quelque ouvrage qui ne peut être effectué qu'à quatre mains.

Avec le printemps et les premiers rayons de soleil qui réchauffent l'atelier en inondant les établis de leurs faisceaux dorés, Paul sort de sa torpeur hivernale. Il n'a pas abandonné ses rêves et il faut toujours le tenir à la longe comme un jeune poulain, mais il prend mieux conscience de la situation et met à profit sa vélocité professionnelle pour se rappeler au bon souvenir de l'occupant.

Étant donné que la majorité des véhicules qui passent par l'atelier sont maintenant destinés à l'armée du IIIe Reich, il est tentant d'apporter sa contribution personnelle à la Résistance qui commence à s'organiser dans toute la France. L'apprenti Buissonneau garnit les pneus de ces camions de clous pas trop longs, juste assez pour permettre aux soldats d'Adolf Hitler de se rendre à l'est et pour les immobiliser sous le feu généreux et fourni des soldats de Joseph Djougachvili, dit Staline.

Petite résistance naïve, « résistance des faibles », comme il se plaira à la qualifier plus tard.

Un soir, après le travail, alors qu'il s'approche de la porte principale de son immeuble, Paul sent une odeur étrange qui n'est pas sans rappeler une fuite de gaz. Inquiet, il entreprend de monter. À mesure qu'il gravit les marches, l'odeur se fait plus persistante, presque insupportable lorsqu'il rejoint le sixième étage. Aussitôt sur le palier, c'est la voisine, Mme Déteindre, qui ouvre sa porte pour annoncer à Paul que le petit voisin, le fils Valentin qui a le même âge que lui, vient de se suicider au gaz. Le lendemain, son père, le « gros » Valentin, arrive au pied de l'immeuble encadré par deux membres de la gestapo. Ce veuf, père de deux enfants, chef d'une cellule communiste, a été arrêté quelques semaines auparavant par la police secrète du régime nazi. Exceptionnellement, il est autorisé à assister à l'enterrement de son fils.

Ce scénario affligeant se reproduira peu de temps après avec la sœur du petit Valentin, qui usera du même procédé pour mettre fin à ses jours. Une seconde et dernière fois, le père viendra accompagner son enfant jusqu'au cimetière pour ensuite disparaître lui-même à tout jamais.

Fin sordide pour deux adolescents devenus trop vite des adultes et pour un père qui n'a pas eu la lâcheté de renier ses idées.

Ces événements ne peuvent qu'accroître le désir qui anime Paul de quitter Paris et son ambiance trop pesante pour quelque temps.

Heureusement, en 1941, et malgré la guerre, les congés payés et la semaine de quarante heures arrachés de haute lutte subsistent. C'est pourquoi, après un an de travail à l'usine, Paul peut logiquement demander de partir en vacances durant l'été. Ayant gardé le contact avec son groupe des Routiers du patronage, il se joint pour un mois à ses copains du XIIIe arrondissement, encadré par les chefs qui viennent, eux, du XVIe, le quartier des rupins. Il faut dire qu'à cette époque il subsiste un vieux réflexe du XIXe siècle qui fait qu'on n'a pas encore donné aux quartiers populaires l'entière autonomie qu'ils connaissent aujourd'hui quant à l'organisation de leurs propres structures socioculturelles.

Sitôt sorti de l'usine, Paul s'empresse de remplir son sac à dos, d'enfiler sa tenue de scout et de foncer au local où le gros de la troupe est déjà constitué. Avant de rejoindre la gare, les chefs sont formels :

> « Nous nous rendons dans un château occupé en partie par les Allemands. Alors pas d'insignes, pour éviter toute provocation inutile. Nous allons en colonie de vacances, tout simplement. »

Les gars ont compris. Ils retirent aussitôt leur croix ainsi que tout ce qui pourrait symboliser une quelconque allégeance à Baden Powell.

Dans le train, l'ambiance est plutôt bon enfant. Les patrouilles allemandes font leur travail sans excès de zèle. Ce n'est qu'à mi-chemin que Paul sent une agitation inhabituelle autour d'un de ses copains scouts répondant au nom de Marceau-Klébert Léon-Baillit (quelle tête peut bien cacher ce patronyme!) En arrivant à la gare, il sent de nouveau un certain énervement parmi les militaires allemands.

À la colonie, le groupe fait bon ménage avec les soldats même si ces derniers ne cessent de jeter des regards suspicieux aux adolescents et à leurs chefs. Les Allemands sont un peu nerveux: il y a aussi des prisonniers dans ce château!

Ce n'est qu'au bout d'une semaine que Paul apprend que, non seulement Léon-Baillit a volé un pistolet à un officier directement dans son étui au cours du voyage, mais qu'en plus il l'exhibe à certains de ses petits copains. Par ailleurs, il profite des moments réservés aux activités libres pour déjouer l'attention de l'occupant et rendre visite aux prisonniers.

Paul mesure l'absurdité d'un acte totalement gratuit à une époque où la moindre maladresse peut avoir des conséquences terribles. Il se rassure quand on lui raconte que les chefs scouts ont retrouvé le pistolet dans le sac de couchage de Léon-Baillit. Après avoir vertement tancé l'inconscient, ceux-ci jettent l'objet de toutes les frayeurs au fond de l'étang, à distance raisonnable du château.

Dès lors, les colons, en joyeux drilles, peuvent entonner leurs chants en marchant les uns derrière les autres sous l'œil peu a peu rasséréné des soldats de la *Wermacht.*

Les vacances se poursuivent sans encombre. Grâce à une alimentation moins rationnée qu'en ville, Paul reprend un peu le poids qu'il avait avant la guerre.

Lorsqu'il revient à Paris et saute du train, impatient d'aller retrouver sa mère ainsi que ses frères et sœur, il a assez d'anecdotes à raconter pour animer plusieurs repas familiaux. Il reste le gringalet qu'il a toujours été, mais ses joues sont l'incarnation même des bienfaits de la nature. C'est donc en bondissant qu'il avale quatre à quatre les marches de l'escalier de l'avenue Edison.

Là, ce n'est pas du tout l'accueil qu'il avait imaginé ! Sa sœur et ses frères sont ravis de le revoir, mais il les découvre plus silencieux qu'à l'accoutumée, le regard triste et le cou tendu vers la chambre maternelle : leur mère est alitée depuis plusieurs jours à cause d'une attaque aux poumons, conséquence de la pleurésie contractée en 1922 et de la fatigue accumulée. Le verdict du médecin est plus que réservé. Brusque retour à la réalité après un mois de plaisir ! Au fond de son lit, Paul garde alors pour lui seul ses anecdotes qu'il entendait bien raconter à sa famille. Demain : retour à l'atelier !

Le cœur n'est guère à l'ouvrage. À quoi bon ces simagrées devant l'établi, pour qui, pour quoi ? Si c'est ça la vie, trimer comme un cloporte du matin au soir pour crever comme un rat au bout de l'existence... Si le destin s'amuse à jouer au con, alors autant jouer au plus con ! Paul n'est pas du genre à s'apitoyer indéfiniment. Ses réflexions font long feu et aussitôt, comme par enchantement, le vieil instinct se réveille : foncer, travailler comme un forcené, aller plus vite, encore plus vite, si vite qu'on finit par oublier, si vite qu'on s'enivre, qu'on s'invente une gloire prochaine, qu'on s'imagine un jour posséder un théâtre, oh ! pas bien gros, mais assez pour y confectionner des rêves. Mais...

> « Halte-là, chevalier ! Arrête ton char, Ben Hur ! Ramène ton fidèle destrier à la raison et reviens à la cadence ! Tu vas pas nous coudre en un mois ce qui nous en prend normalement deux. Tu vas pas nous obliger continuellement à cacher tes ouvrages, il y a des limites quand même. On en a déjà parlé, n'est-ce pas ? »

Dès la pause du midi, Paul s'empare des immenses établis sur lesquels on installe les toiles pour y incruster les œillets. Il dégage tout et commence son petit spectacle à lui, mélange de figures gymniques apprises au patronage et d'improvisations très personnelles. Le résultat est des plus comiques, si bien que ce qui attire au début deux trois copains finit par faire écrouler de rire l'atelier au complet. Tout en avalant un misérable repas, chacun s'approche de l'établi pour voir Buissonneau faire le guignol. Son répertoire s'inspire non seulement des gens du quartier mais aussi des ouvriers eux-mêmes, qu'il imite avec un sens de l'humour déjà particulièrement développé.

Il s'arrête quelques minutes pour dévorer une nourriture si frugale qu'on ne peut même pas appeler ça un repas. Qu'importe, Paul repart de plus belle et saute de nouveau sur l'établi sous l'œil ravi de ses compagnons.

Lui-même ose un timide sourire qui lui vient du plus profond de l'âme. Il est encore jeune sans doute, mais il a compris. Il a compris que c'est par le rire et la comédie qu'on parvient à tromper le destin, à combattre l'adversité. Il remarque bien, lui, que pendant qu'ils rient, ses compagnons de travail, qui en ont pourtant vu d'autres, oublient leur fringale et toutes leurs misères. Dans ces moments-là, il se rend compte de la force insoupçonnable du spectacle, de cet effet magique qu'il produit même dans les pires circonstances. Alors, l'apprenti Buissonneau en rajoute, il exagère, il devient clown pour mieux faire un pied de nez à la vie, pour dire merde aux geignards et aux grincheux, pour transformer un atelier grisâtre en un merveilleux music-hall. Il a tout compris de cette force sans limites de l'imagination qui permet à chaque homme de prendre en main son destin... quand soudain la sirène de l'atelier se met à hurler pour inviter les ouvriers à regagner leur poste. Paul se laisse retomber sur terre comme un saltimbanque au ralenti dans la sciure au milieu de la piste du Cirque d'Hiver. Il sourit, essoufflé et fier d'avoir tenu en haleine son premier public sur ces tréteaux de fortune. Il reprend son souffle avant de retourner au travail, une petite lueur magique au fond des yeux et le mode d'emploi de la vie caché dans un repli du cœur. Au diable le malheur !

Un soir de septembre 1941, il remonte le boulevard de l'Hôpital en chantant à tue-tête sur son vélocipède surréaliste. Il s'imagine posséder un théâtre ambulant, sorte d'autobus avec une plate-forme à l'arrière en guise de scène pour courir la campagne de village en village, pour que fusent les rires et les cris, pour que la joie inonde tout un chacun.

Il pédale comme un fou, redouble d'ardeur et file dans la cour de son immeuble en saluant brièvement le concierge qui pique du nez sur son journal. C'est tout juste s'il ne tente pas de monter les six étages à vélo tel un disciple d'Hercule. C'est tout juste... Mais.

Sa mère est étendue sur son lit, blanche comme une neige fragile et immaculée qui viendrait à peine de tomber. Une bride légère lui tient la bouche fermée. Dans la pénombre de la pièce, ce ne sont que soupirs et sanglots : Andréa Buissonneau vient de partir en voyage de l'autre côté de l'Univers.

Paul est pétrifié sur le seuil de la pièce sombre en voyant sa mère les mains jointes autour d'un chapelet avec cet air si calme. Est-ce parce que sa vie, cette vie imposée par les événements, tombe sous le coup des accusations monstrueuses et fallacieuses formulées par les thuriféraires du régime de Vichy en ces termes :

> « Parce qu'elle n'a pu transmettre à son mari, à ses fils, la flamme qu'au plus profond d'elle-même elle n'entretenait plus, la femme française porte aujourd'hui dans la défaite de la France sa part, lourde part, de responsabilité[3]. »

Pourquoi ce corps si réconfortant et chaud, contre lequel le petit Paulo courait se blottir, est-il ainsi affublé de cette rigidité

3. André Corthis, *Candide*, le 15 octobre 1941, dans *Le Monde des Livres*, 5 janvier 1996.

cadavérique ? Qu'a-t-elle donc fait, Andréa Martin, pour devoir s'éclipser aussi vite ? De quoi l'accuse-t-on ? A-t-elle trop aimé ses enfants ? Les a-t-elle trop bien élevés ? A-t-elle indisposé la société en travaillant plus qu'elle n'aurait dû pour gagner moins qu'elle n'aurait dû ? Pourquoi doit-elle abandonner son rôle à quarante-quatre ans et disparaître ainsi dans les coulisses sans même recevoir un tout petit applaudissement ? POURQUOI ?

> « J'ai toujours contre la France un certain ressentiment. J'ai vu mon père en baver, mes frères revenir blessés de la guerre, ma mère se tuer au boulot. Ce pays où les gens riches venaient t'apporter un kilo de sucre et des vêtements avec un sourire puant la bonne conscience. Hiérarchie ! Misogynie ! Piston et formalisme ! Quand on pense qu'on a fait une révolution pour ça. Dans le cul la France ! J'ai toujours pensé qu'ils avaient fait crever ma mère. »

Sur le seuil de la porte, Paul reste figé, sa tête tourne, tourne tandis que cette vieille ritournelle lui revient à la mémoire :

> « C'est aujourd'hui dimanche,
> tiens, ma jolie maman ;
> voici des roses blanches... »

« Paulo, Paulo ! » mumure sa sœur Odette entre deux sanglots. Elle lui demande d'aller chercher des bougies pour poser au pied du lit mortuaire. Comme un automate, Paul pivote sur lui-même et reprend l'escalier marche après marche avec un air abasourdi.

Bien entendu, il est impossible de trouver le moindre morceau de cire pourvu d'une mèche. Ce genre d'article a déserté les vitrines et les boutiques depuis les premières semaines de l'Occupation. En toute logique, il décide de se rabattre sur l'église pour s'en procurer. Mal lui en prend, c'est un bedeau acariâtre qui le reçoit, un porte-verge à l'haleine si fétide que Paul ne parvient même pas à distinguer les relents écœurants d'ail de ceux, tout aussi répugnants, d'un mauvais vin de messe mal digéré. Le larbin de la bande à Jésus ne tient pas à se défaire de ses bougies. Il lui importe avant tout de faire fructifier le commerce qu'il entretient avec d'autres. Il hurle un nom de marchand dans le visage de Paul, qui ne sait plus à quel diable se vouer. Finalement, plus par impatience que par pitié, devant l'hébétude de l'adolescent, le suisse en civil consent à se départir de deux malheureux cierges à la blancheur douteuse.

Paul ne demande pas son reste et retourne chez lui sans accorder ne serait-ce qu'un coup d'œil à la boutique désignée par le bedeau magouilleur.

Dans la chambre de sa mère, au moment où il commence à placer les cierges, un brouhaha aux accents germaniques se fait entendre depuis la cour de l'immeuble. Rapidement, les étages sont envahis par des soldats qui cognent aux portes sans ménagement, à la recherche d'armes éventuelles ou de personnes en situation irrégulière. Paul allume le deuxième cierge et Odette pousse la porte de la chambre. Bientôt, le bruit des crosses résonne contre la porte d'entrée. Un voisin a beau dissuader le soldat d'insister, rien n'y fait. Odette se décide à ouvrir la porte principale, aussitôt bousculée par un homme en uniforme, une mitraillette à la main. À plusieurs, ils entreprennent alors de fouiller tout l'appartement. Lulu a les pétoches : il vient de se rappeler qu'à la cave est caché un fusil récupéré de la guerre de 1914-1918. Devant la chambre mortuaire, Odette se précipite pour s'interposer ; elle est écartée brutalement. Deux soldats entrent dans la pièce en hurlant puis s'arrêtent net, muets, stupéfaits.

Ils comprennent leur bévue, mal à l'aise devant cette silhouette au teint lunaire qui symbolise à elle seule la fragilité humaine. Les deux Allemands se retirent en silence, laissant les enfants Buissonneau à leur chagrin.

Paul voudrait bien crier, mais aucun son ne parvient à sortir de sa gorge. Il ne lui reste plus pour se consoler que l'odeur d'un parfum découvert durant les premières vacances de sa petite enfance, sur une rivière à La Roche-sur-Yon, le parfum de sa mère, un parfum sans nom. Et ça, personne ne pourra jamais le lui arracher du cœur.

□

Dura lex sed lex[4] ! Paul a beau faire partie désormais du monde des adultes, il peut bien gagner sa croûte et vivre de façon tout à fait autonome, les lois de la République française sont incontournables. On ne rit pas avec ça, monsieur : Paul Buissonneau est mineur, orphelin de surcroît et déjà pupille de la nation. Il lui faut un tuteur. L'oncle Henri, le frère d'Andréa, qui habite une loge de concierge dans le XVIe arrondissement, est désigné. André, le frère aîné de Paul, est nommé quant à lui subrogé-tuteur. C'est-à-dire qu'il a été choisi par le conseil de famille dans une ligne autre que celle du tuteur pour représenter les intérêts du pupille, en l'occurrence son petit frère, et pour surveiller la gestion du tuteur.

Tout cela est purement formel. André a déjà quitté la maison familiale. Quant à l'oncle Henri, il vit de son côté à l'autre bout de Paris et Paul ne le porte pas précisément dans son cœur. Non seulement il le trouve rébarbatif et malcommode mais, en plus, il le soupçonne d'avoir plus ou moins mis la main sur l'héritage de sa mère. De toute façon, ce petit-bourgeois a déjà mis Paul au parfum en ces termes :

> « T'es mieux de ne pas faire parler de toi parce que les maisons de correction, c'est pas fait pour les chiens ! »

Paul respecte ces mots d'encouragement à la lettre et c'est donc en compagnie d'Odette, de Lulu et de René qu'il entreprend une nouvelle étape de sa vie, avenue Edison.

4. *La loi est dure mais c'est la loi.*

Après l'enterrement, le quotidien reprend sa place. À l'atelier, les premiers temps, Paul est moins volubile, et ses compagnons de travail se font respectueux et discrets à son égard. Il essaie de ne pas laisser filer ses mains trop vite pour ne pas les contrarier. Tant bien que mal, il fait en sorte de ne pas doubler la sacro-sainte cadence afin que les responsables syndicaux ne lui cherchent pas noise, à lui qu'ils appellent « le jaune ». En effet, déjà conséquent avec ses idées et en accord avec sa tête de mule et son souci d'indépendance, Paul ne s'est affilié à aucun syndicat, quel qu'il soit. Il n'a pas d'animosité particulière à l'égard des « rouges », mais il ne tient pas à s'embrigader. Cet état d'esprit propre aux francs-tireurs, il le conservera toute sa vie comme l'exigence première d'un être libre, d'un homme qui entend bien ne jamais user de la langue de bois et dire toujours tout haut ce qu'il pense.

La seule entorse à cette règle, il sera contraint de la faire plus tard, dans son pays d'adoption, pour pouvoir exercer son métier de comédien[5].

Pour le moment, Paul ne voit aucune raison de ne pas demeurer « jaune » tout en travaillant et discutant avec des syndiqués comme Champdavoine, le ferreur, qui excelle dans son domaine. Celui-ci vient tous les matins en vélo d'Arpajon, ce qui est une sacrée trotte. Par ailleurs membre du Parti communiste, cet ouvrier hors pair est déjà très actif dans la Résistance, bien qu'il cache soigneusement son jeu.

Un après-midi de décembre, alors que Paul traverse l'atelier, il est arrêté par la sonnerie du téléphone, sur le mur, juste à sa hauteur. Il décroche et entend la voix de la patronne qui lui demande de lui envoyer Champdavoine. Paul raccroche et fait signe à son compagnon de se rendre en bas.

Pas une seconde il ne se doute des conséquences de ce petit geste : Champdavoine dépose ses outils et descend,

5. Il deviendra alors membre d'un syndicat à adhésion obligatoire.

innocemment lui aussi, pour rencontrer la patronne et... se fait embarquer par la gestapo. La suite est tristement banale pour l'époque : violence et tortures horribles sur ce résistant communiste pour le faire parler, pour qu'il balance les autres, et tout au bout... la mort.

Aujourd'hui encore, Paul Buissonneau cherche dans sa tête le petit indice qui aurait pu lui permettre de sauver Champdavoine.

□

L'hiver 1941-42 s'installe cruellement dans toute l'Europe comme si la guerre ne suffisait pas, pour bien montrer que les caprices du temps n'ont pas signé d'armistice. Le froid, lui, n'entend pas subir quelque diktat que ce soit. Il se manifeste sans distinction ni indulgence sous la forme d'un hiver arctique qui s'abat sur l'occupant autant que sur l'occupé, marquant ainsi avec une ironie glaciale la nouvelle année d'une guerre qui s'annonce interminable.

En temps normal, si la France jouit d'un climat tempéré, c'est notamment parce que l'humidité constante y joue son rôle de modérateur. Mais lorsqu'il s'agit d'une vague de froid digne d'un climat continental, chaque degré au-dessous de zéro prend des proportions inimaginables, à tel point qu'il vaut mieux connaître un -35 °C à Montréal qu'un -15 °C à Paris.

Dans l'atelier, cet événement tourne au drame. Le givre vient coller ses étoiles de glace sur toutes les grandes vitres tandis que le toit en zinc craque et gémit sous l'effet des rafales d'un vent si froid qu'on le croirait capable de geler une colonne de fumée. Sur sa machine à coudre, Paul n'en peut plus, ses doigts saignent à cause des engelures qu'une chaudière à charbon tout juste bonne à chauffer une chiotte ne parvient pas à empêcher. Il lui arrive parfois de quitter son établi pour se réchauffer les mains un bref instant, mais il lui faut rapidement regagner son poste de travail sous l'œil inquisiteur d'Alfred.

L'année 1942 marque un véritable tournant de la guerre. Commencée en fanfare dans l'esprit du « redressement national » de Pétain symbolisé par le développement de plus en plus large des Chantiers de la jeunesse, elle va se terminer sur une note d'espoir, puis de répression, avec le débarquement allié en Afrique du Nord, auquel Hitler répond aussitôt par la suppression de la zone libre et l'occupation totale de la France.

À Paris, la situation se dégrade encore davantage. Le rationnement alimentaire s'accentue, tandis que la pression de l'occupant se fait de plus en plus forte. Six mois après la rafle du Vel' d'Hiv,' l'acharnement continue. Un matin, comme il dévale l'escalier de l'appartement familial, Paul est accueilli par les hommes aux longs manteaux de cuir noir de la gestapo, escortés de soldats SS. Il est plaqué contre le mur dans la cour. De longues minutes passent durant lesquelles l'immeuble entier retient son souffle sous l'effet des ordres hurlés en allemand. Bientôt, le bruit des bottes qui martèlent les marches de l'escalier se rapproche de Paul. Les soldats qui gardaient la cour se dirigent vers lui et... le laissent à son sort. Il se retourne lentement et voit alors passer les deux petites Juives du bâtiment d'en face, des mitraillettes collées à la nuque. Paul respire et relativise alors ses petits désespoirs quotidiens :

> « Ils étaient misérables cependant en comparaison du grand désespoir des autres, comme celui des fusillés à l'aube : une simple affichette en guise de faire-part pour annoncer, sur tous les murs de la cité, les noms de ceux qui mourront demain. De ceux qui sont partis hors champ, hors les murs, hors la ville ; petit Juif étoilé, petit Juif trompé qui prend toujours le train pour un quelque part inconnu et revient très souvent en brume légère vers ses anciennes racines. »

Au-delà de l'immense grille qui sépare l'avenue Edison de la cour de l'immeuble, les deux petites adolescentes juives sont embarquées dans des véhicules noirs qui disparaissent en laissant retomber derrière eux un nuage de fumée tristement prémonitoire.

Durant cette guerre, parmi les restrictions il y a les coupures d'électricité imposées à l'usine le jeudi : Paul doit travailler le samedi pour remplacer la journée perdue.

Voilà la bonne aubaine pour occuper son temps sans avoir à suivre telle ou telle cadence. Paul décide de fabriquer des chaussures à partir de chutes de toile grossière et autres rebuts ramassés çà et là.

Comme ces coupures d'électricité n'interviennent que par secteur, cela ne l'empêche pas de s'installer chez lui près du poste de radio bricolé par son frère André. Il peut coudre à son rythme tout en écoutant les retransmissions en direct de *La Comédie-Française*. C'est en piquant ses aiguilles dans des semelles de fortune qu'il découvre Molière, Racine, Corneille et Musset par le truchement de sociétaires trop vieux pour aller tenir le rôle de Mars sur le front de l'Est ou celui de Thanatos près de Weimar.

Ces coupures d'électricité ont par ailleurs des conséquences cocasses : dans certains théâtres comme à *Bobino*, pour être sûr de ne pas subir ces interruptions intempestives, on a défoncé le plafond de la salle pour installer des vitres permettant de jouer à la lumière du jour. C'est d'ailleurs dans ces conditions que Paul verra pour la première fois, en 1943, un groupe de jeunes chanteurs fondé en zone libre dès 1941 et qui se produira sous le nom de Compagnons de la Musique.

Que faire pour se détendre ? Travailler !... mais d'une autre manière, en prêtant main-forte aux copains du XIIIe.

Dès qu'il a un moment de libre, Paul fonce au patronage de la Maison-Blanche. Là, il aide aux nombreuses activités, notamment à la soupe populaire où il lui arrive de servir des repas de temps en temps :

> « C'était déprimant ! Il y avait une soupe faite de vieux os qui sentait le diable. »

Et puis, il y a les cours de culture physique et les rencontres au local des scouts. C'est à partir de là que sont concoctés les moments forts de cette activité qu'il place au-dessus de toutes les autres et qu'il ne voudrait manquer pour rien au monde : le théâtre.

Il y met le meilleur de lui-même pour apporter sa contribution aux animations organisées à droite et à gauche. Il se sent bien.

Les vacances arrivent, mais le cœur n'est guère à la fête. Les nouvelles ne sont pas encourageantes. Le IIIe Reich est loin d'être affaibli. Il remporte une victoire psychologiquement essentielle à l'issue de la bataille de l'Atlantique grâce aux sous-marins de la *Kriegsmarine.* Les Russes reculent de plusieurs centaines de kilomètres sur le front de l'Est, la *Wermacht* ouvre la route du Caire en Afrique du Nord. À Paris, on déboulonne les statues pour les fondre. Autant dire que l'issue de la guerre est incertaine et que le conflit risque de tourner pour longtemps à l'avantage du dictateur fou.

Dans la morosité des premiers jours de cet été 1942, Paul entend néanmoins s'octroyer les vacances qu'il mérite : il se décide à repartir, comme l'année précédente, avec ses copains routiers et d'autres gars de la Maison-Blanche pour un séjour un peu moins formel.

Le camp, cette année-là, est organisé à l'initiative d'un dénommé Marcel Déan, dominicain défroqué. Le séjour se déroule à Gérardmer, petite commune bucolique des Vosges.

Outre les excursions rituelles et les bivouacs au coin du feu, il se produit un événement qui va marquer l'adolescent de quinze ans et demi qu'il est.

À l'occasion d'une sortie en petites groupes séparés, Déan, carte d'état-major dépliée devant chaque responsable, donne les pistes à suivre. En bon organisateur, il détermine un lieu de ralliement qui se trouve être un banal café situé au cœur d'un petit village vosgeois.

Au terme de cette randonnée, les différents groupes convergent les uns après les autres vers le café choisi. C'est l'occasion de s'offrir un petit rafraîchissement.

Une fois dans le bistrot, Paul se rend compte que le lieu n'est pas précisément une cantine d'école maternelle.

À sa grande surprise, les soldats allemands présents n'affichent pas le maintien habituel. Ils ne se montrent pas secs, raides et suspicieux comme à l'accoutumée. Au contraire, lorsqu'ils voient entrer les adolescents en vadrouille, ils deviennent hilares et ne se gênent pas pour lancer des plaisanteries grasses et de mauvais goût dans un mélange d'allemand et de français chuinté et heurté. Enfin, ils ne semblent nullement souffrir des restrictions puisque bière, vin et champagne coulent à flots. C'est la première fois que Paul voit un tel laisser-aller chez l'ennemi. La plupart ont tombé la veste et chantent en bras de chemise, le verre à la main. D'autres exécutent une petite danse virile en se tenant par l'épaule pendant qu'en arrière on applaudit. À mesure qu'il déchiffre ce tableau vivant, Paul prend conscience qu'il ne s'agit nullement d'une réunion de corps de garde ou d'un mess d'officiers en campagne. Presque à côté de chaque soldat se colle une fille ou une femme délicieusement effeuillée. Ici, les porte-jarretelles et les balconnets semblent être de rigueur de même que les combinaisons en guipure et les bas résille. Quelques accessoires en cuir dignes du marquis de Sade émergent çà et là quand il ne s'agit pas tout simplement d'une silhouette totalement nue, à peine dissimulée sous le long manteau de cuir noir d'un colonel ventripotent. Le spectacle est tout simplement fascinant, digne du grand Bertolt Brecht que Paul croisera un jour à l'occasion d'une mise en scène. À ce moment-là, il ne connaît pas encore l'homme mais peu lui chaut, il apprécie ce spectacle en esthète, débusquant la nature humaine au-delà de ce qu'elle a de plus cru, appréciant le vulgaire qui stigmatise à sa manière la richesse humaine. Il remarque aussitôt la beauté des couleurs qui s'affrontent en un ballet surréaliste où la dentelle et le cuir mélangent leurs odeurs âcres et sucrées. Il laisse s'imprimer dans sa mémoire les éructations qui répondent aux gémissements. Il reste ainsi, la bouche ouverte, absolument subjugué par le tremblement de ces corps gras et roses qui exultent sur ces chairs tendres et diaphanes.

Il emmagasine cette fresque naturellement, avec une curiosité toute simple, avec un plaisir réel mû par cette force créatrice en devenir et qui ne lui fera jamais défaut : l'instinct. Paul sait parfaitement que le moment est unique.

Hélas ! le rideau comme toujours doit tomber. Déan arrive avec son groupe. L'ancien dominicain a beau être défroqué, il entend inculquer à cette jeunesse des valeurs morales plus proches de la tradition judéo-chrétienne que de la philosophie sadomasochiste.

C'est plein de regrets que Paul doit quitter ce lieu merveilleux et reprendre le chemin du camp avec ses copains routiers.

À l'automne 1942, les événements se précipitent avec la mise au pas d'un gouvernement de Vichy désormais totalement soumis et méprisable au point d'ordonner à sa propre flotte de se saborder en Méditerranée ! La France n'est plus que l'ombre d'elle-même : une vague entité à la merci de l'hystérie hitlérienne.

Heureusement, dans les maquis la Résistance met au point de plus en plus d'opérations pendant que, au-delà de la Manche et de l'Atlantique, les Alliés s'organisent.

C'est peut-être ce début de rébellion qui commence à donner de timides ailes à un Paul qui n'a jamais été plus brave que la majorité. Sans doute stimulé par ses copains, dont Guy Barbeau, il accepte de sortir de la maison l'énorme trousseau de clés d'Émilien, l'ami de son père qui venait jouer du violon à la maison le dimanche et qui avait légué ces précieux passe-partout à sa mère.

Près de chez lui, avenue Sœur-Rosalie, Barbeau a repéré une guérite avec une lourde porte métallique qui l'intrigue beaucoup.

Un dimanche soir, Momo Lambert le boulanger et Claude Javouret le tonnelier font le guet chacun de leur côté pendant que Paul et Barbeau jouent avec la serrure. Après quelques tentatives infructueuses, le pêne tourne sans offrir la moindre résistance. Un bref coup de sifflet et Momo suivi de Claude s'engouffrent à leur tour.

Les quatre archéologues amateurs empruntent d'abord un escalier qui s'enfonce dans le ventre de la capitale vers les anciennes carrières souterraines. Munis de lampes de poche, ils suivent un dédale de galeries qui débouchent parfois sur des caves à vin hélas soigneusement verrouillées, quand ce n'est pas sur le métro. Ils marchent ainsi sans se soucier du temps ni par conséquent de la distance qu'ils parcourent. À mesure qu'ils explorent ce véritable labyrinthe, les galeries se font de plus en plus nombreuses, si bien qu'ils ne savent bientôt pas où ils sont et surtout comment réussir à sortir. C'est Barbeau, l'audacieux du groupe, qui décide de repartir au pif en se fiant à son sens de l'orientation. Soudain, ils se retrouvent face à un mur d'ossements duquel saillissent des milliers de crânes qui les fixent avec leurs orbites noires et inquiétantes. Les quatre spéléologues du dimanche sursautent et ne peuvent réprimer un frisson.

La démarche moins assurée, ils font demi-tour et reprennent leur expédition vers une sortie qui tarde à se manifester. Plus ils avancent, plus les ossements deviennent nombreux, à tel point que l'inquiétude du début se transforme en une rigolade plutôt nerveuse. Ils réalisent qu'ils se promènent en plein milieu des catacombes, parmi les squelettes de six millions de rescapés des cimetières parisiens.

Les quatre explorateurs atteignent enfin une zone balisée et grimpent les barreaux d'une échelle métallique qui mène à une bouche d'égout. En la soulevant délicatement, ils constatent qu'ils sont du côté ouest de la place Denfert-Rochereau, au moment précis où une patrouille allemande fait sa ronde !

Après avoir attendu que le bruit des bottes se dissipe, ils réussissent à s'extraire du sous-sol de Paris en catimini, comme quatre mineurs qui tiendraient à revenir le plus discrètement possible à la surface.

Quelques semaines plus tard, à l'orée d'une forêt située au sud de Paris, en compagnie des mêmes larrons, Paul découvre un immense terrain réquisitionné par les Allemands et en cours d'aménagement. Les hangars récemment bâtis ne sont pas encore totalement occupés, mais du matériel s'y trouve déjà stocké. Après avoir jeté un bref regard panoramique pour s'assurer qu'ils sont bien seuls, Barbeau ramasse des pierres et les jette dans les vitres. D'abord craintifs, les trois autres gaillards l'imitent à leur tour dans une franche rigolade. Non contents de briser les fenêtres, ils sabotent le plus de matériel possible avant de rouler dans un ravin tout proche de rutilantes citernes d'essence neuves et vides qui disparaissent englouties dans des fonds marécageux.

Aujourd'hui encore, Paul Buissonneau se demande comment il se fait qu'il n'y ait pas eu la moindre sentinelle. Une chose est sûre, sans la pression de Guy Barbeau il n'aurait pas levé le petit doigt !

> « Barbeau était un fils de bourgeois... C'est les pires ! Ils ont un tel ressentiment au ventre qu'ils n'ont peur de rien, alors ils se défoulent dans ces moments-là. Moi, j'y allais plus mollement je dois dire. »

Ce qui étonne tout de même dans ce raid, c'est de voir Paul Buissonneau saccager du matériel, lui qui toute sa vie sera fasciné par les objets jusqu'à laisser les plus hétéroclites envahir sa maison. Il faut dire qu'à cette époque les Teutons commencent sérieusement à les lui gonfler !

Avec les premiers frimas de l'hiver, les sorties se font moins agréables et Paul préfère passer plutôt ses rares moments de détente à découvrir la production cinématographique française. Sa salle de prédilection est celle du *Cinéma des Gobelins*, sur l'avenue du même nom. Depuis qu'on lui a dit que les deux statues immenses qui ornent la façade sont l'œuvre d'un dénommé Auguste Rodin, il n'est pas peu fier. Chaque fois qu'il entre, il jette un coup d'œil complice aux deux grandes figures, une femme et un homme, qui symbolisent l'art dramatique par les masques de la tragédie et de la comédie (à l'origine se trouvait là le *Théâtre des Gobelins*, dont le premier lever du rideau remonte à 1869). Évidemment, sa préférence va à la femme aux castagnettes, qui l'observe en souriant, tandis que l'homme aux cheveux longs, de l'autre côté, jette sur lui un regard foudroyant. Paul pénètre alors dans le cinéma, persuadé que, placé sous de tels auspices, le film ne peut qu'en être meilleur!

La production cinématographique de cette époque est de qualité. Bien calé au fond de son siège dans ce théâtre à l'italienne réparti sur trois balcons, Paul découvre le « Bizarre, vous avez dit bizarre... » de Louis Jouvet dans *Drôle de drame* de Marcel Carné, sorti en 1937. C'est l'occasion d'apprécier le génie d'un nouveau scénariste typiquement parisien comme lui: Jacques Prévert. Avec ce duo d'une rare qualité, Paul se promène *Quai des brumes* et attend la séance de nuit pour être sûr de voir *Le jour se lève.* Il baigne jusqu'au cou dans le réalisme poétique en compagnie de Michel Simon et de Jules Berry avant de succomber au charme fantastique des *Visiteurs du soir.*

L'émotion est totale et il lui est bien difficile, lorsque la lumière revient, de s'extraire de son fauteuil.

> « C'était terrible, j'avais l'impression de faire un rêve éveillé. Je ne savais plus où j'étais, si bien qu'après chaque séance le contact avec le réel était épouvantable. »

À quelques rares reprises, Paul fausse compagnie au *Cinéma des Gobelins* pour explorer les grandes salles de la capitale. Mais cette infidélité est de courte durée car il se rend vite compte des risques encourus durant ce genre de sortie. Dès la projection des actualités, qui à l'époque précédaient le film, les gens hurlent ou se mettent à siffler les nazis. Aussitôt la lumière est brusquement allumée et la gestapo entre pour menacer et embarquer des spectateurs. Paul juge plus sage de rester dans son quartier.

Au début de 1943, le gouvernement de Vichy prend une grave décision qui va avoir des conséquences immédiates sur la famille Buissonneau. Le 21 février est instauré le STO (Service du travail obligatoire), qui contraint tous les jeunes gens âgés de dix-huit ans et plus d'aller travailler en Allemagne. De façon plus prosaïque, cela signifie trimer pour l'occupant, comme un forçat dans des mines de sel en Silésie par exemple.

Si Paul échappe pour l'instant à cette loi en raison de son âge, il en va tout autrement d'André et de René. Lucien, blessé dès les premiers mois de la guerre, est exempté. C'est donc André qui se présente le premier au bureau de recensement. Il est aussitôt envoyé à Essen dans le bassin de la Ruhr. René, lui, tergiverse. Il sait parfaitement ce qui se cache derrière cette abréviation de STO et ne tient pas à se faire embarquer. Toutefois, sur l'insistance d'Odette, qui craint une descente musclée des Allemands à l'appartement, il se résigne à son tour et se retrouve dans un train qui le conduit jusqu'à Berlin.

Il ne reste plus alors, avenue Edison, qu'Odette, Lulu et Paul. Le moral n'est pas au beau fixe, loin de là. Les trois Buissonneau restés à Paris travaillent comme des malades et ne trouvent de temps ni pour se voir ni pour faire la queue devant les magasins d'alimentation. Lorsqu'il part à l'usine tôt le matin, il n'est pas rare que Paul trouve un petit mot d'Odette ou de Lulu concernant telle ou telle affaire réglée ou à régler. Il quitte l'appartement la faim au ventre pour rejoindre ses compagnons d'atelier, qui sont les premiers témoins de la fatigue et de l'épuisement qui l'envahissent chaque jour un peu plus.

Dans ce « putain d'atelier », Paul découvre la faim, la vraie, celle qui fait naître le délire et les troubles de l'imagination. Son teint vire au blanc sépulcral du moribond pendant que ses guibolles se dérobent sous son corps chétif. Il s'en va tout doucement, comme si son sang refluait sous l'effet de quelque marée du cœur. Il lui faut s'allonger au plus vite pour ne pas s'effondrer au milieu de l'atelier. Il se traîne jusqu'à la mezzanine pour offrir de toute urgence un peu de répit à son corps parmi le foin entreposé, sous l'œil inquiet de ses vieux camarades.

À mesure que les jours passent, les crises se font plus fréquentes, jusqu'à devenir chroniques aux premiers jours de juillet. Paul est totalement épuisé. Il joue les Debureau[6].

Heureusement, un événement va sauver l'affamé. Par le truchement de marraine Vivise, de son vrai nom républicain Marie-Louise Leroyer, la résurrection est proche.

Celle-ci en effet adore son filleul Lulu et s'inquiète sincèrement pour sa santé. Après avoir passé plusieurs semaines emplâtré au début de la guerre, ce dernier peine à recouvrer forme humaine sous l'effet des jeûnes imposés par les restrictions. La convalescence est longue et les couleurs de la vraie vie tardent à revenir embellir son beau visage, de sorte que marraine Vivise glisse sa main potelée dans le cou de Lulu et ordonne :

> « Tu es pâle, tu vas aller avec ton petit frère chez Marie Torchon. »

Paul et Lulu entendent ce nom pour la première fois et dans leur tête une confusion s'installe. Doit-on s'attendre à se rendre chez une personne dont la physionomie s'apparente à ce morceau de toile qui sert à essuyer la vaisselle ou s'agit-il d'un être humain à l'allure plus avenante qui ne serait pas sans rappeler ce mets désormais enfoui sous les gravats de la mémoire, qu'on servait encore à une époque où les armes et les uniformes ne régnaient pas et qu'on nommait « jambon au torchon » ?

6. Mime français qui créa au XIXe siècle le personnage du Pierrot au visage exagérément pâle.

Mystère ! Une chose est sûre : Marie Torchon est la nièce de marraine Vivise. Elle habite en Normandie et son mari est prisonnier de guerre.

Aussitôt les valises bouclées, les deux Buissonneau sautent dans le train vers cette destination-surprise.

Dans la campagne normande, devant ce décor agreste d'arbres fruitiers et d'herbe tendre, Paul a l'impression de revenir en arrière, avant la guerre, quand on ne manquait de rien et que le mot *succédané*, ou *ersatz* pour les germanophiles, n'avait aucun sens. Au milieu des pommiers et des prairies grasses où vont paître des vaches énormes se dresse la ferme de Marie Torchon. Cette dernière, une Normande dans la trentaine, gironde à faire damner un cénobite, les reçoit à bras grands ouverts. Ici les restrictions n'ont pas cours. Paul et Lulu ont les yeux qui sortent des orbites et le ventre qui gargouille de joie. Chaque matin le fils de la fermière, plus jeune qu'eux, va remplir avec un air blasé une généreuse cruche de calvados. Le pain est distribué sans compter et les jambons sont pendus dans leurs filets, alignés soigneusement dans l'arrière-cuisine pendant que les camemberts, pont-l'évêque et livarots du pays d'Auge s'affinent délicatement dans le noir.

La première semaine, Paul et Lulu s'emploient à mettre leur pâleur sur le compte du passé. Une fois retapés, ils retroussent leurs manches et viennent prêter main-forte aux moissons, requinqués, loin de la tristesse parisienne. Le soir, Paul ronfle béatement sous des draps épais recouverts d'une énorme couette en rêvant de jambonneaux.

Au petit matin, il se demande si Lulu ne s'est pas glissé hors du lit pour aller butiner dans la chambre de l'hôtesse. Le frère aîné vogue dans la vingtaine et le père Torchon est retenu pour affaires depuis trop longtemps de l'autre côté du Rhin. Alors... Il n'y aurait là que l'appel normal et légitime de la nature, bien sot qui ne saurait tenir son rôle dans cette version cul-terreux du *Diable au corps* !

Au cours de ce séjour normand, Paul découvre deux mots dont il ignorait totalement le sens et qui vont s'accommoder parfaitement sous ses yeux : *verrat* et *truie*.

Chaque semaine, parfois même plusieurs fois par semaine, un rituel parmi les plus nobles et les plus grandioses du monde animal se répète sous ses yeux et ceux de son frangin, cérémonie fabuleuse dont Marie Torchon est la grande prêtresse.

Il se trouve donc que des paysans ou paysannes d'alentour viennent à la ferme en traînant énergiquement au bout d'une corde une superbe truie parée de ses plus beaux atours. La séduisante femelle en question, toute de rose vêtue, est installée entre deux brancards de bois pourvus de montants. Des sangles rapidement bouclées la maintiennent immobile dans cette structure au cas où elle aurait la stupidité de fuir le bonheur qui va s'offrir à elle. Le protocole ainsi respecté, la grande prêtresse fait entrer dans le cérémonial le plus beau, le plus gras, le plus sauvage, le plus monstrueux des verrats, véritable Apollon que la nature généreuse a pourvu d'un gourdin si vigoureux qu'il dépasse l'entendement humain, ou du moins celui des frères Buissonneau qui observent à distance depuis la ferme, en païens.

> « C'était fabuleux. Marie Torchon prenait le sexe du verrat dans sa main et le guidait tant bien que mal jusque dans le con de la truie sous les grognements des deux animaux. Pendant qu'elle officiait, Lulu et moi nous mangions du beurre à la cuillère à soupe, chacun son tour pour ne pas se faire remarquer. »

Cérémonie d'un autre temps où bonheur et plaisir se confondent ; moments de la vie qu'on ne peut et qu'on ne veut jamais oublier.

À la fin de ces vacances hors du temps, les deux lascars quittent la ferme les valises remplies de victuailles à l'initiative généreuse de Marie Torchon. Seulement, comme chaque chose a son prix, celui-là se manifeste par une route de cinq kilomètres jusqu'à la gare au long de laquelle il leur faut porter ces énormes fardeaux. Au début tout va bien, mais bientôt la patte folle de Lulu se réveille et Paul lui-même est épuisé au bout du premier kilomètre. Alors que Lulu s'effondre dans le fossé, il scrute la route et voit arriver au loin un cheval tirant une voiturette. Il se met aussitôt en travers pour demander au cocher tout de noir vêtu de les conduire jusqu'à la gare. D'abord réticent, car c'est la première fois qu'il attelle son cheval, le Normand en question accepte finalement de les laisser monter, à leur grand soulagement. Autour de la gare, Paul et Lulu sont pétrifiés devant les nombreux Allemands qui ont dressé un barrage. Ils savent que le marché noir est strictement interdit, à moins que l'occupant n'y trouve son profit. Dans le cas présent, ces deux valises bourrées de cochonnailles pourraient leur coûter très très cher.

Mais, comme par miracle, et peut-être parce que leur chauffeur prise mieux la collaboration que la résistance, ils atteignent le quai sans encombre, la sueur au creux des reins. Voilà un obstacle de franchi, reste l'arrivée à Paris, qui risque bien d'être plus périlleuse!

> « Dans le train on avait planqué nos affaires. Mais arrivés gare Saint-Lazare, il y avait des tonnes de Frisés. Lulu était blanc. Il m'a dit d'avancer, l'air de rien. On a réussi à passer en tremblant comme des feuilles. J'étais peureux. On ne savait jamais comment ça allait tourner. Ça pouvait être une baffe dans la gueule ou bien être fusillé, tout simplement. »

En fin de compte, les deux lascars se rendent jusqu'à l'avenue Edison où ils ouvrent leurs valises qui, telles des panses rebondies fendues d'un vigoureux coup de couteau, se mettent à déborder d'andouilles, de boudins, d'andouillettes, de fromages et de tripes sous les petits cris ravis d'Odette. Au moins pour quelque temps, la famine est jugulée.

Sans doute stimulé par cette cure normande, Paul met toute son énergie dans le théâtre dès qu'il peut s'échapper de l'usine.

À Paris, à la fin de l'année 1943, l'ambiance est pire que jamais. La milice perquisitionne à qui mieux mieux pour débusquer les réfractaires au STO, qui ont bien souvent pris le large vers les maquis de la Résistance. La situation est telle que chacun vit au jour le jour, dans l'urgence, et pour Paul il y a fort à parier que cette frénésie dans l'action qui l'animera tout au long de sa vie trouve ici le terrain favorable à son épanouissement. Il multiplie les rencontres et les cours avec une véritable boulimie. Il fonce à droite et à gauche pour tout essayer, tout savoir et tout comprendre sans négliger ses amitiés chez les routiers. Il traverse cet hiver dans une véritable allégresse.

□

S'il est une année que Paul redoute par-dessus tout, c'est 1944. Il va avoir dix-huit ans au mois de décembre et devra inéluctablement se coltiner à son tour le STO. Certes, l'année ne fait que commencer et tout est possible, mais les Allemands sont bien installés et, même si on parle d'un éventuel débarquement allié, ils disposent d'un tel arsenal militaire qu'ils peuvent tenir la dragée haute à n'importe quelle armée de la planète. Bien sûr, la *Wermacht* a rebroussé chemin au début de 1943 à Stalingrad, mais ce n'est que partie remise. Un débarquement ? Peuh ! il suffit de voir les alignements de blockhaus sur l'Atlantique pour se rendre compte que toutes ces rumeurs ne sont pas très raisonnables. En avril, Pétain est acclamé à Paris par une gigantesque foule !

Pour Paul, ça commence à sentir le roussi. Il devient de plus en plus difficile de sortir et de s'approvisionner. Il y a longtemps que les trésors de Marie Torchon ne sont plus qu'un vague souvenir qui ne parvient pas à bâillonner les gémissements du ventre. Malgré tout, Paul continue de suivre ses cours du côté de Montparnasse, remplaçant les vertus alimentaires d'un bon steak frites par les vertus créatrices de l'improvisation théâtrale. Il finit par oublier l'échéance du mois de décembre, d'autant plus que bientôt les premiers bombardements alliés résonnent à travers toute la France. Se pourrait-il que?... L'espoir renaît.

> « Arsène aime la confiture de fraises, je répète: Arsène aime la confiture de fraises. »

Usant de cet habile babil, la radio de Londres mutiplie ses messages codés à l'intention de la Résistance et de la France avec une ardeur inhabituelle: Paul reprend confiance.

Au printemps, il pèche même par une imprudence qui frise l'inconscience. Dans la rue, face à un milicien installé à une table avec son pistolet allemand posé à côté d'une bouteille de cognac, Paul cherche à dissuader les gens de se laisser embrigader dans le STO.

> « J'avais été catalogué comme mauvaise tête parce que j'avais dit aux autres de ne pas signer. Le milicien, qui m'en voulait, m'a dit: "Toi, mon petit con, c'est pas parce que t'as pas l'âge. On va t'attendre. Tu vas rester là et je vais te parler." »

Conséquence de cette bravoure insensée: Paul est interdit d'atelier. Le milicien lui ordonne de se présenter le lendemain à une gare de triage.

Au petit matin, Paul se dirige vers ce rendez-vous en prenant la précaution d'observer à distance, en restant caché. Il voit alors des hommes qui portent des rails comme des bêtes sous la menace d'autres miliciens zélés. Il s'éclipse. Il doit se cacher en espérant que les événements vont se précipiter.

Le 5 juin 1944, l'oreille collée à la radio de Londres, Paul entend ces vers célèbres de Verlaine: « Les sanglots longs des violons de l'automne blessent mon cœur d'une langueur monotone. Je répète... » Le lendemain, 6 juin 1944, le débarquement des Alliés en Normandie sonne le glas du régime hitlérien.

Dès le 19 août, l'insurrection prend forme au cœur même de Paris à l'initiative de la Résistance. Pendant une semaine, le peuple de la capitale descend dans la rue pour se battre contre les troupes allemandes. La pression monte au point qu'on craint une nouvelle Saint-Barthélemy. Il est grand temps qu'Anglais, Français, Américains et Canadiens libèrent la ville.

Comme toujours avec Paul, lorsque le vin est tiré, il faut le boire jusqu'à la lie : pas de gâchis ! Si l'on est embarqué dans un événement, autant être aux premières loges.

Pour confirmer ce principe, les troupes de la Libération vont décider, bien que venant de l'ouest, de pénétrer dans Paris par le sud ! Et devinez où ? En franchissant la Porte d'Italie, à deux pas de chez Paul Buissonneau, parbleu ! C'est ainsi que, tout naturellement attiré par le vrombissement des chars d'assaut et la rumeur de la rue, le 24 août 1944 vers vingt heures, il se retrouve avenue d'Italie pour acclamer les héros de la 2e DB.

Paul est d'abord interloqué par la petite jeep qui mène cette colonne. Sur le pare-brise de ce premier véhicule à entrer dans Paris, il est écrit : « Mort aux cons. » Mais, surtout, il est ému par la présence de cette fille en costume d'Alsacienne qui vient de s'installer dans le véhicule militaire. En la voyant ainsi parée de la coiffe typique du pays d'Andréa Buissonneau, avec son grand nœud noir frappé d'une cocarde tricolore, Paul réprime difficilement les larmes qui l'envahissent.

Autour de lui la liesse est indescriptible quand soudain le bruit d'une arme vient semer la panique dans la foule. Un forcené embusqué sur un balcon tire vers les soldats français. Depuis le réverbère derrière lequel il a pu se cacher, Paul assiste alors à un spectacle étonnant que même le scénariste le plus génial aurait eu peine à imaginer. L'un des chars d'assaut s'immobilise au milieu de l'avenue. Lentement, son conducteur en fait pivoter la tourelle vers le tireur isolé et pointe son canon vers ce dernier. Puis, méthodiquement, avec une froide précision, il tire tout autour du balcon, qui s'effondre avec son occupant dans un fracas de briques et de gravats.

La foule est subjuguée, elle applaudit les occupants du char d'assaut et la joie reprend de plus belle tout au long du défilé qui poursuit sa route vers le centre-ville.

Une heure plus tard, la *Marseillaise* entonnée depuis l'hôtel de ville est répercutée jusque dans les coins les plus reculés de la capitale. Cette nuit-là et pour la première fois depuis le début de la guerre, toutes les cloches des églises sans exception battent à la volée, enivrant dans une cacophonie mémorable les Parisiennes et Parisiens qui se jettent dans les bras les uns des autres.

Le lendemain, la kermesse continue avec son lot de bonheurs et de bassesses mélangés. Les règlements de comptes sommaires se multiplient, plus souvent provoqués par des résistants de la dernière minute que par de vrais combattants. Avenue Edison, Paul assiste au geste vil du mari de Pauline, sa voisine, qui, du cinquième étage, tire sur deux vieux soldats allemands égarés. Un en réchappe, l'autre est enterré sur place.

Dans l'après-midi, Lulu, essoufflé et excité, passe à l'appartement pour raconter l'histoire du milicien qui a menacé Paul quelques mois auparavant à propos du STO :

> « Les gens l'ont attrapé et entraîné au milieu de l'avenue des Gobelins. Ils l'ont couché devant un char qui s'est mis en branle lentement. L'homme a été broyé sous les chenilles. À mesure que ces tonnes de métal avançaient, le sang lui montait à la tête. Sa tête est devenue grosse, grosse, énorme, répugnante bouffissure... jusqu'au moment où un officier américain a tiré dans cette baudruche monstrueuse qui a explosé comme une citrouille pourrie ! »

Paul ne sait plus très bien s'il faut se réjouir ou s'inquiéter. Il tente de faire le tri dans sa tête tout en mesurant plus que jamais l'abîme infini dans lequel la folie humaine peut basculer.

Dans la soirée, il se rend à l'institut dentaire du square de Choisy que les F.F.I.[7], les « fifis » comme on les appelle, ont

7. Forces françaises de l'intérieur.

investi. La pagaille est indescriptible et, parmi les blessés qui affluent, Paul recueille le témoignage d'un petit gars dont le genou a été broyé par une balle. Ce fifi modèle réduit lui raconte comment, en voulant tirer avec un pistolet ramassé dans une ruelle, il a si mal visé que la balle a rebondi dans une porte métallique pour finalement atteindre son genou. Aussitôt pris en charge par des infirmiers, le minihéros disparaît en laissant comme héritage à Paul la singularité de son aventure.

Ce récit a son importance : il marque Paul si profondément que de nombreuses années plus tard, à l'occasion de la mise en scène d'une pièce de Dario Fo, il reprendra l'idée du rebond d'une balle avec une ampleur décuplée pour symboliser la mort de John F. Kennedy.

Le 26 août 1944, c'est la journée du général de Gaulle, qui marque son entrée officielle dans Paris en défilant depuis l'Arc de triomphe jusqu'à la cathédrale Notre-Dame sous les acclamations d'une foule si dense qu'on n'en verra plus jamais de telle.

Mais pour Paul, son rendez-vous avec l'histoire a lieu au cours d'un événement insensé qui marque pour lui la fin de l'occupation allemande.

À la nuit tombée, une escadre aérienne de la *Luftwaffe* revient vers la capitale qu'elle survole à basse altitude pour larguer des bombes en guise de représailles. La guerre est loin d'être finie. Les Allemands visent les points stratégiques tels que les entrepôts de munitions, les gares et les usines, dont celles des automobiles Panhard et Levassor, non loin de l'avenue Edison.

Dès la première alerte, Odette, Lulu et Paul gagnent l'abri antiaérien situé dans la cave. Le bourdonnement insupportable des avions et le fracas des bombes résonnent contre les fondations de l'immeuble.

À la faveur d'une accalmie, une voix du dehors vient demander des pompiers volontaires. Lulu n'hésite pas une seconde et s'offre, suivi comme un automate par l'ombre de Paul sous l'œil pétrifié de leur sœur Odette.

À partir de cet instant, les frères Buissonneau vont avoir le privilège de visiter l'enfer de leur vivant, allant même au-delà de cette zone limite qui sépare la vie de la mort pour en rapporter un petit souvenir.

Dans cette mise en scène apocalyptique, ils attrapent des extincteurs auxquels ils se cramponnent pour tenter, dans un geste dérisoire, de repousser les flammes. Le bruit est assourdissant, la chaleur torride.

En une fraction de seconde, sous l'effet d'une balle perforant son extincteur, Lulu s'envole dans les airs, porté par la violence de l'explosion comme une boule de liège maintenue en équilibre sous la pression d'un jet d'eau au stand de tir, à la fête foraine. Paul suit son frère des yeux et le voit retomber lourdement sur le sol. Il se précipite en larmes sur ce corps désarticulé comme une poupée qui aurait été mutilée par les coups répétés d'un sale mioche trop gâté.

Le sauvetage est conditionnel à la rapidité du médecin et de l'ambulance qui foncent au milieu des bombes, des balles et du feu, tandis que Paul, se foutant bien d'Orphée et d'Eurydice, ramène son Lulu des enfers en guettant constamment sur son visage le moindre signe de vie.

À chacun sa libération. Pour Paul, c'est cette image de son frère catapulté comme un pigeon d'argile dans le ciel enflammé de Paris qui symbolisera pour toujours les premières heures de la liberté.

La suite, heureusement, est digne d'un roman à l'eau de rose puisque le quidam balancé dans les airs sera soigné avec un tel amour qu'il épousera son infirmière.

Au matin du 27 août 1944, la guerre n'est pas finie, mais pour Paul Buissonneau une lourde porte heureusement est fermée. Derrière elle sont entassés, dans un bric-à-brac qui lui sied bien, tous ces instants de la vie qui contribuent à bâtir malgré lui un homme et qui lui feront dire, cinquante ans plus tard :

« Je dois avouer qu'au plus profond de moi j'ai quelque part la nostalgie du malheur, de ces malheurs-là qui font partie de ma jeunesse. »

ACTE II

L'apprentissage

Neuf muses et neuf compagnons
pour porter leurs traînes
et chanter leurs louanges
que voulez-vous de mieux ?

Jean Cocteau

SCÈNE I

L'entrée de l'artiste ou la transformation d'un ouvrier des villes en régisseur des champs

Personnages principaux

PAUL BUISSONNEAU : le néophyte ardent
RENÉ LAMOUREUX : l'entremetteur
ROGER PIC : le producteur chaussé

L'action se déroule entre des cités éventrées et une campagne qui fleure bon le calva. Nous sommes à la fin de la Seconde Guerre mondiale.

Côté cour : un pays dévasté par la folie des hommes
Côté jardin : une scène de théâtre dressée pour l'espoir

IL N'A PAS LA MANIÈRE, pas cette hauteur propre à certains, ni vraiment un destin tragi-poétique. En somme, lorsqu'il s'impose à la fin des années 60 à Montréal comme l'un des hommes de théâtre les plus importants de son temps, Paul Buissonneau n'a pas le profil. Il fait plutôt l'effet d'un gnome à lunettes qui, jaillissant par la force de son ressort hors de la boîte à surprise, occupe avec des manières de rustre le devant de la scène. On le laisse faire... un peu. On l'observe, plus ou moins amusé, et on se dit que, né sous une bonne étoile, il s'est instruit lui-même, sans maître. On se trompe! Si la bonne étoile est peut-être là et si c'est de l'enfance qu'il tire l'essentiel de son imaginaire, Buissonneau le créateur n'est pas précisément un autodidacte surgi de nulle part.

Un personnage va jouer un rôle capital dans la formation de Paul: René Lamoureux. Blond, plutôt petit, mince et élégant, Lamoureux, fils unique, aime fuir la solitude en se fondant dans des bandes de copains. Il a cinq ans de plus que Paul et il est déjà ami avec son frère René. Doué d'un esprit vif, c'est un boute-en-train, un animateur de veillée hors pair qui s'intéresse depuis toujours aux arts. Il chante et se produit dans les spectacles du patronage. Il n'a pas froid aux yeux et son jeune âge ne l'empêche pas d'entrer en contact avec des artistes. Plus tard, il apprendra la calligraphie chinoise, la sculpture et deviendra graphiste puis directeur artistique d'une importante firme de relations publiques.

Au début des années 40, Lamoureux rencontre Paul chez les scouts. Il est immédiatement intéressé par cet adolescent au regard pénétrant qui fait preuve d'une énergie débordante et mime avec drôlerie ses collègues de la *Carrosserie René David.* Les deux garçons sympathisent, discutent théâtre. Paul ne cache pas son goût pour le spectacle et se désole de n'y rien connaître. Bientôt, Lamoureux offre tout simplement de contribuer à l'éveil culturel de son jeune camarade. Histoire de l'art, théâtre, littérature, dessin: Lamoureux, lui-même curieux de tout, pousse Paul à s'intéresser à ces différentes formes de création. Il sent le terreau fertile, il devine une force. Bien sûr, ces «cours» n'ont rien de scolaire; il s'agit plutôt de rencontres guidées vers les mille visages de ce qu'on appelle la culture.

Paul qui a tant de peine à retenir les dates marquantes de l'histoire de France, Paul qui fuit les cours de dessin industriel que sa patronne lui impose pour compléter sa formation de sellier-garnisseur, Paul écoute, apprend. Il s'empare de ce que René Lamoureux lui fait découvrir. Il oublie la faim, il oublie la routine, il oublie un peu la vie et s'en fabrique une autre – inventée. Pour René Lamoureux, les véritables parasites de la société, ce sont ceux qui ne sont pas des créateurs. Il prouve à Paul que la vie d'ouvrier n'est pas une fatalité, que les forces créatrices qui poussent en lui comme de maigres herbes folles peuvent donner naissance à un champ de fleurs.

Lamoureux est un entremetteur. Il organise des rencontres entre Paul et de véritables professionnels du spectacle. Grâce à lui, Jean Serry, un ex-danseur étoile de l'*Opéra de Paris*, vient initier les jeunes du patronage. Ce passionné de la nature, écologiste avant l'heure, sorte de missionnaire errant, a l'habitude d'organiser des ballets sur les places des villages ! Avec lui, Paul découvre sa souplesse, il s'envole dans les airs tel un cabri heureux.

Robert Baguet, un spécialiste de l'éducation, explique au jeune Buissonneau ce qu'est et ce que doit faire un moniteur de vacances.

L'ami Lamoureux, de son côté, met bientôt ses talents de chanteur au service d'un groupe vocal : Les Compagnons de la Musique. Il décide aussi de pousser Paul un peu plus encore vers le théâtre. Avec ses copains du quartier, Buissonneau monte déjà des saynètes inspirées de textes moyenâgeux. Ils jouent chez les riches ou dans les orphelinats. Mais cela ne suffit plus : Paul sent qu'il lui faut aller plus loin. Lamoureux présente alors le jeune Buissonneau à Léon Chancerel, ancien secrétaire de Jacques Copeau, cofondateur de la NRF et créateur du *Théâtre du Vieux-Colombier*. Chancerel, qui a fait de la radio avec Louis Jouvet, préconise comme Copeau un véritable retour aux sources du théâtre devenu trop parisien, trop littéraire, trop abstrait...

Lorsqu'il rencontre le jeune Buissonneau, il le trouve « bien sympathique » mais un peu rustre. La mode n'est pas encore venue de recruter des comédiens chez les gens ordinaires ! On demande aux acteurs une certaine culture. Chancerel met en garde Paul :

« Tu veux devenir comédien ? Mais tu ne connais rien à rien !

— J'm'en fous, m'sieur Chancerel, je veux faire du théâtre.

— Ben alors, apprends, on verra après. »

Deux mois plus tard, Paul reçoit une lettre de Chancerel l'invitant à suivre des cours gratuits auprès d'Henri Cordreaux, Hubert Gignoux et Michel Bouleau. Avec ces maîtres, Paul travaille la pose de la voix, le théâtre ancien et moderne, le mime, les chœurs parlés, les chœurs antiques, la danse improvisée et la fabrication des masques, dans laquelle excelle le copain Guy Barbeau. Pendant deux ans, une fois ou deux par semaine, Paul Buissonneau s'échappe de l'avenue Edison. Il se rend Porte Maillot et avenue du Maine, où Chancerel loue des ateliers.

Des artistes de talents, d'orientations, de pensées et de caractères différents s'y côtoient. Ils ont en commun la passion de l'art et s'entendent pour lutter contre la morosité ambiante. Yves Joly, marionnettiste réputé, donne des cours d'improvisation. Paul y assiste. Il arrive souvent plus tôt pour observer Joly alors qu'il triture la matière, cherche, explore, prospecte le plus loin possible dans la conception et la fabrication de ses marionnettes. Manipulateur hors pair, il pousse l'épuration à son paroxysme. D'une lame de scie, Joly fait un poisson. D'un rien, il crée un monde. C'est cette magie qui fascine son jeune élève.

> « Le marionnettiste habitait l'atelier et un soir le fils Joly, armé de son pot de chambre, est venu recevoir le baiser paternel avant de retourner se coucher dans un mystérieux endroit dissimulé derrière les décors. La réalité et le spectacle se côtoyaient jusqu'à s'entremêler. »

□

Paul rend donc régulièrement visite à Chancerel qui, depuis son Centre dramatique, organise avec un dénommé Roger Pic des tournées théâtrales dans toute la France. Pic, comédien amateur puis régisseur pendant l'occupation allemande, est maintenant producteur. Il est depuis longtemps actif dans cette mouvance théâtrale nouvelle qui, à cause de la guerre, a recours essentiellement au système D comme « débrouille-toi » pour survivre et créer. Nombre de groupes chantants comme Les Frères Jacques ou Les Trois Barbus, de duos ou d'acteurs de premier plan comme Jacques Dufilho, Roger Blain ou François Chaumette, apparaîtront à cette époque. La troupe Les Compagnons de la Route, que Chancerel a mise sur pied, donne des spectacles dans les hôpitaux, les usines, les auberges de jeunesse. Cette volonté d'être présent partout est une véritable école tant pour les spectateurs que pour les comédiens.

Après la Libération, on crée, sous l'impulsion du général de Gaulle, Travail et Culture. Cet organisme subventionné est chargé de redonner à la France meurtrie la vie culturelle qui lui a fait défaut pendant quatre ans, en particulier dans les milieux populaires. Au sein de cet organisme, Roger Pic devient un temps secrétaire général du CID (Culture par l'initiation dramatique). Vite lassé par le côté administratif du CID, Pic se rapproche de Chancerel et de ses comédiens-routiers. Il rejoint le *Centre dramatique Kellerman* que la Ville de Paris a confié sept ans plus tôt à l'association dirigée par Léon Chancerel. En compagnie de ce dernier, Pic crée Le Théâtre de la Ville et des Champs, qui a pour mission d'inventer un théâtre rural. La troupe est financée par le ministère des Beaux-arts et doit se promener dans toute la France.

Un soir, après l'usine, Lamoureux, qui tient toujours Paul sous son aile, invite celui-ci à le suivre chez Chancerel. Pour l'occasion, Buissonneau a revêtu un étonnant costume de velours noir garni de boutons bizarroïdes (des scènes de chasse y sont gravées !) qu'il a piqué à l'usine, au fond d'un grenier. Il porte une écharpe fuchsia donnée à Andréa par une dame patronnesse avant la guerre. Dans le métro, les voyageurs dévisagent ce jeune homme curieusement accoutré. Il faut dire que Paul a aussi chaussé une paire de souliers de sa fabrication. Les chaussures, c'est l'obsession de tous les Parisiens en ce milieu des années 40 : les matières premières manquant, les vrais souliers neufs ont carrément disparu de la circulation. Les cordonniers en sont réduits à utiliser de la toile et des semelles de bois ! Les chaussures de Paul ont une forme étonnante, elles sont en cuir vert et pourvues de languettes en peau de léopard ! Lorsque les deux jeunes hommes arrivent chez Chancerel, c'est Pic qui les reçoit. Son regard est immédiatement attiré par les pieds du sellier-garnisseur :

« D'où tu les sors, tes godasses ?

— Ben... je les ai fabriquées moi-même, répond Buissonneau un brin gêné, craignant une remarque moqueuse.

— J'ai une vieille valise en cuir dans mon grenier... poursuit Pic, qui a plutôt l'air très intéressé. Tu serais capable de me tailler une paire de mocassins là-dedans ?

— Faut voir la valise ; mais ça devrait être possible. »

Marché conclu : Paul fabrique une paire de chaussures non seulement pour Pic mais aussi pour sa femme.

Cette visite n'a pas de suite immédiate jusqu'au jour où, dans l'atelier, une sonnerie se fait entendre.

« Paulo ! Téléphone ! C'est pour toi.

— Pour moi ? répond l'apprenti, qui n'a jamais reçu le moindre appel de sa vie. Ben ça... Allô ?

— Salut, Buissonneau, c'est Pic.

— Y a un problème avec mes chaussures ?

— Ben non, elles sont parfaites, tes godasses. J't'appelle pour autre chose. J'ai besoin d'un gars débrouillard pour accompagner ma troupe de théâtre en Normandie. Z'ont besoin d'un régisseur pour s'occuper des décors, éclairages et tout l'truc. Me faut un bricoleur parce que le matériel, c'est pas Bizance... Si ça te tente, tu dois être à Caen demain. »

Quitter l'atelier? Partir en tournée? Se fondre dans une troupe ?... En quelques secondes, le destin bascule: Paul accepte l'offre et se précipite dans le bureau de sa patronne pour annoncer son départ. Cette dernière est catastrophée. Le petit Paul est devenu fou! Artiste! Il se prend pour un artiste! On le met en garde: le voilà sur une bien mauvaise pente. Mais déjà il n'écoute plus. Il range ses outils dans une grosse caisse en bois et s'enfuit chez lui: «Salut, la visite!»

Le lendemain, ses quelques rares vêtements jetés dans une valise de carton, Paulo prend le train à la gare Saint-Lazare pour l'ouest de la France. Il n'est pas allé en Normandie depuis son séjour chez Marie Torchon; mais cette fois, c'est un décor dévasté qu'il découvre lorsqu'il descend en gare de Caen. Les combats qui ont suivi le débarquement allié ont meurtri la région. Les Européens commencent à comprendre que lorsque les libérateurs américains se joignent à la bagarre, ils ne font pas dans la dentelle. Les murs encore debout sont rares dans la préfecture du Calvados! Le Parisien erre un peu. Les rues sont jonchées de débris. Il finit par découvrir la troupe, qui a élu domicile au fond d'une cave. Dans un coin, on lui montre un lit ou plutôt un pieu aux draps raides de crasse. Gardant ses vêtements, il se roule en boule sur son matelas et réussit tant bien que mal à trouver le sommeil.

Le lendemain, le machiniste-régisseur fait connaissance avec ses futurs compagnons comédiens que dirige un certain Miguel de Muenc. La troupe est importante: on joue *Le Bourgeois gentilhomme*. La tournée des villages commence. Paul voit la mer pour la première fois de sa vie! Il retrouve les tables garnies de sa précédente escapade normande.

> «La plupart du temps, on dressait une scène en plein champ, le décor accroché aux pommiers. Les vaches faisaient partie des spectateurs! C'était vraiment champêtre. Mon côté artisan m'a beaucoup aidé, car tous les jours il fallait bricoler quelque chose pour que le décor ait un peu d'allure. Parfois il y avait

des retards, des événements inattendus ; alors je montais sur scène et j'improvisais un texte ou une chanson pour faire patienter les spectateurs. »

Très vite, pourtant, Paul prend conscience de sa différence vis-à-vis des comédiens. Ce sont pour la plupart des bourgeois extravertis, cultivés ou sûrs de l'être, persuadés de leur talent : des « artistes » quoi ! Paul se réfugie dans son rôle d'homme à tout faire. Un mois plus tard, il rentre à Paris avec un certain soulagement.

Pic, sûr de pouvoir compter de nouveau sur son régisseur, lui parle de la future tournée du Théâtre de la Ville et des Champs en Afrique du Nord. Il est très surpris d'entendre Paul décliner son offre. C'est sans appel.

> « J'avais bien aimé cette expérience, mais les comédiens et leurs egos boursouflés m'avaient dégoûté. Question de classe sociale. On ne s'était pas vraiment mélangés. Cette hiérarchie très française m'a toujours fait chier. Je me suis dit que ce n'était pas pour moi. Je ne me suis jamais pris pour Tartempion le roi des planches ! Je crois au travail, pas au génie. »

Paul a gardé le contact avec Chancerel. Celui-ci lui propose bientôt un rôle dans un feuilleton radiophonique enregistré au studio Bayard. Voici que c'est sa propre voix qui sort du poste de TSF ! Attention, il ne prête pas cette voix à n'importe qui : c'est carrément le rôle du jeune Jésus-Christ qu'on lui demande d'interpréter... La vie n'est pas sans surprises et, pendant cette année 1946, les événements vont se précipiter. Paul a bientôt vingt ans !

SCÈNE II

Le hasard ou l'art de se faire des Compagnons

Personnages principaux

PAUL BUISSONNEAU : le nouveau venu
ÉDITH PIAF : la chanteuse populaire
LES COMPAGNONS : la communauté vocale
FRANÇOISE CHARBONNEAU : la petite fiancée venue du froid

L'action s'accélère en un tourbillon planétaire fait de coups d'éclat, de moments de gloire et de déceptions. Nous sommes en temps de guerre froide.

Côté cour : les hauts lieux de la célébrité
Côté jardin : l'immensité d'un pays septentrional

« J'AI JAMAIS EU PEUR. J'ai toujours eu confiance en la vie. Ça a commencé à quatorze ans, alors ! »

Paul n'a pas d'état d'âme particulier. Il jette un coup d'œil distrait vers sa boîte à outils qui n'a pas bougé depuis plus d'un mois et se dit que le travail peut attendre. L'été aidant, il décide de s'octroyer quelques jours de repos avant de partir à la recherche d'un nouveau boulot à l'usine, chez *Carrosserie René*

David ou ailleurs. Il n'est pas inquiet, il sait très bien qu'il pourra faire valoir son expérience d'apprenti et son habileté professionnelle auprès de n'importe quel employeur.

Pour l'instant, il s'en va au patronage retrouver ses copains, l'air confiant et serein.

Au patro, il tombe nez à nez avec René Lamoureux, qui se montre très agité ; dans un énorme soupir de soulagement, il demande à Paul ce qu'il pouvait bien trafiquer pendant ces deux semaines où lui-même a mis le XIIIe arrondissement sens dessus dessous pour le trouver. René ne laisse même pas le temps à Paul de raconter sa tournée en Normandie. Il lui annonce que l'équipe des Compagnons de la Chanson, dont il a lui-même fait partie du temps où elle s'appelait Les Compagnons de la Musique, se cherche un neuvième larron afin de compléter le groupe.

Pour Lamoureux qui connaît Paul comme un frère, il n'y a pas l'ombre d'un doute : son protégé est le candidat idoine !

Paul hausse les sourcils puis les épaules d'un air dubitatif ; Lamoureux lui donne une bonne tape dans le dos et fixe un rendez-vous pour le lendemain.

Au petit matin du 1er juillet 1946, Paul se réveille tranquillement. Il n'est pas pressé. Odette, René et Lulu sont partis au travail et pour une fois il peut prendre son temps. Il sait qu'il a rendez-vous avec René Lamoureux en fin de matinée et qu'il lui faut parler avec son copain Guy Barbeau pour mettre au point une escapade en Auvergne, c'est tout. Chaque jour vaut la peine d'être vécu pleinement et consciencieusement, mais à aucun moment il n'y a lieu de se mettre martel en tête. En somme, pour lui la vie est un métier comme un autre.

Déjà, il est pétri de ce mélange antinomique rare et précieux qui fait souvent défaut chez les créateurs : le dilettantisme hyperprofessionnel. Amateur par la pensée au point de douter de ses capacités, il s'impose dans ses actes une exigence rigoureuse et constante. Ce type d'individu est redoutable tant et aussi longtemps que cet équilibre fragile se maintient. Il est animé d'une force créatrice énorme que rien ne peut arrêter. Il fonctionne par instinct. Il est incapable de s'analyser. Il est lui-même, tout simplement.

Il est ce qu'est Paul Buissonneau ce matin de juillet en allant retrouver René Lamoureux.

La rencontre avec Les Compagnons de la Chanson a lieu à la terrasse d'un café boulevard du Montparnasse où, sous l'effet de la chaleur estivale, les Parisiens en bras de chemise et les Parisiennes, en robes de coton légères, reprennent goût à la vie.

C'est le duo de tête des Compagnons qui accueille René et Paul. Assis devant deux panachés bien frais, Jean-Louis Jaubert et Marc Herrand invitent les deux amis à s'asseoir. Ils connaissent René depuis quelques années déjà, si bien que les présentations ne s'encombrent pas du superflu. On interroge Paul sur ses habiletés artistiques, ses goûts, ses désirs et ses disponibilités. On jauge son caractère à la lumière des recommandations préalables de René et on lui demande de prouver ses capacités vocales sur-le-champ en poussant une petite gamme.

Paul n'hésite pas. Il se lève, remplit d'air ses poumons et passe allègrement d'un octave à un autre en huit notes parfaites qui ponctuent avec cinq tons et deux demi-tons les huit degrés de l'échelle diatonique. Il sourit et se rassoit humblement sous l'œil ravi et fier de René Lamoureux. L'une des auditions parmi les plus courtes de l'histoire de la chanson française vient d'avoir lieu.

Les deux piliers du groupe n'ont pas besoin de se triturer les méninges. En musicien aguerri, Marc se réjouit de compléter la troupe avec ce ténor léger qui n'est pas dénué de talent et, en homme d'affaires avisé, Jean-Louis voit d'un très bon œil l'arrivée d'un jeunot qui ne semble pas avoir la grosse tête. Paul est immédiatement engagé : « Garçon ! tournée pour tout le monde. Le petit Paulo, le gobelin du XIIIe, entre dans le monde des grands. Chapeau bas. »

À cette époque, la notoriété des Compagnons de la Chanson, après cinq années de maturation, est en pleine phase ascendante. Né dans la mouvance du scoutisme et des comédiens-routiers, le groupe a été fondé en septembre 1941 à Lyon par Louis Liébard, maître de chapelle à la cathédrale de Dijon. Il existe d'abord sous le nom des Compagnons de la Musique. Après quelques mois consacrés à un minutieux travail de formation, cette équipe est vraiment mise sur pied au début de 1942. Dès lors, les spectacles se succèdent à Lyon et en zone libre avec quelques galas à Paris jusqu'en janvier 1945. À cette date, Les Compagnons de la Musique s'engagent dans les forces armées et partent distraire les soldats sur le front des Alpes ainsi qu'en Allemagne. Démobilisés au mois de septembre, ils participent à une tournée de propagande française sous la tutelle du ministère de l'Éducation nationale pour finir à la salle de l'*A.B.C.* en novembre à Paris.

Le groupe formé de neuf éléments s'agrandit d'une seconde équipe constituée par un double quatuor mixte. Mais cette association est de courte durée et, pour des motifs intérieurs, la quasi-totalité de l'équipe de scène, c'est-à-dire huit chanteurs sur neuf, se sépare de Louis Liébard[1] au retour d'une tournée sur les plages de la côte d'Azur. Le 1er mars 1946 est fondé un nouveau groupe : Les Compagnons de la Chanson.

Dès le 2 avril commence une tournée en Alsace-Lorraine puis de nouveau en Allemagne avec une chanteuse si petite et si frêle qu'on se demande comment la nature a pu y dissimuler une voix aussi puissante : Mme Édith Piaf.

Ensuite, de mai à juillet, Les Compagnons de la Chanson vont multiplier les spectacles, galas, émissions de radio et enregistrements à un rythme soutenu depuis l'*A.B.C.* en passant par le *Palais de Chaillot*, le *Studio François Ier*, le *Club des Cinq*, *L'Empire*, les *Studios Columbia*, jusqu'à un grand gala organisé par Édith Piaf, avec notamment Yves Montand, au profit des

1. Louis Liébard forme avec son équipe chorale et de nouveaux éléments un groupe qui continuera à porter le nom des Compagnons de la Musique.

enfants orphelins de pères prisonniers du *Stalag III D*, au *Club des Cinq* le 11 juillet.

C'est donc en pleine effervescence que Paul Buissonneau est engagé chez Les Compagnons de la Chanson. Le groupe est déjà solide et structuré. Il fonctionne sur le modèle d'une société coopérative, avec néanmoins une hiérarchie qui s'est imposée naturellement au fil du temps. Le meneur officieux, c'est Jean-Louis Jaubert, Lolo pour les intimes. En réalité, il se nomme Jean-Louis Jacob, mais les circonstances tragiques de l'occupation nazie l'ont contraint à dissimuler sa véritable identité. Issu d'une famille juive alsacienne de Colmar, il se destinait aux études commerciales lorsqu'il a été embarqué en qualité de basse dans l'aventure des Compagnons de la Musique. C'est un homme au charisme évident, aux traits à la fois sérieux et charmeurs et qui se passionne également pour le football au point d'avoir songé à entreprendre une carrière professionnelle. Doué d'un véritable sens de l'organisation et d'un flair réel en matière de stratégie commerciale, il s'impose comme le leader naturel : sans lui, la cohésion du groupe n'est pas possible et il est probable que l'association avec Édith Piaf n'aurait pas eu lieu.

En effet, le 29 mars 1945, au hasard d'un dîner à Villeurbanne, Jean-Louis rencontre la chanteuse. Cette soirée banale en soi sert néanmoins de préambule à une tournée commune. Pour les Compagnons, c'est l'occasion d'unir leur expression à celle de cette chanteuse que tout le monde s'arrache.

Certes, le répertoire du groupe est un peu folklorique, mais Piaf décèle immédiatement un formidable potentiel. Fidèle à sa nature, de retour de tournée, elle prend les choses en main. Elle incite les Compagnons à développer un répertoire plus commercial et apporte elle-même des chansons qui lui ont été proposées. Même si des réticences se font sentir au début, cette mutation prend rapidement forme avec un succès qui va symboliser pour toujours à la fois l'association avec Piaf et la célébrité du groupe : *Les Trois Cloches.*

À partir de ce moment-là, Piaf bâtit son tour de chant avec la participation des Compagnons et surtout celle de Jean-Louis, qui est loin de la laisser indifférente. L'attirance mutuelle qui anime ces deux êtres s'épanouit aussitôt, de sorte que, menant à la fois sur le même terrain vie amoureuse et vie professionnelle, Piaf s'impose comme l'égérie du groupe.

Cette situation a son importance pour l'avenir des Compagnons, mais elle en a d'abord et avant tout ce 1er juillet 1946 pour Paul Buissonneau, qui vient de réussir avec succès cette audition sur une terrasse. Jean-Louis et Marc ont donné leur accord, mais ils ne disposent pas d'un blanc-seing. Il faut faire valider et estampiller leur choix par celle qui consent à les inviter sur le chemin de la gloire : il faut présenter Paul à Édith Piaf !

Le lendemain soir, dans la loge de la môme Piaf, au *Club* de la rue du Faubourg-Montmartre, les huit Compagnons sont là pour introduire le nouveau, celui qui, fidèle au rôle déjà interprété dans sa famille, vient pour compléter le tout, pour parachever le groupe, pour jouer le « terminus » de service, le petit dernier, le neuvième : « C'est lui, Édith, c'est ce jeune homme pâlot, timide sur les bords, avec cet air romantique et bohème, c'est Paul Buissonneau. »

> « Ce soir-là nous étions tous dans sa loge avant son concert en compagnie de quelques amis. Lorsqu'on m'a présenté, Édith s'est tournée vers moi et m'a regardé d'un air goguenard. J'étais effondré, je n'en menais pas large en m'approchant. Une fois devant elle, j'étais paralysé, je n'osais pas ouvrir la bouche et c'est elle qui a pris les devants : "Ah ! C'est vous le petit Paul. Bon, d'où êtes-vous ?" Je lui ai répondu que je venais du XIIIe arrondissement. "Parfait ! Il va au moins y avoir un Parisien dans le groupe !" Et elle m'a tendu sa petite main en signe d'adoption et de confiance. J'étais ému. Après le spectacle, on est allés dîner dans un restaurant extraordinaire, *L'Alliance*, près de la bourse, rue Vivienne, avec les Compagnons, Marie Dubas, Odette Laure et Suzy Delair. Un repas

de ris de veau aux morilles arrosé de champagne, c'était fabuleux ! J'aurais bouffé ça sur la tête d'un teigneux. La soirée était extraordinaire, mais j'étais complètement paf. On arrosait mon entrée chez les Compagnons. J'étais coincé entre les bonnes femmes qui me faisaient dire des conneries. Elles se marraient. J'étais soûl, je pleurais, j'étais encore un môme ! »

Dès le lendemain de cette initiation au monde des grands, Paul commence son travail de formation. Ses journées sont réparties en deux cours bien distincts : le matin, il assimile la gestuelle de chaque chanson sous la houlette de Jean Albert et, l'après-midi, il travaille la voix avec Paul Leblond. Ce dernier, qui a été contraint de camoufler son vrai nom de Paul Lévy pour les mêmes raisons que Jean-Louis, est un proche des Compagnons depuis le début, mais il ne fait pas partie du groupe. Très brillant, c'est un musicien doté d'une oreille incroyable. Paul travaille d'arrache-pied pendant des heures a capella avec juste un diapason comme référence. Outre l'exploration la plus large possible de son registre de ténor léger, il apprend ce qu'est l'intransigeance.

Le matin, avec le ténor Jean Albert, il répète inlassablement tous ces gestes qui servent d'illustration aux chansons et qui augmentent leurs valeurs scéniques par une expression corporelle communautaire. C'est avec une bienveillance presque paternelle qu'il est formé à ces chansons animées. Jean Albert fait partie du groupe depuis le début. Fils d'un paysan de Pessac, près de Bordeaux, il a été façonné à l'école du cirque, celle qui forge sans états d'âme aussi bien le corps que le caractère. Le visage carré, un menton volontaire, le cheveu bouclé et roux, il a appris les rudiments du show-business comme trapéziste. C'est celui qu'on appelle parfois La Berthe ou La Bertouse mais le plus souvent Albert !

Jusqu'à la fin du mois de juillet, Paul suit donc les cours avec assiduité tout en participant peu à peu aux répétitions des Compagnons qui continuent à chanter à l'*A.B.C.*

Pendant le mois d'août, il profite des vacances du groupe pour s'échapper avec Guy Barbeau en Auvergne : ultime voyage avec le vieux copain du quartier avant de pénétrer dans un autre monde où les amitiés de patronage n'ont plus cours.

Au retour, il s'arrête pendant trois jours chez Jo Frachon, à Annonay, dans le château familial. Il fait ainsi mieux connaissance avec le plus grand des Compagnons, celui qui s'installe naturellement en arrière pour les séances de photos. Introduit par Fred Mella, issu lui aussi de cette ville de l'Ardèche, Jo jouait du piano dans les bars avant d'offrir sa voix de basse. Comique malgré lui avec son faciès impossible, c'est celui auquel on fait des blagues et qui est le premier à s'en amuser. Il fait visiter la région et la propriété familiale à Paul.

À Paris, les répétitions reprennent. Maintenant formé, Paul est invité à venir s'installer à la maison des Compagnons au 195, rue de l'Université, dans le VIIe arrondissement, à deux pas de la tour Eiffel. Au début, il préfère continuer à demeurer avenue Edison, quitte à sauter dans le métro pour venir assister aux répétitions. Mais cela ne l'empêche pas de rester parfois coucher dans la chambre qu'il doit partager avec Jo. Il s'intègre ainsi peu à peu au quotidien du groupe, véritable vie de communauté dont l'intendance est assurée par Gérard Sabat. En bon fils de commerçant lyonnais, celui-ci met ses talents de gestionnaire au service du groupe. C'est lui qui décide des repas et transmet les ordres à Mme Aubry, la cuisinière, avec sa voix de baryton. Nez retroussé, yeux pétillants, bouille ronde, il s'impose comme le rigolo, celui qui multiplie les grimaces et les blagues. C'est un peu le comique troupier de service.

L'appartement de la rue de l'Université a beau être vaste, il est difficile pour un chœur de cette envergure d'y répéter à moins de se mettre à dos tout le voisinage. Il convient donc de trouver un local à cet effet. Mais ce n'est pas si simple et, devant les difficultés, Paul a l'idée d'aller frapper à la porte du patronage de son quartier. Les responsables de la paroisse n'y voient pas d'inconvénient. Ils acceptent de leur laisser l'endroit en échange de quoi, à l'initiative de Paul, les Compagnons s'engagent à y offrir leur premier récital avant de partir en tournée.

Les répétitions peuvent alors prendre un rythme de croisière. Pour Paul, c'est aussi l'occasion de mieux faire connaissance avec ceux des Compagnons qu'il n'a pas encore eu la chance de côtoyer beaucoup. C'est ainsi qu'il rencontre Hubert Lancelot, qui joue le rôle de secrétaire. Fils de soyeux lyonnais, c'est un être très discret qui s'occupe des rapports de tournée et de l'organisation du groupe dont il est l'un des trois barytons.

Par ailleurs, Paul découvre peu à peu la personnalité de Guy Bourguignon, la troisième basse. C'est un gars très intelligent, brillant, qui a des prétentions cinématographiques. Il les affirme d'ailleurs au sein des Compagnons en même temps qu'il participe aux mises en scène des chansons. Ce fils de banquier de Périgueux presque aussi grand que Jo, avec ses oreilles généreusement ouvertes et ses dents à faire pâlir d'envie un morse, est aussi un véritable don Juan.

Paul sympathise peu à peu avec Fred Mella, également ténor et surtout soliste du groupe. C'est lui qui est toujours mis de l'avant pour enchaîner les couplets avec un réel talent. À peine plus grand que Paul, avec un visage angélique que vient sans cesse traverser un sourire irrésistible, ce fils d'un entrepreneur en bâtiment d'Annonay est loin d'être dépourvu de charme. De son père, immigrant italien, il a gardé la classe ultramontaine à laquelle il a mélangé la culture française en obtenant son diplôme d'instituteur avant de vivre l'aventure des Compagnons. Il va peu à peu se rapprocher de Paul jusqu'à demeurer son ami quelque cinquante ans plus tard.

Mais ce n'est que le début et, pour l'instant, il importe avant tout de travailler avec acharnement pour acquérir l'assurance nécessaire au cours des répétitions.

Ces séances sont dirigées par Marc Herrand, à la fois l'autre baryton et le musicien du groupe. Derrière son regard espiègle, ses faux airs de Brel et sa bouche perpétuellement fendue d'un sourire à la Donald Duck, ce compositeur prolifique cache une opiniâtreté hors du commun. Pour cet ancien de la classe d'harmonie du conservatoire de Strasbourg, la précision est une obsession, de sorte qu'aucune chanson n'est mise de côté tant et aussi longtemps qu'elle n'est pas exécutée sans la moindre faute. Et si l'attention vient à se relâcher, Marc lève le ton et contraint le groupe à se remettre à l'ouvrage.

Pour Paul, ces méthodes de travail n'ont rien d'exceptionnel. Elles sont dans le prolongement logique de celles qu'il a apprises à l'atelier sous les ordres de son vieux contremaître auvergnat. Il n'a pas à se forcer. Que ce soit pour une bâche qu'il doit coudre ou pour une chanson avec laquelle il doit en découdre, fidèle à sa philosophie, Paul met le meilleur de lui-même. Une différence cependant s'impose à lui : il n'est plus question de forcer la cadence, de finir avant les autres, de prendre tout le monde de vitesse ou de chanter plus de notes qu'il n'en faut ! Il s'agit de respecter le rythme et d'être en parfaite harmonie avec le reste du groupe. Paul apprend donc à dominer sa fougue, à maîtriser son impétuosité à l'image de toutes ces vedettes qui ont marqué bien avant lui le music-hall. Il sait qu'il est à la meilleure école, celle de tous les sacrifices, celle qui va lui ouvrir en grand les portes d'un monde merveilleux qui commence symboliquement chez lui, dans son XIIIe, celui de son enfance, de ses premières souffrances et de ses premières émotions. Un monde à la fois fascinant et un peu fou qui prend naissance à l'endroit même où il a balbutié ses premières répliques et poussé ses premières notes : la salle du patronage de Sainte-Anne-de-la-Maison-Blanche.

Le jour crucial, celui du saut dans le vide, est fixé au mercredi 18 septembre 1946. Ce soir-là, l'animation au patronage bat son plein. Il n'y a pas assez des deux cent cinquante chaises pour accueillir tout le monde. René Lamoureux et les copains de Paul ont bien fait les choses. Momo Lambert, Guy Barbeau et Claude Javouret ont rameuté tout le quartier, tant et si bien qu'il y a du monde debout jusqu'à la porte d'entrée. Par mesure de sécurité, on est même obligé de refuser des gens.

Dans les coulisses aménagées en loges, Paul est un peu nerveux. Ces lieux qu'il connaît si bien prennent aujourd'hui une tout autre signification. Comment ce chemin qui l'a conduit depuis la rue Ernest et Henri Rousselle jusqu'à ce soir a-t-il été tracé ? Par quelle chance, quel hasard, quel privilège a-t-il été conduit jusqu'ici ? Paul n'en sait foutre rien ! Avec le petit sourire intérieur discret et fébrile propre à ceux qui ignorent tout de ce bonheur qui les envahit comme un frisson dans tout le corps, Paul se met à croire à la naissance d'une petite étoile qui commence à poindre pour lui. Oh ! pas une étoile bien grosse, mais une petite lueur parmi les autres qui vient l'éclairer timidement.

Il se frotte les yeux pour se convaincre qu'il ne rêve pas, que tout ce brouhaha qu'il entend vaguement dans la salle n'est pas le fruit de son imagination. Il s'arrête un instant devant le miroir pour s'assurer que sa chemise blanche, son pantalon bleu royal et ses chaussures blanches sont impeccables.

Devant son image, il reprend aussitôt contact avec la réalité. Il est là pour exécuter un travail qu'il possède désormais sur le bout des doigts.

À ce moment précis, Jean-Louis arrive derrière lui pour s'enquérir de son état. Paul est prêt. Les lumières de la salle commencent à décliner, imposant du même coup le silence aux spectateurs. Les neufs Compagnons de la Chanson vont se placer derrière le rideau de scène. Pas un murmure, rien. Lentement, le rideau se lève. Les projecteurs tracent peu à peu leurs faisceaux lumineux dans la pénombre en faisant naître comme par magie neuf silhouettes parfaitement alignées. Les applaudissements s'élèvent naturellement. Dans ce moment de grâce où la vie échappe à l'entendement humain, Paul risque un bref coup d'œil vers la salle. Il aperçoit ses trois copains, fiers comme Artaban, installés au premier rang. À côté d'eux, ému et radieux, René Lamoureux est là pour voir les premiers galops de son poulain. Paul ne tient ni à se faire remarquer ni à s'accrocher à ces présences trop familières. Il veut dès les premières secondes apprendre à ne compter que sur lui. Il se concentre sur ce trou noir qui s'ouvre devant la scène comme une plaie béante. Le temps n'existe plus. Il déglutit une dernière fois pour mieux humidifier cette gorge qui se dessèche. Les premières notes s'élèvent. Il se surprend à entendre sa voix parmi celles des autres. Il ne sait plus du tout où il est. Il vole de ses propres ailes. Il n'a pas peur. Il est heureux.

Comme toujours en de telles circonstances particulièrement chargées d'émotions, le temps se contracte jusqu'à ne plus représenter qu'un instant. Une espèce de fulgurance de la conscience prend le dessus, si bien que, à peine la première chanson entamée, les applaudissements de la fin résonnent déjà dans l'oreille de Paul. Entre ces deux moments, en un éclair son cœur s'est trouvé doté d'une richesse humaine supplémentaire : celle d'accéder au rang d'artiste professionnel.

Lorsqu'il rouvre ses yeux, alors que les ultimes vibrations de la dernière note se perdent vers les cintres, c'est une véritable ovation. Les plus vifs sont déjà debout avec à leur tête Aténol le professeur de gymnastique. René Lamoureux a depuis longtemps abandonné sa place pour mieux accueillir Paul à sa sortie de scène. Il est immédiatement rejoint par les autres copains. Ce soir-là, le XIIIe est fier. L'un des siens a franchi cette frontière invisible et magique qui sépare la salle de la scène. Ce soir-là, tout est possible.

Paul n'a guère le temps de traîner à la petite réception organisée à l'issue du spectacle. Il lui faut se reposer afin d'être frais et dispos le lendemain pour entamer sa première tournée. Il choisit symboliquement de passer cette dernière nuit avenue

Edison, parmi les siens. Il se couche avec un sourire de satisfaction au coin des lèvres. Satisfaction d'avoir enfin pu venger Andréa Martin et Lucien Buissonneau qui, en musicienne et musicien aguerris, depuis leur purgatoire, ont certainement goûté la part des anges de cette formidable distillation de notes.

□

Dès le lendemain, Les Compagnons de la Chanson entament une tournée d'une dizaine de jours dans la région lyonnaise. Si certains ajustements en cours de route sont toujours possibles, il s'agit désormais d'être à la hauteur coûte que coûte, sans la moindre faille. Les spectacles se succèdent jour après jour, sans répit. Il arrive même que deux représentations soient prévues dans la même journée.

Pour Paul, outre le rythme des spectacles, c'est l'occasion de découvrir la vie de groupe. Selon les règles en vigueur, il doit partager sa chambre. C'est ainsi qu'il fait équipe avec Jean Albert. Le seul qui n'a pas à se soumettre à cette règle, c'est Fred Mella : le chiffre neuf divisé par deux ne peut pas donner un nombre pair et entier ! Dans ces conditions, soliste sur la scène, soliste dans la chambre.

Les après-midi, si aucune répétition n'est prévue, tout le monde se retrouve pour jouer au volley-ball ou au football. Il n'est pas question de se soustraire à ce moment de détente qui, pour Jean-Louis et Marc, est essentiel à la cohésion du groupe. Habitué aux virées avec les scouts, Paul accepte ce régime qui somme toute n'est guère contraignant.

À partir du 1er octobre, la tournée prend une tout autre allure avec l'arrivée d'Édith Piaf. Dans les plus grandes salles de Nice, Cannes et Monte-Carlo, les Compagnons précèdent la chanteuse sur scène pour ensuite lui servir de chœur pendant la plus grande partie de son spectacle. Avec le nouveau répertoire, les réactions ne se font pas attendre et la réputation de chacun va grandissant. Piaf aide définitivement le groupe à s'imposer parmi les plus grands et les Compagnons lui offrent avec leur présence les moyens d'acquérir une nouvelle dimension.

Au quotidien, Paul sympathise de plus en plus avec Édith, impatiente chaque soir de voir les caricatures des membres du groupe qu'il a griffonnées pendant la journée. Il lui raconte telle ou telle anecdote sur l'un ou l'autre avec sa faconde habituelle. Moments sacrés où le rire envoie balader au loin toutes les petites contrariétés, les soucis et autres frictions propres à la promiscuité des tournées.

> « J'étais un peu comme son petit frère. Elle me faisait venir et me demandait avec des yeux pétillants : "Alors mon petit Paul, quoi de neuf ce soir ?" et je la faisais rire. Après le spectacle on se retrouvait avec elle. Mais j'ai vite compris qu'avec son œil impitoyable elle cataloguait tout le monde, si bien que le grand jeu, c'était de ne jamais sortir le premier de sa loge sinon on se faisait habiller pour l'hiver ! »

Cette minitournée dans le sud de la France sert de test pour la rentrée d'Édith Piaf, le 11 octobre, au *Théâtre de l'Étoile* à Paris. Le négociateur du contrat, Louis Barrier, a axé le spectacle sur le duo d'Édith et des neuf garçons. Ils partagent donc ensemble la première partie, tandis qu'après l'entracte la chanteuse est seule en scène.

Durant cette période, Paul fait la rencontre d'un grand nombre de personnalités du monde du spectacle. Il découvre en chair et en os ces personnages remarqués dans les journaux, entendus à la radio ou aperçus au cinéma. Il y a d'abord Francis Blanche, le présentateur du spectacle à *L'Étoile*, qui commence à montrer sa bouille ronde un peu partout. Il y a Paul Meurisse, qui partage la scène avec Édith dans *Le Bel Indifférent*. Et surtout, il y a Yves Montand, l'ancien amant de la chanteuse, qui se remet à peine de cette liaison trop brusquement interrompue. À cette époque, il transporte les foules en jouant les cow-boys avec *Battling Joe* mais se fait siffler à la projection des *Portes de la nuit*, le film de Marcel Carné dans lequel il tient le premier rôle. Les spectateurs, aussi prompts à railler une œuvre qu'à l'encenser, rebaptisent ce produit du tandem Prévert-Carné : « Les Portes de l'ennui » !

Enfin, Paul rencontre fréquemment la comédienne Françoise Rosay, qui demeure dans le même immeuble que les Compagnons, rue de l'Université.

Il se soumet de bonne grâce aux horaires et à l'organisation imposés. C'est Jean-Louis qui s'occupe des rendez-vous avec les journalistes. Les sollicitations des médias et les nombreuses répétitions ne laissent pas grand-place pour les séances de sport de l'après-midi. En ce sens, Paul est ravi d'être à Paris, lui qui ne prise guère les facéties musculaires autour d'un ballon.

Ce séjour prolongé rue de l'Université est idéal pour mieux apprécier la véritable nature de chacun des membres du groupe au-delà de l'état de grâce du premier mois. La hiérarchie se précise très nettement jusque dans les salaires. Dernier arrivé, dernier servi ! Paul n'a pas à se plaindre, la rémunération est modeste mais convenable. Jean-Louis veille au grain, à condition bien entendu que son silo à lui se remplisse plus vite que celui des autres. Tout va bien si l'on ne cherche pas à sortir du rôle assigné dès le début. Ainsi, lorsque Paul propose à Marc Herrand une chanson qu'il vient d'écrire, Jean-Louis s'empresse d'y mettre le holà. Cette chanson d'amour, qui a pour théâtre une fête foraine, a beau offrir des possibilités de jeu pour le groupe dans l'esprit de Paul, elle n'a pas lieu d'être créée dans celui de Jean-Louis. Marc n'insiste pas, il a d'autres priorités et préfère user de son influence au gré de ses humeurs pour ses intérêts personnels.

Paul ne s'en offusque pas pour autant, il sait qu'il reste le petit dernier. Il n'est pas là pour condamner la nature cyclothymique et parfois violente de Marc ni pour briguer la place de Jean-Louis, à qui on demande le soir dans les cabarets après le spectacle : « Alors, comment vont tes Compagnons ? »

Paul a toujours eu cette réaction, pourtant contraire à sa nature de meneur, de jouer les seconds rôles sans discuter si les circonstances en ont décidé ainsi.

Cela ne l'empêche pas d'apporter sa contribution au groupe avec un talent qui n'échappe pas à Fred Mella :

> « Paul chantait bien avec un grand sens de la mélodie et des grosses qualités physiques qui lui venaient du mime. C'était donc un élément créatif. Dans la chanson *Le Bon Roi Dagobert* sur un texte de Trenet, c'est lui qui avait suggéré cette idée un peu folle de terminer avec l'enterrement du grand Jo sur nos épaules. Dans une autre chanson de Trenet sur un peintre, Paul faisait l'artiste peintre et nous prenions des poses. Il nous a apporté énormément du point de vue visuel. »

En décembre 1946, le séjour parisien prend fin et, en compagnie de Piaf, les Compagnons s'installent au *Variétés-Casino* de Marseille jusque vers la fin du mois. Paul fait alors de nouveau équipe à l'hôtel avec Jean Albert. Ce camarade de chambre est un peu particulier, avec ses idées parfois nébuleuses et son attitude un peu trop grand frère à l'égard de Paul, mais ce dernier s'en accommode malgré tout.

Autour de Noël, tout le monde rentre à Paris pour une série de spectacles aux *Ambassadeurs*, avant de reprendre la route vers le nord et en Belgique dès le début de janvier jusqu'à la mi-février.

Ces escapades au-delà de la frontière sont précieuses pour le moral des troupes. Elles offrent l'occasion de recharger les batteries en se tapant de bons gueuletons. Parce que voilà, ironie du sort, on mange mieux à l'extérieur de la France, en particulier dans les pays limitrophes, qu'à l'intérieur ! Si bien que, lorsque le calendrier le permet, Jean-Louis s'empresse d'accepter les contrats qui lui sont offerts en Belgique. Cela explique entre autres la présence de Piaf et de ses Compagnons à Anvers et à Bruxelles jusqu'à un nouveau retour vers Paris.

Pendant deux semaines, les Compagnons faussent compagnie à Édith en prenant l'affiche seuls à *Bobino*, où ils mettent à l'épreuve leur notoriété avec succès. Ils savent désormais que leur répertoire plaît et qu'il importe de continuer à surfer sur cette vague porteuse. À cette époque, toutefois, Paul rirait au nez du premier qui lui annoncerait que le groupe va durer encore pendant quarante ans. Il est conscient de la qualité du travail, de la valeur réelle du spectacle, mais il refuserait de parier la moindre cacahuète sur une telle longévité. L'avenir lui donnera tort ! Maintenant, Piaf reprend ses compagnonnades avec ses neuf chevaliers-servants.

Pour continuer dans les tournées à l'étranger, Loulou Barrier organise un petit Paris/Roubaix via Le Havre et Cambrai comme mise en jambes avant de s'installer en Suisse. Au pays du gruyère et de l'argent douteux, Paul rencontre un curieux personnage au nez si exagérément busqué qu'il pourrait rendre furieux le roi des aigles. Cet adepte du profil convexe a de plus le culot de chanter en faisant équipe avec un dénommé Pierre Roche. Il porte un nom à coucher dehors, un nom tout droit sorti du pays des *Mille et Une Nuits* : Varenagh Aznavourian, dit Charles Aznavour. Piaf invite le duo à monter sur scène dans son propre spectacle, persuadée que le gaillard est loin d'être dénué de talent. Par ailleurs, ce fils d'Arménien n'est pas ennemi du petit verre et il lui arrive d'entraîner sa marraine dans cette voie, ce qui n'est pas du goût de Jean-Louis. Dans de telles conditions, les deux équipes font tant bien que mal bon ménage jusqu'à Liège avant de se séparer. De toute façon, Aznavour ne prise guère le côté scout des Compagnons qui, « chaque jour, répètent et font du sport tout en ne parlant que de mariage et de pureté ». Il y a longtemps qu'il n'écoute plus les sermons !

Aux premiers frémissements du printemps, la tournée prend des allures d'expédition viking. En passant par Oslo, Stockholm et Göteborg, le spectacle connaît des fortunes diverses. Ici un groupe local fait de l'ombre aux Compagnons, là c'est la moitié de la salle qui se vide avant même la prestation d'Édith Piaf, qui ne sait pas que, dans ces pays, l'ordre des passages sur scène est différent.

Ce sont surtout les pique-niques près des fjords organisés par Édith qui impressionnent Paul. La chanteuse est au meilleur de sa forme, drôle, vivante, joueuse, rien à voir avec celle qui glissera dans la dépression et l'alcool quelques années plus tard.

De plus, quand il peut glaner quelques rares moments de liberté, Paul visite les musées à l'initiative de Fred Mella. Ce dernier prise la peinture et se fait un plaisir d'inviter Paul à se joindre à lui. Paul découvre un art dont il ignorait bien des subtilités. Il l'apprécie plus particulièrement parce qu'il trouve, depuis ses débuts chez les Compagnons, qu'on n'est guère enclin à prêter intérêt à la culture autour de soi et à explorer les pays visités. Les répétitions s'imposent, il n'en doute pas. Seulement, les séances de sport pourraient sans doute être écourtées au profit de visites culturelles. Mais à ce chapitre, Jean-Louis et Marc sont intransigeants. Il faut respecter les règles même s'il arrive que quelques petits écarts soient tolérés, avec notamment la présence dans la tournée de la femme d'Hubert Lancelot et de la promise de Guy Bourguignon.

Mais cela n'est pas l'affaire de Paul. L'essentiel, c'est qu'en compagnie de Fred il réussisse parfois à s'évader.

À l'occasion d'une soirée au cirque, il est bouleversé par le numéro du célèbre clown Grock. Jamais il n'a vu réunies dans un même homme une telle force et une telle poésie. Il est totalement subjugué.

Un événement dramatique se produit à Göteborg. Peu avant la représentation, Édith Piaf alerte Jean-Louis et les autres Compagnons : sa vue baisse, elle ne voit plus rien, elle ne peut pas entrer en scène ! C'est la panique, on cherche à droite et à gauche un médecin. L'événement est d'autant plus tragique que, toute jeune, la chanteuse a déjà été aveugle. Elle n'a recouvré la vue, affirme-t-elle, que grâce à sa grand-mère, qui l'a envoyée à Lisieux prier sainte Thérèse.

Tandis que les minutes passent, sa vision ne semble pas s'améliorer. Bientôt, c'est au tour des Compagnons de commencer à chanter. On songe alors à annuler. Piaf ordonne de continuer. Finalement, elle en est quitte pour faire son entrée sur scène au bras de Jean-Louis. Elle donne son récital sans décoller la main du piano. À la fin, pendant les ovations, elle commence à distinguer peu à peu les gens dans la salle. Le drame est évité.

Vers la fin de la tournée, au *Liseberg Theater* de Göteborg, Paul rencontre Christiane, une jeune danseuse de revue. Celle-ci fait partie d'une tournée des *Bluebell's girls* que le *Lido* organise pour initier ses plus jeunes éléments hors de France. Blonde et gracieuse, elle a tout juste dix-huit ans. Le soir, après leur spectacle respectif, Paul et Christiane filent le parfait amour sous le ciel scandinave. Ils se laissent submerger par le bonheur, jusqu'au jour où...

Il faut se séparer et pour les Compagnons rentrer en France afin d'honorer à l'*Opéra de Paris* un contrat pour « Le bal des petits lits blancs ».

Sur le chemin du retour, Paul sombre dans une grande tristesse. Il ne savait pas que pour accéder au rang d'homme il fallait aussi passer par les chagrins d'amour. Il est inconsolable. Quelques petites blagues par ci par là n'y font rien. Dans le train qui le ramène vers Paris, Paul se morfond. Dommage qu'Édith ne soit plus là pour le dérider. Elle voyage avec Jean-Louis dans un luxueux wagon pullman du Nord-Express qui fonce en avant vers la capitale française !

□

À Paris, Paul n'est pas fâché de retrouver les siens avenue Edison tout en couchant parfois à la maison des Compagnons.

Progressivement, il reprend le dessus. Il se tient à carreau, évitant d'être la cible du cynisme et des sarcasmes mordants de Guy Bourguignon qui se manifestent de façon sporadique. Il se garde bien également d'ouvrir la bouche quand Marc, à l'humeur un peu fantasque, décharge sur le groupe ses frustrations de créateur.

Les micro-sociétés, Paul connaît ça. Il a partagé sa chambre avec ses trois frères pendant près de vingt ans. La promiscuité impose de se la fermer si on ne veut pas déclencher une crise.

Au cœur de l'été, on boucle de nouveau les valises pour une tournée dans toute la France, avant la grande première du 5 septembre 1947 à *L'Étoile*, en compagnie de Roche et d'Aznavour.

Dans cette salle de mille cinq cents places, aux tonalités rouge et argent, où se promènent les fantômes d'Antonin Artaud et d'Yvette Guilbert, le spectacle tient l'affiche pendant six semaines. L'emploi du temps ne permet guère de flâner sur les Champs-Élysées tout proches. La journée est consacrée au tournage d'un film de Georges Freedland intitulé: *Neuf garçons et un cœur*. Ce petit film sans prétention permet à Paul de se familiariser avec les règles du septième art. Bien qu'il trouve ce médium un peu compliqué, il se plie de bonne grâce aux directives du metteur en scène. De toute façon, comme tout le groupe, il commence à avoir l'esprit un peu ailleurs, à des milliers de kilomètres de là, dans un immense pays où tout est, paraît-il, démesuré, un pays de cocagne aux yeux des Européens qui sortent à peine des privations de la guerre. Un continent où chanson rime avec Broadway, un pays fou: l'Amérique.

Un contrat durement acquis et signé par Loulou Barrier officialise une tournée outre-Atlantique: départ fixé au 10 octobre.

Partie en train le 9 au matin de Paris via le Havre puis Londres en *ferry-boat*, c'est seulement dans la journée du 10 que cette bande bigarrée menée par Piaf arrive à Newhaven. Déjà fatigué par une journée et demie de voyage, chacun a bien hâte d'embarquer sur le *Queen Mary* afin de se reposer. Paul se retrouve dans une cabine de trois personnes en fond de cale, à l'initiative de Clifford Fischer, le producteur américain de la tournée. Dans la mesure où cet homme doit supporter le coût de la présence des Compagnons, il s'en est remis à la hiérarchie en vigueur : Jean-Louis partage une somptueuse suite avec Édith. Paul est expédié quelques étages plus bas ! Entre les deux, à titre d'exemple, Jean Albert partage une cabine convenable avec un vieil Écossais en balade.

Cela dit, côté compères de cabine, Paul n'a pas à se plaindre. Il y a là Marcel Boniface alias Marc Bonel, l'accordéoniste de Piaf, authentique personnage de la zone qui ne mange à chaque repas qu'une boîte de sardines accompagnée d'un gros rouge pour ne pas dépenser son pognon. C'est lui qui dit toujours à Fred Mella qu'il faut économiser, que tout ça ne durera pas ! Véritable phénomène, il ne connaît rien au solfège. Il joue par oreille et répète des heures durant, penché sur son accordéon presque aussi gros qu'un harmonium. L'autre passager est Yanni Fleury, danseur grec qu'Édith a ramené d'Athènes. Avec tout ce beau monde, le voyage augure bien mais voilà, en mettant le pied dans la cabine, Marcel ne peut se retenir et vomit, accomplissant ainsi un geste somme toute très humain mais qui va se prolonger sans interruption durant les sept jours de la traversée. Le Grec, lui, en marin aguerri, ressort aussitôt de la cabine pour s'aérer.

Comble de malchance, peu après l'appareillage, la mer se déchaîne. Paul imite plus ou moins Marcel : une nausée tenace va lui servir de compagne jusqu'en Amérique. Il passe le plus clair de son temps à monter les escaliers à quatre pattes et s'installe même sur le pont, roulé dans des couvertures, attaché à un transat malgré la tempête mais bien décidé à fuir l'odeur insoutenable de la cabine. De cette expédition vers le Nouveau Monde, Paul conserve le souvenir de vagues immenses qui se dressent au-dessus du bateau comme des murs gigantesques. Frissons garantis et superbe baptême pour une première traversée qui n'est pas sans rappeler celle d'un certain Charles Spencer Chaplin.

La sixième nuit, l'immense paquebot arrive en vue de la côte américaine et, sous les reflets de la lumière dorée du crépuscule, lentement il pénètre dans la baie de New York afin de remonter vers la pointe de Manhattan. Sur le pont, parmi les autres passagers, Paul n'en croit pas ses yeux.

> « Quand j'ai aperçu New York, j'ai eu peur. Vu du bateau, c'était une vision hallucinante. En tapant dans toutes ces vitres, le soleil faisait refléter des milliards et des milliards de plaques d'or. C'était inimaginable, presque insoutenable ! »

Sitôt débarqué, après les formalités douanières d'usage, Paul se retrouve dans sa chambre avec Jean Albert. Le hasard, généralement peu enclin aux largesses, décide de faire une exception pour Paul en baptisant cet hôtel, situé en plein cœur de Broadway, *Edison Hotel*. Mais il en faut plus pour le rassurer. Un sentiment étrange l'envahit qui ne laisse aucune place à l'exaltation fréquente chez les nouveaux arrivants. Jamais il n'a vu de salles de bains aussi vastes, de chambres ainsi surchauffées et des lits de cette taille, sans parler de ce fourmillement là-bas, tout en bas, ce grouillement plutôt. Il est si impressionné qu'il lui faut du temps avant de se décider à quitter cette chambre. Il reste enfermé. Ce n'est que le surlendemain qu'il ose mettre le nez dehors pour aller s'offrir un petit déjeuner en compagnie de Jean Albert. Lorsqu'il débouche sur Time Square, il réprime un dernier sursaut d'appréhension avant de se laisser entraîner par ce ras-de-marée humain qui déborde de toute part. Dans les restaurants, il n'en revient pas de cette profusion alimentaire. Cela dépasse l'entendement ! Il est loin, très loin le Paris de l'après-guerre qu'il vient pourtant tout juste de quitter, ce Paris où les tickets de rationnement sont encore en vigueur. Paul va de surprise en surprise.

« Deux jours après mon arrivée à New York, sur Broadway, j'avise une pancarte indiquant des toilettes publiques. Urgence oblige, je me précipite vers l'escalier crasseux qui s'enfonce dans les entrailles énormes de cette ville insensée. J'arrive dans des toilettes recouvertes du sol au plafond par des carreaux blancs. Je fonce et je m'arrête net. Vision apocalyptique, vision dantesque, vision surréaliste : il n'y a pas de portes aux toilettes. Tous les gars ont leur falzar à terre et sont en train de chier. Quelle promiscuité ! Sans doute pour ne pas que les pédés s'enculent. Il y en a même qui lisent en chiant. Jamais de ma vie je n'ai vu autant de monde chier en même temps. »

En guise d'entrée en matière, c'est plutôt réussi !

Après deux semaines d'acclimatation et de répétitions, le 30 octobre 1947, au *Playhouse Theatre*, dans la 48e rue en plein Broadway, l'aventure new-yorkaise commence vraiment. En vedettes américaines, les Compagnons se produisent juste avant l'entracte puis, dissimulés en coulisse, pour accompagner Édith Piaf pendant la seconde partie.

Dès cette *Opening Night*, les *French Boys* connaissent un véritable succès associé à l'image de la France saine. Ils sont les copains avec lesquels les G.I. ont sympathisé en libérant Paris.

Pour Édith Piaf, il en va tout autrement : au terme de la première chanson, les sifflets volent au-dessus de la scène. Les New-Yorkais sont déçus, ils attendaient une Française élancée et sexy, on leur présente un petit bout de bonne femme toute de noir vêtue avec une voix qui ne suscite que tristesse et nostalgie.

Malgré tout, le spectacle réussit à tenir l'affiche jusqu'au 6 décembre grâce aux Compagnons. Mais il est trop tard, les frictions se multiplient et, comme toujours entre deux associés quand l'un a du succès pendant que l'autre ramasse les quolibets, la collaboration prend fin. Piaf reconnaît qu'elle vient de se casser la figure. Elle décide d'interrompre là sa tournée américaine et de regagner Paris. De toute façon, comme un malheur n'arrive jamais seul, sa relation amoureuse avec Jean-Louis connaît le même sort que son tour de chant : Cupidon siffle à son tour les deux amants et fait tomber le rideau sur leur idylle.

Devant l'échec de Piaf, aujourd'hui encore Paul Buissonneau pense que les Compagnons n'ont pas agi comme il aurait fallu : ils n'ont pour ainsi dire pas eu de réaction à l'égard de leur égérie, la laissant ainsi seule à accuser le coup. Bien au contraire, forts de leur célébrité inattendue, ils décident de poursuivre ce séjour dans Manhattan en solo. Ils s'installent dès le 7 décembre au *Latin Quarter* tandis qu'Édith, requinquée par l'article aussi élogieux qu'inespéré d'un critique dramatique et la force de persuasion de son agent américain, renonce à regagner Paris. Elle se prépare pour une seconde tentative prévue à la mi-janvier au *Versailles.* Cupidon doit alors ronger son frein, laisser Édith et Jean-Louis boire les dernières gorgées un peu aigres d'un amour irrémédiablement frelaté.

Dans son petit coin, Paul assiste sagement à ces bouleversements tout en se laissant apprivoiser jour après jour par la vie new-yorkaise qui offre au moins l'avantage de limiter les après-midi sportifs. Au *Edison Hotel*, la cohabitation avec Jean Albert commence à lui peser. Cette relation imposée à chaque tournée hors de Paris depuis près d'un an et demi n'est plus possible. Albert n'est pas un mauvais bougre, mais il est décidément étouffant.

C'en est trop, cette situation ne peut plus durer ; quand il y a de l'eau dans le gaz, qu'est-ce qui se passe ? Ça pète !

Paul demande à Jean-Louis de changer de chambre dès que possible. Lolo n'est pas surpris, mais il est un peu embarrassé. La seule solution, c'est de mettre Paul avec Fred. Ce dernier offre généreusement de partager sa chambre, en sachant bien toutefois qu'il n'a guère le choix. Il est entendu que Paul fera équipe avec son nouveau copain de chambre après New York, c'est-à-dire dès la première nuit en Floride.

D'ici là, le récital au *Latin Quarter* prend fin avec un succès relatif. À la fin de décembre, les Compagnons vont embrasser leur compagne Édith avant de fuir l'hiver new-yorkais pour aller se produire à l'ombre des palmiers, tout près du tropique du Cancer.

À Miami, comme prévu, Paul s'installe avec Fred. Durant son séjour, Paul envoie de la nourriture à ses frères et sœur à Paris. Il ne peut résister au plaisir de leur faire partager un peu de l'indécente abondance nord-américaine.

Les Compagnons arrosent le 1er janvier 1948 en chansons au *Miami Latin Quarter*, où ils se produisent jusqu'à la fin du mois pour ensuite retourner à New York, de nouveau au *Latin Quarter*. Ils en profitent pour saluer Édith, qui a réussi l'impossible en se taillant cette fois un véritable succès qu'elle leur fait partager sans rancune pour un soir au *Versailles*.

À la mi-février, ils s'installent pendant un mois au *Copley Plaza* à Boston avant de regagner Paris.

De retour en France, Paul n'a guère le temps de souffler. Il multiplie les galas avec ses huit acolytes et Édith jusque vers la fin du mois de juin. À ce moment-là, Fred offre à son compagnon de chambrée de le suivre en Italie dans sa famille. Paul n'hésite pas un instant, il a besoin de prendre l'air !

Au début de ce voyage transalpin, Paul se procure à Turin un petit cahier dans lequel il consigne un journal de voyage agrémenté de croquis. Avec la naïveté de ses vingt et un ans et la maladresse d'un écolier, il y parle de cette campagne italienne belle à en mourir et de ces gens qui l'accueillent comme un frère. Il y raconte ces fêtes champêtres où les paysans se mettent à chanter sous l'effet du chianti pendant que les belles Italiennes leur jettent furtivement des coups d'œil amoureux. Il y décrit ses promenades avec le cousin Walter, le don Juan du pays qui se vante de savoir faire pleurer les filles.

À l'issue de ce voyage, les liens entre Fred et Paul se consolident si bien que, au hasard d'un moment de liberté, durant la tournée du mois de juillet, ils achètent ensemble un appartement.

L'affaire est modeste, mais le cadre est enchanteur. Ils dénichent un petit quatre-pièces à Suresnes, 6 ter quai Galliéni, juste devant ce bras de Seine qui remonte vers le nord avant de se lover autour de Villeneuve-la-Garenne et Gennevilliers. Devant eux, à portée de main, les péniches vont et viennent avec cette allure indolente qui les caractérise. C'est l'*Atalante* de Jean Vigo qui se rejoue sous leurs fenêtres nuit et jour. Le matin, comme deux vieux compères, ils s'en vont cabas à la main sur la place de Suresnes à l'endroit même où, trois cent cinquante ans plus tôt, Henri IV venait à la foire choisir ses plus belles poules. De mémoire d'homme et de femme, jamais, sinon à cette époque de grâce, Paul n'a fait un aussi bon cœur de veau aux carottes !

À la fin d'août, au retour d'une tournée londonienne, Paul se lie avec Denise Gassion, la demi-sœur d'Édith Piaf, qui donne sa bénédiction à cette liaison. Avec la jeune fille de dix-sept ans, l'idylle est de courte durée et ne dépasse pas l'amour platonique, sans doute faute de temps ou de bonne volonté !...

> « Et je tombe amoureuse pour la première fois. D'abord ce n'est pas n'importe qui, puisqu'il s'agit d'un Compagnon de la Chanson : Paul Buissonneau. Il me plaît, je lui plais et nous sortons souvent ensemble... Paul est adulte. Je suis encore une jeune fille. Et chaque fois qu'il tente de "faire" son métier d'homme, je refuse gentiment malgré tout l'amour que j'ai pour lui[2]. »

Tant pis pour la mijaurée puisque les Compagnons repartent pour l'Amérique, où un rendez-vous historique attend Paul dans un morceau de pays qui fait figure d'exception linguistique au sein de cette immensité anglophone : le Québec.

2. Denise Gassion, *Piaf ma sœur*, Guy Authier, Paris, 1977.

Le 7 septembre 1948, après avoir ramassé Édith à New York, les neuf garçons et leur cœur rencontrent les Montréalais, au *Monument-National* du boulevard Saint-Laurent.

Dès qu'il découvre Montréal, Paul est fasciné par cette langue restée accrochée à l'Amérique du Nord. Bien sûr, compte tenu de la brièveté de ce premier séjour et des circonstances un peu artificielles inhérentes à la portion de vedette qu'il représente, il ne perçoit rien du lourd contentieux qui subsiste et pourrit entre les Canadiens français et les Canadiens anglais. Il découvre ce nouveau monde sans a priori, avec un mélange d'innocence et d'intuition. De toute façon, fidèle à l'éducation d'Andréa Buissonneau, il trouve nécessaire de garder une certaine forme de respect et de politesse pour ce pays qui l'accueille. En soi, ce n'est pas bien difficile puisque les Compagnons sont reçus en grand, à la mesure de cette solide réputation qui désormais les précède un peu partout dans le monde.

La première a donc lieu au *Monument-National.* À cette occasion, Janine Sutto invite Françoise Charbonneau, une amie qui adore Piaf, à l'accompagner au spectacle. Fragile et menue avec une voix très douce, cette jeune fille porte encore sur son visage le teint diaphane de l'adolescence que viennent accentuer des cheveux de jais et des yeux émeraude. Artiste dans l'âme, elle possède un remarquable coup de crayon qui commence à s'imposer dans le milieu. Elle obtient l'autorisation de ses parents, non sans difficulté, et se retrouve à deux pas de la scène, les yeux rivés sur son idole.

À l'issue du récital, Françoise Charbonneau décide de faire la queue pour aller saluer sa chanteuse préférée. L'attente est longue, à la mesure du succès de cette première. Devant Piaf, Françoise est tellement impressionnée qu'elle se met à pleurer. L'artiste lui prend alors la main et commence à la questionner.

« Quelle chanson aimez-vous le plus, ma petite ?

– Une nouvelle : *Monsieur Lenoble.*

– Revenez tous les soirs et je vous la chanterai. »

Mais Françoise ne peut pas dépenser chaque soir trois dollars cinquante, une fortune pour l'époque!

« Je vous invite. Appelez-moi demain et je vous ferai asseoir dans la fosse d'orchestre. »

C'est ainsi que Françoise, après moult négociations avec son père, se retrouve au bord de la scène durant les cinq représentations qui suivent. Il lui faut d'abord écouter les Compagnons, qu'elle trouve tous très beaux dans leur chemise blanche, avant de se laisser emporter par la voix de Piaf, cette voix ciselée dans l'ombre de la rue.

Dans les coulisses, les Compagons se demandent bien qui est cette fille dans la fosse d'orchestre à qui Piaf dédie chaque soir la même chanson. Ils n'ont pas le temps de connaître la réponse : le lendemain matin, il faut déjà filer vers Québec pour le récital prévu le soir même au *Palais Montcalm.*

Le surlendemain, c'est un cinéma de Trois-Rivières qui accueille le spectacle avant que le groupe regagne Montréal pour le concert d'adieu du 15 septembre.

Ce soir-là, Françoise Charbonneau est de retour. Lorsque les projecteurs s'éteignent, elle va dire au revoir à Édith. À la main, elle tient un splendide portrait de la chanteuse qu'elle a dessiné tout spécialement pour elle en guise de remerciement. Dans les loges elle rencontre Suzanne Avon, une autre Québécoise qu'elle connaît un peu et qui l'interpelle.

« Le chef des Compagnons t'a remarquée. Il veut te rencontrer. Viens après, j'organise une réception chez moi. »

Le chef des Compagnons, c'est Jean-Louis, qui ne plaît pas plus que ça à Françoise. Il y en a un autre dans le groupe qui lui plaît beaucoup plus.

« Pas Fred, j'espère ? Il est avec moi, s'inquiète Suzanne.

– Non, non, pas le soliste, celui qui est à ses côtés. Il a comme un nid d'oiseau sur la tête.

– Ah ! Paul. Il est avec une de mes amies.

– Ah bon !... J'irai pas alors, ça ne m'intéresse pas. En plus, Édith n'y va pas et je ne sais pas si mes parents vont accepter. »

Mais les forces secrètes de l'amour lorsqu'elles prennent un cœur d'assaut sont incontrôlables. Françoise se rend finalement chez Suzanne Avon. Elle aperçoit Paul assis sur un divan. À côté de lui se trouve une place libre. Elle prend une profonde inspiration et s'y installe.

Il subsiste de cette première rencontre deux phrases d'une poésie à faire pâlir de jalousie les amoureux de Peynet :

« J'aimerais tellement chanter comme vous !

– Et moi, j'aimerais dessiner comme vous ! »

Lorsque la soirée prend fin, Paul invite Françoise à accompagner tout le groupe à la gare le lendemain.

Au petit matin, alors que le train s'ébranle en direction de New York, Françoise n'est pas sur le quai à agiter son mouchoir. Ce n'est pas son genre et, de toute façon, même si Paul lui plaît bien, vu les circonstances elle ne pense pas qu'il puisse se passer entre eux quelque chose de sérieux.

À New York, tout en restant près de Piaf, les Compagnons s'installent pour une série de représentations de leur côté, au *Directoire*. La chanteuse, en attendant sa première le 22 au *Versailles*, file le grand amour avec son Marcel. En effet, à cinq jours du combat pour le titre de champion du monde que doit livrer Marcel Cerdan, c'est dans les bras d'acier de ce dernier que la fragile Édith se réfugie.

Paul est plus à l'aise que lors de sa première visite. La *Big Apple* ne lui fait plus peur et il se promène sans crainte dans les rues, notamment en compagnie d'Aznavour et de Roche qui y sont de passage avant de filer vers Montréal. À Time Square, avec les autres Compagnons, ils jouent au ping-pong en compagnie de Marcel Cerdan, ce qui est beaucoup plus amusant que les séances imposées de sport collectif. Le seul regret que partagent les neuf chanteurs, c'est précisément de devoir honorer leur contrat le soir du 21 septembre 1948. Ils doivent se contenter de contempler l'affiche qui annonce le combat pour le titre de champion du monde des poids moyens entre le tenant Tony Zale et le challenger Marcel Cerdan.

Ce fameux soir, la prestation des Compagnons ne traîne pas en longueur. Ils savent que, pendant qu'ils chantent, le sort de leur nouveau copain est en train de se jouer devant vingt mille personnes, sur un ring, en plein milieu du Roosevelt Stadium. Si bien que, dès leur sortie de scène, ils se précipitent comme des fous vers leur loge pour allumer la radio. Un bref moment d'angoisse se lit sur leurs visages avant de faire place à une bruyante manifestation de joie : champagne pour Marcel !

Dès lors, durant les jours qui suivent, les Compagnons ne marchent plus sur terre. Ils continuent à partager des moments de détente avec leur nouveau champion. Ils se sentent pousser des biscoteaux. À croire que ce sont eux qui viennent de remporter le titre mondial. D'un commun accord, ils s'achètent tous des gants de boxe !

> « On se foutait des peignées terribles. Un jour Aznavour vient dans la chambre pour rencontrer Fred, qui venait juste de partir. Il voit des gants sur le lit et me dit : "On s'en fait une petite ?" J'accepte. On commence à se battre. À un moment donné, je lui allonge une droite salée sur le tarin de toutes mes forces. Comme au ralenti, je vois son énorme pif qui se tord et j'éclate de rire. Pendant ce temps-là Charles reprend ses esprits et revient vers moi, les gants devant le visage. En un éclair, il arme son bras et me file dans les côtes une gauche à faire péter la carapace d'un rhinocéros. Je ne pouvais plus respirer. Il a été obligé d'appeler du secours et un médecin m'a installé une énorme bande. Tous les soirs, pendant au moins deux semaines, chaque note provoquait en moi une douleur insupportable. Quarante-sept ans plus tard à Montréal, alors que je me casse les côtes, un radiologue me dit : "Mais vous vous êtes déjà cassé les côtes ?" Je ne l'avais jamais su ! »

Jusqu'à la mi-octobre, Paul va pouvoir se refaire une cage thoracique au chaud et plus précisément à Hollywood, où les Compagnons restent quatre semaines au *Ciros* avant de retourner à Montréal.

Lorsqu'ils reviennent sur les bords du Saint-Laurent, le 22 novembre, c'est pour tenir un mois dans un lieu un peu plus modeste (Édith n'est plus là) mais bien connu des Montréalais : *Le Café de l'Est.* C'est là que se produisent les grands noms du music-hall.

Cette fois, la durée du séjour permet à Paul de vraiment sympathiser avec les Québécois. Et comme le vieux dicton populaire le dit : *Quand il a quelque chose dans la tête, il ne l'a pas au derrière.* Paul et Fred sont bien décidés à retrouver chacun sa chacune. Fred renoue donc avec Suzanne Avon. Quant à Paul, il reçoit la visite tout à fait innocente de Françoise Charbonneau au *Café de l'Est.* Dès qu'il l'aperçoit, Paul se précipite vers elle le cœur battant et la félicite pour le dessin de Piaf réalisé au cours de leur précédente tournée. Françoise est émue et Paul, entre deux plaisanteries, en profite pour lui demander son numéro de téléphone.

Le lendemain, faisant fi de sa nature sauvage et timide, il prend rendez-vous avec Françoise.

Touchée par sa délicatesse et son côté orphelin, Françoise se laisse peu à peu séduire par Paul qui, lui, ne se lasse pas de la beauté et de la douceur de cette petite Québécoise dotée dans le milieu artistique d'un surnom à la fois original et surprenant : Tout'neuve.

Finalement, au bout de quinze jours d'une cour assidue, Paul demande à Françoise de l'épouser.

« Mais... je ne serais jamais capable de laisser ma grand-mère ! »

Le prétendant est surpris, il lui en faudra plus pour le décourager.

À l'occasion de ce séjour à Montréal, Paul se lie d'amitié avec un homme qui, à l'image de René Lamoureux à Paris, va jouer un rôle capital dans sa vie : Paul Dandurand.

Très distingué et doté d'une grande culture, Paul Dandurand est d'emblée fasciné par l'énergie et la fraîcheur qui émanent de Paul Buissonneau. De tous les Compagnons, il a senti qu'il est le seul capable de susciter l'émulation partout où il passe. Il mesure à quel point Paul n'est pas totalement pris au sérieux dans le groupe. Par empathie pour cette situation, il lui offre spontanément son amitié. Il lui donne, pour lui permettre de prendre l'air quand bon lui semble, les clés d'une chambre en ville chez une vieille tante avec croissants au petit déjeuner. Paul est séduit par la générosité de cet homme sans se douter un instant du soutien qu'il va lui apporter dans le futur.

Dès la seconde semaine du mois de janvier 1949, les Compagnons repartent. Cette fois, Françoise est à la gare, et ce serait se moquer du monde de prétendre que cette nouvelle séparation ne ressemble pas à un déchirement ! Paul promet de revenir dès que possible avant de monter dans le train qui l'emporte vers Washington. Sur le quai, la silhouette de Tout'neuve en sanglots diminue peu à peu jusqu'à disparaître.

C'est trop dur ! Paul a beau écrire jusqu'à deux lettres par jour à Françoise, il lui faut absolument la revoir. Exceptionnellement, à la faveur de relâches, les Compagnons autorisent Paul à se rendre à Montréal. Il saute dans l'avion et passe trois jours en compagnie de Tout'neuve, qui lui présente même ses parents.

D'un commun accord, les deux amants décident que si, d'ici un an, leurs sentiments demeurent intacts, ils se marieront.

Au terme de la croisière du retour sur le *Queen Mary*, les Compagnons participent au gala à bord le 16 février, avant de débarquer et de regagner la France.

□

À Paris, Paul retrouve son appartement. Avec Fred, ils s'entendent comme deux larrons en foire et partagent tout, enfin presque. Bientôt, Suzanne vient retrouver son Fred, apportant avec elle une bouffée d'air frais dans un appartement où il fait déjà bon être. Paul et elle sont comme frère et sœur.

> « Paul a été élevé à la modestie, raconte Suzanne Avon. Il ne demande jamais rien à personne. C'est un grand timide qui ne dit rien sur les choses importantes qui le blessent. S'il a autant de succès avec les femmes, c'est parce qu'il a en lui une grande dose de féminité. À la cuisine, par exemple, c'est formidable. À cette époque à Suresnes, Paul c'était un peu ma grande sœur ! »

Dans ces conditions, il n'y a pas lieu d'être soucieux. Mais Paul se languit de Françoise et la discipline du groupe commence à lui peser. Il a déjà accepté bien des choses, il ne s'est jamais plaint, mais il se sent de moins en moins à l'aise et cette situation n'échappe pas à l'observation de Suzanne :

> « Le côté discipline arrangeait bien les chefs du groupe. Comme ça ils pouvaient décider ce qu'ils voulaient et faire avaler les salades aux autres, qui se comportaient comme de gentils boy-scouts. Mais Paul, en titi parisien, en avait vu d'autres. Et pour lui l'organisation des Compagnons, c'était une véritable contrainte. »

Il est vrai que certaines méthodes ont de quoi surprendre. À quelques reprises, Paul Buissonneau est mis à l'amende parce qu'il n'a pas souri, ce qui dans le jargon des chefs signifie montrer ses dents.

Malgré ces malentendus, Paul serre les dents et se motive assez pour participer sans amertume à l'avalanche de récitals qui se déverse sur les Compagnons jusqu'au début d'octobre. Ils sont partout, à Paris, en province, à Monte-Carlo, on ne voit qu'eux. Ils poussent même une petite pointe jusqu'au Liban avant de passer une dizaine de jours au pays des pharaons.

Au Caire, la température moyenne en juillet est de 28 °C, ce qui n'est pas pour surprendre les visiteurs. Par contre, ce qui étonne un peu, c'est qu'un jeune homme de vingt-deux ans, en pleine santé, y grelotte de froid. Paul a beau se couvrir et se reposer, rien n'y fait. Il obtient même provisoirement d'être dispensé de sport, maigre concession d'un groupe qui ne se soucie guère de la santé d'un des siens et met cette petite fièvre sur le compte d'une quelconque dépression.

> « En Égypte ça m'a débiné, j'attendais une famille qui prenne soin d'un gars malade, mais rien. Ils auraient dû s'en rendre compte : un gars qui grelotte au Caire en plein été, c'est pas normal. Le soir j'étais tout juste bon à chanter. Une chance qu'il y avait Albert. Il m'aidait à m'habiller, me roulait dans des couvertures et m'emmenait dans un taxi. Là, j'arrivais sur scène, je faisais mon truc et je rentrais dans un autre taxi. »

Autant dire tout simplement que ça commence à se morpionner. Paul se demande même si la maladie n'a pas été causée par l'attitude de ses partenaires. En fait, la situation est sans doute un peu plus complexe. D'une part, il y a un gars qui vit un amour contrarié et qui, s'il a fait partie des scouts, commence à en avoir assez de taper dans la baballe tous les après-midi. D'autre part, il y a un groupe dont la devise se situe plutôt du côté de *Marche ou crève* et qui n'a nullement envie de jouer dans le registre « la famille au secours du petit dernier ». Enfin, il existe une hiérarchie avec ses privilèges et c'est pas le moment de tout remettre en cause.

Le torchon brûle !

Un groupe un tant soit peu normal et humain a le devoir de s'inquiéter du sort de l'un des siens, surtout quand celui-ci claque des dents au pied des pyramides. Par ailleurs, il est étonnant qu'un gars submergé par la fièvre ne réclame pas un médecin et continue de se produire sur scène comme avant.

Tout cela fait beaucoup de malentendus et si le torchon s'arrête de brûler, c'est parce que la fièvre se met bientôt à tomber. Malheureusement, lorsque le mal n'a pas été totalement éradiqué, il est à craindre que les cellules malignes prolifèrent tôt ou tard de nouveau.

Pour l'instant, récital en Syrie et poursuite de la tournée dans le sud de la France.

Au pays des cigales et des oliviers, un nouvel accès de fièvre s'abat sur Paul. Durant la tournée, pendant que les autres vont manger, il reste dans l'autocar, incapable de se joindre à eux.

> « Je restais couché sur la banquette et il n'y a pas un seul gars qui s'est inquiété. C'est de ma faute. Je ne me plaignais jamais. Peut-être qu'inconsciemment j'avais peur d'être évincé. J'étais dans le beurre ! »

Beurre ou pas, la situation est pour le moins singulière. Comment se fait-il que personne ne réagisse ? Est-ce qu'il ne faudrait pas appeler un médecin ? Il est peut-être urgent de faire quelque chose, de... Mais Paul retrouve ses forces. Vers la fin de la tournée, il finit par rejoindre les autres pour manger... et l'on rentre à Paris comme si de rien n'était !

Dans sa chanson, Charles Trenet dit : « Nous irons à Valleyfield sur un fil », mais pour simplifier les choses les Compagnons rejoignent cette ville située à l'ouest de Montréal en utilisant un bateau via Washington dès l'automne.

Cette saison qui symbolise la dégénérescence fait plutôt figure de printemps pour Paul, qui retrouve enfin Françoise Tout'neuve.

La tournée au Québec est organisée à l'initiative de VLM. Derrière cette appellation quelque peu barbare se cachent au moins deux noms connus : Félix Leclerc et Guy Mauffette, associés à leur beau-frère Yves Vien. La première heure du spectacle est assurée par une féerie de Félix Leclerc, mise en scène par Guy Mauffette et intitulée *La Caverne des splendeurs*, à la suite de quoi, après un petit entracte, Les Compagnons de la Chanson prennent la scène pour la deuxième heure. On ne peut rêver plus belle affiche!

En coulisse, Tout'neuve et son petit Paulo décident d'un commun accord de se fréquenter un mois avant de prendre une décision quant à un éventuel passage devant Dieu. Sage résolution qui, comme toute décision grave en matière d'amour, n'a pas lieu d'être respectée, de sorte que, quinze jours plus tard, le 18 novembre 1949, les Compagnons ont rendez-vous à Saint-Viateur d'Outremont: l'équipe de joyeux drilles à laquelle s'ajoutent Roche et Aznavour vient assister à l'union de l'un des leurs avec une fille du pays. Et si l'on a choisi comme succursale de Saint-Pierre de Rome cette église d'Outremont, c'est parce que c'est la paroisse de la promise.

Peu avant, Paul est allé demander la main de Françoise à son père. Ce dernier lui a posé beaucoup de questions pour s'assurer du sérieux de ses intentions et lui a donné son accord en se permettant d'ajouter: «Vous ne la connaissez pas!»

De quoi je me mêle?

De voyage de noces, point! Les Compagnons ont des engagements tous les jours, même le soir du mariage à la salle du *Gesù*. Mais une nuit de noces, oui, et pas n'importe laquelle! À l'invitation de leur ami Paul Dandurand, les jeunes mariés passent la nuit dans une chambre au-dessus de l'un des restaurants qu'il possède: le *Drury's*.

À peine se glissent-ils sous les draps que des bruits étranges dans les emballages des cadeaux se font entendre. Ni une ni deux, en preux chevalier Paul, nu comme un ver, bondit hors du lit. Il s'avance et, à sa grande surprise, fait face à un énorme rat! Sursaut. Cris de la jeune mariée. Le chevalier est déjà dans l'escalier. Il fonce vers les cuisines du restaurant. Claquement de dents de la jeune mariée. Retour quatre à quatre, un énorme couteau de boucher à la main. Re-cris de la jeune mariée. Le chevalier brandit son bras devant la masse noire et répugnante. Le rat se glisse derrière la valise. Hurlements de la jeune mariée. Le chevalier tire le tapis. La valise bascule. Le monstre sort. La lame d'acier brille dans les airs. Peur de la jeune mariée. Cri du chevalier. Ça va jambonner ! La bête est immobilisée sous l'effet du couteau qui se plante dans le plancher non sans avoir traversé son corps de part en part. Le sang gicle. Le chevalier exulte. Silence. La jeune mariée soupire.

Nouveaux petits cris de haine. Mais... le gibier est abattu ! C'est sans compter sur les liens familiaux. Le chevalier se retourne. La femelle du rat jaillit à ses pieds. Il y a de la vengeance dans l'air. Terreur de la jeune mariée. Le chevalier frémit. La femelle gonfle de fureur. Geste du chevalier. Plus d'arme, plus rien. Peur du chevalier. Tremblements de la jeune mariée. La femelle va pour sauter. Idée ! Coup de pied dans la malle des parents de la jeune mariée. La masse bascule. La femelle est terrassée. Hurlement de victoire du chevalier. Évanouissement de la jeune mariée.

Paul essuie négligemment l'unique goutte de sueur qui roule sur sa tempe. Il redresse le menton et le buste avant de se diriger vers la couche nuptiale. C'est maintenant le temps de réanimer la jeune mariée pour un repos du guerrier bien mérité !

Le lendemain, le récital se poursuit au *Gesù* avant une tournée dans toute la province. Les ressentiments de Paul à l'égard du groupe se dissipent. Françoise est là. Il n'y a plus lieu de s'inquiéter et d'ailleurs ils ne sont pas seuls dans cette situation puisque Fred Mella et Suzanne Avon se marient quelques jours après eux. Désormais, tout va aller pour le mieux !

Le 6 janvier 1950, dans le manteau de castor rasé que son père lui a offert, Françoise sanglote sur le quai de la gare. Il lui faut finalement quitter sa grand-mère pour suivre Paul et les Compagnons à Washington d'abord puis à Paris. C'est une brisure énorme que ressent celle qui n'a jamais laissé sa famille et son pays, petite Outremontaise soudainement déracinée.

Mais Paul est là, près d'elle, pour la rassurer, et le rythme soutenu des tournées qui reprend aussitôt que les voilà arrivés en France ne laisse guère le temps de se lamenter. Un jour elle se réveille à Paris, le lendemain à Genève, le surlendemain à Megève, c'est un tourbillon exaltant jusqu'au moment où... de retour à Suresnes — où ils occupent l'appartement tous les deux tout seuls — Paul se sent de nouveau mal. Chaque jour qui passe le laisse un peu plus fatigué. Les Compagnons finissent quand même par se rendre compte que Paul n'est pas bien. Un médecin ami du groupe diagnostique une dépression et recommande que Paul aille s'oxygéner en Alsace. Devant l'évidence, Jean-Louis accepte et envoie Paul tout seul dans une pension de famille. On interdit à Françoise de l'accompagner avec une autorité qu'aujourd'hui encore elle n'est pas près d'oublier.

> « Les Compagnons se sont mis en tête que c'était de ma faute. Ils ont tout fait pour nous séparer. C'était effrayant ce qu'ils nous ont fait vivre. Ils voulaient nous empêcher de passer notre dernière nuit ensemble... des vrais fous. »

Là-bas, en Alsace, comme le lui avait prescrit le médecin, Paul fait de longues marches pour se retaper. Mais au bout de deux semaines la situation ne semble pas s'améliorer. Un après-midi, il est même contraint de s'asseoir dans la neige au pied d'un arbre, le corps en sueur et l'esprit divaguant.

Deux jours après, comme il ne descend pas pour prendre son petit déjeuner, la propriétaire de la pension monte frapper à la porte de sa chambre. Paul ne répond pas. Elle entre et le secoue pour tenter de le réveiller, en vain. Aussitôt, la femme appelle un taxi au fond duquel on installe Paul inconscient, enroulé dans des couvertures. Durant les trente kilomètres qui le séparent de Colmar, Paul ne réagit pas. Il se souvient seulement du brancard à l'hôpital et de la piqûre de la sœur. Après, c'est le noir total. Il se réveille vingt-quatre heures plus tard dans un lit blanc, avec encore sur lui sa vieille chemise couverte de mercurochrome. On vient de l'opérer d'urgence d'une péritonite aiguë !

Pendant tout ce temps, à Paris, Françoise se fâche et oblige les Compagnons à la mettre dans un train pour rejoindre Paul. Elle obtient de rester auprès de lui. On installe même un petit lit à côté du sien.

> « Malgré tout, en Alsace, j'ai vécu l'un des plus beaux mois de ma vie. On n'avait pas d'argent, on était à l'hôpital, mais on était heureux. »

Pour Paul, ce bonheur est teinté d'amertume et, durant cette convalescence où il ne reçoit pour toute nouvelle des Compagnons qu'une simple carte postale, il a largement le temps de réfléchir.

> « J'ai réalisé beaucoup de choses. Comment se fait-il qu'ils se soient comportés comme ça ? C'était effrayant. Ils faisaient passer Françoise pour une mégère et moi, j'étais bien trop trou-du-cul pour me révolter. »

En plus, Paul affirmera toujours que son salaire a été coupé de moitié, ce que confirme aussi Françoise, alors que Fred assure que Paul touchait son plein cachet.

Peu importe ! Le mal est fait. Une fois encore, il apparaît que c'est l'intérêt du groupe qui a primé celui de l'individu, au risque de mettre en danger sa santé. Pour l'ami Fred, l'analyse est un peu différente.

> « C'est Jean-Louis qui a envoyé Paul en Alsace et pourtant on n'avait pas intérêt à ce qu'il s'en aille. On lui faisait confiance et on ne s'est pas rendu compte sans doute de la gravité de la chose. Mais Paul évidemment ne voulait pas voir le docteur, on l'a forcé. Paul a dramatisé cette histoire ! »

Ce n'est pas de gaîté de cœur que Paul et Françoise vont rejoindre le reste du groupe à Londres vers la mi-mars. Enfin ! La santé est revenue et il importe de donner le meilleur de soi pendant la série de récitals au *London Casino.*

Sur les bords de la Tamise, Françoise est ravie de découvrir une ville qui, par certains côtés, n'est pas sans rappeler Montréal. À l'hôtel, elle organise un petit nid avec le souci de prolonger les moments de bonheur chèrement payés à l'hôpital de Colmar. Mais l'ordre veille et Paul, retapé, doit se soumettre au diktat des meneurs et participer comme il se doit aux séances de sport.

Une fois encore, il se plie à la discipline du groupe ! Une fois encore, il se tait et garde ses réflexions pour lui. Une fois encore, il accepte de jouer le rôle du petit dernier. Une fois encore, il cède... jusqu'au jour où Françoise tombe à son tour gravement malade. Le diagnostic est terrible : typhoïde.

Dès lors, Paul doit courir entre le *London Casino*, les galas, les répétitions et l'hôtel pour s'occuper de Françoise.

> « Paul a été un ange. Il aurait pu attraper la maladie à plusieurs reprises puisqu'il dormait avec moi. Je ne suis pas allée à l'hôpital, sinon on m'aurait mise en quarantaine. »

Il se démène comme un beau diable au milieu de tout ça et demande à ne pas assister aux séances de sport pour pouvoir veiller la malade qui délire seule dans son lit. Refusé !

Quelqu'un qui connaît Paul Buissonneau aujourd'hui s'attendrait au pire à l'issue d'une telle réponse. Il craindrait logiquement une réaction de colère monstrueuse qui emporterait tout sur son passage, un séisme qui irait bien au-delà de la simple exhibition : le cri de rage et de douleur d'une bête sauvage qu'on vient de blesser.

Mais Paul est encore jeune. Malgré une vie riche en expériences, malgré une maturité certaine, il n'a que vingt-trois ans. En lui subsistent la fragilité et l'étonnement de la jeunesse qui suscitent une incompréhension directement proportionnelle à la gravité de l'attaque. C'est comme s'il venait d'être sonné par un direct du droit, il lui faut reprendre ses esprits avant de redresser les poings.

Peu à peu, avec Françoise ils analysent la situation et, comme toujours dans ce genre de conflit, les évidences trop longtemps écartées apparaissent d'un seul coup.

> « Ils se sont comportés avec moi comme des salopards. Un groupe de fascistes. À Londres, personne n'a pris ma défense, personne ne demandait des nouvelles de Françoise. Pire ! Avant qu'elle ne tombe malade, Guy Bourguignon la prenait à part et lui disait qu'elle ne ferait pas partie de la tournée en Afrique qui approchait et qui devait durer un an. Ce type était une ordure monstrueuse, mais très intelligent. Ce n'est pas à Suzanne qu'on aurait fait ça, Fred aurait sauté sur Bourguignon. Ils se mêlaient vraiment de la vie privée des gens contrairement à ce qu'a pu dire Fred. »

Pour ce dernier, la perception du moment prend une autre allure.

> « Le bon entretien physique était un prétexte pour Jean-Louis et Marc, qui s'ennuyaient. Les Compagnons ont quand même fait énormément. Malgré nos caractères différents c'était une famille, mais les moyens de communication n'étaient pas ceux d'aujourd'hui. Les Compagnons étaient jeunes et c'est vrai qu'on ne se mêlait pas de la vie des autres et c'est pour ça que le groupe a duré. On n'avait pas le temps de s'occuper des états d'âme. »

Suzanne Avon, en tant que femme et compatriote de Françoise, a une vision également importante.

> « Françoise a joué un rôle majeur dans cette histoire. On ne la comprenait pas et elle ne comprenait pas. Je ne pouvais pas lui donner raison. Elle ne se faisait pas à la France ni à la vie des Compagnons. »

Comme toujours dans ce genre de situation, il faut un bouc émissaire, et Françoise avec sa fragilité et sa candeur est le personnage tout désigné. Paul est loin de nier les difficultés d'adaptation de sa compagne, mais il sait aussi évaluer l'injustice qui retombe sur elle.

> « C'est vrai que Françoise ne s'est pas intégrée, mais on a profité d'elle. À cette époque-là il y avait une incompréhension entre elle et Suzanne, qui était beaucoup plus mature que ma femme. Suzanne avait travaillé en montant les échelons, elle savait où elle allait, de plus elle savait manier ses pions tandis que Françoise était conne, elle écrasait ! »

Lorsque Paul va voir Jean-Louis pour lui annoncer sa démission, c'est le cataclysme. Jean-Louis recommande à Paul de venir au spectacle le plus tard possible pour ne pas assister au lavage de linge sale d'une famille dont il ne fait plus partie. Toutes les frustrations sortent et c'est le moment des règlements de comptes. On prend d'abord la décision de Paul à la légère, avec même une certaine hauteur. On tente de lui faire changer d'avis. On lui offre sa première augmentation depuis son arrivée chez les Compagnons !

C'est bien mal connaître Paul. Sa décision est irrévocable. Il n'est pas question d'entrer tous les soirs en scène à contrecœur.

Terminé. Rideau.

Officiellement, Paul Buissonneau quitte Les Compagnons de la Chanson le 17 août 1950, soit quatre ans et un mois après son engagement. Entre l'annonce et le départ proprement dit, Françoise récupère tranquillement. Paul propose le frère de Fred pour assurer sa propre succession, et les Compagnons lui donnent une prime équivalant à quatre mois de salaire.

> « Le jour du départ ils m'ont dit : "Qu'est-ce que tu vas devenir ?" Je les ai regardés avec un sourire et je leur ai dit : "J'ai vécu avant vous, je vivrai après !" »

Terminus! tout le monde descend en plein treizième, au 18, rue Ernest et Henri Rousselle : une vie commence. *(Photo : Jean-Marie Bioteau)*

Ils étaient neuf. Debout de gauche à droite : Jean Albert, Jo Frachon, Guy Bourguignon et Hubert Lancelot.
En avant-plan, de gauche à droite : Marc Herrand, Gérard Sabat, Jean-Louis Jaubert, Paul Buissonneau et Fred Mella.

En 1948, juste sous le masque enchanteur de Charles Trenet, Paul, le neuvième compagnon, joue les vedettes à Montréal. *(Photo : Studio Gaby)*

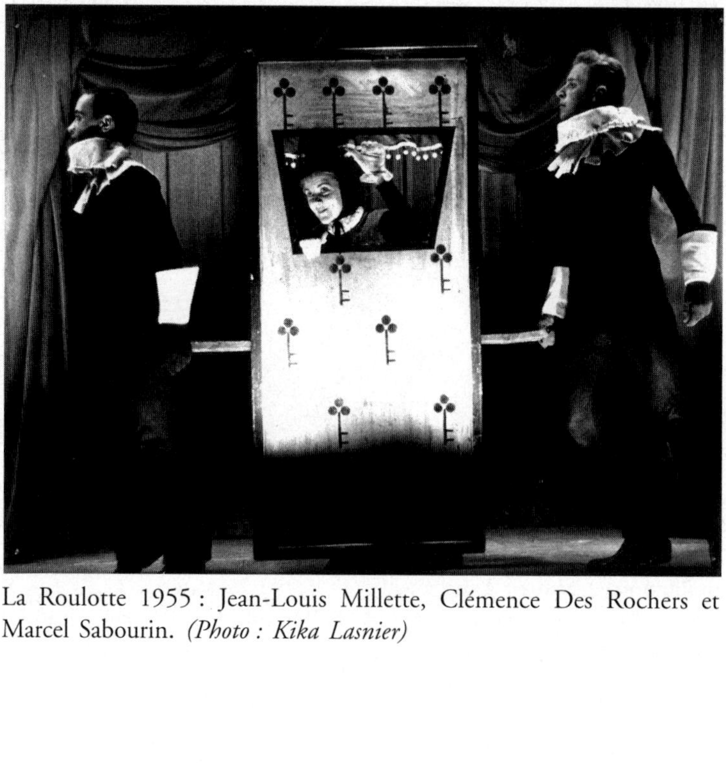

La Roulotte 1955 : Jean-Louis Millette, Clémence Des Rochers et Marcel Sabourin. *(Photo : Kika Lasnier)*

956 : les arquelinades de Paul Buissonneau dans *Pinocchio*. *(Photo : André Le Coz)*

DOMINION
DRAMA
FESTIVAL
WESTERN QUEBEC REGION

FESTIVAL NATIONAL
D'ART
DRAMATIQUE
RÉGION OUEST DU QUÉBEC

GESÙ HALL • SALLE DU GESÙ

MONTREAL

MARCH 5 TO 10, 1956 · DU 5 AU 10 MARS, 1956

7 mars 1956 : le premier spectacle de la troupe du Théâtre de Quat'Sous.

MERCREDI, LE 7 MARS

2e spectacle

ORION LE TUEUR

Mesdames, Mesdemoiselles, Messieurs

LE THÉÂTRE DE QUAT'SOUS

va maintenant avoir l'honneur de vous présenter un mélodrame en six tableaux au cours duquel vous pourrez voir un véhicule automobile se déplacer sur la scène de gauche à droite, un paquebot à aubes lancé à la poursuite d'une barque à godille, et une malle mystérieuse.

Le scénario est de *Jean-Pierre Grenier*
Les dialogues et les chansons de *Maurice Fombeure*
La musique de *Pierre Philippe* est exécutée par *Gilles Gauthier*
Les décors et les costumes d'*André Linglet* sont confectionnés par *Jacqueline Perrault, Laurent Lapointe, Armand Tremblay.*

DISTRIBUTION

Le machiniste	BERNARD SICOTTE
Horace	PIERRE BÉDARD
Alice	MIRIELLE LACHANCE
Nounou	JOCELYNE CHAMPAGNE
Eugénie de la Croix-Nivert	JANI PASCAL
Grégoire	BERNARD LEBLANC
Pierre de Rochemolle, dit Orion le Tueur	PAUL BUISSONNEAU
Jean de Rochemolle	JEAN-LOUIS MILLETTE
L'invitée et PCH-TCHNG	HENRIETTE DAOUST
Jussieu (commissaire)	LUC DURAND
Une fille	DENISE LEMAY
Quatre policiers	MARC CHOQUETTE ANDRÉ DE BELLEFEUILLE CLAUDE JASMIN GILLES DUPRÉ

Administrateur : *Paul Buissonneau*

Mise en scène : *Luc Durand* et *Paul Buissonneau*

Synopsis : In this musical melodrama, the beautiful daughter of a penniless count is the victim of Orion-the-Killer and it is only through the relentless efforts of heroic policemen that she is finally rescued.

Le professeur Buissonneau donne son cours de mime. À l'extrême gauche, on reconnaît Yvon Deschamps et Mirielle Lachance.
(Photo : Service des Parcs de Montréal, 1960)

Christine Olivier, Guy Lécuyer, Paul Buissonneau et Yves Massicotte, c'est Picolo à son apogée. *(Photo : André Le Coz)*

ul sous le masque de l'ivrogne Du Guesclin dans *La Tour Eiffel qui tue.*
'hoto : Service des Parcs de Montréal)

Paul et les enfants : une fascination réciproque. *(Photo : André Le Coz)*

Réflexion symbolique d'une incompréhension qui aura duré tout le temps du passage de Paul Buissonneau chez Les Compagnons de la Chanson.

Dans une querelle de ménage, les responsabilités sont partagées et celle qui vient de se produire ne fait pas exception. Mais, quand on voit l'effet produit par la décision de Paul, on est en droit de penser qu'il est à la mesure de l'inconscience totale qui régnait à son égard.

Après cet épilogue londonien, Françoise et Paul décident de rattraper le bonheur perdu. À Paris, ils s'arrêtent quelques jours, le temps pour Paul de refuser l'offre de Jacques Hélian l'invitant à rejoindre son orchestre et surtout de boucler les valises pour des vacances dans le sud.

Ils trouvent refuge au-delà de Nice, à Èze, petit village escarpé d'une rare beauté qui s'abandonne en plongeant dans les reflets azurs de la Méditerranée.

Vers le mois de novembre, les deux amoureux sont de retour à Suresnes pour prendre contact avec une réalité qui leur a échappé depuis quelque temps. Pendant les récitals qui se sont succédé à un rythme effréné, la Terre n'a pas cessé de tourner. Les prolongements de la Seconde Guerre mondiale se sont vite manifestés sous une forme larvée : la guerre froide.

Ce conflit idéologique qui oppose l'Est à l'Ouest fait peser la menace d'une nouvelle Guerre mondiale. À Montréal, les parents de Françoise s'inquiètent. Non seulement Paul n'a plus de travail, mais la situation risque d'empirer. Ils invitent le couple à venir s'installer au Québec. L'idée plaît.

> « J'avais rien, pas de job. J'étais insouciant, c'était incroyable ! Je partais sans la moindre inquiétude, sans aucune nostalgie vis-à-vis de la France. Je serais parti n'importe où, même chez les Zoulous. »

En quittant son pays natal, Paul Buissonneau connaît un avant-goût de certaines méthodes qui ont cours du côté d'Ottawa. Comme tout candidat à l'immigration il lui faut faire sa demande auprès de l'ambassade du Canada à Paris. C'est à cette occasion qu'il découvre le gouvernement fédéral par la voix d'un agent du service de l'immigration.

> « Un *Bloke!* Il ne parlait même pas français. Il a fallu qu'on trouve un interprète. Il m'a d'abord refusé en prétendant que c'était à cause de mes poumons. La pétoche m'a pris ainsi que Françoise. Je suis allé aussitôt à l'hôpital où, après deux radiographies, on m'a assuré qu'il n'y avait rien. J'ai pas blairé l'anglais depuis ce temps-là. C'est seulement après que j'ai tout compris. Ce monsieur ne voulait pas alimenter le troupeau de Canayens français ! »

Malgré ces méthodes, sans doute à l'initiative de Françoise, Paul Buissonneau réussit à obtenir son visa d'immigration pour le Canada.

Au milieu du mois de décembre 1950, Paul et Françoise font les cent pas sur le quai du Havre en compagnie de Martine Carole, qui doit embarquer elle aussi sur le paquebot à destination de New York.

Le petit Paulo n'a aucun regret. Fidèle à sa nature, il avance obstinément, inconscient du danger et des difficultés. Il est prêt à tout comme le jeune homme qu'il était encore cinq ans auparavant lorsque Marion Lamoureux, la fiancée de son ami René, l'avait rencontré pour la première fois.

> « C'était chez les compagnons-routiers. Il y avait parmi eux un jeune homme qui tranchait singulièrement sur les autres par son regard bien particulier, animé d'yeux avides, interrogateurs, étonnés et curieux. C'était lui. »

La corne de brume du géant de la mer résonne à mesure que la masse énorme s'écarte du quai dans le brouhaha des adieux.

Tout va aller mieux. Bonne chance, Paulo !

ACTE III

L'exil

Le théâtre rend aux hommes la tendresse humaine.

Louis Jouvet

SCÈNE I

L'immigrant ou la traversée d'un désert sous la neige

Personnages principaux

PAUL BUISSONNEAU : le vendeur de disques
FRANÇOISE BUISSONNEAU : l'enfant prodigue
PAUL DANDURAND : l'ange Gabriel
LE QUÉBEC : l'Eldorado

D'un énorme transatlantique, l'action se transporte sur la terre d'Amérique, dans une province frileuse qui sent l'eau bénite. Nous entrons de plain-pied dans la seconde moitié du XXe siècle.

Côté cour : un sous-sol baigné par la lueur glauque des néons
Côté jardin : le noir total

FRANÇOISE SE PENCHE UN PEU au-dessus du bastingage. Elle offre au vent son visage à l'ovale parfait. Le temps est froid en cette journée d'hiver 1950. Voilà deux jours que le navire a quitté les côtes françaises, il file vers l'ouest, vers l'Amérique. Depuis le départ, Françoise tourne le dos à l'Europe, ses yeux magnifiques regardent du côté du soleil couchant et guettent l'horizon même s'il reste quatre jours de traversée, comme si son

Amérique à elle allait subitement apparaître : pas New York mais Montréal la blanche.

Paul est retenu plus bas dans un des salons du navire : quelqu'un a reconnu le Compagnon et Buissonneau s'est laissé entraîner à regret dans une conversation sur les mérites du groupe.

> « Comme ça vous partez en vacances au Canada... Vous y avez déjà chanté n'est-ce pas ? Ah ! les artistes, toujours par monts et par vaux ! C'est merveilleux ! Quelle chance vous avez... Vous pourriez peut-être nous chanter... Juste quelques mesures ! »

Les nuages se poursuivent sur fond bleu tandis que, dans la tête de Françoise Buissonneau, les images se bousculent et s'entremêlent. La jeune femme bascule dans le temps. Ses lèvres dessinent un sourire : son Paul timide lui fait la cour. Ils sont assis à l'extrême bord d'un canapé.

Un nuage sombre passe à son tour : Françoise est à Londres. Elle attend Paul comme chaque soir à la sortie du *London Casino*. Elle vient voler aux Compagnons quelques heures de tendresse. Elle se souvient qu'une nuit on l'a prise pour une prostituée. Il faut dire qu'elles étaient nombreuses dans le coin, des Françaises pour la plupart. Françoise a même fini par sympathiser avec l'une d'entre elles. Elle se souvient aussi des mots durs, des mots tranchants échangés avec l'un ou l'autre des Compagnons. C'était comme taper dans un mur. Elle a cru perdre son amour. L'assurance hautaine qu'avaient ces jeunes Français, cette volonté de l'exclure. Après tout, elle n'a jamais souhaité se marier avec cette troupe d'enfants attardés et cruels. Françoise frissonne. Et Suzanne, son amie Suzanne, l'autre Québécoise, exilée elle aussi mais tellement plus à son aise, tellement forte. Une distance s'est installée entre les deux jeunes femmes, comme une plage triste où personne ne va.

Le soleil revient. Françoise ouvre un peu le col de son manteau. La mer est belle, purificatrice. Adieu, mauvais jours de

Londres ! Quelques bons souvenirs s'envolent à leur tour au vent. C'est l'été à Paris ; dans les allées du bois de Boulogne, une promenade à deux sur la mobylette de Paul en se cachant des gendarmes ! Presque chaque soir, les sorties au music-hall ou au théâtre et chaque matin, l'appartement de Suresnes inondé de lumière. La Renault 4cv qui tombe en panne en pleine place de l'Étoile ! On prend l'autocar pour descendre dans le sud. Oh ! Et les puces attrapées dans les hôtels ! À Èze, Paul entraîne sa jeune épouse dans l'escalade d'une dangereuse falaise qui s'effrite sous leurs pieds. La peur puis la joie d'être juste tous les deux. Enfin le jour où Paul dit : « Oui ! Oui, on retourne chez toi au Québec ! Oui, on sera toujours ensemble ! Oui, tu peux prévenir tes parents. »

□

Parvenus à New York, Paul, Françoise et leurs énormes bagages prennent aussitôt le train pour Montréal. Paul transporte avec lui des cartons sur lesquels des échantillons de boutons de fantaisie sont accrochés par des élastiques. Son ami Paul Dandurand lui a demandé de dénicher ce stock chez des spécialistes à Paris. Selon lui, il y a une fortune extraordinaire à faire dans l'importation de boutons français ! Si ce n'est ce vague projet d'import-export, Buissonneau s'installe au Québec sans plan précis mais aussi sans inquiétude. N'est-ce pas la troisième fois qu'il saute hors du nid ? N'a-t-il pas quitté sans crainte son bleu de travail de la *Carrosserie René David* pour embarquer dans la troupe de Pic, qu'il a délaissée à son tour pour se fondre aux Compagnons, dont il se sépare alors que ceux-ci voguent vers la gloire ? Qui est Paul Buissonneau ? Un inconscient total ? Une tête de mule ? Un anarchiste maniaco-égocentrique ? A-t-il tout simplement une solide confiance en la vie ou bien la certitude que, quoi qu'il arrive, il sera capable de s'en sortir ?

Depuis l'épisode de Londres, pas une fois Paul n'a regretté sa décision : il n'était décidément pas fait pour cette vie de boy-scout chantant. Rien devant lui ? Qu'importe ! Il a à peine vingt-quatre ans, Françoise est belle, elle l'aime, il sait se servir de ses dix doigts et de sa cervelle. Ses économies et la petite compensation financière offerte par les Compagnons ont fondu au soleil des vacances. Paul a vendu de peine et de misère l'appartement de Suresnes. Mais Françoise se fait rassurante : ses parents ont promis d'aider le jeune couple à s'installer. Les Charbonneau ont de nombreuses relations dans le milieu artistique, peut-être Paulo pourra-t-il se lancer dans le théâtre, la radio ou même la télévision, dont on annonce la naissance imminente à Montréal ? Qui au Québec oserait refuser les offres de service d'un ancien Compagnon de la Chanson ?

Et la France ?

> « À la vérité, je ne me suis jamais senti vraiment français. Les yeux humides en écoutant la *Marseillaise*, c'est pas mon truc. »

Paul émigre et ne craint pas les Québécois. À l'image de Paul Dandurand, ceux qu'il a rencontrés au cours des tournées étaient disponibles et très accueillants. « Dandurand la joie de vivre », tel pourrait être le surnom de cet homme plein de finesse qui cache, derrière son entrain perpétuel et sa gentillesse, l'intime conviction que le monde est dur et cruel si on l'observe de trop près. Il jette sur la vie comme un voile de gaîté pour en cacher les imperfections. Paul Dandurand s'éblouit. Cet original a hérité avec son frère Gérard d'une jolie fortune dont les fleurons sont les restaurants le *Drury's*, au carré Dominion, et le *Café Martin* dans la rue de la Montagne. C'est un gourmand, adroit cuisinier, mais ce n'est pas un homme d'affaires. Il amuse ses amis, il adore les kidnapper, les enlever à leur quotidien, inventer des fêtes. Il a le cœur sur la main et verra sa fortune fondre au fil des années sans se résigner à devenir un homme ordinaire. Poser les pieds sur terre, se battre pour conserver sa place, se méfier des profiteurs qui s'accrochent ? Jamais. Plutôt le rire, la fête et l'amitié. Son frère est un solitaire, un artiste peintre qui copie avec une étonnante minutie des paysages bucoliques anglais. Paul Dandurand, lui, s'est donné à la camaraderie et il attend avec impatience l'arrivée de son ami français, qu'il a aimé dès le premier spectacle des Compagnons à Montréal.

« Maudit Français ! » Jamais Buissonneau n'a encore entendu l'anathème et jamais, il faut dire, au cours de ses précédents voyages, il n'a pris les Québécois de haut. C'est sans ironie qu'il a découvert les intonations chantantes, cette manière rigolote d'agencer les mots, cette peur de déranger et surtout une réelle absence de prétention : au diable les petits-bourgeois franchouillards ! Bonjour, les Canadiens français, Paul se dit qu'il sera à l'aise avec ces gens-là.

À la gare Windsor, Amandine et Hector, les parents de Françoise, sont au rendez-vous serrés l'un contre l'autre sur le quai : l'année 1950 va s'achever dans la joie, la petite est de retour. Le jeune couple s'installe dans la maison familiale, rue de l'Épée à Outremont. On les entoure. On parle d'avenir. M. Charbonneau aimerait bien que son gendre se mette à l'anglais. Le Québec de l'époque, c'est le règne de Duplessis. Il est la voix du nationalisme, c'est lui qui se débat avec Ottawa. Mais néanmoins on est loin, très très loin de la loi 101. Le beau-père, à son aise dans la petite-bourgeoisie ultraconservatrice et francophone d'Outremont, se dit que Paul doit faire sa place dans une ville où les affaires se traitent en anglais. Son gendre doit apprendre cette langue. Le jeune Français résiste, et ce ne sont pas ses démêlés avec le responsable de l'immigration à l'ambassade canadienne de Paris qui ont amélioré les choses. Hormis le petit désaccord linguistique, Paul s'entend à merveille avec ses beaux-parents. Mme Charbonneau est une belle femme souriante et bonne cuisinière qui compense le côté un peu pète-sec de son époux. Françoise est aux anges. Elle commence à reprendre contact avec ses amis, n'oubliant jamais de mentionner que Paul se cherche un emploi et que s'ils entendent parler de quelque chose... Dandurand n'a pas tardé à pointer son nez. Il semble finalement qu'on fabrique d'excellents boutons au Canada et que ceux qui viennent de Paris sont beaucoup trop chers. Le projet échoue! Qu'importe, Dandurand a une autre idée: la fabrication de bijoux chinois en argent. Dans l'immédiat, il se met en quête d'un travail pour son ami et il est bien placé pour cela: le Tout-Montréal défile dans ses deux restaurants ainsi que dans l'auberge que possède la famille à Saint-Sauveur, à l'époque un charmant petit village des Laurentides dont les pentes neigeuses sont fréquentées par les seuls initiés.

Au bout de quelques semaines, pourtant, il faut bien se rendre à l'évidence, les employeurs ne se bousculent pas au portillon. Au contraire, on se montre parfois très réservé. « Ah bon, il a quitté les Compagnons! Mais pourquoi donc? Un tel succès... Il y a eu un problème? C'est curieux, comme ça, en pleine gloire... » Une visite infructueuse, un accueil à peine poli auprès d'un cousin de la famille qui dirige la programmation à Radio-Canada font comprendre à Paul qu'il n'est pas vraiment attendu et que ses états de service n'impressionnent personne de ce côté-ci de l'océan. Comme tout semblait facile il y a quelques semaines à peine!

Finalement, Maurice Crépeau, un ami des beaux-parents Charbonneau, gérant du magasin de disques Archambault, sis au 500, rue Sainte-Catherine Est, coin Berri, se dit que la présence d'un ancien Compagnon de la Chanson dans son magasin ne peut nuire. Il propose un poste de commis-vendeur au jeune immigrant. Paul, quand même impatient de prendre un peu d'indépendance vis-à-vis de sa belle-famille, accepte d'emblée. C'est ainsi qu'à la fin de janvier 1951 Paul Buissonneau est accueilli au magasin par le directeur Pierre Day – un spécialiste de La Bolduc – qui indique au nouveau venu son lieu de travail au sous-sol et son salaire de dix-neuf dollars par semaine... C'est ce qui s'appelle recommencer à zéro.

Pendant les mois qui vont suivre, une lourde chape de plomb s'abat sur Paul:

« J'ai vécu cette période comme un véritable zombi. Incapable de réagir. Incapable même d'envisager un retour en France. Je vivais au jour le jour, allant à pied au boulot pour économiser quelques cents. Je ne fonctionnais plus. »

Quand il ne se nourrit pas de pain et de mayonnaise, Paul se rend chez la mère Beauséjour pour acheter une portion de fèves au lard. La brave femme est émue par le désarroi de son client et pour lui les parts sont plus généreuses. Ce n'est pas la première fois que Paul sombre dans une profonde tristesse léthargique, mais c'est la première fois que le coup est aussi fort. Doit-on s'étonner ? Toute sa vie Buissonneau niera ses coups de cafard, ses dérives vers la déprime, ses désespoirs nés de ruptures, d'échecs ou de déchirures. Toute sa vie il mettra un mouchoir dessus, fanfaronnera, ou au mieux admettra un *burn-out*... En vérité, Paul Buissonneau est sans doute un homme fragile, meurtri par la désertion précoce de ses parents. Un coup du sort dont jamais il n'a pu se plaindre : qui l'aurait écouté ? En 1951, ce n'est pas vraiment la rupture avec les Compagnons qui lui pèse alors qu'on lui tourne le dos dans cet ailleurs nord-américain plus différent qu'il ne le pensait. Mais il se remémore surtout l'incompréhension de ses camarades comme sous l'effet d'un contrecoup. Il se dit qu'il a été trahi encore une fois par la vie et n'ose s'avouer qu'il se sent tout d'un coup un peu seul.

La vie au quotidien déroute le jeune Français. Le Québec de l'époque ne ressemble pas vraiment à cette province française qu'il avait imaginée. Ce n'est pas l'Auvergne ni la Normandie. C'est beaucoup plus exotique ! Ni les valeurs ni les références ne sont les mêmes. En 1964, Nathalie Fontaine, une jeune femme française débarquée dans les années 50 à Montréal avec mari et enfants, racontera dans son livre *Maudits Françaîs* le choc des deux cultures... et la première fois où elle se fera dire : « Hé ! vous làu ! C'pau vot'ligne à linge çâu ! » Oui, ici les W.-C. deviennent des toilettes, une cuisinière devient un poêle, le courrier c'est la malle, on peinture « pis on met des morceaux d'tripe pour patcher les tires crevés... »

Mais il n'y a pas que le langage, il y a la façon de penser. En France, tout est formalisme, respect des traditions, raideur. Ici, la majorité des gens se moquent de la culture, française ou autre : on fait de l'argent et on consomme. Avec à peine un peu plus de retenue à cause de l'influence du clergé, les Canadiens français comme les autres Nord-Américains plongent sans complexe dans le XXe siècle industriel, qui atteindra son apogée à la fin des années 60. Les Français les trouvent vulgaires. Les Montréalais de l'époque se moquent éperdument de ceux qui débarquent des vieux pays pour donner des leçons. Paul a beau ne pas se prendre pour un autre, il n'a pas pu échapper à certaines remarques. Il n'a pas pu du jour au lendemain se fondre dans la masse et devenir un Québécois sur les quais de la gare Windsor. Aujourd'hui, Paul Buissonneau préfère dire que son adaptation s'est faite en douceur en remarquant simplement :

> « Je suis arrivé en plein règne de Duplessis. C'était bien paisible le Québec ! Incroyable le nombre de processions qu'on pouvait croiser dans cette ville. J'avais l'impression d'être à Lourdes ! »

En réalité, non seulement Paul chute de son piédestal avec les blessures d'amour-propre et les conséquences matérielles qui en découlent, mais il doit traverser une véritable période de probation qui est une douloureuse période d'adaptation.

□

Le couple Buissonneau s'est trouvé, par l'intermédiaire de la sœur de Françoise, un petit appartement rue Saint-Hubert, mais le salaire de Paul suffit à peine à payer le loyer. Françoise, déçue de nouveau de la tournure que prennent les événements, accepte de menus travaux pour arrondir les fins de mois. Elle est tour à tour colleuse de timbres ou remplisseuse de tubes de dentifrice pour trente-cinq sous de l'heure. Heureusement, elle peut aussi compter sur ses parents. Les Charbonneau, discrètement mais sûrement, veillent à éviter la catastrophe. Ainsi, ils payent la facture du téléphone mais surtout, sous un prétexte ou un autre, ils invitent régulièrement le jeune couple à venir prendre un bon repas rue de l'Épée. Le rosbif d'Amandine laissera dans la mémoire de Paul un souvenir impérissable. Depuis les heures les plus sombres de l'Occupation, le fils d'Andréa a toujours craint de ne pas manger à sa faim. Depuis l'épisode normand de Marie Torchon, il connaît le plaisir de la démesure, la jouissance de s'en mettre plein la panse. Au Québec, Paul, pour qui Dandurand fait souvent table ouverte, se met à manger pour oublier, comme d'autres se mettent à picoler.

> « La bouffe, c'est ma messe du jour ! [...] La bouffe c'est ma drogue [...] La bouffe est un art éphémère ! Elle est aussi un remède contre la déprime ; elle nous aide à surmonter la connerie d'un patron incompétent, d'un deuil en blanc pour oublier quelqu'un ou quelques-unes. [...] La bouffe me laisse à mes illusions et me fait croire en des jours meilleurs et, de bouffe en bouffe, me mène gentiment au nirvana de l'oubli. »

Longtemps, bien longtemps plus tard, lorsque Paul Buissonneau fera éclater sa vie dans mille projets, passera d'un triomphe à un échec, d'un défi à une déprime, c'est dans les restaurants de Montréal, tous écumés, pillés, conquis, qu'il ira se réfugier, taquinant les patrons, apostrophant les serveurs, charmant les serveuses, rompant à coup sûr le calme régnant.

□

Pour l'heure, Paul dans son sous-sol a complètement perdu confiance en lui. Lorsque Aznavour ou la chanteuse Lucienne Boyer, de passage au Canada, vont lui rendre visite, il les salue à peine, les envoyant presque promener. A-t-il honte ? Plutôt le sentiment de n'exister plus. Est-ce à cause de sa condition ou simplement un réflexe naturel? Paul ne cherche jamais à entretenir des relations passées. Il a même tendance à ne pas se manifester. Un jour, chez Archambault, quelqu'un a l'idée saugrenue d'une publicité particulièrement cruelle: «Venez vous faire servir par un Compagnon de la Chanson!» Paul se laisse faire, esquivant du mieux qu'il peut les questions plus naïves que méchantes. «Alors comme ça vous ne chantez plus? Quel dommage... Ça doit vous manquer. Vos camarades vont bientôt faire une tournée ici, irez-vous les écouter? Avez-vous des projets?»

Durant les premières semaines, il ne sait trop quoi répondre lorsqu'un client francophone lui parle de tel ou tel *record* ou telle *plate.* Parfois, il ne comprend pas un traître mot de ce qu'on lui demande: les termes laissent dans l'embarras le jeune vendeur. Paul est très timide, il craint de déplaire. Un jour, un M. Vadeboncœur, avocat de son état, commande une série de disques au téléphone. Paul n'a pas très bien compris le patronyme de son interlocuteur, mais il n'ose le faire répéter. À tout hasard, il adresse le colis «À votre bon cœur»! L'avocat n'apprécie guère... Quant aux Anglais, Paul les évite carrément. Bref, c'est la galère.

Quelques faisceaux de lumière, cependant, viennent balayer le fond du tunnel. Tout d'abord, Alfred Brunet, homme de théâtre et propriétaire de l'appartement de la rue Saint-Hubert, sollicite Paul pour que celui-ci donne des cours de mime un soir ou deux par semaine. Il lui envoie des élèves. Le professeur improvisé construit lui-même la scène sur laquelle il se produit. Elle repose sur des caisses de Coca-Cola! Et alors? N'a-t-il pas, avec une autre grosse caisse de bois, fabriqué un très utile bahut pour Françoise? La méthode Buissonneau a traversé l'Atlantique!

Bientôt, le couple a l'occasion de renouer un peu avec le monde artistique. En effet, tandis qu'à Paris Félix Leclerc reçoit avec *Bozo* et *Moi, mes souliers* le Grand Prix du disque, Pierre Gauvreau confie à Françoise et à Paul l'animation de *Écho de*

France, une émission radiophonique diffusée le dimanche après-midi à CHLP. Paul prépare les textes de présentation des chanteurs et il est chargé de faire venir des disques d'Europe. Le soir, après le turbin, il continue d'écrire lui-même des chansons, comme au temps des Compagnons. Chansons mélancoliques, pour ne pas dire désespérées, qu'il déclare religieusement à la SACEM[1]... On ne sait jamais !

« Sainte-Catherine
Avec tes vitrines
Qui font de l'œil
Aux vieux tramways
Sainte-Catherine
Quand tu t'illumines
Tu fais de l'œil
Aux anges du paradis. »

Françoise, avant son départ en France, avait commencé à être appréciée pour ses portraits d'artistes et ses illustrations. Elle décide de reprendre ses pinceaux. Elle est aussi la comptable du couple et, tenant serrés les cordons de la bourse, elle parvient même à économiser un peu ! Ses amies, Claire Simard ou Denise Duquette, dont la famille possède la plus grosse pharmacie de Montréal, n'ont pas les mêmes soucis financiers, mais elles ne lâchent pas celle qu'on surnomme encore Tout'neuve. Les Duquette en particulier invitent régulièrement Françoise et Paul dans leur maison de campagne à Frelighsburg, où on aime réunir des artistes. Paul, s'il n'est pas le personnage exubérant qu'on connaîtra plus tard, y est apprécié pour son humour et sa gouaille. Il découvre la campagne québécoise et en tombe amoureux, rêvant comme le faisait Andréa d'une petite maison à soi avec un jardinet.

1. Société des auteurs, compositeurs et éditeurs de musique.

Mais le lundi matin, c'est le retour coin Berri et Sainte-Catherine. N'y tenant plus, Paul demande à son patron de lui trouver une autre fonction. N'importe quoi pourvu qu'il puisse quitter ce sous-sol ! Paul est nommé démarcheur pour les disques Pathé. Il doit placer ses exemplaires dans les différents points de vente de Montréal et des alentours. Pendant plusieurs semaines, Buissonneau va ainsi en autobus ou en tram, chargé d'une lourde sacoche remplie de disques, parcourir la métropole. On le dévisage de la tête aux pieds avec ironie : son maigre manteau d'Européen n'est pas fait pour affronter les rudes hivers québécois ! Parfois, le représentant se fait accueillir par un sévère « Speak white » auquel il n'ose répondre... pour l'instant.

Pendant ce temps-là, Dandurand, alerté par Françoise qui voit son mari dépérir chaque jour un peu plus, met les bouchées doubles pour sortir son protégé du pétrin. Il prend rendez-vous avec une connaissance qui occupe un poste important à la Ville de Montréal. Les deux hommes discutent autour d'un bon repas puis se quittent le sourire aux lèvres. Après avoir raccompagné son hôte, Paul Dandurand se frotte les mains. « Tout va très bien... » chantonne-t-il, satisfait.

SCÈNE II

La Roulotte ou la citrouille de Cendrillon

Personnages principaux

PAUL BUISSONNEAU : le cocher
LA ROULOTTE : la boîte magique
CLAUDE ROBILLARD : le mécène
JASMIN, DURAND, DESCHAMPS, POULIN, ASSELIN ET LES AUTRES : les moniteurs

L'action fluctue au rythme des rires et des cris de milliers d'enfants.

Côté cour : des bâtiments municipaux de fortune
Côté jardin : les parcs d'une métropole en pleine effervescence

---

LE VOYAGE D'UN ÊTRE HUMAIN se compose souvent de plusieurs vies qui tantôt se complètent tantôt s'opposent dans un mouvement amorcé dès que la première bouffée d'oxygène vient gonfler les poumons du nouveau-né. Plus tard, en se retournant, on se rend compte du chemin parcouru, de ces petites vies successives, minuscules billes de buis enfilées sur le chapelet de notre vie. Pour mieux comprendre, il convient alors de saisir chaque bille une à une tel l'anachorète en pleine prière.

C'est un désir qui n'appartient qu'à chacun, une concession à la nostalgie peut-être, mais c'est simple.

Avec Paul Buissonneau, ce n'est pas aussi aisé, comme si chaque grain faisait en même temps partie d'un autre chapelet. On imagine d'emblée la complexité de l'ensemble, l'imbroglio d'une existence si riche qu'il est difficile d'en démêler les fils.

C'est au début des années 50 que cet enchevêtrement prend forme. Les activités de Paul Buissonneau se multiplient avec cette volonté naturelle de ne pas se contenter de subir le cours des événements mais de s'en emparer pour leur imposer sa direction. Avec la Roulotte, Picolo et le *Théâtre de Quat'Sous*, la chronologie est si bouleversée que chacun de ces engagements doit être considéré dans sa continuité, quitte à effectuer des allers et retours dans le temps.

□

Dans la torpeur des premiers jours de l'été 1952, vers midi, une longue limousine noire glisse lentement sur l'asphalte et vient s'arrêter juste devant le magasin Archambault. À la plaque fixée en avant du véhicule, on comprend qu'il s'agit d'une voiture officielle. Plus précisément, c'est l'un des rares véhicules de fonction réservés aux tout-puissants directeurs de la Ville de Montréal, dont la destinée se trouve être à cette époque entre les mains de Camillien Houde, ce maire à la silhouette singulière.

Avec le mélange de fierté et d'humilité propre aux gens de maison, le chauffeur vient ouvrir la porte arrière de la voiture. Aussitôt, un homme dans la quarantaine déploie sa longue silhouette élégante avant de s'engouffrer furtivement dans le magasin de disques.

À l'intérieur, c'est l'agitation. Les employés ont déjà alerté Pierre Day, qui se dirige fébrilement vers le visiteur de marque. Ce dernier, avec son port de gentleman, fait néanmoins montre d'une grande simplicité. Il se présente comme étant Claude Robillard, surintendant général des parcs de la Ville de Montréal. L'objet de sa visite est de rencontrer le plus célèbre employé de chez Archambault, un ancien membre des Compagnons de la Chanson : Paul Buissonneau. On invite alors le haut fonctionnaire à descendre au sous-sol, où le gaillard se tient caché ce jour-là.

Paul comprend que le « môssieur » en question vient vers lui à la suite des recommandations de son ami Paul Dandurand. Mais il ne parvient pas à croire à cette proposition de travail auprès des enfants dans les parcs de Montréal. Il pense qu'on lui joue un tour, que tout cela n'est qu'une plaisanterie. Toutefois, à l'invitation de Claude Robillard, il accepte de monter dans la limousine pour se rendre aux ateliers de la Ville. De toute façon, il n'a rien à perdre sinon son repas du midi !

Bien calé au fond de la limousine, Paul écoute attentivement Claude Robillard lui décrire vaguement son projet d'animation. Il y est question de culture populaire, d'épanouissement de l'enfant, de pédagogie simple à l'image de son propre rôle de père de famille. Cette volonté de donner un accès culturel facile, gratuit et permanent aux habitants de la cité doit trouver sa plus belle expression dans la présentation estivale d'une pièce maîtresse que Claude Robillard est impatient de faire découvrir à un Paul Buissonneau dont les yeux commencent à s'arrondir comme des billes dans le confort feutré du véhicule officiel.

La limousine franchit la barrière qui contrôle l'entrée aux ateliers de la Ville. Elle contourne un immense hangar avant de s'immobiliser devant une petite porte métallique.

Lorsqu'il descend du véhicule, Paul reste distant. Il se méfie. Mais lorsqu'il pénètre dans le hangar, un sentiment d'irréalité, comme il n'en connaîtra sans doute jamais d'autre dans sa vie, s'empare de lui. Il tombe subitement dans un état second, plus hébété encore qu'un Cyrano venant de recevoir sur la tête la poutre de quelque fâcheux. Dans un mouvement de ralenti interminable, ses lèvres s'écartent l'une de l'autre de surprise ! Ce qu'il avait imaginé dans l'atelier du boulevard de l'Hôpital, ce qu'il avait rêvé sur son vélocipède avenue Edison, ce qu'il avait fantasmé aux pires moments de la guerre est là, devant lui !

Comme une facétie du sort qui ose prendre au mot les rêves les plus fous d'un enfant, au milieu de ce hangar se dresse l'ébauche d'une roulotte, de ce qui pour des générations deviendra la Roulotte.

En suivant Claude Robillard, Paul n'entend plus rien. Il échafaude les projets les plus insensés, les plus inespérés, tandis que les ouvriers de la Ville s'activent sur ce qui n'est encore qu'une carcasse métallique.

Alors c'est donc vrai, ce n'est pas une plaisanterie. Ce M. Robillard introduit par Paul Dandurand n'est pas un joueur de tours.

Au retour, Paul revient sur terre ou, plus précisément, sur la banquette arrière de la limousine. Tandis qu'elle file dans les rues ensoleillées de Montréal, Claude Robillard tente de lui exposer son projet plus en détail. Avec cette roulotte, il souhaite créer une sorte de scène ambulante pour accueillir les enfants dans les parcs, pour leur permettre de s'exprimer, de danser, de chanter. Il offre ni plus ni moins à Paul de devenir le régisseur de ce théâtre mobile.

Lorsque la voiture noire s'immobilise de nouveau devant chez Archambault, Claude Robillard demande à Paul Buissonneau s'il est intéressé par sa proposition. Ce dernier obtient de pouvoir y réfléchir.

Paul descend de la limousine sous l'œil ébahi de son chef de service et de ses compagnons de travail, qui se demandent ce qui peut bien se cacher derrière ce mystérieux va-et-vient.

Buissonneau entre dans le magasin et, l'esprit déjà en ébullition, regagne son sous-sol.

> « Robillard n'était pas sûr de ce qu'il voulait. S'il m'avait dit : "C'est ça qu'il me faut", j'aurais pu décider sur-le-champ. Mais c'était un homme qui avait la sagesse de laisser une

> certaine liberté aux gens. Si j'avais demandé à réfléchir, c'était pour lui proposer une approche qui soit sensiblement la sienne tout en me satisfaisant. »

Durant la nuit, Paul se retourne dans son lit, incapable de dormir sous l'effet de l'excitation. Il n'a rien demandé, il n'a pas couru après, et pourtant son rêve se réalise ! Cette proposition, c'est la possibilité de présenter des spectacles n'importe où pour que, jour après jour, naisse cette magie du théâtre qui ne l'a jamais quitté. Quelle que soit sa place dans cette roulotte, il voit clairement son avenir se dessiner devant lui. Pour un peu, il se mettrait à hurler de joie, mais à ses côtés Françoise dort !

Pendant deux jours interminables, Claude Robillard ne donne plus signe de vie. Ce n'est que le troisième jour qu'il téléphone enfin chez Archambault pour inviter Paul Buissonneau à venir le rencontrer le soir même.

En fin d'après-midi, après sa journée de travail, Paul se dirige vers l'hôtel de ville. Sur le chemin, il continue à gamberger.

> « J'ai pensé qu'il avait dépensé cinquante ou soixante-dix mille dollars pour que les enfants montent trois marches et ânonnent leurs petites histoires ! Ridicule. J'étais pas très fort pour les spectacles faits par des enfants, mais je me disais qu'il fallait que je trouve une solution de rechange. C'est là que m'est venue l'idée d'avoir une équipe de quatre à cinq personnes. »

Lorsqu'il pénètre dans le bureau cossu de Robillard, Paul est déjà assez sûr de ce qu'il entend suggérer. D'abord, sachant depuis la veille par Paul Dandurand que ce surintendant général des parcs affectionne particulièrement les contes et qu'il fait même du cinéma d'amateur en s'en inspirant avec ses propres enfants, Paul propose de monter des spectacles à partir de contes traditionnels avec une petite équipe de permanents. Il fait allusion à des sketches et à des chansons mimées qui pourraient parfaitement s'intercaler entre les prestations des enfants. En somme, avec habileté, il conserve l'idée originale de Claude Robillard et l'améliore en y mélangeant du spectacle à sa manière. Il termine même son exposé avec audace.

> « Monsieur Robillard, vous avez dépensé cinquante mille dollars pour construire un théâtre ambulant et tout ça pour faire chanter des mômes ! Vous trouvez pas que c'est un peu limité ? »

Claude Robillard sourit d'une telle faconde. Il trouve la formule séduisante et demande aussitôt à Paul s'il peut quitter Archambault pour entrer comme moniteur à la Ville, dans un centre, afin de se familiariser avec les jeunes. D'ici là, les ouvriers auront tout le temps de terminer la roulotte afin qu'elle soit prête pour l'été prochain.

Cette fois, Paul n'hésite pas, écrivant du même coup la première page de l'aventure la plus géniale du théâtre pour enfants au Québec.

Il se retire humblement du bureau, laissant à ses occupations un homme dont il va peu à peu découvrir la remarquable personnalité.

Ingénieur-électricien de formation, Claude Robillard, dès cette époque, commence à imprimer un mouvement unique dans l'histoire de Montréal. Avec la complicité des politiciens, il veut transformer la métropole en une ville de verdure. Cet homme timide et réservé, d'allure un peu guindée, affiche un goût prononcé pour la gastronomie et la fête, à condition de rester dans la bienséance. Fédéraliste convaincu, il entretient des liens d'amitié profonds avec des politiciens haut placés. Plus enclin à favoriser le développement de l'enfant par le biais de l'art que par celui du sport, il profite de son poste pour mettre cette philosophie en pratique. Cela le conduit tout logiquement à faire construire, entre autres, le *Théâtre de verdure* et le Jardin des merveilles du parc La Fontaine ainsi que la Roulotte.

□

Après avoir réglé les formalités de son départ de chez Archambault, Paul Buissonneau est engagé à cinquante-quatre dollars par semaine en qualité de moniteur au centre Maisonneuve, une sorte de gymnase plutôt sordide où il a pour mission de jouer avec les enfants.

> « Pour les gosses j'étais comme un chameau en Alaska, une erreur dans le paysage. J'étais visé. Les ballons arrivaient dans ma gueule de « Françâ ». Et puis, sitôt fini le ballon, je devais leur lire un conte. Un métier de cul, quoi ! C'était le responsable du centre qui me donnait des ordres, M. Mathieu. Il n'était pas méchant, le bougre, mais c'était la maternelle pour les enfants de dix ans ! »

Rapidement, Paul est fatigué et dépassé. Les assauts répétés des gamins ont raison de lui. Il troque son apparence humaine contre celle d'une chiffe molle. Il commence à se demander si l'enthousiasme des premiers jours, lié à la vision de cette roulotte, n'était pas un leurre.

Mais Françoise et Paul Dandurand veillent et interviennent de nouveau. Paul bénéficie d'une promotion et devient l'éminence grise de Claude Robillard, son bras droit. Dans un premier temps, il fait repeindre les camions de la Ville avant de se retrouver en charge du journal interne *Liaison*, en compagnie de Gérard Pécuchet, un gaillard aux allures de faux curé.

Pendant ce temps, la construction de la roulotte va bon train et Paul doit là aussi livrer un autre combat. Au début, le responsable de la fabrication ne voit pas sa venue d'un bon œil. C'est le credo habituel ; pour lui, Buissonneau est un maudit Français qui vient prendre la job des Québécois !

Ce que cet homme ne sait pas, c'est que, malgré son costard et sa cravate, le petit Français en question est mauditement rompu aux mœurs et difficultés d'un atelier.

C'est là que commence à naître une réputation désormais indissociable du nom de Buissonneau : l'utilisation abusive, grotesque, gigantesque et monstrueuse de sa grande gueule de ténor. Oh ! pas de manière directive pour le moment. Non ! plutôt de façon insolite. Comme une incongruité dans le décor, une surprise dont on ne se remet pas, une outrance qui n'appartient qu'aux ogres et qui, sur le coup, renvoie l'adversaire à ses souvenirs d'enfant. Méthode imparable pour terrasser la connerie humaine, pour faire sauter les gongs de la xénophobie, pour qu'une fois encore le réel se trouve pulvérisé et retombe en une poussière magique sur les plus coriaces. Dans ce registre, Paul Buissonneau excelle à manipuler cette arme redoutable : la truculence.

La stratégie est simple. On commence par surprendre l'adversaire qui, engoncé dans ses principes, ne peut même pas concevoir qu'une telle personnalité puisse exister et encore moins se produire comme ça sur un lieu de travail. Après, il faut travailler le quidam au corps en lui montrant tout simplement, comme dans le cas présent, qu'on est quasiment né dans une usine, qu'on y a laissé une grande partie de sa jeunesse, en un mot qu'on est de la même famille. Ensuite, il faut tomber la veste naturellement, pour mieux filer un petit coup de main. Enfin, il ne reste plus qu'à porter l'estocade en donnant avec simplicité les conseils les plus judicieux et surtout les plus ingénieux.

Résultat : les ennemis du matin deviennent le soir même les complices de toute une vie. C'est ainsi que Paul Buissonneau a pu s'entourer de sympathies qui, tout au long de sa carrière à la Ville, le soutiendront et qui, pour le moment, vont lui permettre de mener à sa manière et jusqu'au bout la construction de la roulotte. Mais il faut encore être patient, car l'objet de tous ses rêves mérite la plus grande attention.

L'inauguration de la Roulotte a lieu le 23 septembre 1952 en présence du gratin municipal, provincial et fédéral et les maires de nombreuses grandes villes nord-américaines. L'événement est de taille, puisque le Champ-de-Mars a été réquisitionné à cet effet. Le moment est historique, à n'en pas douter. Claude Robillard offre à son parterre prestigieux un spectacle de Michel Cartier, folkloriste réputé, à défaut d'ouvrir ce théâtre aux élucubrations de son jeune protégé. Paul est là en retrait, mais il doit ronger son frein en attendant son tour.

À cette époque, avec Jean Dupire, compagnon de travail au service de la publicité, Paul Buissonneau est chargé par Claude Robillard d'organiser des repas une ou deux fois par mois dans différents lieux de Montréal afin que les employés municipaux puissent se rencontrer. C'est ainsi que le duo monte de véritables événements avec la complicité des cuisiniers de la ville aussi bien dans le chalet du mont Royal qu'au Jardin botanique en passant par un bateau sur le Richelieu. C'est au cours d'une de ces fêtes que Paul chante *Madame Arthur*, déguisé en femme, avec un collant noir, une perruque rouge et une généreuse quantité de maquillage. Il n'est pas certain que l'agencement soit du meilleur goût. Tout le monde semble un peu gêné et Paul a plutôt hâte d'en finir !

Plus sérieusement, il faut aussi songer à préparer le spectacle qui sera présenté à l'été 1953. Pour ce faire, Paul hérite en premier lieu d'un local avenue De Lorimier, dans le parc Rouen. Fidèle à sa nature, Paul travestit le réel en rebaptisant ce lieu d'un nom plus conforme à sa vision : « la pissotière ».

Il est vrai que l'endroit aurait pu servir de demeure royale aux souverains de la Vespasie ! Quoi qu'il en soit, Paul commence à renaître. Il dispose enfin d'un lieu pour mener à bien sa première création.

À la recherche d'un assistant, il rencontre un jeune gars que lui recommande Françoise. C'est le mari d'une amie, un dénommé Claude Jasmin. Le rendez-vous a lieu dans cet atelier de fortune et ce n'est pas sans appréhension que le jeune homme se rend avenue De Lorimier.

> « Je n'étais rien, ni vraiment comédien ni décorateur. Il m'a dit, à mon grand étonnement : "Savez-vous coudre à la machine, brocher, faire du papier mâché, des masques, des marionnettes ?"... Euh, un peu... oui ! »

C'est déjà bien. Claude Jasmin est engagé immédiatement. Il est le premier à se trouver entraîné dans cette aventure. Il sera suivi de peu par Sonia Waldstein, une Tchécoslovaque.

Aussitôt, la vie s'organise à la « pissotière », qui n'est pas gardée par une dame-pipi mais par un cerbère « aux allures de bouffon involontaire ». Jasmin craint que Paul ne s'accroche avec cet homme des cavernes au nez cramoisi qui ne manifeste que mépris à l'égard des « saltimbanques ». Il ne tient pas à ce que ce garde-chiourme se mêle des préparatifs de la première saison de la Roulotte.

> « Au contraire, Paul rigole des facéties de ce gardien inculte mais plein d'esprit. Il trouve ce "monsieur Grognon" amusant. Il lui explique ce qu'il fait. L'autre s'en trouve changé et devient l'ami, le protecteur de "monsieur Paul" ! Ce fut pour moi une grande leçon : découvrir qu'une sorte de déchet social en apparence peut, si on l'aime, devenir un collaborateur dévoué et enjoué. »

Auprès de Paul, Claude Jasmin découvre un monde nouveau. Il est séduit, emporté par cet entrain, cette fougue. Il est totalement médusé par cette faculté de tout transformer, tout métamorphoser. Il suit Paul partout.

> « Un matin de printemps, il m'avait entraîné dans une petite cordonnerie rue Rachel. Fallait le voir faire ses emplettes ! Cette ténacité à débattre le prix pour quelques paires de bottines empoussiérées dans la vitrine. Il était âpre au gain, capable aussi bien d'arguments fins : "On n'a rien, on veut faire du théâtre" que de répliques cinglantes : "Faites pas l'hypocrite, ce stock ne vous sert à rien. Vous allez tout jeter

aux ordures et là vous voulez profiter de nous. C'est dégueulasse !" »

Jour après jour, le décor prend forme malgré les nombreuses difficultés avec le magasinier de la Ville, « con comme ses pieds ». Lorsqu'ils lui demandent du tissu, le gars en question, que l'art ennuie profondément et qui préfère les articles de sport, leur balance un paquet énorme de vieilles serviettes trouées, récupérées dans toutes les piscines de la Ville. Un lot bon à jeter. Qu'à cela ne tienne ! Paul décide d'en faire les feuilles d'un arbre réalisé à partir de fil de fer. Les déchirures aidant, l'objet n'en est que plus beau.

Même si décors et accessoires prennent forme, l'été approche à grands pas. Il convient maintenant de préparer le spectacle proprement dit et de recruter les comédiens et les comédiennes qui vont porter, terminologie municipale oblige, le titre de moniteurs en art dramatique.

Paul ne s'embarrasse pas d'une grande réflexion. Son mandat étant de rendre le théâtre pour enfants accessible aussi bien aux spectateurs qu'aux apprentis comédiens, il engage les premiers venus, à condition qu'ils acceptent de mettre la main à la pâte. Il faut savoir tout faire sans rechigner.

> « Je n'ai jamais considéré le talent ! Un être qui venait me voir avec le désir de faire quelque chose était précieux pour moi. »

Les premiers et premières venus en question ne seront certainement pas les derniers et dernières dans l'histoire du théâtre québécois. Il s'agit entre autres de Monique Allard, Nicole Fillion, Yolande Lemarié, Jean-Louis Millette, Richard Pérusse et Marcel Sabourin, sans oublier Claude Jasmin. Ce sont eux qui vont avoir l'honneur de créer le tout premier spectacle de la Roulotte : *Pierre et le Loup*, avec Paul dans le rôle de Pierre.

Pour Jean-Louis Millette, la rencontre avec Paul reste un moment crucial dans sa vie.

«Cet été-là, j'avais été engagé comme aide-débardeur dans le port et c'est un ami qui m'a parlé de la Roulotte. Lorsque je me suis présenté avenue De Lorimier, Paul m'a demandé si j'étais agile. Pour s'en assurer, il m'a dit de grimper à une patère. C'est ce que j'ai fait. Grâce à quoi j'ai été engagé pour cette première saison et les quatre ou cinq autres ensuite!»

De son côté, Marcel Sabourin a déjà tâté pas mal du théâtre:

«J'étais le souffre-douleur de Paul parce que j'étais à l'opposé de ce qu'il attendait. Pas bricoleur pour un sou, souvent distrait, jamais sorti de chez moi. Sauf que j'étais une nature et c'est ça que Paul aimait chez moi.»

Avec cette équipe, Paul travaille d'arrache-pied. Sa rigueur, sa sévérité et son intransigeance s'affirment. Il commence à pousser ses coups de gueule. Certains, comme Marcel Sabourin, s'en moquent. Mais la rigidité de Paul ne fait pas que des heureux. Gilles Duchesnay, jeune pianiste qui n'a pas su ou voulu saisir l'orientation populaire de ce rude metteur en scène, se rebiffe et en fait les frais. Il est congédié avant la première représentation!

C'est indéniablement à cette époque, c'est-à-dire dès les premiers signes de l'été 1953, que la vraie nature de Paul Buissonneau prend forme. Le petit dernier fragile de l'avenue Edison, l'apprenti appliqué, le Compagnon de la Chanson soumis, le zombi de chez Archambault, tous ces rôles imposés par la vie s'effacent peu à peu devant le metteur en scène impétueux et fougueux qui vient de naître. Le Buissonneau nouveau est arrivé, sans renier pour autant ses rôles anciens. L'homme qui va tirer cette Roulotte pendant plusieurs décennies prend peu à peu possession de ses moyens, sans états d'âme, avec ses contrastes crus et violents. Claude Jasmin le ressent parfaitement:

«J'ai gardé de cette expérience un souvenir fantastique, mais j'ai vite découvert en Paul un homme inquiet, jamais satisfait, toujours vif, toujours surveillant (*sic*). Ma nature bohème n'appréciait pas trop ce style "préfet de discipline", ce dont Jean-Louis Millette semblait s'accommoder. Lui, il aimait cette rigueur, il voulait devenir le meilleur, il l'est devenu. Mais moi je n'avais pas d'ambition précise. En ma qualité de permanent, je devais essuyer certaines séances de doléances de la part de Paul. Il était sans cesse anxieux, d'une rare sévérité et d'un autoritarisme dictatorial ! »

Avec la Roulotte, c'est un personnage beaucoup plus complexe et sans doute plus riche qui s'incarne de façon précise à l'approche de ses vingt-sept ans.

□

Le vrai départ de la Roulotte a donc lieu durant l'été 1953. Au plat de résistance que constitue *Pierre et le Loup,* de Prokofiev, s'ajoutent deux chansons animées. Tout d'abord, *L'Objet* de Charles Aznavour sur une musique de R. Green, et *Aux marches du palais.* Avec ce choix, on devine immédiatement les préoccupations de Buissonneau.

« Le défi c'était le spectacle en plein air avec un instrument comme la Roulotte. J'avais fait du clown, des jeux dramatiques, mais je me disais que ça ne passerait pas. Je voulais montrer des choses aux enfants, animer des images pour eux. La parole, dans un parc, c'est difficile, alors que la musique, avec des rythmes, de la vie, ça pouvait accrocher les enfants[1]. »

Ce premier spectacle s'articule autour d'une histoire déjà enregistrée sur disque, que les comédiens illustrent de pantomimes élaborées par Paul. Ce n'est qu'à partir de 1955 que musique et texte sont enregistrés au préalable par les comédiens puis diffusés depuis un magnétophone. Mais quelle que soit la

1. Hélène Beauchamp, *Le Théâtre pour enfants au Québec 1950-1980,* Hurtubise HMH, Montréal, 1985.

forme du support audio, on comprend que le metteur en scène de la Roulotte puise dans ce qu'il maîtrise le mieux, à savoir le mime, la gestuelle, la pantomime « saltative », comme il la nomme lui-même. Ce néologisme buissonnien fait référence à tout ce qui est saltation, c'est-à-dire à tous les exercices et mouvements du corps réglés de la danse, de la pantomime, avec une notion de sauts.

De façon plus simple, en tout cas plus proche de ce metteur en scène bondissant qui ne prise guère les théories, il s'agit ni plus ni moins de ne pas ennuyer le public ! Et la meilleure façon de ne pas sombrer dans un spectacle soporifique, c'est d'en mettre plein la vue, de donner une vitalité constante au visuel, de transposer le sens de l'histoire dans les gestes.

À ce jeu-là, il est indéniable que Paul excelle. Non seulement il commence à maîtriser le mouvement d'un point de vue technique mais en plus il saisit instinctivement ce que le texte propose. C'est là sa grande force, celle qui va croître sans cesse et faire de lui un metteur en scène hors du commun. C'est ce qui fait dire à Claude Jasmin :

> « Paul, c'est un chiffonnier imaginatif, un humble ferrailleur qui ne sait pas tomber dans l'allégorie facile. Il est imperméable au monde abstrait des idéologies et des concepts intellectuels. Il a naturellement le sens du rythme. Il sait transformer. Paul, c'est la métamorphose. »

Concrètement, le rituel de la Roulotte, à chaque visite dans un parc de la ville de Montréal, est immuable.

Dès le début de l'après-midi, l'arrivée du théâtre ambulant crée un attroupement. Les enfants du quartier se précipitent pour voir s'installer cette machine à rêves aussi grosse qu'une remorque de poids lourd. Pour eux, le spectacle commence quand les comédiens et comédiennes retroussent leurs manches afin d'ouvrir les lourds panneaux métalliques. Ils furètent tout autour pour voir l'installation des éléments de décor, la préparation des costumes, la délicate opération qui consiste à palanquer les énormes haut-parleurs et, enfin, l'ajustement des projecteurs sur les herses d'éclairage.

Puis, les enfants s'inscrivent pour le spectacle durant lequel ils vont eux-mêmes présenter des chansons, des numéros de danse, des claquettes, etc. Les moniteurs ont alors pour tâche de relever les noms et d'établir un ordre de passage. Ils auditionnent aussi réellement les candidats et s'emploient à améliorer tel ou tel geste, à mieux illustrer une chanson ou encore à peaufiner une danse.

Ainsi encadrés durant le reste de l'après-midi, les enfants retournent ensuite manger chez eux mais surtout chercher leurs parents pour le grand événement qui va jaillir de l'ombre dès la tombée de la nuit.

Bientôt, le spectacle peut commencer.

À la faveur du crépuscule, la féerie s'installe. Au début, il s'agit de préparer les spectateurs, de réchauffer la foule. La première année, Paul se charge de cette tâche délicate. Ensuite, le spectacle peut commencer.

Le succès ne se fait pas attendre. L'assistance va grandissant au cours de l'été. Les visions conjuguées de Claude Robillard et de Paul Buissonneau trouvent ici tout leur sens. Si le mandat municipal est respecté d'un point de vue pédagogique, le succès de l'entreprise réside aussi dans la rencontre du public avec le théâtre, d'un public qui n'irait pas voir les spectacles payants.

Même si cette première saison sert à prendre ses marques, même si la qualité du spectacle laisse un peu à désirer faute de temps, d'expérience et de moyens, le public répond spontanément, sans faire le difficile, à cette forme d'aventure.

Au plus chaud de l'été, l'équipe de la Roulotte vit d'une certaine manière, en restant à l'intérieur de la même ville, la vie des gens du voyage, la vie des forains avec ses intempéries, ses contretemps, ses petits malheurs et ses bonheurs d'un soir.

L'installation de la Roulotte est loin d'être une sinécure. Paul lui-même le reconnaît :

> « C'était lourd ! Au début les gars se plaignaient : "On n'y arrivera jamais." Je leur disais d'aller travailler au port comme Millette avant, s'ils n'étaient pas contents. Je passais pour un affreux jojo, mais au bout de deux semaines ils montaient la Roulotte comme rien, des vrais athlètes ! Ils étaient superbes, leurs costumes étaient crados mais tellement beaux, avec un vécu... de près ça puait tellement. J'ai finalement été obligé de les jeter ! »

Dans certains quartiers, l'ambiance est parfois tendue. Il arrive que des grands gaillards, plutôt baveux, vexés de voir les plus jeunes s'intéresser aux activités et s'y impliquer, jettent des pierres, même durant le spectacle. Dans ces moments-là, Paul se met en arrière pour mieux les repérer et les attraper. Un jour, face à un plus retors, Paul en vient aux mains. Il se met à le dérouiller, ce qui n'est pas sans créer un certain émoi et surtout l'arrivée immédiate du père de ce fauteur de troubles. Cela n'impressionne pas tellement Paul qui, moyennant une solide clé au bras, fait mettre à genoux le fils face au paternel, rouge de colère devant ces méthodes trop rigides à son goût. On frise l'affrontement mais l'affaire en reste là, ce qui n'est pas toujours le cas !

Un soir, à Saint-Henri, l'un des comédiens reçoit une pierre dans l'œil. Aussitôt, Paul monte sur la Roulotte et commence à invectiver les responsables. Sous l'effet d'un langage buissonnien des plus apaisants, des plus sereins et des plus colorés, l'émeute commence à sourdre. Immédiatement, la police entre en scène, afin de jouer son propre spectacle en attendant que les muscles se calment et que le sang des protagonistes revienne à une bonne température. Mais la fiesta continue et, du haut de son théâtre, Paul Buissonneau gesticule de plus en plus, comme un Gnafron sous l'impulsion soudaine d'un manipulateur épileptique. Les policiers, eux, jouent les brigadiers et doivent s'y mettre à quatre pour arracher l'hystérique à son podium tandis que, depuis la pelouse, les projectiles volent. En arrière de la Roulotte, Paul est introduit de force à l'intérieur d'une voiture de police, qui s'arrache dans un hurlement de sirène et un éblouissement de gyrophare. Au fond du véhicule, le metteur en scène diabolique continue à hurler. Dans la lunette arrière, la bande de sauvages bigarrés assoiffés de sang et de chair fraîche disparaît peu à peu.

Dans un autre quartier, la voiture s'immobilise, comme essoufflée et tremblante, au terme d'une fuite haletante. Mais ce n'est pas le silence qui retombe, c'est encore et toujours la voix du patron de la Roulotte qui résonne dans le véhicule. Les policiers doivent crier plus fort que lui, ce qui est plus facile à dire qu'à faire !

> « T'es malade, Buissonneau ! Écoute bien, une chance qu'on t'a tiré de là. Tu les connais pas. Tu les as tellement insultés que t'en serais jamais sorti vivant. »

Le silence retombe pour de bon cette fois et Gnafron retrouve son calme. Il convient de remercier la maréchaussée qui, dans un geste noble et désintéressé, vient de rendre un service inestimable à l'avenir du théâtre québécois !

Fort heureusement, il est des jours où l'ambiance est plus sereine, comme au carré Dominion, en plein centre-ville. Ce soir-là, le ciel est menaçant. Des nuages lourds et noirs roulent leur masse pesante jusqu'à frôler le faîte des arbres. Il en faut plus pour empêcher la Roulotte de s'installer et Paul est déjà là pour donner ses ordres. Bien lui en prend car les hasards de l'hôtellerie ont placé dans une chambre donnant sur le parc un journaliste américain attaché à une importante revue culturelle. Comme il va pour fermer sa fenêtre, le disciple de Pulitzer aperçoit un remue-ménage sur la place. Mû par un réflexe plus proche de la curiosité que du dédain, il décide d'observer cette Roulotte qui se déploie sous ses yeux. Sa conscience professionnelle le conduit dehors jusqu'à la nuit, lorsque le spectacle prend fin, avant que les nuages gorgés d'eau ne se décident à mettre leur menace à exécution.

La foule se disperse, le journaliste range son carnet de notes en courant vers son hôtel et les comédiens se hâtent de fermer la Roulotte pour limiter les dégâts. Ce soir-là, Claude Robillard, venu en simple spectateur, fonce jusqu'au *Drury's*, le restaurant appartenant à Paul Dandurand. Il en revient avec une bouteille de cognac qu'il fait circuler parmi l'équipe pour réchauffer le moral et les membres de chacun.

Dans sa chambre d'hôtel, le petit journaliste, penché sur sa Underwood, rédige déjà son article avec fébrilité. En connaisseur, il jauge la valeur artistique de ce qu'il vient de voir. Il mesure la qualité, tant et si bien que... une semaine plus tard, la Roulotte fait la première page du célèbre magazine artistique américain *Variety* avec pour titre : « *Paul Buissonneau like Jean-Louis Barrault* ».

La manchette est telle que de vieux amis de Paul Buissonneau qui répondent au nom de Compagnons de la Chanson lui téléphonent pour le féliciter, une petite pointe de jalousie au fond de la gorge. À peine arrivée au monde, la Roulotte flirte déjà avec la célébrité.

Durant cette première saison, la Roulotte a plus que rempli son rôle. Son succès tient à l'approche pragmatique de ce type de spectacle. C'est le théâtre qui va vers le public, c'est sur le terrain que le travail se fait avec la participation de ce même public. En plus, il convient de noter qu'à cette époque le théâtre pour enfants au Québec est embryonnaire. Il y a bien, autour de Noël, des manifestations qui s'apparentent au ballet et à la féerie mimée, mais tout cela reste sporadique et vise plus une démarche commerciale liée à un moment précis de l'année. Par ailleurs, il y a dès 1949 la création du *Théâtre de l'Arc-en-ciel* par les Compagnons de Saint-Laurent, qui présente les premiers événements tout public où l'on s'adresse parfois aux enfants.

Autant dire que, dans ce désert qu'est la production théâtrale pour enfants au Québec, la Roulotte tombe à point. Il est certain qu'il n'en faut pas minimiser la qualité du travail, même si Paul Buissonneau lui-même reconnaît encore aujourd'hui que cette première saison était un peu médiocre. Mais force est de constater que la Roulotte vient combler un vide immense avec deux armes imparables : mobilité et gratuité.

À la fin d'août, la Roulotte est remisée dans les ateliers de la Ville tandis que les contrats des moniteurs en art dramatique arrivent à expiration. Pour Paul, c'est le moment d'organiser ses activités à la Ville et d'initier les enfants à l'art du spectacle dans la dizaine de centres récréatifs de Montréal. En compagnie de Claude Jasmin, dans ces lieux souvent froids aux allures d'entrepôts ou de gymnases vieillots, il fait feu de tout bois, récupérant çà et là tout ce qu'il peut pour permettre aux enfants de créer des petits spectacles. Paul profite aussi de ces animations pour initier son fidèle assistant. Il décide de monter un numéro où lui fait le « Rouge » et Claude Jasmin le « Blanc », celui qui donne des coups de pied aux fesses de l'Auguste.

> « Paul tentait de m'expliquer mon rôle mais je n'arrivais pas à foncer, frapper et tripoter mon patron. Il me criait : "Vas-y merde ! cogne, frappe-moi !" C'était trop me demander, rire et frapper mon boss, je ne pouvais pas. Le numéro a vite été abandonné. »

À la « pissotière », les activités reprennent. On pense à l'été suivant, au nouveau spectacle. Paul donne aussi des cours de mime et d'expression corporelle dans les centres. Claude Robillard le titularise malgré ses réticences au poste de moniteur de district, faisant de lui un véritable fonctionnaire.

Claude Jasmin, quant à lui, manifeste son intention de ne pas participer à la prochaine saison de la Roulotte. Il ne tient pas à poursuivre cette carrière naissante de comédien-homme à tout faire. Il préfère initier les enfants aux arts plastiques durant l'été. Il est nommé dans un autre centre et devient Oncle peinture.

> « Je n'aimais plus du tout les séances de rigueur de Paul. Il me demanda toutefois de faire les décors pour la deuxième saison. J'acceptai tout en prenant mes distances par rapport à son caractère de chien. Il était encore jeune et avait des doutes sur ce qu'il faisait, c'était probablement la cause de ses colères légendaires ! »

Au début de l'année 1954, Paul Buissonneau hérite d'un projet de film amorcé puis abandonné par une autre monitrice. Ce film, intitulé *Princesse Chagrine,* raconte l'histoire d'une princesse devant laquelle défilent des troubadours de tout acabit pour tenter de la faire sourire. Malheureusement, personne n'y parvient, pas davantage les plus drôles que les plus habiles. À la fin seulement, glissant sur une peau de banane, un petit Noir réussit à la dérider.

L'histoire, en soi plutôt banale, offre néanmoins un intérêt énorme pour Paul. C'est l'occasion d'y associer le plus grand nombre d'enfants et d'honorer du même coup son mandat d'animateur.

Pour le moment, fidèle à sa nature, il prend l'affaire à bras-le-corps. Il récrit l'histoire, rédige le scénario et en fait le découpage avec l'aide de Richard Pérusse avant d'entreprendre le tournage proprement dit, auquel participe également Jean-Louis Millette. Curieusement, ce film ne sera diffusé que quelques années plus tard à la télévision de Radio-Canada !

□

Même s'il a apporté tout le soin nécessaire à ce film en 16 mm, le cinéma n'est pas l'affaire de Paul Buissonneau. Il se sent beaucoup plus à l'aise avec la scène, et avec les risques et les émotions qu'elle draine.

Conscient des faiblesses de *Pierre et le Loup*, il entend bien mettre le paquet pour l'été 1954. Pour cette saison, il choisit *Le Carnaval des animaux* de Camille Saint-Saëns comme pièce maîtresse. Avec quasiment la même équipe que l'année précédente, il travaille d'arrache-pied pour donner un spectacle de meilleure qualité. Comme toujours, il a compris que, lorsque la vague porte, il ne faut pas mollir. Insatiable, il court d'une séance de répétition à un atelier de mime, d'une animation à une boutique perdue pour y dénicher des accessoires, et il trouve même le temps de faire naître un personnage à la télévision tout en se cherchant un nouveau local pour préparer des spectacles de théâtre pour adultes.

Dans les parcs, grâce à la réputation acquise l'été d'avant, l'affluence est encore plus conséquente. Telle une cohorte de fourmis instinctivement attirées par un pot de confiture, c'est le quartier tout entier qui converge vers la Roulotte. Fiers de leur progéniture, les parents habillent les enfants comme pour un dimanche. Ils ont véritablement le sentiment que c'est leur spectacle à eux et entendent bien contribuer au décorum qui s'impose. Cette naïveté ne fait que renforcer l'idée de fête qui accompagne la Roulotte.

Chaque spectacle fait l'objet d'un rapport détaillé dans un journal. Tenu tout au long de la saison par l'un des membres de la troupe, ce cahier mentionne le nombre de spectateurs, la liste des enfants retenus pour le spectacle et surtout une appréciation quant à la qualité de la représentation. Cela permet de souligner les erreurs afin qu'elles ne se reproduisent pas le lendemain. C'est aussi la preuve du travail accompli pour les contribuables et les élus municipaux qui assurent le financement de la Roulotte. En effet, dans l'esprit du metteur en scène, il importe de toujours conserver les traces du travail accompli, au cas où... En ce sens, l'avenir lui donnera raison.

Au terme de cette saison, pendant laquelle il tient le rôle du roi Dagobert dans la chanson animée du même nom, Paul

Buissonneau doit abandonner la « pissotière ». Il lui faut quitter à regret son gardien préféré et s'installer dans une toute petite salle de la rue Desjardins, au Chalet Pie-IX, où se dresse aujourd'hui le Stade olympique. Il y invite les jeunes et les plus grands à venir s'initier à l'art dramatique et envisage d'y monter *Léo l'acrobate.* Toutefois, des tensions internes causées par un manque d'homogénéité du groupe font péricliter l'affaire. De toute façon, Paul ne se sent pas encore tout à fait prêt à monter des spectacles pour adultes. Il préfère attendre encore un an au moins avant de présenter *Orion le tueur* à l'occasion du Festival régional d'art dramatique.

Pendant l'hiver, il continue de donner ses cours et commence à constituer un costumier en s'approvisionnant généreusement chez Les Chiffonniers d'Emmaüs. Au printemps, il recrute de nouveaux comédiens et de nouvelles comédiennes en vue de la prochaine saison. C'est ainsi qu'il décide d'engager un garçon qui répond au nom de Luc Durand. Celui-ci n'est pas un néophyte, il a tâté du théâtre avec son père dès l'âge de huit ans. Pour Paul Buissonneau, c'est certainement un atout puisqu'il lui donne un peu plus de responsabilités qu'aux autres. Il le charge même de superviser les répétitions en son absence. Il lui fait vraiment confiance. Cet assistant officieux a beau connaître le milieu, il découvre en Paul un être particulier.

> « Paul était très dur pour ses acteurs. Nous n'étions pas formés à cette mentalité, celle de l'école des variétés. Ça y allait à la moulinette ! Il apportait cette rigueur propre aux Compagnons de la Chanson. D'une certaine façon il nous terrorisait, mais il faut dire que même encore aujourd'hui nous sommes un peu suisses, avec cette espèce de gentillesse qu'on pourrait questionner d'ailleurs. C'est souvent cauteleux quelque part ! Nous n'étions pas habitués à cette franchise, cette rudesse. »

Cet été-là, en guise de plat de résistance, Paul décide de s'attaquer à *Barbe bleue.* Il confie le rôle-titre à Luc Durand qui, plutôt athlétique, ne ménage pas sa peine. Un soir au parc

La Fontaine, c'est le branle-bas de combat dans les coulisses. Claude Robillard est du nombre des spectateurs. Chaque comédien et comédienne entend bien donner le maximum. Luc Durand n'est pas en reste : la présence du grand patron lui donne des ailes, il est plus bondissant que jamais. Il saute à qui mieux mieux, vole, entre, sort, court à droite, à gauche, glisse littéralement sur la scène pour finalement revenir en coulisses, tout joyeux. Devant lui, blanc comme un spectre, l'œil torve, se tient Paul Buissonneau.

« T'as vu, hein, c'est bon ? »

Paul Buissonneau ne répond pas.

« Ben, qu'est-ce qu'il y a ? »

Le metteur en scène crispe ses lèvres dans un effort surhumain pour contenir sa colère. Il donne un petit coup sec du menton vers un Barbe bleue ébahi.

« Ta barbe ! »

Luc Durand a oublié de mettre cet appendice essentiel au personnage !

À partir de cette année-là, comédiens et comédiennes vont se succéder à la Roulotte au gré des intérêts de chacun. Le bouche à oreille fait son travail, de sorte que les apprentis affluent avec parfois l'apparition de plus chevronnés. Ainsi, Mirielle Lachance, à l'initiative d'une amie, se trouve à remplacer Ève Gagné que Paul vient de renvoyer. Un peu comme Luc Durand, Mirielle Lachance a commencé tôt à la télévision, dès l'âge de quatorze ans. Pour tenir le rôle de la princesse dans *Barbe bleue,* il lui faut d'abord en toute logique voir au moins une fois le spectacle. Évidemment, puisqu'il s'agit de Paul, ce premier contact avec la Roulotte ne peut pas ne pas échapper à la banalité. Ce soir-là, Ève Gagné ne joue déjà plus. Paul est obligé de la remplacer au pied levé dans le rôle de la princesse en se glissant tant bien que mal dans un costume qui lui aurait mieux convenu le jour de la kermesse de l'école de la rue de Baudricourt. Un tee-shirt vert bouteille dont les coutures risquent à tout moment de craquer, une jupe violet foncé retenue à la taille par la grâce d'un bouton qui menace de sauter sur les spectateurs du premier rang et, pour parachever le tout, une couronne minuscule que le père Ubu lui-même aurait trouvée grotesque : voilà le portrait de la princesse en ce soir de l'été 1955 ! Certes, à cette époque Paul Buissonneau n'affiche pas encore une corpulence de Falstaff, mais pour les spectateurs et pour Mirielle Lachance l'effet comique est garanti. Avec un tel accoutrement, on ne s'étonne pas si Barbe bleue cherche à se débarrasser de ladite princesse !

Dans l'assistance il y a aussi des invités de marque, ce qui justifie la prestation de Paul. Fier de cette Roulotte, Claude Robillard est là en compagnie du directeur des parcs de New York, qui vient s'inspirer de l'énorme travail effectué dans les parcs de Montréal. Il a fait dire à Paul qu'il apprécierait de le présenter à son homologue américain à l'issue du spectacle. Dès la fin des applaudissements, Paul défait sa jupe violette, enlève sa couronne et se précipite dans son tee-shirt vert bouteille pour saluer le visiteur. Heureusement, Claude Robillard maîtrise l'anglais à la perfection, ce qui rend la discussion plus aisée pour Paul qui n'est guère, on le sait, familier avec la langue de Shakespeare. Mais quand faut y aller faut y aller, et comme tout bon Franchouillard digne de ce nom, le metteur en scène de la Roulotte baragouine des mots qu'il adapte à son propre langage. Il parle du succès de l'entreprise, de la participation et de la satisfaction des enfants. Il s'enthousiasme, prend de l'assurance, ose deux trois mots anglo-saxons plus compliqués, réussit même une phrase complète sans faute, s'étonne lui-même d'une telle aisance, se croit bientôt seul sur la scène du *London Theatre* dans le monologue d'Hamlet et conclut en disant :

« Mais vous savez, *this is not only a show for children but also for adulters*[2] ! »

2. Évidemment, dans l'esprit de Paul Buissonneau, il s'agissait du mot *adultes*, qui en anglais se dit *adults* et non pas *adulters*. Prononcé par le metteur en scène, ce mot devient pour un auditeur anglophone *adulterous*, qui est la traduction du mot *adultère*.

Le lendemain matin, Claude Robillard convoque Paul dans son bureau et, hilare, il lui demande s'il est conscient de ses propos de la veille. Après traduction, Paul se joint à son patron pour rire de cette innocente bévue.

Dès la représentation suivante, Mirielle Lachance prend le relais et se glisse dans un costume qui lui sied mieux qu'à son patron.

> « Je sortais d'un an de télévision avec une grosse déprime. J'étais impuissante à jouer, en pleine vacuité professionnelle, et je tombe sur Paul Buissonneau qui me parle de pantomime, un mot dont j'ignorais le sens. Durant les répétitions, il m'impressionnait tellement que je n'osais même pas poser de questions. Mais j'avais fait de la musique dès l'âge de quatre ans et je voulais tellement. C'était extraordinaire de me retrouver là. Paul m'a sauvée. Il est arrivé au bon moment, ma vie c'était le théâtre, je ne savais pas quoi faire d'autre. »

À la rentrée, Paul Buissonneau doit dénicher un nouveau local, celui de la rue Desjardins étant devenu décidément trop étroit. Pour ce faire, il lui faut absolument rencontrer Roger Bouvard, le fonctionnaire chargé des locaux municipaux.

> « C'était un ancien flic et ancien militaire. Il voulait toujours qu'on stationne nos voitures dans le même sens et bien droites. Il ne supportait pas ce qui dépassait. Quand il y a eu les razzias avec Pax Plante et Jean Drapeau, c'est lui qui rentrait dans les bordels pour tirer les gars des bonnes femmes, pof! Il débouchait! Un sommelier de bordel. Il était con comme ses pieds, un grand bellâtre, mais con. J'allais toujours l'emmerder et il me disait: "Buissonneau t'as encore mis ta voiture à l'envers" et moi je faisais l'imbécile, je lui disais: "Je ne comprends pas, monsieur Bouvard. Où est-ce qu'est l'envers et l'endroit, vous ne m'avez jamais dit!" »

C'est donc ce témoin d'une époque montréalaise révolue que Paul Buissonneau doit solliciter. Un beau jour, l'homme en question le fait venir.

« J't'ai trouvé un local, Buissonneau.

— Ah ! merci, m'sieur Bouvard. Où ça ?

— Sur la rue Notre-Dame, mais tu vas y rester six mois. »

Paul Buissonneau y restera plus de dix ans !

Aussitôt, il fonce près du pont Jacques-Cartier pour découvrir ce nouveau local, le gymnase Campbell Est, situé à l'endroit même où se trouvait l'ancien parc Sohmer, haut lieu de divertissement populaire de la fin du XIXe siècle et du début du XXe. Le bâtiment se dresse à l'ouest de la brasserie Molson, qui finira par le phagocyter des années plus tard. L'endroit est crasseux mais en parfait état. On peut y faire n'importe quoi, ce qui réjouit immédiatement le patron de la Roulotte. Bientôt, il procède à l'aménagement de ce qu'il baptise pompeusement le Centre dramatique en compagnie de Paul Saint-Jacques, un ami menuisier à la Ville, un homme précieux qui a perdu quelques doigts sous la scie.

C'est en écoutant les histoires de ce spécialiste de la scie sauteuse et de la varlope que Paul construit une scène de taille appréciable afin d'y donner ses cours de mime. Ils installent également un bureau pour Paul. Sa table de travail repose sur des pattes de piano. Par ailleurs, il offre un bureau à l'Acta[3], qui se cherche un local.

Ainsi installé, Paul Buissonneau va pouvoir mener de front ses différentes activités. La Ville, la Roulotte, le théâtre et la télévision, rien ne résiste à cette boulimie de création qui s'empare de lui. Pour parachever le tout et comme s'il n'en avait pas assez sur les bras, il devient père d'un garçon le 3 avril 1956.

Est-ce l'allure du nouveau-né ou une simple coïncidence ? Toujours est-il que cet été-là il décide d'adapter pour la Roulotte le chef-d'œuvre de l'italien Carlo Collodi : *Pinocchio.*

3. Association canadienne du théâtre d'amateurs.

Le succès est considérable puisque, d'après les estimations de la Ville de Montréal, « quatre-vingt-quatre mille spectateurs assistent aux quarante-deux représentations données en huit semaines et que trois mille neuf cent quatre-vingts jeunes font valoir leurs talents sur la scène de la Roulotte[4] ».

Malgré cela, Paul Buissonneau se méfie. En bon stratège, il tire sa Roulotte avec prudence pour ne jamais contrarier les conseillers municipaux, qui ont le mépris d'appeler les membres de la troupe « les tapettes en culottes de velours ». Ses méthodes de travail ne sont pas du goût de tout le monde, comme le souligne son propre patron de l'époque, Marcel Parent :

> « Paul se foutait de toutes les règles, ce qui énervait les conseillers qui demandaient quand est-ce qu'il faisait ses quarante heures. Il en faisait bien plus, il en faisait plus de soixante. On a même mis des espèces de flics pour s'assurer qu'il faisait bien ses heures. On m'a demandé de le prendre, mais comment l'aurais-je pu, il faisait plus que ses heures ! »

D'une année à l'autre, Paul améliore la production en prenant soin de ne pas dépasser les budgets pour ne pas être contraint d'arrêter la Roulotte. Il cherche lui-même ce qu'il y a de meilleur marché. À son chef de service qui veut mettre un moteur électrique pour ouvrir la Roulotte, il réplique vertement :

> « Mais tabernacle ! si on met un moteur avec un bouton, qui est-ce qui va appuyer dessus ? En plus il n'y a pas un crisse de chat qui va arriver à l'heure pour appuyer sur ce maudit bouton. Je ne le ferai jamais ! »

Quand l'un des membres de la troupe arrive en retard, tous les autres l'attendent et le regardent : « Alors, qu'est-ce qui se passe, t'as raté ton tram ? » Et à ce moment-là seulement on

---

4. Hélène Beauchamp, *Le Théâtre pour enfants au Québec 1950-1980*, Hurtubise HMH, Montréal 1985.

ouvre les panneaux. Cette discipline, Paul Buissonneau y tient par-dessus tout. Pour lui, c'est essentiel.

> « Ils étaient chanceux de faire du théâtre quand je voyais les autres moniteurs se faire chier avec les enfants dans le parc pendant six heures. J'étais dur parce qu'il fallait l'être et que la Roulotte n'aurait pas duré quarante ans sinon ! »

Pendant ces années d'éclosion de la Roulotte, un coursier arpente les couloirs et les étages de Radio-Canada à la vitesse de l'éclair. Sa tâche se résume à porter les enveloppes, les films et les rubans magnétiques entre les bureaux et les studios. Autant dire que le salaire n'est pas des plus folichons. Une fois son labeur terminé, le petit coursier s'en va suivre des cours de théâtre chez un certain François Rozet. Ce dernier, à l'époque, tient le haut du pavé en matière d'enseignement théâtral à Montréal. Les néophytes comme les apprentis comédiens se retrouvent pour travailler les grands classiques sous la houlette de ce maître. Voilà déjà quatre ans que le petit coursier assiste à ces cours avec assiduité au moment où il rencontre André de Bellefeuille, un autre étudiant, qui travaille à titre d'assistant auprès de Paul Buissonneau à la Roulotte. De Bellefeuille fait état du recrutement pour l'été et revient une semaine plus tard en affirmant au petit coursier qu'il a parlé de lui à Buissonneau et que celui-ci serait tout à fait disposé à l'engager !

Lorsqu'il s'en va rencontrer le patron de la Roulotte, le petit coursier a bien vu deux spectacles de théâtre intitulés *Orion le tueur* et *La Tour Eiffel qui tue* ainsi que *Picolo* à la télévision, mais il ne connaît pas l'homme. C'est le choc !

D'abord, Paul lui demande son nom.

« Yvon Deschamps.

— Tu vas jouer dans *Un simple soldat et le briquet.* »

Yvon Deschamps accepte. Il n'a pas peur d'abandonner Radio-Canada et de se laisser diriger par celui qui, à l'égal de François Rozet, va devenir son maître.

De simple comédien, Yvon Deschamps se retrouve bientôt animateur de la partie variétés du spectacle, celle qui nécessite constamment de recourir à l'improvisation. Pendant la saison creuse, Paul lui refile des contrats de figurant en même temps qu'il en fait (après Luc Durand) son assistant, celui qui en voit souvent de toutes les couleurs.

> «À son contact j'ai appris la rigueur et le respect de tout sauf du monde! Pendant les répétitions, si au bout d'une heure ou deux on n'arrivait pas à ce qu'il voulait, il nous engueulait puis partait. On ne le revoyait pas pendant une semaine... des colères épouvantables, on avait peur! On paniquait, on travaillait encore plus fort jusqu'à ce que l'un d'entre nous aille le voir pour lui dire qu'on était prêts. Jamais je n'ai vu personne se rebeller ou lui en vouloir. Ceux qui ne pouvaient pas le supporter s'en allaient d'eux-mêmes.»

Dès le début, Yvon Deschamps comprend ce que Paul Buissonneau peut apporter aux autres sous ses airs de tyran. Instinctivement, il se rend compte qu'il ne faut surtout pas lui résister, qu'il faut au contraire se laisser émerveiller par lui, qu'on a tout à apprendre et à gagner auprès d'un personnage aussi étonnant.

Au même moment, dans un des supermarchés d'alimentation Steinberg, François Barbeau gagne sa croûte entre la caisse et les rayons. Ce grand diable de Ville Saint-Laurent qui s'active à aligner des millions de boîtes de conserve, à taper du matin au soir sur une caisse enregistreuse et à coller des prix sur les paquets de lessive trouve le temps, durant ses loisirs, de faire du théâtre amateur. Un jour, François Tassé, son copain du quartier, lui parle de la Roulotte dont il fait partie. Il l'invite à rencontrer Paul Buissonneau afin de lui demander des costumes ou au moins du tissu pour *Le Tableau des merveilles*, la pièce de Jacques Prévert que François Barbeau monte avec sa troupe d'amateurs. Le metteur en scène de la Roulotte est intéressé par son travail, il envisage même de l'engager. Barbeau téléphone donc régulièrement à la Ville jusqu'au jour où Buissonneau l'invite à venir travailler avec lui à l'Atelier du Quat'Sous. Ce service que Paul Buissonneau vient de créer à la Ville est chargé de fournir en costumes les troupes d'amateurs. François Barbeau y commence l'apprentissage de son métier.

> « Paul était le seul qui faisait vraiment quelque chose pour les jeunes. Il travaillait avec nous, il voulait former. Il nous engueulait d'une manière impossible. Je me souviens même de répétitions où à la fin tout le monde pleurait. »

François Barbeau lui aussi saisit immédiatement tout ce que Paul Buissonneau peut lui apporter avec son imaginaire débordant. Il sait qu'il est contraint de travailler comme une marionnette au rythme de ce patron tyrannique, il sait qu'il doit essuyer des colères mémorables. Il est prêt à payer le prix qu'il faut pour devenir un jour un grand artiste. Il ne sait pas encore qu'il va partager avec Paul dix années durant lesquelles il va lui aussi en voir, en boire et en manger de toutes les couleurs.

□

Après la présentation d'*Orion le tueur* au cours de l'été 1961, Paul Buissonneau quitte la Roulotte pour une année et s'installe à Paris afin de suivre différents cours. Durant l'été 1962, Yvon Deschamps prend les rênes de la Roulotte et met en scène *L'Oie au plumage d'or*, d'après un conte de Grimm. Il s'acquitte tellement bien de cette tâche que la saison suivante, de retour à Montréal, Paul lui confie, en association avec Jean Perrault, la mise en scène du *Roman de Renart*. La troupe a déjà bien changé et on voit apparaître de nouveaux talents, notamment un jeune frisé de dix-neuf ans honoré du titre de moniteur spécialisé et répondant au nom de Robert Charlebois. Plus enclin à gratter une guitare qu'à jouer les mimes, le frisé aux allures de hippie accepte toutefois de tenir l'un des rôles cette saison-là. Il y prend goût puisqu'il récidive l'année suivante en jouant le marquis dans une reprise façon japonaise du *Chat botté,* tout en lorgnant la place du pianiste de la Roulotte, François Dompierre.

Après avoir émerveillé les enfants durant tout l'été avec Miaoung, son maître Carabafung et l'ogre Kung Fu, la Roulotte se prépare à hiberner tandis que Paul Buissonneau retourne à ses animations et autres activités de soutien au théâtre amateur. Vers le début du printemps, il est sollicité par un groupe d'élèves du Collège de Montréal qui veulent monter *Le Bourgeois gentilhomme.* À la tête de ce groupe, deux fils de prolétaires qui ont peut-être décidé d'en découdre de la sorte avec la bourgeoisie : Jean Asselin et Julien Poulin.

Un vent de libération souffle sur la bande à Jésus : c'est la première année qu'on autorise la présence de filles dans les spectacles et, comble de l'ironie dans un collège de sulpiciens, ceux-là mêmes qui ont excommunié Molière, on laisse jouer *Le Bourgeois gentilhomme.* C'est ce qui permet à Julien Poulin de rencontrer Paul Buissonneau :

> « Il était très attentif et humble. Il nous écoutait et pourtant il avait tellement d'autres choses à faire. Il diminuait toujours sa participation en disant qu'il était employé de la Ville et que c'était son mandat, pftt ! Il venait nous aider à répéter au collège. »

Dès le début des répétitions, Julien Poulin demande à Paul s'il peut lui signer un papier l'obligeant à conserver ses cheveux longs pour tenir le rôle du Bourgeois. Avec une jubilation à peine dissimulée et une complicité spontanée, Paul accepte.

Il faut savoir que lorsqu'un prêtre, à l'époque, avisait un élève avec les cheveux trop longs, il le saisissait par la crinière et l'entraînait aussitôt chez le barbier. Julien Poulin, lui, met précieusement ce passe-droit dans sa poche et dès qu'un père l'interpelle, il l'exhibe. Il réussit ainsi à garder ses cheveux longs jusqu'à la fin de l'année scolaire. En même temps, au fil des répétitions, il découvre peu à peu une vision du théâtre qu'il ignorait.

« Paul m'apprenait que le théâtre, ce n'était pas seulement jouer, c'était aussi savoir bricoler, coudre, etc., si bien qu'aujourd'hui je suis plus à l'aise dans une troupe si je suis impliqué à plusieurs niveaux. D'un point de vue moral, il me vient toujours à l'esprit qu'il faut se démerder. »

De son côté, Jean Asselin dans le rôle de Covielle se laisse aussi séduire.

« Le personnage de Paul ne m'a pas fait peur, au contraire, il m'a attiré. Quand il te prenait, il était vraiment près de toi. Je suis persuadé que c'est à cette époque que son mythe a commencé à se forger. »

Les deux compères vivent dans un état de grâce dont on jouit sans jamais être repu. Il est vrai qu'ils sont à l'âge où la fougue l'emporte sur tout, à ce moment de la vie où les rencontres sont souvent décisives. Sans concertation, avec une coïncidence qui n'est pas le fait du hasard mais celui de l'homme qui les dirige, ils prennent l'un et l'autre une décision qui va marquer leur vie pour toujours, comme deux répliques qui se répondraient en écho dans le spectacle de leur vie.

« Tu comprends, Jean, c'est la première fois que je rencontre quelqu'un qui m'encourage et me respecte. Je veux faire ça comme métier.

— Tu veux qu'j'te dise, Julien, j'aime ça étudier, mais moi aussi j'veux arrêter et faire du théâtre. »

À peine Poulin et Asselin ont-ils réglé son compte au *Bourgeois gentilhomme* que Paul Buissonneau les invite à participer à la Roulotte pour jouer dans *Les Cow-boys de l'Oklahoma,* mise en scène par Jean Perrault sur une musique de Robert Charlebois, avec un nouveau comédien dont la personnalité restera à tout jamais gravée dans la mémoire de ses compagnons de travail.

Le comédien en question, qui répond au nom de Roland Lanoix, n'est pas un étranger pour Paul Buissonneau. Il lui a déjà donné des conseils un an auparavant en vue d'un concours d'art oratoire que celui-ci a d'ailleurs gagné. De plus, il l'a engagé pour faire un gros cuisinier sur un char allégorique à l'occasion d'une mise en scène du défilé de la Saint-Jean-Baptiste. Il faut dire que Roland Lanoix offre une silhouette qui permet les situations les plus audacieuses, comme de se trouver sur une passerelle à six mètres dans les airs avec ses cent dix-huit kilos avant de glisser le long d'un poteau de pompier !

Physiquement, l'homme n'est pas sans offrir une petite ressemblance avec Paul Buissonneau. On dirait plutôt un cousin éloigné qui aurait hérité de quelques traits mais surtout de cette allure accueillante et chaleureuse. Certains soirs après le spectacle, Lanoix invite toute la troupe à venir chez lui. Dans son sous-sol, il s'est construit un monde peuplé de fontaines en ciment d'où s'échappe de l'eau préalablement mélangée avec des colorants alimentaires du plus bel effet. Il en offre alors un verre à chacun !

Cet univers hors du commun rend le personnage encore plus attachant, et Buissonneau offre de l'aider à se constituer une garde-robe moins austère.

> « Paul ne supportait pas mes costumes noirs et mes chaussures pointues. Il disait que j'avais l'air d'un croque-mort ! Il m'avait conduit chez un tailleur pour me faire tailler des chemises orange et vertes, puis chez un fabricant de souliers et enfin chez un tailleur spécialisé dans les cols mao ! »

L'année de *La Belle au bois dormant*, Paul Buissonneau associe Roland Lanoix à Gabriel Arcand pour mieux jouer sur le contraste entre le petit gros et le grand maigre. L'influence de Paul Buissonneau bouleverse radicalement le destin de Lanoix :

> « Il a vraiment moulé ma vie. J'étais un petit gars de Rosemont qui n'était pas destiné à un avenir intéressant. Il m'a poussé à faire de l'enseignement malgré une onzième année. J'ai même été directeur d'école ! Il m'a fait aimer les objets et c'est ainsi que je suis devenu antiquaire. Paul nous a appris à

nous tenir loin de la médiocrité. Il sortait tout ce qu'il était possible de sortir d'un comédien. Il pressait le citron jusqu'au bout. »

Roland Lanoix fait allusion à cet enregistrement de bruits d'épées pour la Roulotte qu'il doit faire avec un autre comédien, Gilles Dupuis. Ce jour-là, Roland Lanoix a du mal à trouver le rythme que Paul veut imposer. Les prises de son se succèdent, mais en vain. Excédé, Buissonneau sort de la cabine d'enregistrement comme un diable de son trou. Il s'approche des deux comédiens qui bredouillent, le fleuret à la main. Paul rugit :

« Bande de cons, c'est pas comme ça qu'il faut faire ! »

Il arrache l'épée des mains de Gilles Dupuis et se met aussitôt en garde devant Roland Lanoix, qui tremble comme un jeune freluquet devant d'Artagnan. C'est le silence total dans le studio. Les dents claquent, les genoux s'entrechoquent. Même le technicien arrête de respirer, il regarde sa cigarette, horrifié à l'idée que la cendre en tombant puisse faire trop de bruit ! On se croirait dans un tombeau au fin fond des pyramides. Paul donne un méchant coup d'épée dans le vide vers le technicien dans sa cabine, puis hurle.

« Vas-y, roule, toi ! »

Les yeux injectés de sang noir, il fait face à Roland Lanoix et enchaîne des moulinets avec sa rapière tandis que l'autre recule jusqu'au mur.

« Nooooon ! C'est de la merde, on recommence ! »

Silence de nouveau. On entend saliver un passant à trois rues de là. La fin du monde est proche. Roland Lanoix n'est plus que la poussière de son ombre. Si Dieu existe, il est en train de vendre son âme à Belzébuth. Nouveau coup d'épée pour le technicien.

En une fraction de seconde, la lame virevolte et vient fouetter celle de Roland Lanoix. Dans un éclair, la fine lame s'envole vers le plafond.

« Pauvre con ! »

Dans son élan, Paul Buissonneau arme son bras et donne un méchant coup dans le mollet de son vis-à-vis, qui s'affaisse de douleur.

« Connard ! »

Des années plus tard, Roland Lanoix est hilare en évoquant la scène.

> « Il fallait beaucoup aimer Paul pour accepter d'être traité comme ça. Avec lui tout était tellement fort qu'on ne pouvait qu'être marqué. Combien de fois après le spectacle il nous emmenait dans un restaurant prendre une bouffe qu'il payait de sa poche, quand ce n'était pas chez lui à Montréal ou à la campagne à Saint-Charles. Je me souviens même de processions au flambeau qu'il organisait vers la rivière. C'est à cause de tout ça que tu finis par accepter le coup de fleuret. »

Il y a toujours de l'ambiance à la Roulotte et, s'il vient à en manquer, le patron veille. C'est ainsi que de la foule il arrive parfois qu'une voix émerge. Entre les rires et les cris des enfants, les comédiens saisissent quelques mots du genre « Amateurs... Du rythme... Pourri ! » mais il est bien difficile de trouver la personne qui éructe de la sorte. C'est à la faveur d'un spot mal dirigé qu'un soir la troupe se rend compte qu'il s'agit tout bonnement de Paul Buissonneau. Non seulement il lui arrive de se mettre en rogne durant les répétitions mais si, de retour des bureaux de la Ville, en se glissant parmi la foule, il se rend compte que le spectacle vient à faiblir, il ne manque pas de le faire savoir. Pour les comédiens, passe encore de se faire malmener durant les répétitions, mais en spectacle c'est le comble ! La seule réaction possible reste le sursaut d'orgueil, et on s'emploie aussitôt à apporter les correctifs nécessaires.

Heureusement, le personnage de Picolo devient tellement populaire à la télévision que le comédien qui l'incarne a de plus en plus de mal à se frayer un chemin incognito jusqu'à la scène.

> « Une fois un enfant m'a reconnu et a crié "Picoloooo !" Tous les mômes se sont jetés sur moi pour me porter à bout de bras. J'ai eu peur, je gueulais, mais ils ne voulaient pas me poser. J'étais comme un gros jouet, j'avais peur qu'ils me jettent à terre. »

Ce genre d'émeute perturbe le déroulement du spectacle, de sorte que les critiques anonymement envoyées depuis la foule par Paul Buissonneau se font de plus en plus rares, au grand soulagement notamment de Julien Poulin, à qui il incombe de réchauffer l'assistance.

Ce dernier prend d'ailleurs chaque fois plus de plaisir à cette tâche. Il plonge dans la *commedia dell'arte*, la meilleure école lorsqu'on se trouve face à une assistance peu attentive et nombreuse. Comédien ! Quelle merveille ! Paul Buissonneau fait de Poulin son assistant, un assistant qui doit jouer les contremaîtres et motiver les autres membres de la troupe. La Roulotte devient sa vraie famille : au cours de sa deuxième saison, il décide de se marier avec Marie Eykel, une petite comédienne de la troupe. Union symbolique au cours d'une scène de *Barbe bleue* pendant laquelle elle porte une robe de mariée. Par un pacte secret, les amoureux conviennent que c'est leur mariage à eux. « On s'est mariés quarante soirs de suite ! »

□

La seconde moitié des années 60 est cruciale tant pour Paul Buissonneau que pour la Roulotte. 1965 s'achève par l'ouverture du *Théâtre de Quat'Sous*. Le fonctionnaire, comédien, professeur de mime, directeur artistique, copropriétaire de théâtre et metteur en scène est plus occupé que jamais. Cet été-là, il confie la mise en scène de la Roulotte à Jean Perrault.

À la même époque, au Québec, avec la création du Centre d'essai des auteurs dramatiques, c'est une spécificité qui se cherche, en particulier dans le théâtre pour enfants. Les premières compagnies qui se consacrent exclusivement à ce type de théâtre pour les plus jeunes apparaissent.

Enfin, dans le monde, un souffle de contestation commence à sourdre. Les premiers signes de cette véritable lame de fond se manifestent avec l'essor du *folk song* porté par Bob Dylan et Joan Baez, tandis que les Américains s'embourbent au Viêt-nam. Dans une succession de bouleversements inéluctables et violents tels que les troubles raciaux aux États-Unis avec l'émergence du *Black Power*, la révolution culturelle en Chine, le coup d'État militaire en Grèce et la guerre des Six Jours au Moyen-Orient, on s'achemine inexorablement vers ces grands moments du XXe siècle que sont Mai 68, l'assassinat de Martin Luther King, Woodstock et, au Québec, la Crise d'octobre.

Tout au long de cette formidable période, la Roulotte connaît elle-même des soubresauts. Julien Poulin, en sa qualité d'assistant, prend conscience des difficultés inhérentes à une troupe dans ce contexte :

> « C'étaient les débuts de la drogue. Il y avait des gars qui étaient perdus, comme ce comédien qui se promenait nuit et jour vêtu de son costume de cow-boy, celui du spectacle. Il buvait et fumait tellement ! Paul a essayé de l'aider, mais le gars s'est finalement suicidé à la fin de la saison. Par ailleurs j'avais la responsabilité d'annuler ou non les représentations. Les rapports avec les autres étaient donc souvent conflictuels parce que même s'il y avait une petite pluie je voulais qu'on joue. Pendant ce temps, Paul vivait une peine de cœur importante. »

La contestation s'installe à la Roulotte. Certains membres de l'équipe commencent à remettre en question le principe des auditions pour les enfants, arguant du fait que ça ne donne rien. Paul Buissonneau écoute, tente de comprendre, mais refuse de céder. Pour celui qui fuit comme la peste tout ce qui est réduit à l'état de concept, théorie et généralisation, ce discours ne tient pas la route. On parle de conscientiser, de théâtre engagé, de réflexion sur les phénomènes sociaux, humains ou politiques, on parle surtout de ce qui met Paul Buissonneau en colère.

> « J'ai eu bien de la misère à me faire écouter à ce moment-là. En même temps je fermais ma gueule en me disant que les temps étaient en train de changer. Seulement, il y avait des petits mariolles qui bénéficiaient du programme fédéral de création d'emplois Perspectives-jeunesse et qui se faisaient engager en plus à la Roulotte sans le dire. Ils jouaient sur les deux tableaux et ils se plaignaient d'en avoir trop à faire ! »

Fort heureusement, du fait de ses multiples activités Paul Buissonneau prend une certaine distance avec la Roulotte. Tout en conservant un contrôle par le biais de Julien Poulin ou par les mises en scène de Jean Asselin en 1969 et 1970, avec *Il faut sauver la Lune* et *Enzyme Boum Boum*, il réussit tant bien que mal à juguler cette crise qui va atteindre son paroxysme durant la saison 1973.

C'est à l'occasion des répétitions du *Dragon* qu'un conflit éclate entre Paul Buissonneau et le metteur en scène Francisco Olahéchéa, qui a déjà l'année précédente fait la mise en scène d'*Au pays des bobines de fil*. La discorde naît de deux conceptions différentes de la mise en scène. Là où Francisco Olahéchéa veut s'éloigner du conte, Paul Buissonneau tient à rester fidèle à la féerie.

> « Francisco, c'était un Espagnol. Ces gens-là sont dramatiques. Chez lui ça devenait pernicieux, vicelard, terrible. Je lui ai dit qu'on n'avait pas convenu de ça. J'avais peur, il était parti sur quelque chose qui n'allait pas du tout. Il m'a dit : “Si tu n'es pas d'accord, je laisse tomber l'affaire.” »

Finalement, Paul Buissonneau reprend la mise en scène.

Jusqu'à la fin de la Roulotte, il n'y aura plus de crise de cette ampleur malgré — ou peut-être grâce à — la succession de metteurs en scène tels que Jean-Pierre Ménard, André Lalonde,

Pierrette Venne, Jean-Pierre Saint-Michel, Sylvain Galarneau et, bien sûr, Paul Buissonneau.

Au début des années 80, l'assistance commence à fléchir sérieusement. On est loin des trois mille cinq cents spectateurs du 8 juillet 1958 au parc Jeanne-Mance. Vingt-six ans plus tard, jour pour jour, au même endroit, le 8 juillet 1984, ils ne sont que mille tout au plus d'après le rapport de la saison rédigé par Sylvain Galarneau. Le chiffre demeure honorable, car la concurrence est beaucoup plus importante dans les années 80, mais on sent bien dans ce rapport que la Roulotte doit affronter de plus en plus de difficultés non seulement pour attirer les spectateurs mais aussi pour se faire respecter par son propre employeur. À ce sujet, le même rapport de Sylvain Galarneau mérite toute l'attention :

> « Ajoutons à ce qui a été mentionné dans ce rapport, les chèques en retard, les répétitions supplémentaires et horaires chargés dus aux changements de dernière minute vu l'état du matériel ou l'absence du personnel, les insultes des joueurs de balle, et vous arrivez à un bilan négatif quand vous évaluez l'implication et le professionnalisme de l'employeur. Dès lors, donner sa pleine mesure en tout temps apparaît par moments bien secondaire. Et si l'interprétation s'en ressent, c'est toute la qualité de la représentation qui s'en ressent. »

Heureusement, Sylvain Galarneau n'est pas homme à se laisser abattre, comme le prouve sa conclusion :

> « Je crois personnellement très fort en l'existence d'une tournée comme celle que la Roulotte effectue. Qu'elle survive encore après trente et une années de production démontre bien la place importante qu'elle occupe dans la culture montréalaise. La Roulotte doit survivre avec les moyens de production adéquats. Ce n'est pas un besoin, c'est une nécessité culturelle collective et évidente. Le nier serait trahir tous les

efforts de ceux qui l'ont conçue et ont travaillé à sa réalisation. »

Jusqu'au dernier moment, Sylvain Galarneau se bat pour que la Roulotte continue. Cette ténacité est d'autant plus remarquable qu'il ne peut plus compter sur Paul Buissonneau, qui a pris sa retraite de la Ville en 1984.

À partir de 1987, la Roulotte fait appel à des productions extérieures, preuve que tout n'est plus vraiment comme avant.

Malgré l'espoir, quand la nostalgie commence à montrer le bout de son nez, la fin est proche. À la fin de l'été 1991, la Roulotte fait son dernier tour de piste dans l'indifférence générale, avant de laisser sa place à un homonyme trois fois plus petit qu'elle. On ne pleurera son départ... un peu trop tard!... que lorsqu'elle aura bel et bien disparu.

□

Par son originalité, son statut et sa longévité, la Roulotte est probablement un cas unique au monde ou du moins en Amérique du Nord. Cet étonnant succès repose sur une véritable convergence de facteurs.

En soi, la vision de Claude Robillard n'a rien d'exceptionnel, si ce n'est qu'elle bénéficie d'une conjoncture parfaite, ce que cet homme n'a certainement pas manqué de considérer. En engageant Paul Buissonneau, il met la main sur un ancien artiste de variétés recyclé dans la vente de disques! De prime abord, cela n'est guère excitant. Mais ce serait oublier que Claude Robillard est un humaniste qui découvre l'homme par l'homme. Il est probable que les états de service de l'ancien Compagnon ont motivé Claude Robillard, mais c'est aussi la confiance en Paul Dandurand qui justifie la démarche.

Quant à la vision de Paul Buissonneau, elle est géniale parce qu'il est contraint de composer avec le concept de son patron qui, s'il ne lui plaît guère, a le mérite de solliciter la participation du public. En fusionnant les deux, on commence à avoir une approche solide.

De plus, le statut de ce théâtre ambulant est loin d'être dénué d'intérêt. D'abord, il est gratuit puisqu'il est financé par le contribuable lui-même, avec un budget heureusement modeste qui offre trois avantages inestimables : être dégagé de toute pression quant à la rentabilité, ne pas prêter le flanc à la critique en matière de coûts et nécessiter un travail d'imagination pour le faire tourner. Ensuite, mis à part l'encadrement, le gros de la troupe n'est constitué que de saisonniers, ce qui, au-delà du simple avantage financier que cela représente, est primordial à plusieurs titres : l'investissement humain est plus concentré donc plus intense, la contestation ne peut guère s'y épanouir et le renouvellement est plus aisé.

Sur le terrain, c'est la personnalité de son meneur qui domine, avec paradoxalement une véritable osmose entre le fonctionnaire et le créateur. Paul Buissonneau a la peau dure. Son tempérament acharné, son sens de la perfection, sa résistance, son énergie inépuisable, sa rigueur et son intransigeance font de lui un organisateur hors pair et un meneur d'hommes inégalable. D'autre part, son habileté manuelle, son goût artistique, son sens du rythme et son instinct contribuent largement à nourrir sa personnalité créatrice. C'est cette symbiose a priori contre nature qui anime le tyran génial de la Roulotte.

En ce qui concerne la forme proprement dite, la volonté est claire : on enregistre le texte au préalable pour mieux libérer les comédiens afin qu'ils exploitent la gestuelle jusqu'aux limites les plus extrêmes. Paul Buissonneau a participé à suffisamment de spectacles jusque-là pour savoir que c'est avec les yeux qu'on accroche un enfant perdu au milieu d'une foule de plusieurs milliers de personnes, la musique et le commentaire servant uniquement d'emballage.

Enfin, reste le fond, qui constitue probablement le facteur le plus déterminant mais aussi le plus fragile. Outre les prestations des enfants qui sont judicieusement sélectionnées et améliorées si nécessaire, c'est le contenu même du spectacle qui conditionne la réussite de l'entreprise. Dès le début, Paul Buissonneau a sciemment décidé de s'orienter vers la féerie des contes en remarquant immédiatement leur quasi-inexistence au Québec. De plus, pour l'avoir lui-même pratiqué, il sait que le théâtre de Chancerel, bien qu'à la mode à l'époque, mais trop centré sur le sketch et le jeu dramatique, n'a aucune chance de franchir les deux premières rangées de spectateurs. C'est pourquoi il opte sans hésitation pour la magie théâtrale, le comique de situation et les fantasmes des contes, qu'il ne se prive pas de malmener pour le plus grand bien du spectacle.

Véritable élixir magique obtenu à partir du mélange d'ingrédients tout à fait réels, la Roulotte, ainsi élaborée par la grâce du magicien Buissonneau, entraîne les enfants dans un monde merveilleux sans interruption durant trente-deux ans.

Si la Roulotte commence à connaître un léger essoufflement au début des années 80, c'est pour plusieurs raisons : il y a d'abord l'émergence de nouvelles troupes qui engendre une forme de concurrence. Les événements à l'extérieur se multiplient et la Ville elle-même finance plusieurs scènes mobiles. Ensuite, l'accession à une civilisation des loisirs offre de plus grandes possibilités d'évasion, surtout pour les moins aisés. Enfin et surtout, la télévision, par son explosion et la force de son magnétisme, décourage chez l'enfant toute velléité de sortie dans un parc pour voir un spectacle et encore moins pour y participer.

Quant à prétendre que « ses directeurs sont prudents face à une prise de parole artistique nouvelle, voire réticents devant certaines orientations contemporaines[5] », cela sent un peu la vieille idéologie soixante-huitarde. La meilleure preuve que

5. Hélène Beauchamp, *Le Théâtre pour enfants au Québec 1950-1980*, Hurtubise HMH, Montréal, 1985.

l'orientation de la Roulotte n'est pas en cause est l'œuvre de Bruno Bettelheim, avec en particulier la publication en 1976 de *Psychanalyse des contes de fées*, qui par son réalisme souligne la force et la nécessité du conte dans le développement de l'enfant.

> « [...] rien ne peut être plus enrichissant et plus satisfaisant dans toute la littérature enfantine (à de très rares exceptions près) que les contes de fées puisés dans le folklore.
>
> Les contes de fées ont pour caractéristique de poser des problèmes existentiels en termes brefs et précis. L'enfant peut ainsi affronter ces problèmes dans leur forme essentielle, alors qu'une intrigue plus élaborée lui compliquerait les choses.
>
> Le conte de fées est orienté vers l'avenir et sert de guide à l'enfant, dans des termes que peuvent saisir son conscient ou son inconscient ; il l'aide à renoncer à ses désirs infantiles de dépendance et à parvenir à une existence indépendante plus satisfaisante. »

Au-delà de cette analyse savante, c'est la nature profonde de l'alchimiste Buissonneau — cette école de travail et de vie à lui tout seul, comme le précise Sylvain Galarneau — qui permet d'expliquer la qualité et la valeur historique de la Roulotte. C'est la curiosité de celui qui, enfant, dans les rues du XIIIe arrondissement de Paris, échappait à la vigilance de sa mère pour aller voir les petits bébés emmitouflés au fond des landaus. C'est le bon sens de celui qui hurle aujourd'hui :

> « Je retrouve dans l'enfant la pureté et surtout la naïveté qu'on a perdues. On devient salaud, vache, lâche ! »

La Roulotte reste une aventure exceptionnelle qui n'aurait certainement pas vu le jour sans l'humanisme conjugué de deux visionnaires qui ont choisi d'aider les enfants à vivre leurs rêves avant qu'il soit trop tard !

Rien que pour cela, Claude Robillard et Paul Buissonneau méritent une petite place pour l'éternité au pays de Blanche-Neige, de Tit-Pépin et de Pinocchio.

SCÈNE III

Picolo
ou comment le diable sortit de sa boîte

Personnages principaux

PAUL BUISSONNEAU : Picolo
FRANÇOISE BUISSONNEAU : Picolette
FERNAND DORÉ : le confectionneur de *La Boîte à surprises*
LA TÉLÉVISION : la folle du logis
MARTIN BUISSONNEAU : la petite momie

L'action se déroule à Montréal, en pleine révolution télévisuelle.

Côté cour : des studios bourrés d'improvisation
Côté jardin : une cabane au fond des bois

AUTOMNE 1995, le soir est doux. Paul Buissonneau a habillé ses rondeurs d'une chemise hawaïenne, très hawaïenne. Il marche d'un pas tranquille vers son restaurant préféré quand soudain, de l'autre côté de la rue, un grand escogriffe l'apostrophe : « Eh, Picolo ! » Le bonhomme a la quarantaine bien entamée. Il a l'air d'avoir passé la nuit dehors, un sourire illumine sa face hirsute. Il traverse la rue puis prend Paul dans ses bras : « Picolooo ! Picolo, tu étais mon héros. Je ne sais pas ce que j'aurais fait si tu n'avais pas été là. Merci!» Et smac! Un grand bec sonore se dépose sur les joues du comédien qui, loin de se défendre, serre à son tour le zigoto dans ses bras.

Depuis quatre dizaines d'années, dans un coin ou un autre du Québec, se déroulent des événements identiques à celui-là. Les admirateurs de Paul sont des ex-enfants plus que des adultes, ils ont entre trente et quarante-cinq ans, sont avocate, flic ou clochard. Un point commun les réunit tous: leur regard s'illumine lorsqu'on parle du petit personnage télévisuel qui a ensoleillé leur enfance. Quand par hasard, au détour de la vie, ils croisent Buissonneau, le temps s'arrête. Ils oublient qu'ils ont changé de bord, qu'ils sont passés du côté des grands et, sincèrement émus, ils viennent saluer le copain avec qui ils ont partagé tant de secrets.

Picolo[1] naît officiellement à la télévision pendant l'été 1954. Depuis deux ans, Radio-Canada est installée dans l'ancien hôtel Ford, boulevard Dorchester. C'est le temps des balbutiements en direct mais aussi de l'enthousiasme et de la passion. La retransmission des matchs de hockey déclenche un véritable raz-de-marée. Très vite, la plupart des foyers montréalais accueillent chez eux la petite boîte animée qui transforme radicalement les longues soirées d'hiver. On découvre les visages de René Lecavalier, Guy Mauffette, Judith Jasmin et bien d'autres. Cette télévision, de plus en plus puissante, de plus en plus présente, s'avère d'emblée une pépinière pour les artistes du spectacle en cette seconde moitié du siècle. Ainsi, dans l'ombre, Jean-Pierre Ferland devient responsable des horaires des annonceurs français. L'écrivain Roger Fournier s'impose comme l'un des tout premiers réalisateurs vedettes...

Dès le début, la télévision s'adresse aussi aux enfants et trouve auprès d'eux un public assidu. Réginald Boisvert crée avec

1. Picolo ou Piccolo... Même dans les documents de Radio-Canada, l'orthographe varie au fil du temps!

Jean-Paul Ladouceur une des premières émissions fétiches : *Pépino et Capucine.* Pour la saison 1953-54, afin d'élaborer et de diriger une véritable programmation jeunesse, on décide de s'adresser à un homme qui a déjà fait ses preuves : Fernand Doré. Ancien enseignant, fondateur de la Compagnie du Masque, metteur en scène et manipulateur de marionnettes, Doré connaît parfaitement le public des enfants. Il va rassembler autour de lui une étonnante brochette de talents qui, chacun à sa façon et tous unis sous le générique de *La Boîte à surprises,* marquera profondément plusieurs générations de jeunes téléspectateurs.

Aujourd'hui, Fernand Doré affirme avoir fait appel à Paul Buissonneau après l'avoir observé dans les premiers spectacles de la Roulotte ; mais pour Paul, la naissance de Picolo tient beaucoup plus du hasard.

> « Françoise peignait des illustrations qui servaient de décor à une émission pendant laquelle Guy Mauffette et Hélène Loiselle racontaient des histoires aux enfants. J'avais acheté ma première voiture, une Austin, et c'est moi qui, en me rendant à mon travail à la Ville, déposais les cartons de Françoise à Radio-Canada. Un jour je trouve Jacques Gauthier, le réalisateur, complètement effondré à son bureau.
> "Qu'est-ce qui se passe ? Ça ne va pas ?
> — M'en parle pas, j'avais une bonne idée d'émission mais tout tombe à l'eau à cause de technicalités administratives ridicules. On m'enlève l'essentiel, je n'ai plus de concept, rien à proposer pour cet été."
> Le gars a l'air si malheureux, je lui dis :
> "Ben, je vais y penser... Je pourrais peut-être vous trouver quelque chose." »

De retour chez lui le soir, Paul, qui a pris l'habitude de noter des idées, griffonne l'ébauche d'un début d'idée de concept d'émission.

« Je m'étais dit que ce qui marchait depuis toujours, c'étaient les contes avec leurs personnages inquiétants, fascinants, drôles ou tendres. Mais il fallait renouveler le genre et faire découvrir ici ces contes européens que moi je connaissais bien. Alors j'ai imaginé un comédien, sorte de journaliste-reporter, questionnant Barbe bleue ou la Mère Michel comme s'ils étaient des personnages de l'actualité. »

C'est cependant sans trop y croire que Paul dépose sur la table du réalisateur « une espèce de torchon, une feuille couverte de ratures et de taches, pleine de fautes d'orthographe : mon idée ». Quelques jours plus tard, Françoise reçoit à la maison un appel de Fernand Doré. Celui-ci souhaite rencontrer Paul au plus vite, à son bureau. Rendez-vous est aussitôt pris. Or, quand Buissonneau apprend la chose, au lieu de se réjouir, il s'assombrit. Qu'est-ce qu'on lui veut ? Qu'est-ce qu'il a encore fait ? Est-ce que les gens de Radio-Canada ont été offensés par le bout de papier qu'il a laissé l'autre fois ? Paul n'est pas encore tout à fait sorti de l'espèce de déprime paranoïaque qui lui colle à la peau depuis qu'il s'est installé au Québec. C'est difficile à croire aujourd'hui, mais il n'a alors aucune confiance en lui, il est toujours sur le qui-vive. Buissonneau craint tellement un coup dur qu'il se rend à Radio-Canada avec son passeport dans la poche. On ne sait jamais !

Doré est un personnage sérieux, sévère même. « Il avait l'air d'un flic ! » Il accueille Paul avec une certaine froideur et le questionne aussitôt :

« C'est vous qui avez écrit ça ? »

Le torchon pend au bout des doigts du directeur de la programmation.

« Euh... Oui, excusez les ratures...

— Ça m'intéresse. Pouvez-vous m'en écrire treize ?

— Treize ?

— Treize émissions, avec chaque fois un nouveau personnage. Après Barbe bleue par exemple, le Petit Chaperon rouge ou le Chat botté...

— Ah non... Ah non ! Merci beaucoup mais... Je ne sais pas écrire, c'était juste une idée et puis je n'ai pas le temps... Merci beaucoup, désolé de vous avoir dérangé. Au revoir ! »

Paul s'enfuit presque du bureau et retourne au plus vite à ses occupations auprès de Claude Robillard. Le soir, il est accueilli par une Françoise furibarde à qui Doré a fait part de sa déception. La jeune épouse n'en revient pas que son Paul laisse tomber une occasion pareille :

> « Ça fait des mois que tu passes tes soirées à écrire des tas de trucs, des bouts de projets, et le jour où cela pourrait servir à quelque chose, tu te défiles ! »

Fernand Doré ne lâche pas sa proie et convoque de nouveau Paul à son bureau. Cette fois-ci, le jeune Français accepte du bout des lèvres de faire « juste un test » avant de se lancer dans la rédaction de treize émissions d'un quart d'heure.

Maintenant qu'il s'est laissé gagner à l'idée, Paul rumine, soupèse, élabore, invente, et les images se bousculent. Il veut fasciner les petits. Il veut mener une fabuleuse parade : entraînés par lui dans la boîte télévisuelle, les enfants s'évaderont du quotidien comme lui-même s'échappait en écoutant la TSF avenue Edison. Fort de son expérience à la Roulotte, il esquisse un univers très surréaliste : le comédien apparaît sortant de la corolle d'un vieux phonographe, prétendant débarquer sur Terre en provenance de la Lune. Intéressé, Doré demande à Paul de préciser l'allure et le caractère du personnage pivot de l'émission. Évidemment, à la télé comme à la Ville, les budgets sont minimes : Buissonneau le roi de la transposition est donc l'homme providentiel !

Chaque soir, Françoise et Paul discutent du projet et les traits de Picolo se dessinent. Au sens figuré mais aussi au sens propre, puisque Françoise en peint aussitôt le costume ! *Picolo* – petit en italien mais aussi petite flûte en *ré*, petit vin de pays léger et clairet ou bien sorte d'oiseau appelé « pipi des prés » – est un hurluberlu tout droit descendu du ciel, un personnage sans racines comme se sent Buissonneau à l'époque. Il est un peu naïf, à la manière des amoureux immortalisés par le dessinateur Peynet; mais c'est aussi un galopin. S'il a le visage blanc du Pierrot, le costume d'Arlequin et le chapeau melon de Charlot, il est surtout la fidèle reproduction de Paul Buissonneau lui-même: sensible, fragile, malin et railleur à la fois. Picolo découvre le monde, il n'est pas blasé, tout est merveilleux, étonnant ou joyeusement ridicule.

Le personnage plaît beaucoup à Doré, qui demande à son auteur s'il a pensé à quelqu'un pour jouer le rôle. Buissonneau connaît encore bien peu d'artistes québécois: à la Roulotte, il a affaire surtout à des comédiens amateurs. Il cite à tout hasard Robert Gadouas qui, quelque temps auparavant, avait pensé à lui pour un rôle dans un spectacle. L'affaire n'avait pas abouti, mais Gadouas fut un des rares à s'intéresser à Paul dès le début, pendant la période noire. Buissonneau n'a pas oublié. Soudain, Doré, l'air de rien...

« Et si vous le jouiez vous-même?

— Ah non... Ah non! Merci beaucoup mais... Non! Je n'ai pas de mémoire et puis je travaille à la Ville. Non! Je ne peux pas. »

Nouvelle tentative de fuite! Une fois encore, pourtant, sous la pression conjuguée de Françoise et de Fernand Doré, Paul, la peur au ventre — car il a effectivement toutes les peines du monde à mémoriser un texte, à tel point que Doré lui propose un téléprompteur — accepte de revêtir le costume de Picolo pour treize émissions. Il n'enlèvera le vêtement jaune aux losanges de couleur et le chapeau melon que bien plus tard, au début des années 70, et pour certains il les porte encore!

Le tournage de la première série se fait dans la douleur. Paul retrouve bien un vieux machiniste qu'il avait connu au *Monument-National* au moment des récitals en compagnie de Piaf; mais, cette fois, il est seul face à l'œil fixe de la caméra. Il n'est pas un rouage au milieu des autres Compagons, il saute sans filet. Cet été-là, comme à la Roulotte déjà, il s'impatiente et pique ses premières colères dans les studios de Radio-Canada! Buissonneau est là avec son imaginaire, sa volonté farouche de faire du bon travail, mais la machine télévisuelle, même avec les moyens réduits de l'époque, est trop lourde, trop lente. Les deux petites répétitions avant la mise en boîte ne suffisent pas. Et, surtout, les réalisateurs changent constamment et sont pour la plupart des débutants: il n'y a pas encore de tradition dans le métier, il y a peu de savoir-faire:

> « Un jour on m'a même refilé un décorateur comme réalisateur! Une catastrophe... Finalement Michèle Favreau, qui était scripte-assistante, a fini le travail. On improvisait beaucoup. Il n'y avait pas toute la technologie d'aujourd'hui mais on obtenait des effets spéciaux étonnants presque en direct. J'inventais, je bricolais, devant, derrière la caméra... C'était fou! »

Paul s'aperçoit aussi qu'il est parfaitement à l'aise dans son costume, en souliers de danse, des paillettes sur les paupières. Le maquillage estompe sa timidité. Comme il veut jouer de son regard pour communiquer les émotions, il coupe le rebord du chapeau melon qui fait de l'ombre. On lui dessine d'immenses sourcils en accents circonflexes.

Dès les premières répétitions, Fernand Doré remarque que Buissonneau ne feint pas. Ce n'est pas un adulte qui fait guiliguili aux enfants avec condescendance. Il est vraiment proche d'eux, il est l'un d'entre eux.

> « La sincérité de Paul était évidente. Craintif au départ — il ne voulait pas de nouvelles blessures —, il est devenu rapidement très spontané, son dynamisme était incroyable. Pour cette émission centrée sur l'imaginaire, il était le personnage tout désigné, c'était un garçon du merveilleux, complice des enfants. »

Paul se sert de tout ce qu'il a appris pour donner vie à son personnage : l'insolence du gosse de la rue, le jeu, le mime, la danse mais aussi la chanson. Au fil des années, il écrit d'adorables ritournelles aussi bien sur le fleuve Saint-Laurent que sur la circulation automobile ou d'autres sujets : *La Famille Parapluie*, *Chevaux de bois*, *Petits Abeillons*. Terminées les chansons mélancoliques ! Il faut provoquer le rire et susciter le rêve. Les mélodies sont signées Herbert Ruff, surnommé l'« oncle Herbert ». Ce musicien d'origine autrichienne est compositeur, accompagnateur et chef d'orchestre. Il sera un des artisans de la réussite des émissions jeunesse de l'époque, leur donnant une couleur musicale savoureuse.

Les responsables de Radio-Canada sont très satisfaits des premiers pas de Picolo. Les petits Québécois connaissent enfin non seulement le terrible Barbe bleue, admirablement campé par Georges Groulx, mais ausssi les autres personnages des contes éternels.

Paul, fidèle à son habitude, s'apprête à passer à d'autres projets avec le sentiment du devoir accompli, mais Fernand Doré ne l'entend pas de cette oreille ! Il est en train de peaufiner *La Boîte à surprises*, qui prend l'antenne chaque jour de la semaine en fin d'après-midi. Il a soudainement besoin d'un Monsieur Surprise pour présenter quotidiennement l'émission aux enfants. Doré n'en doute pas un instant, avec Paul il tient son Monsieur Surprise. Il propose à Buissonneau un salaire de huit cents dollars par semaine pour entrer dans la peau du personnage. Mais le fonctionnaire Buissonneau, qui ne gagne pourtant que cinquante-quatre petits dollars hebdomadaires à la Ville, refuse catégoriquement, et cette fois personne ne pourra le faire changer d'avis. Doré a beau insister, arguant qu'avec ce salaire le petit Français pourra se payer « une grosse américaine avec des chromes », rien n'y fait ! Le jeune homme se sent incapable de laisser tomber Claude Robillard, la fée qui l'a sorti du sous-sol d'Archambault. S'il abandonnait son travail à la

Ville, il aurait l'impression de trahir la confiance de cet homme auquel il s'est vraiment attaché : son patron est presque devenu un ami. Et puis, la leçon des Compagnons a servi : Paul Buissonneau ne veut plus être prisonnier ni d'un groupe ni d'un rôle. Instinct de survie ? Aurait-il suivi le même parcours s'il s'était accroché au personnage de Monsieur Surprise ? Buissonneau accepte cependant de poursuivre encore un peu l'expérience de Picolo. Il devient une des têtes d'affiche de *La Boîte à surprises* et officie tous les jeudis après-midi.

La série, sorte d'arche de Noé des héros enfantins, s'ouvre aussi à d'autres figures : le Pirate Maboule, Fanfreluche, Michel le magicien, Marie-Quat'Poches, Bim et Sol puis Sol et Gobelet, etc. Madeleine Arbour enseigne le bricolage, Pierre Thériault puis Guy Mauffette sont tour à tour Monsieur Surprise. Kim Yarochevskaya, Jean-Louis Millette, Luc Durand, Yvan Canuel, Jacques Létourneau, Louis de Santis campent au fil des années de merveilleux personnages. Marc Favreau découvre un jour dans le costumier de Radio-Canada un superbe manteau de clochard qui lui permet de devenir l'extraordinaire Sol... Ce manteau avait été porté peu de temps auparavant par nul autre que Picolo ! Pendant vingt ans, autour de Paul, on voit Guy Lécuyer, Yves Massicotte, François Tassé, Nicole Kerjean, François Guillier, Ronald France, Albert Millaire, Gaétan Labrèche mais aussi Mirielle Lachance, François Barbeau ou Yvon Deschamps, tout droit sortis de la Roulotte.

Le second contrat porte sur trente-trois émissions. Cette fois-ci, Picolo parcourt les provinces françaises à la recherche des contes et légendes traditionnels. Le budget est une fois de plus d'une minceur extrême : on ne prévoit la présence d'un deuxième comédien que sporadiquement. Richard Pérusse est donc de quelques épisodes, mais Paul se fabrique aussi des masques qui lui permettent de jouer à la fois les loups, les renards, les cigognes et Picolo. Il avait apporté de Paris des vieux recueils de chansons du terroir : c'est une mine d'or. La trente-troisième émission se déroule à La Rochelle, juste avant l'embarquement d'un certain Jacques Cartier vers une hypothétique Nouvelle-France : si Paul est très hexagonal dans le choix de ses sujets, il n'en oublie pas pour autant sa terre d'adoption !

Quant à l'esprit de l'émission, il s'approche de celui des Frères Jacques, dont Buissonneau a toujours été un admirateur. Ces quatre chansonniers français vêtus de collants noirs se sont imposés en mimant avec beaucoup d'humour et d'ironie les chansons de leur répertoire. Ce sont des princes de la suggestion qui possèdent l'art d'aller parfois trop loin sans en avoir l'air ! Comme il avait tenté de le faire déjà avec les Compagnons, Paul s'inspire des méthodes de ce quatuor : il anime les chansons, il les théâtralise.

En 1956, Paul Buissonneau crée une première version de *Picolo et les Objets* avec Pierre Dagenais pour narrateur. La série de vingt-six émissions, de douze minutes environ, sera reprise en couleurs quatre ans plus tard avec Claude Caron à la réalisation. Picolo est déjà moins Pierrot : il perd un peu de son côté romantique, il est plus farceur. Comme le Charlot des *Temps modernes*, il a l'air d'un adulte en perpétuel décalage par rapport à ses congénères et il commence à se moquer gentiment des travers de ce siècle industriel. Les bateaux et les autos parlent, les bornes-fontaines et les lampadaires s'agitent, Yvon Thiboutot est déguisé en parcomètre ! Albert Millaire, en qualité de chirurgien, opère les moteurs sous l'œil de l'infirmière Marthe Mercure. Dans cette série, la fascination de Paul pour les objets fait merveille : il les détourne tous, leur invente une seconde vie. Paul raconte l'histoire attendrissante de la petite montre brisée ou celle de Narcisse le cheval de bois épris de liberté. Et le bébé de la famille Parapluie, qui ne peut supporter l'eau ! Les enfants sont subjugués : l'ustensile dont se sert leur mère, les outils de leur père deviennent à la télévision masques, animaux, marionnettes ! Qui n'a pas imaginé, seul dans sa chambre, que les jouets liés par un pacte, animés d'une vie secrète, nous observent ? Eh bien, grâce à Paul le magicien, la grande nouvelle est confirmée : les choses, les trucs et les bidules sont vivants !

Saison après saison, l'émission se structure. Le personnage principal est entouré d'autres figures : Françoise, la mère, la cocréatrice de Picolo, se transforme à l'occasion d'un spécial de Noël en Picolette. La belle Élise Charest, l'assistante tant aimée, joue les Colombine et les Flaminia tandis que François Guillier dans le rôle du Docteur personnifie l'adulte dont on se rit. Dans les années 60, naît une autre Colombine : la délicieuse Christine Olivier aux yeux de biche, au visage de poupée. Comme Picolo, Colombine n'est pas si naïve, c'est une maligne qui se joue du Docteur, dont Guy Lécuyer reprend le costume, et de l'affreux Pantalon, avec lequel Yves Massicotte se régale.

□

Au fil du temps, la silhouette de Paul s'arrondit, ses traits se creusent : comme un homme poursuivi, il traverse alors la vie en courant. Après dix ans de télévision, Picolo a maintenant des cernes sous les yeux, ses cheveux poussent en désordre sous le chapeau melon, sa voix se fait plus forte, son costume est bien rempli. Il n'est plus nécessaire de lui dessiner de gros sourcils noirs : ils sont ainsi au naturel ! Buissonneau le fonctionnaire de la Ville, le professeur, le conseiller, l'homme de la Roulotte est aussi devenu un metteur en scène célèbre mais controversé et le directeur inquiet d'un petit théâtre dont on parle beaucoup. Paul ne dort presque plus, il écrit les textes de Picolo la nuit, assis sur l'accoudoir d'un fauteuil Louis XIII pour ne pas avoir la tentation de s'endormir. Michel Cailloux le magicien et Marc F. Gélinas lui donnent parfois un coup de main. Au cours de ses folles journées, Paul ne se détend quelques minutes qu'à la table d'un restaurant, quand il n'y reçoit pas un journaliste.

Plus le temps passe, plus Picolo s'affirme comme le véritable ennemi du monde adulte autoritaire et volontiers aveugle à l'essentiel. Le Docteur, le Capitaine et Pantalon incarnent la bêtise humaine. Il y a aussi les personnages invités qui apparaissent le temps d'une émission ou deux, comme le Professeur Turlute joué par Gaétan Labrèche. Dans chaque épisode on se moque des grands et de leur hypocrisie. Avec un réel plaisir, Paul s'approche de la *commedia dell'arte*: un jour Picolo, en faisant le ménage dans la maison de Pantalon, casse un œuf en chocolat. Il se rend aussitôt chez le Docteur, dont son amie Colombine est la boniche. Les deux complices décident de poser un vrai poulet dans la coquille brisée pour faire croire à Pantalon que l'œuf vient d'éclore. Picolo arrive à convaincre cet idiot de Pantalon de couver les autres œufs en chocolat pour que naissent des poulets! Les serviteurs se jouent des maîtres! C'est la revanche des esclaves, des petits. Si, comme à la Roulotte, l'imaginaire poétique de Paul a d'abord séduit les enfants, de plus en plus ceux-ci trouvent chez Picolo un ami qui fait des bêtises comme eux, un vrai complice qui se moque en douce de l'autorité.

Curieusement, Radio-Canada ne s'oppose pas au côté de plus en plus subversif de Picolo. Le surréalisme dans lequel baigne l'émission permet de passer le discours sans heurter personne. Les textes de Paul n'ont jamais été censurés et le seul reproche que l'on fait au comédien à la fin des années 60, c'est de ne plus être très présent dans sa propre émission! L'auteur, débordé par les activités de toutes sortes, s'arrange en effet pour laisser la part belle à ses camarades, et Picolo n'y va plus que de courtes apparitions. Hélène Roberge, la réalisatrice de l'époque, le souligne:

> «Quand Picolo est seul dans les intermèdes musicaux savoureux ou les publicités, il est beaucoup plus fort que dans la série elle-même où il ne sert plus que de faire-valoir aux autres personnages.»

Buissonneau a sans doute fait le tour du personnage, il n'a plus la même énergie créatrice à la télévision; ses mises en scène au théâtre, de plus en plus audacieuses et puissantes, le dévorent. Et puis l'état d'esprit change, on le sent dans les commentaires de Mme Roberge :

> « Pourquoi ne pas transformer Picolo en une sorte de Superman qui règle toutes les situations ? Il serait facile d'y arriver en faisant évoluer Picolo, avec son costume, dans un décor plus réaliste auquel les enfants pourront s'identifier, entouré de personnages portant des costumes contemporains, stylisés évidemment.
>
> En situant Picolo dans un contexte plus réaliste, on pourra ainsi lui donner une saveur plus canadienne qui semble tellement plaire à l'Europe.
>
> Ces remarques ne sont évidemment que des suggestions puisque le personnage est la propriété de Paul Buissonneau. »

Picolo appartient en effet à Paul et non à Radio-Canada. Cela permet au comédien d'utiliser le personnage pour quelques messages publicitaires : Picolo se régale ainsi avec la soupe Aylmer ou défend bénévolement quelques causes. Mais Paul n'est pas Walt Disney et il ne fait pas fortune avec les produits dérivés ! Après les albums de chansons, voici les disques Picolo... qui ne rapportent rien à son auteur : le producteur « oublie » de lui verser les droits ! L'humoriste Tex Lecor, connaissant la même mésaventure avec le même producteur, sait lui régler son compte. Paul laisse faire. Il prétend, et ce n'est pas la première fois, être trop occupé pour se lancer à la poursuite de ceux qui se servent de lui. C'est aussi là un des traits de caractère de l'homme : il ne connaît pas la vengeance. Offensé, blessé, il préfère s'éloigner, oublier ou plutôt faire comme si le mauvais souvenir était effacé... Pour le ressortir quelques années plus tard et le raconter en confidence, prenant ses interlocuteurs à témoin.

Au début des années 70, on cesse d'enregistrer de nouvelles émissions de *Picolo*. Paul veut raconter, expliquer, faire découvrir, mais distraire avant tout. Seulement, l'esprit du temps change : on se sert des émissions jeunesse comme d'un outil éducatif. Les pédagogues débarquent, c'est bientôt le temps de *Passe-Partout.*

Pour ce qui est de Picolo, on s'en tient désormais aux interludes musicaux qui réjouissent grands et petits ainsi qu'aux reprises qui continueront d'être diffusées pendant quelques saisons le samedi matin avant de disparaître complètement. Les intermèdes musicaux sont de véritables bijoux d'esprit et d'insolence. Paul s'y donne à cœur joie : pendant les tournages, il se permet toutes les audaces... et beaucoup de ces sketches ne seront jamais diffusés par la frileuse et conservatrice chaîne nationale qui persiste à maintenir les interludes uniquement pendant les émissions réservées aux plus jeunes. Ainsi, on ne verra jamais Picolo, casque allemand enfoncé sur le crâne, monocle vissé à l'œil, piétiner au rythme d'une marche militaire, indifférent aux œufs et tomates pourris qui s'abattent sur lui. De même qu'on n'aura jamais la chance de découvrir Picolo en jeune marié, portant son épouse — une poupée gonflable — jusqu'à l'appartement d'Habitat 67, avant de jeter celle-ci par la fenêtre ! Un autre intermède censuré montrait Picolo dansant avec une autre poupée vêtue de crinoline... se dégonflant au fil de la valse jusqu'à ne plus devenir qu'une vulgaire poche de plastique. L'imaginaire et les fantasmes au pouvoir ! Cette fois, le Picolo des petits est loin.

En 1980, Paul et son administrateur-ami Benoît Mailloux créent au *Quat'Sous* un théâtre permanent pour les jeunes : le *Théâtre de Picolo*, administré par Daniel Matte. Pour l'occasion, on retravaille certains textes des émissions de télé. Si Paul assure la mise en scène des spectacles qui se jouent chaque jour en matinée, il ne revêt pas cette fois le costume jaune : c'est Bernard Meney qui prend la relève.

□

Le Picolo des premières années est le fruit de deux imaginations : celle de Paul bien sûr, mais l'influence de Françoise est très perceptible. Picolo, en 1954, c'est Paul tel que Françoise l'aime, tel qu'elle le veut pour toujours, « avec sa chevelure comme un petit nid d'oiseau, ses sourcils en accents circonflexes, sa timidité ». Sur les photos, Picolo et Picolette semblent frère et sœur : la même silhouette fine, la même candeur dans le regard. On les devine tous les deux échappés d'un livre de contes. La fascination pour les métiers du spectacle unit le jeune couple. Françoise a le cœur et l'esprit d'une artiste : la vraie vie ne l'intéresse que si elle sert à créer. Dans un milieu de comédiens et d'animateurs en pleine transformation, en pleine ébullition, elle n'est pas une arriviste mais une jeune femme romantique qui souhaite vivre dans un monde de douceur et d'harmonie. L'épisode français terminé, maintenant que Paul fait ce qu'il aime, elle espère, entourée de sa famille et de ses amis, que la vie va reprendre avec l'insouciance de sa jeunesse outremontaise. Lorsque rien n'allait pour son mari, la jeune femme avait suffisamment les pieds sur terre pour tenir serrés les cordons de la bourse du ménage et aider de son mieux. Aujourd'hui, elle souhaite se consacrer de nouveau à l'art... Et elle aimerait parfois que la vie aille moins vite. Or, son Paulo est lancé dans une course folle qui va durer trente ans.

Au début de 1955, le couple Buissonneau s'échappe pour un séjour de deux mois à Paris. C'est la première fois que Paul, qui a pris un congé sans solde, retourne dans la capitale depuis le départ en bateau de l'hiver 1950. Il retrouve avec joie ses frères et sa sœur. Étrange impression lorsqu'on regagne le point de départ : on se rend compte que presque rien n'a changé ! Ils ont si peu bougé, les Buissonneau de Paris : André, Lulu et René se sont mariés et font des mômes. La tendre Odette est toujours célibataire. Tout le monde continue de trimer dur dans l'anonymat des petites gens. Dix ans après la fin de la guerre, la France est encore meurtrie. Les conflits avec ses colonies s'enchaînent : alors que les accords de Genève ont mis fin à la guerre d'Indochine, en Algérie, le sang coule. La France est une planète un peu grise aux antipodes de l'abondance nord-américaine. Tout paraît maigre et vieillot dans les magasins de la capitale. Même si l'économie commence à connaître les premiers sursauts d'un bouleversement, c'est le temps du poujadisme, mouvement d'opposition des petits commerçants et artisans aux mutations de l'économie. C'est l'écœurement des gens ordinaires contre la classe politique.

Chez les Buissonneau, on accueille le petit frère, « l'Américain », avec joie mais sans trop en faire. Toujours cette éternelle tendresse bourrue que Paul connaît bien. « Terminus » est de retour, tant mieux s'il s'en sort en faisant l'artiste au Canada et pourvu que ça dure ! Sacré Paulo.

Buissonneau retrouve son ami René Lamoureux, mais ne cherche à revoir aucun des Compagnons. La page est tournée. Il préfère se consacrer à l'avenir et décide de parfaire encore sa formation en s'inscrivant à des cours de mime avec le grand Étienne Decroux. Chaque soir, Françoise et Paul vont au spectacle. Ils en voient plus de cinquante et assistent aussi à des conférences au Musée pédagogique de Paris ! Françoise se lie d'amitié avec Jacqueline Barrier, la femme de l'imprésario de Piaf, et elle a la joie de rencontrer enfin une artiste qu'elle admire depuis des années, avec qui elle correspond et dont elle avait fait un portrait : Catherine Sauvage. La chanteuse, à l'allure très femme et moins torturée que Piaf, a des cheveux « comme des flammes rouges ». Elle est à l'époque une immense vedette en France. Elle reçoit avec beaucoup de sympathie la jeune Canadienne et son mari. Les deux femmes se lieront d'une longue amitié. Ce séjour parisien si enrichissant n'est assombri que par l'annonce de la mort de la grand-mère de Françoise. La grand-mère adorée ! L'idée d'en être séparée avait fait hésiter la jeune Charbonneau au moment de dire oui à son fiancé cinq ans auparavant ! Mis au courant le premier, Paul prend son courage à deux mains pour prévenir son épouse. Larmes. Mais la vie tourne et, tandis que Françoise pleure son enfance qui s'éloigne, Paul se projette dans l'avenir.

Depuis un certain temps, en effet, Buissonneau a une idée en tête. Est-ce la pression ironique de ses frères et sœur? Toujours est-il qu'il fait part à Françoise d'un nouveau projet très différent des autres: « Et si nous faisions un enfant! Pas un personnage de la télé comme Picolo, un vrai, un bébé! » Buissonneau élevé au cœur d'une famille-tribu aimerait bien concrétiser son bonheur avec Françoise. À la télévision, tous les jours, il s'adresse avec talent aux enfants, et depuis son plus jeune âge il est fasciné par les bébés; il est prêt à jouer un nouveau rôle: celui de papa. Les débuts difficiles à Montréal ont repoussé la concrétisation du projet, soit, mais...

À Montréal, à la fin de juillet, Françoise peut enfin annoncer à son mari la venue prochaine d'un premier spécimen de Buissonneau nord-américain! Paul est aux anges et, malgré un emploi du temps chargé, il se fait encore plus tendre et prévenant pour son épouse qui a toujours été de santé délicate. Tous les soirs de ce bel été, la jeune femme arrive dans la décapotable conduite par son amie Denise Proulx afin d'assister dans un des parcs de la ville aux spectacles de la Roulotte. Pendant l'hiver, Françoise s'arrondit sous les regards émus d'Hector et de Mandine Charbonneau, les futurs grands-parents. Mais la grossesse, amorcée dans la joie, prend un tour inquiétant quand, trois semaines après la date prévue de l'accouchement, rien ne semble indiquer une délivrance prochaine! D'autres jours passent encore... Le rejeton se fait attendre. On décide d'hospitaliser la jeune femme et les médecins envisagent de provoquer l'accouchement. Ils sont inquiets. Tout va mal. Paul, très accaparé par la mise en scène d'*Orion le tueur*, ne peut être aussi présent qu'il le souhaiterait auprès de sa femme. Finalement, le médecin explique à Paul que si on provoque l'accouchement, l'enfant sera sauvé mais la mère risque d'y rester... Par contre, si on attend encore, on ne sait pas ce qui peut arriver à l'enfant. Paul n'hésite pas : on attend.

À l'époque, il n'est pas question pour les futurs pères d'assister à l'accouchement. Comme d'autres hommes, Paul tourne donc en rond pendant plusieurs jours sur les carreaux de linoléum de l'hôpital, inquiet.

Il y rencontre un confrère de la télévision. Lui aussi attend... Quelques mois plus tard, le croisant avec son épouse dans la rue, Paul demande des nouvelles du nouveau-né et s'étonne des réponses confuses et de la gêne affichée par le couple... Paul n'apprendra que bien plus tard que le bébé attendu n'était pas celui de l'épouse mais celui d'une jolie maîtresse ! Tout au long de sa vie, Buissonneau collectionnera ainsi avec un plaisir évident les gaffes volontaires ou non, révélatrices des petites manigances de chacun.

Finalement, le 3 avril 1956, au bout de dix longs mois, Françoise Buissonneau donne naissance à un garçon que l'on baptise Martin. À la pouponnière, Paul découvre avec stupeur son fils : au milieu des bébés roses et joufflus, Martin est là, le visage déformé par les forceps, la peau toute craquelée, desséchée par la trop longue grossesse. On dirait un vieillard minuscule. Le jeune père éclate en sanglots. Le médecin se met à rire : « Allons, allons, lui dit-il avec une tape amicale dans le dos, tout va se replacer, ne vous en faites pas, il est en bonne santé. »

Tout se replacera, mais jamais Paul n'oubliera « la peau de crocodile » de son tout-petit tant attendu. Trente-cinq ans plus tard, sans pudeur — car il est loin, le Buissonneau timide —, mais avec cette tendresse énorme cachée sous les mots criés, Paul raconte sa peine et sa déception d'alors :

> « Le pauvre petit s'épluche comme un oignon ; sa peau tombe par morceaux comme une momie qui se déshabillerait pour un strip-tease infantile. J'ai l'impression que nous avons

enfanté un petit crocodile, sans dents! Tant pis! Nous l'emmènerons quand même chez nous. Mais s'il continue de s'éplucher, en restera-t-il assez?»

La famille Buissonneau quitte l'hôpital. Dehors, un vieil homme joue de l'orgue de Barbarie: c'est le père Lachapelle qui officie d'habitude en face d'Eaton. Il s'est pris d'affection pour Paul qui, lui, ne le considère pas comme un mendiant. Ayant appris la naissance du petit, le joueur d'orgue lui fait à sa manière un signe.

La jeune mère et son fragile bébé ne peuvent pas revenir comme prévu au 4245, rue Saint-Hubert: Paul a fait repeindre l'appartement en l'honneur du nouveau venu, mais l'odeur de la peinture y est beaucoup trop forte. Françoise s'installe alors chez ses parents, qui pourront s'occuper d'elle: depuis l'accouchement, la femme de Paul — qu'on a dû isoler quelques jours sous une tente à oxygène — a la moitié du visage complètement paralysée. Cette mystérieuse paralysie liée au choc de l'accouchement met plusieurs semaines à se résorber.

Lorsque tout le monde est enfin de retour à l'appartement, Paul prend à son service une infirmière qui s'occupe de l'enfant. Françoise est trop faible, dépressive. Aides-soignantes et gardes-malades se succèdent rue Saint-Hubert: ils étaient deux, voici que quatre personnes partagent le petit appartement. Françoise regrette un peu l'insouciance disparue. À la fin de 1957, Odette quitte Paris et vient à son tour prendre soin du petit neveu de Montréal. Elle reste près d'un an.

Paul est de plus en plus accaparé par ses multiples rôles. Un médecin conseille à Françoise, aux prises avec une mélancolie persistante, de prendre des cours de théâtre puisqu'elle rêve de jouer la comédie et de chanter. Avec l'accord de Paul, elle suit donc l'enseignement de Tania Fédor, une comédienne française installée au Québec. Françoise devient Marie-Nuage, un des personnages de *La Tour Eiffel qui tue.* La pièce, mise en scène par Paul, est un triomphe. Buissonneau a de plus en plus souvent sa photo dans le journal, il n'est presque plus jamais seul mais entouré des jeunes de la Roulotte et de la troupe du *Quat'Sous*!

Françoise est épatée par le talent d'un des membres de l'entourage de Paul: Claude Léveillée. En 1959, elle décide d'envoyer aux Compagnons mais aussi à Juliette Gréco et à Édith Piaf les premiers disques du chanteur. Qui sait si l'un ou l'autre de ces artistes ne serait pas intéressé à reprendre une des œuvres de l'ombrageux auteur-compositeur? Rien ne se produit mais, quelques années plus tard, alors que Piaf, accompagnée de Loulou Barrier, vient rendre visite à sa sœur à Montréal, Françoise et Paul lui font découvrir, pour de bon cette fois, Léveillée qui se produit avec succès aux *Bozos*. La chanteuse française sent la force créatrice et les possibilités du jeune artiste. Elle décide aussitôt de le faire venir en France. Léveillée racontera plus tard qu'il découvrit un jour, chez madame Piaf, un paquet poussiéreux qui n'avait jamais été ouvert, contenant ses disques que Françoise avait envoyés quelques années auparavant!

Au début des années 60, Françoise se tourne vers le mime: elle prend des cours avec Jacques Kasma et avec Paul. Puis, elle monte un numéro en costume noir et gants blancs, sur les chansons du répertoire de Marie-José Neuville. Encouragée par son ami Normand Hudon, elle passe dans les boîtes à chanson et envisage de mener une vraie carrière de chanteuse. Mais il y a le petit Martin qui aime tant quand sa mère lui fait la lecture avant que ses yeux se ferment et qui attend son père pour rejouer dans la cuisine le dernier épisode de *Picolo*. Et puis, il y a Paul... Paul en fuite, absent, trop pris, qui trouve à peine le temps de jouer avec son fils. Françoise sent son mari s'éloigner d'elle un peu plus à chaque projet, à chaque succès. Il vit entouré de son monde. Elle avec le sien. Décidément, elle ne passera pas ses journées à attendre enfermée chez elle le retour de son époux!

Le couple Buissonneau est déchiré, mais la douleur est souterraine. Rien n'a encore éclaté. Paul est bouleversé mais garde sa peine pour lui. Il voit bien que sa femme n'est pas une Andréa

Buissonneau et, de son côté, il est entraîné dans un tourbillon euphorique et jouissif. Partout il est attendu, on a besoin de lui, on l'aime. Les membres de la troupe du *Quat'Sous* attendent de lui d'autres éclats comme ceux de *La Tour Eiffel qui tue.*

À l'automne 1961, après un été particulièrement chargé (consacré en partie à l'enregistrement de *Picolo et les Objets*, qui lui permet d'empocher vingt-six mille dollars, somme rondelette pour l'époque), Paul fait ses valises. Il a obtenu une bourse du Conseil des Arts du Canada et s'apprête à s'envoler seul pour un long voyage d'études en France. Ce séjour d'un an n'a pas été décidé sur un coup de tête mais longuement mûri. Il se justifie par la volonté de créer à Montréal un véritable centre dramatique plus solide et structuré que ce qui a été développé jusque-là. Il veut être à son meilleur. Il a donc l'intention d'étudier le fonctionnement de plusieurs centres ayant déjà fait leurs preuves en France.

Françoise et Martin restent à Montréal. La distance, qui sait, aidera peut-être le couple à se ressouder ou en tout cas à y voir plus clair. Chacun de son côté va réfléchir et bientôt, au retour, tout ira mieux... Sans doute.

Dès son arrivée à Paris, une véritable frénésie s'empare de Paul. Il retrouve avec passion les cours de mime d'Étienne Decroux mais surtout de son fils Maximilien, dont l'enseignement est plus concret et moins rigide. L'ardeur de Paul est telle qu'il obtient de suivre en un an le programme de deux années. Avec les Decroux, l'art du mime est décomposé, analysé, poussé à un niveau de recherche à peine imaginable. On peut passer plusieurs jours, voire plusieurs semaines, à travailler les chutes et se consacrer ensuite exclusivement aux sauts ! Conscients des besoins du jeune metteur en scène, touchés par la passion qui l'anime, les Decroux ont la délicatesse d'attirer son attention sur tout ce qui a trait au travail de l'acteur et à la complexité du mouvement dans la mise en scène.

Installé dans un petit hôtel de quartier derrière la gare Montparnasse, sa table réservée au resto *Chez Pierre* où il donne parfois un coup de main en remplissant les carafons, Paul vit des mois de bonheur total. Régulièrement il s'invite dans la famille. Son jeune protégé François Barbeau est lui aussi à Paris, tout comme d'autres Québécois: Gérald Godin et le décorateur Germain Perron. Paul fait découvrir à Barbeau le Paris populaire, les marchés aux puces, et surtout son frère, l'étonnant René Buissonneau, encore plus truculent, encore plus bourru, encore plus tendre-caché. Ce frère qui, un jour d'altruisme, avait plongé dans l'eau glacée de la Seine en plein hiver pour sauver une désespérée en mal de vivre. Ce même phénomène qui, à l'atelier, quasiment nu à cause de la canicule, travaillait avec pour seul vêtement une serviette en ratine cachant sommairement les parties les plus intimes de son corps. Ce survivant qui s'était un jour métamorphosé en limande sous l'effet désagréable des lois de la pesanteur qui l'avaient laminé en précipitant sur lui une porte d'acier de plusieurs tonnes.

> « Seule sa tête, bêtement cernée par ses deux bouts de chaussures, dépassait de l'extrémité de la porte d'enfer. Il était mangé par la plaque volumineuse qu'essayaient de soulever plusieurs chauffeurs de poids lourds. »

Barbeau n'en doute pas en observant, bouche bée, ce visage de forçat plus stigmatisé que celui de Chéri Bibi. Il découvre en même temps la joie des repas en famille qui durent des heures et dont on s'échappe un peu euphorique en taquinant encore une fois la tendre Odette!

Bien que les cours de mime dévorent son temps, Paul s'inscrit à l'Université du Théâtre des Nations, installée au sein du Châtelet dans le *Théâtre Sarah-Bernhardt* devenu depuis le *Théâtre de la Ville.* Cette institution offre aux étudiants l'occasion de rencontrer les plus grands dramaturges contemporains tels que Ionesco, tout en visitant les salles de spectacle de la capitale et en assistant à de nombreuses répétitions. La discipline est sévère : la moindre absence est sanctionnée par un renvoi immédiat. Les jeunes Québécois font figure d'anarchistes avec leur bonhomie et leur franc-parler : ils respectent plus ou moins les consignes. Paul refuse de passer le moindre examen : il est là pour apprendre et non pour décrocher un diplôme. Un certain Jack Lang, futur ministre de la Culture de François Mitterrand, fréquente lui aussi alors cette université très spéciale. Le soir, l'étudiant Buissonneau n'est pas encore rassasié : il se précipite au théâtre pour y découvrir Jean Vilar, Jean-Louis Barrault, Fernand Ledoux ou Roger Planchon.

Paul envoie peu de nouvelles à Montréal. Le bonheur est brisé, les morceaux ne se recolleront pas, il le sait mais il ne peut pas encore l'admettre. Il pense à Lucien et à Andréa qui sont passés par bien des coups durs mais que seule la mort a séparés. Il pense à ses frères qui ont tous des grosses familles. Et lui, Paul, où s'en va-t-il ? À l'approche de Noël, une grosse déprime l'envahit. Les cours de mime cessent pour le temps des vacances, il a le temps de gamberger et il s'assombrit de plus en plus.

C'est alors que François Barbeau lui fait part de son rêve : voir l'Italie !

> « À peine avais-je prononcé ces mots que Buissonneau me dit : "Je t'emmène. On passera Noël à Assise. Allez, grouille !" Nous avons loué une voiture aux pneus usés et nous voilà partis. La France profonde défilait sous mes yeux tandis que dans la voiture, un silence lourd s'était installé. Pas un mot. Paul ruminait, complètement obsédé par la dérive de son couple. Beaune, Monaco, Florence, Assise enfin... »

Buissonneau n'a jamais aimé jouer les touristes. Il prétexte le mauvais état de la voiture pour expliquer son air sombre. Durant ce voyage mené à train d'enfer comme pour tuer le temps, combler le vide angoissant, c'est à peine s'il fait allusion à sa première visite en Italie dans la famille du Compagnon Fred. Quelle insouciance alors, quel joli souvenir! Mais, pour François Barbeau, ce voyage a des airs de film muet en accéléré.

> « À peine étions-nous arrivés que Paul voulut repartir. Nous sommes revenus par Milan avec un arrêt obligé au *Piccolo Teatro* et nous avons franchi les Alpes par le Grand-Saint-Bernard. C'était grandiose. Et toujours dans la voiture, le silence. Partis la veille de Noël, nous étions de retour le 28 décembre à Paris! »

Les cours reprennent. Paul s'immerge de nouveau dans l'apprentissage de son métier. Il assiste en auditeur libre aux ateliers de Raymond Rouleau, de Fernand Ledoux et de Jean-Louis Barrault ainsi qu'à des conférences et à des expositions qui ont trait aussi bien à la comédie italienne qu'à la pédagogie de l'enfant.

> « Le théâtre de Barrault était un théâtre bourgeois. Il m'a beaucoup plus fasciné comme mime que comme metteur en scène. À ses cours, on ne travaillait pas assez alors que chez Decroux, c'était du sérieux, boulot-boulot! On ne rigolait pas! »

Pendant la seconde moitié de son séjour, Paul quitte encore la capitale pour explorer d'autres visions théâtrales et effectue un stage au *Grenier* de Toulouse.

Au cours de l'été 1962, Françoise, accompagnée de Martin, fait un court passage à Paris avant de gagner Cagnes-sur-mer où, malgré un trac persistant, elle continue discrètement sa carrière de chanteuse dans le cabaret de Suzy Solidor. Elle rencontre brièvement Paul à Paris pour constater que le fossé s'est élargi entre eux de façon dramatique. Paul ne les suit pas sur la côte d'Azur.

Le 13 octobre 1962, après douze années de vie commune, le couple se sépare. Loin de soulager Paul, cette rupture officielle le plonge à son retour à Montréal dans une véritable tourmente. Après une année parisienne tout entière consacrée à la joie d'apprendre et de créer, autant il se sent fort et riche dans son métier — il entreprend alors de monter *Les Éphémères* –, autant il est désespéré dans sa vie privée.

Au début des années 60, les séparations et les divorces ne sont pas légion au Québec. Pendant trois années, Paul et Françoise se déchirent par avocats interposés. Les malentendus s'accumulent en laissant des traces profondes. À l'école, Martin est un des premiers « dont le papa n'habite pas avec sa maman ». Un des premiers à entendre parler de pension alimentaire et d'heures de visite.

Buissonneau s'échappe alors chez Paul Dandurand ou dans sa maison de campagne de Saint-Charles-de-Mandeville. Même si à l'époque, sans autoroute, il faut affronter plus de trois heures d'une « deux voies » dangereuse pour atteindre ce refuge, Paul y est heureux. Depuis quatre ans, il explore ses terres, fusil au bras, en compagnie du vieux Wilfrid Savoie, son voisin, avec qui il s'est rapidement lié d'amitié et qui appelle Paul « mon oncl' ». Le père Savoie ne se nourrit que d'œufs brûlés et de thé noir, et fait provision d'arbres entiers dans sa maison : il héberge un castor ! Il apprend à son jeune voisin les animaux du coin, les plantes, les saisons, la coupe du bois. Paul entreprend un premier jardin et réalise enfin le rêve de sa mère, qui est aussi le sien depuis les fins de semaine chez les Duquette à Frelighsburg ! Il est souvent accompagné d'Élise Charest, de François Barbeau, d'Yvon Deschamps, ou de l'un ou l'autre de ses jeunes compagnons de la Roulotte qui à tour de rôle deviennent les « gardiennes » du petit Martin. Très tôt, la propriété de Saint-Charles, située dans Lanaudière près de Saint-Gabriel-de-Brandon, est le passage obligé un jour ou l'autre pour ceux que Paul aime. Avoir une maison à soi, installée dans les paysages démesurés du Québec, Paul en rêve depuis le début des années 50. Dès qu'il eut accumulé un peu d'économies, il s'est mis en chasse. Une première occasion s'est offerte avec la demeure d'un cousin politicien de François Barbeau, mais l'affaire tourna court. La perle, il ne la trouva qu'en 1958, par hasard.

Accompagné de Barbeau et de Martin, Paul se rend un jour dans sa vieille Studebaker jusqu'à Saint-Charles visiter la maison du frère de Paul Saint-Jacques, son collègue menuisier à la Ville. La bicoque sombre et basse de plafond déçoit Paul. Il s'apprête à repartir bredouille, puis décide de faire un petit tour dans le coin avant de regagner Montréal.

Au détour d'un chemin, elle est là, tapie derrière une barrière de bois, entourée de gros arbres, avec sa vieille écurie, sa galerie et son toit en pente, le jardin envahi par l'herbe haute. Paul lui trouve un charme extraordinaire. Il s'approche et découvre un petit écriteau: «À vendre»! Il se renseigne au village puis rencontre René Savoie, le fils du propriétaire. La maison est effectivement à vendre pour mille sept cents dollars. Paul fait aussitôt un dépôt de cinquante dollars en chèque et de dix dollars en argent sonnant. Il regagne très excité la rue Saint-Hubert. Mise au courant, Françoise ne partage pas du tout, mais alors vraiment pas, l'enthousiasme de son mari. Elle est persuadée qu'il s'est fait avoir. Elle conseille vivement à Paul d'en parler au beau-père, qui lui aussi est certain que son gendre français a fait un dépôt inconsidéré pour une ruine qui menace de s'écrouler! On décide que Paul doit se rendre au plus vite à Saint-Charles, en compagnie du notaire familial, pour tirer cette affaire au clair. Le notaire, après avoir discuté avec le propriétaire et étudié le cadastre, découvre que Paul Buissonneau est en passe de devenir propriétaire non pas d'une maisonnette entourée d'un petit jardin mais bien d'un vaste domaine de soixante acres qui se poursuit de l'autre côté de la route et comprend la moitié d'une montagne. La maison possède dit-on la plus belle cave du comté, creusée sept pieds dans le sable!

«Vous voulez toujours l'acheter? demande le notaire au comédien qui attendait dans la voiture.

— Ben... oui.

— Parfait... Parce que sinon c'est moi qui l'achète! »

C'est ainsi que Paul Buissonneau devient propriétaire terrien!

La maison a une histoire cachée: un homme a été assassiné dans l'écurie. Mais elle devient bientôt un lieu de réjouissance, de grosses bouffes et de veillées aux flambeaux. Jean-Paul Rochon et Marcel Parent, deux confrères de la Ville qui ont joué dans *La Tour Eiffel qui tue*, viennent donner un bon coup de main à Paul Buissonneau métamorphosé en entrepreneur sous l'œil épaté du petit Martin.

Tout au long de son enfance, le jeune garçon est impressionné par ce père-tornade qui apparaît dans sa vie aussi soudainement qu'il en disparaît:

> « Quand Paul devait me prendre avec lui, c'était l'événement. Je me préparais des heures à l'avance et il arrivait invariablement en retard! C'était le rituel. Il fallait donc chaque fois s'apprivoiser. Nos retrouvailles étaient un mélange de joie et d'angoisse car ma mère me chargeait de messages qui avaient pour effet de déclencher la foudre! »

Martin suit Paul dans les studios de télévision, au *Quat'Sous*, dans son bureau de la Ville. Le petit garçon n'a plus beaucoup de sympathie pour le personnage de Picolo: à cause de lui, les enfants le bousculent parfois pour lui voler son père. Il veut bien partager, mais trop c'est trop! Saint-Charles est donc pour lui aussi un refuge.

À une occasion, néanmoins, Martin, âgé d'une douzaine d'années, a son père pour lui tout seul pendant plusieurs jours et cela reste un de ses meilleurs souvenirs.

Cet hiver-là, Paul, ayant besoin de repos, décide d'emmener son fils en vacances avec lui au Brésil! Le voyage commence très mal: le jour du départ, Buissonneau est en retard et en plus il y a une grosse tempête de neige. À l'aéroport, personne au guichet de la compagnie. Colère du metteur en scène qui grimpe sur le comptoir et entreprend une démonstration de force tandis que Martin trouve refuge derrière des plantes vertes. Heureusement, les vacances se déroulent dans le calme. Martin pousse le paternel à jouer, pour une fois, les touristes et Paul, libéré des tracas de la vie montréalaise, fier d'un fils curieux de tout, devient pendant quelques jours totalement papa.

Bien plus tard, lorsque Martin atteindra la trentaine et qu'il rejoindra son père dans son appartement d'Habitat 67, les deux hommes partageront de nouveau cette complicité.

Françoise, de son côté, met un terme dès le milieu des années 60 à sa carrière de chanteuse. Elle continue alors de dessiner et se consacre à l'enseignement du mime et de l'expression corporelle. Aujourd'hui, elle habite Outremont et le Paul qu'elle a connu ne ressemble en rien, affirme-t-elle, à celui qu'elle entrevoit parfois à la télévision. Cette belle femme nostalgique préfère le Paul Buissonneau des images en noir et blanc qui recouvrent, dans un joli pêle-mêle, une des portes de son petit appartement.

□

Paul Buissonneau n'a pas de regrets. Il aime la reconnaissance de la rue, cette gloire gentille. Il sait qu'il doit la plus grande part de sa popularité à Picolo. Auprès du grand public, c'est moins le créateur de la Roulotte et le metteur en scène qui sont reconnus que l'amuseur des jeudis après-midi, le clown espiègle, le copain télévisuel.

> « *La Boîte à surprises*, c'était ma famille quand je revenais de l'école, affirme la comédienne Pascale Montpetit ; et Picolo avec son regard mouillé et brillant à la fois était merveilleux. »

Losque Picolo disparaît des écrans, Buissonneau interprète à la télévision un autre personnage faussement naïf dans *Les*

Aventures de Popol. Et puis, il y a aussi, sur les ondes de Télé-Métropole, *Les Aventures de Rouletaboule.* Personnage très fantaisiste vaguement inspiré du *Monsieur Hulot* de Jacques Tati, Rouletaboule est vêtu à l'anglaise avec des culottes de golf. Il se déplace en vélo et trimbale un filet à papillons. Une fois encore, il s'agit de distraire et d'éduquer en même temps.

Pendant des années, de façon épisodique, on fait appel à Paul Buissonneau pour ses talents de metteur en scène, de concepteur, de *gagman*, d'animateur, de mime, de roi de la pantomine.

Paul Buissonneau est aussi pendant plus de trente ans un ogre publicitaire. Il sait qu'il touche, grâce aux personnages incarnés dans les publicités, toutes les couches de la société. Il aime jouer dans les pubs, au grand dam des intellectuels qui l'entourent. Il est l'un des premiers à associer son nom et son visage à des produits de consommation et il ne refuse presque jamais rien. En janvier 1972, dans le magazine *Maclean's*, Paul explique à Marc F. Gélinas :

> « Pour moi, il n'y a pas les petites choses d'un côté et les grandes choses de l'autre. J'ai été aussi fier de recevoir un prix pour avoir bien joué de l'orgue sur les ressorts des matelas *Beauty Rest* que de me faire attribuer un *Emmy Award* par la télévision américaine pour la mise en scène du *Barbier de Séville.* Une chose bien faite est une chose bien faite ! »

Transformé en Buissonneau caquetant pour *Kentucky* ou en fakir pour *Boa Ski*, prenant sa douche en smoking ou faire-valoir des céréales Tintin, Paul s'incruste dans les mémoires, se moque du qu'en-dira-t-on, se fait plaisir... et gagne suffisamment d'argent pour entretenir sa danseuse : le *Théâtre de Quat'Sous.*

SCÈNE IV

Le *Quat'Sous* nomade ou la patiente transmutation d'amateurs en professionnels

Personnages principaux

PAUL BUISSONNEAU : Orion
YVON DESCHAMPS : Eduardo
JEAN-LOUIS MILLETTE : Jean de Rochemolle
CLAUDE LÉVEILLÉE : Papazian
FRANÇOIS BARBEAU : souffre-douleur

L'action se répercute de théâtre en théâtre au gré des engagements d'un metteur en scène atypique.

Côté cour : des festivals d'art dramatique pertinents
Côté jardin : un temple du spectacle pris en otage

DÈS 1955, avec *Barbe bleue, La Pêche à la baleine* et *Arlequin, lingère du palais,* la Roulotte s'impose définitivement dans le paysage culturel montréalais avant de s'en aller vers les ateliers de la Ville pour hiberner. Paul Buissonneau sait désormais que la place de son théâtre ambulant est faite. Il s'agit maintenant de travailler pour que chaque saison apporte son lot de surprises et d'émerveillement. Il peut donc retourner à ses autres tâches sans se faire de soucis.

Mais l'hyperimaginatif-actif-perfectionniste qu'il est ne se contente pas de cela. Au moment où il prend possession du gymnase Campbell Est, il décide de demander à son patron deux mois de congé sans solde, avec une petite idée derrière la tête.

Il ne suffit pas d'ouvrir un centre dramatique, encore faut-il y offrir les compétences nécessaires, assurer un encadrement de qualité. C'est pourquoi il entreprend ce voyage d'apprentissage durant deux mois à Paris.

Lorsqu'il revient à Montréal quelques jours avant ses vingt-neuf ans, Paul pète le feu ! Ce séjour parisien l'a ragaillardi, il déborde d'énergie et d'idées pour mener à bien l'entreprise qui lui tient à cœur et qui lui incombe en qualité de moniteur de district.

À l'ancien gymnase, l'aménagement prend forme dans un quartier où la pauvreté n'est pas une illusion théâtrale. Au début, les mômes des ruelles avoisinantes viennent satisfaire un élan naturel en mettant à l'épreuve leur habileté et leur force à détruire et à massacrer tout ce qu'ils peuvent. En guise de réplique, Paul les invite à entrer pour voir ou, si le cœur leur en dit, pour jouer :

> « Ils étaient maganés. Les plus jeunes portaient sur leur visage les traces des coups de leurs parents. Parmi les plus grands, des petits voyous, j'ai engagé Claude Dubois et un copain à lui, un Français qui était l'amant de la maîtresse d'un gangster de Montréal. Il y avait des mômes qui nous pissaient sur la tête à la sortie du gymnase ! »

Dans ce quartier aux allures de cour des miracles, Paul commence à organiser son centre dramatique. Ses ateliers de mime font recette malgré la mauvaise réputation de l'endroit. Pour accéder au centre, il faut emprunter un passage souterrain, véritable coupe-gorge dans lequel il ne fait pas bon s'aventurer :

« Ils ont fini par le faire sauter, c'était trop dangereux. J'avais de la difficulté surtout avec les filles qui venaient, elles avaient peur. Mais je n'avais pas le choix, c'est tout ce que la Ville m'avait donné. Il n'y avait pas de maison de la culture à l'époque. »

Cette affirmation n'est pas tout à fait juste. Un jour, Claude Robillard, conscient de la précarité des lieux, offre à Paul Buissonneau un centre construit tout de béton avec des loggias en ciment. Le jeune moniteur refuse de s'y installer.

« Jamais ! C'est la mort du théâtre. »

Il en résulte une légère tension entre les deux hommes, qui se dissipe à l'approche du Festival national d'art dramatique (région ouest du Québec).

À cette occasion, Claude Robillard demande à Paul Buissonneau de choisir et de monter un spectacle. Paul propose *L'Opéra de quat'sous,* de Bertolt Brecht. Le patron accepte et les répétitions commencent. Quelques jours plus tard, alors que la mise en scène a déjà pris forme, un coup de téléphone vient tout bouleverser. C'est Geneviève Gilliot, la sœur de Pierre Tisseyre, responsable des droits d'auteur français de l'époque, qui met en demeure Buissonneau d'interrompre immédiatement les répétitions. Les droits de la traduction française de *L'Opéra de quat'sous* sont gelés ! Paul Buissonneau mentionne qu'il ne s'agit que de théâtre amateur, mais rien n'y fait ! Il doit renoncer à la pièce et se retourner rapidement pour être prêt à temps.

Aussitôt, dans sa tête, s'impose un spectacle qui peut tout à fait convenir à la mise en scène élaborée pour *L'Opéra de quat'sous.* Il s'agit d'*Orion le tueur.*

Paul Buissonneau n'est pas du genre à s'embarrasser de grands principes : un petit travail d'adaptation fera l'affaire ! Les répétitions n'auront pas été inutiles et de toute manière le temps presse.

Signe du hasard et de la nécessité, alors qu'il faut baptiser la compagnie qui est en train de naître, le célèbre principe physique selon lequel rien ne se perd, tout se transforme s'applique. Paul Buissonneau ne sachant pas quel nom trouver, Claude Robillard lui suggère d'utiliser celui de la pièce de Brecht. Ainsi, sur le souvenir d'un spectacle tué dans l'œuf, vient au monde dès les premiers jours de 1956, au hasard des divagations de deux fonctionnaires de la Ville de Montréal, le *Théâtre de Quat'Sous.*

Maintenant, il importe de faire accéder cette compagnie à la réalité théâtrale en donnant forme au plus vite à *Orion le tueur.*

Si le jeune administrateur, fraîchement nommé, porte son dévolu sur cette pièce, ce n'est pas tout à fait fortuit. C'est parce qu'il se souvient d'une époque où, sur la plate-forme d'un autobus parisien, entre la place d'Italie et le Trocadéro, il voyageait avec un certain Yves Robert. Ce dernier, comédien en pleine ascension, tenait le rôle de Pierre de Rochemolle, dit Orion le tueur, dans la pièce du même nom. Impressionné par cette vedette, Paul Buissonneau devisait fréquemment avec lui avant de sauter de l'autobus au pont de l'Alma.

« Fantaisie mélodramatique en six tableaux, deux enlèvements et un anneau magique », comme il est écrit sous le titre dans l'édition originale, cette pièce raconte sur un ton loufoque la fabuleuse poursuite occasionnée par l'enlèvement d'Alice de Longval, une jouvencelle de dix-huit ans.

Outre le fait d'avoir rencontré Yves Robert, futur comédien, réalisateur et producteur renommé, on peut comprendre le choix de Paul Buissonneau. D'abord, il y a quinze rôles à pourvoir, ce qui correspond parfaitement à la mission de la Ville. Ensuite, les chansons animées trouvent une bonne place dans ce spectacle auquel ont participé les Frères Jacques au moment de la création. La présence de ce groupe est d'ailleurs un gage de qualité. De plus, cette pièce farfelue et pétillante a le mérite d'être bien écrite. Elle est facile à jouer, donc idéale pour des apprentis comédiens. Ses faux airs de pièce de Queneau lui donnent une saveur absurde qui permet l'épanouissement d'une mise en scène des plus cocasses. Enfin, avec des mots tels que *zigomard*, *pécore*, *pignouf* et *mijaurée*, il est difficile de se prendre au sérieux.

Le seul problème majeur d'une telle production, c'est le décor. Il n'y a pas moins de six tableaux, tous plus différents les uns que les autres. Au début, en compagnie d'André Linglet, le décorateur introduit par Luc Durand, on cherche la meilleure méthode pour alléger les changements de décors. Ils ont beau faire partie intégrante du spectacle, avec la présence d'un comédien dans le rôle du machiniste soutenu par une ritournelle, ça ne passe pas.

Pour Paul Buissonneau, c'est trop long, trop lourd. Cela nuit au déroulement jusqu'au jour où... Un éclair de génie vient illuminer l'esprit du jeune metteur en scène sous la forme d'un objet magique: le store vénitien. En peignant un décor de chaque côté d'une série de stores installés sur trois rangées serrées, on obtient six décors que même un enfant peut faire apparaître d'une main en tirant sur son chewing-gum de l'autre.

À la veille du Festival national d'art dramatique, les répétitions se font plus intenses sur les lieux mêmes des festivités, au *Gesù*, le théâtre du collège Sainte-Marie.

Alors que l'on s'active sur scène et un peu partout dans les coulisses, un étudiant dissipé du collège se tient caché dans la pénombre des derniers rangs. Par suite de l'un des sempiternels renvois de classe dont il fait l'objet, le garçon, qui répond au nom de Jean-Claude Germain, a décidé de prendre le couloir qui relie son collège à la salle du *Gesù* pour satisfaire sa curiosité théâtrale. Plutôt que d'avoir à demander un *admitatur* auprès du préfet de discipline pour réintégrer le cours, il préfère observer les répétitions en catimini.

> « Ce qui m'avait frappé, c'était cette manie particulière qu'avait Paul de ne pas s'attaquer à l'acteur principal. Chaque fois qu'il lui arrivait de trouver emmerdant ce que Luc

> Durand faisait sur scène, Paul s'en prenait au grand Sicotte avec son balai.
>
> Je me rappelle une répétition où j'ai eu le plaisir de voir vivre un chapeau pendant une demi-heure. Ce chapeau-là vivait comme jamais on ne peut vivre. Toute l'action passait par le chapeau.
>
> Paul n'exagérait pas, il était une exagération. Jamais je n'avais vu un être humain hurler, crier et sautiller autant. Et pourtant ce n'était pas faux. J'étais complice de son jeu et je pense que les acteurs l'étaient aussi. »

Un beau matin, il faut se rendre à l'évidence : c'est le jour de vérité.

Dix ans presque jour pour jour après sa création, le 18 mars 1946 au palais de Chaillot, *Orion le tueur* est présentée au Québec, le 7 mars 1956.

En ce soir mémorable, l'excitation est à son comble. Parmi les comédiens, on retrouve entre autres ceux de la Roulotte : Jean-Louis Millette, Mirielle Lachance, Luc Durand, André de Bellefeuille et Claude Jasmin, sans oublier Paul Buissonneau dans le rôle d'Orion le tueur. Mais ces apprentis qui vont avoir le privilège de jouer la pièce de Jean-Pierre Grenier et Maurice Fombeure doivent attendre. Ils ne sont que des amateurs et en plus ils se produisent dans une pièce en un acte ! On a donc jumelé leur prestation à un spectacle de professionnels, intitulé *Pouceville.* Cette fantaisie canadienne en trois actes, elle, est mise en scène par un dénommé Raymond Royer, qui n'est pas peu fier de sa troupe. L'attitude du chef est contagieuse puisqu'on ne daigne même pas jeter un coup d'œil fraternel vers ces amateurs qui attendent leur tour. C'est le métier qui va parler. Après nous, le déluge !

En fait de déluge, disons que cette première partie, celle des professionnels, laisse les spectateurs du *Gesù* sur leur faim. Les applaudissements sont mous, pour ne pas dire gélatineux, et les commentaires poliment complaisants.

C'est dans cette ambiance fadasse que, la peur au ventre, les amateurs prennent place dans la pénombre. Si les pros ne se sont pas imposés, eux vont se faire manger tout crus ! Mais Paul Buissonneau en a vu bien d'autres et il n'a de cesse, avant le lever du rideau, que le moral de chacun ne soit remonté.

Dès les premières notes de musique, le trac se dissipe. C'est Bernard Sicotte dans le rôle du machiniste qui brise la glace. À peine a-t-il balancé sa réplique que les gloussements de satisfaction jaillissent depuis la salle. Les autres comédiens n'en reviennent pas : la magie opère. La fête commence sous les yeux émerveillés des spectateurs. Les premières répliques fusent en chanson pour mieux faire place à un texte enlevé. Changement de décor : la salle murmure d'étonnement. C'est du jamais vu. Au premier rang, Claude Robillard se régale avec un imperceptible sourire de satisfaction au coin des lèvres. Ses amateurs ont la superbe de véritables professionnels. Le *Gesù* exulte. Chacun se laisse emporter par cette aventure loufoque. On en redemande. On rit, on ouvre tout grand les yeux comme des enfants. Les bons poursuivent les méchants. « Grâce ! Grâce ! Non, non, je vous aime trop. » Les amoureux s'embrassent tendrement. Applaudissements. C'est déjà fini. La salle est debout, des bravos plein les mains. Les saluts n'en finissent plus. Trop court, beaucoup trop court ! On en redemande. Les comédiens sont exténués, mais ils ne peuvent dissimuler cette petite lueur de grâce qui vient de s'immiscer dans leurs yeux à leur insu l'espace de cette première représentation.

Témoin privilégié de cette soirée, Jean-Claude Germain n'est pas dans les derniers à bondir de son siège.

> « Paul venait d'apporter une véritable magie, une magie simple. Il faut dire qu'à l'époque le *TNM* et le théâtre en général étaient très lourdauds. C'était un théâtre estudiantin. C'est vrai qu'il n'y avait pas mille milles entre ce théâtre et celui de Paul, mais le sien avait beaucoup plus de fantaisie, une fantaisie qui faisait défaut à tous les autres. Avec lui,

c'était l'évidence qui s'imposait. Évidence qu'il fallait faire ça, évidence de la magie réelle, évidence que c'était du théâtre et uniquement du théâtre. C'était un véritable vent de folie. Il était comme un pet au beau milieu de la messe. Il n'arrêtait pas de péter, ce qui faisait rire tout le monde. Les autres portaient encore le surplis avec un air compassé! »

Le lendemain, la presse est dithyrambique. On parle du *Théâtre de Quat'Sous* comme de la découverte du Festival. On loue le style et la manière du metteur en scène et surtout l'ingéniosité du décor: le spectacle rafle deux prix et Paul Buissonneau une mention spéciale.

Comme début, on peut difficilement faire mieux!

Dès le lendemain, le fonctionnaire Buissonneau retourne à son travail. Pas question de s'endormir sur ses lauriers en se regardant le nombril. Il faut reprendre les ateliers, les animations, l'assistance aux compagnies, et préparer la nouvelle saison de la Roulotte.

Vers l'automne, au hasard des nombreuses sollicitations de troupes d'amateurs, il se retrouve au *Centre d'essai* de l'École des beaux-arts de Montréal. Le spectacle auquel il accepte de collaborer est *Le Tableau des merveilles*, un conte social de Jacques Prévert qui se déroule en Espagne. D'un texte quelque peu sombre et alambiqué, Paul Buissonneau réussit à monter une pièce haute en couleur avec les costumes de François Barbeau. Les représentations ont lieu au début de 1957.

À l'occasion de ce spectacle, le metteur en scène invité fait la rencontre d'un jeune étudiant en sciences sociales (relations industrielles) qui tâte généreusement du piano. À la sortie des cours, vers la fin de l'après-midi, l'étudiant présente ses chansons dans le hall d'entrée, installé devant un piano droit avec ses airs de saltimbanque mélancolique. Il attire aussitôt l'attention de Paul Buissonneau au moment où celui-ci passe pour aller diriger les répétitions. L'homme de théâtre s'arrête, intrigué par la virtuosité du pianiste. À une personne assise, il demande le nom de cet artiste : « Désolé, je ne sais pas ! » Il se laisse émouvoir par ces chansons avant d'interpeller un autre spectateur pour connaître le nom du chanteur : « Euh !... Claude... euh... c'est ça, Claude... Claude Léveillée. »

Parfait, merci ! C'est tout ce qu'il veut savoir avant de foncer vers la salle de répétition.

Quelques jours plus tard, au moment de compléter la distribution pour la pièce qu'il va présenter au Festival national d'art dramatique, Paul Buissonneau fait appel à ce pianiste talentueux. Non seulement il a besoin de lui en tant que musicien mais, séduit par cette gueule avec son charme distant et mystérieux, il compte bien lui confier un ou deux rôles.

Pour cette nouvelle édition du Festival, Claude Robillard a été clair : « Il importe de monter un spectacle d'envergure qui puisse trouver une place à part entière dans la programmation. » En somme, il ne s'agit plus de jouer les seconds couteaux. Pour Paul, cela signifie qu'il faut trouver une pièce d'au moins deux actes avec une importante distribution, comme toujours. Pour ce faire, il s'en va près de chez *Archambault* à la *Librairie Tranquille*, son lieu de prédilection pour dénicher des inédits. Il met la main sur une comédie en deux actes et douze tableaux de Guillaume Hanoteau, encore plus loufoque et plus débridée qu'*Orion le tueur*, une œuvre à la mesure de ses excentricités : *La Tour Eiffel qui tue.*

S'étendre sur les conséquences de la représentation qui a lieu le 9 mars 1957 au *Gesù* relève presque de l'indécence. On sait que la distribution, qui reprend bon nombre de comédiens d'*Orion le tueur*, s'honore de la présence de Claude Léveillée au piano à bretelles ainsi que dans les rôles de Papazian, d'un polytechnicien et du préfet de police. On remarque également que Françoise Nicot, née Charbonneau, en plus d'avoir dessiné les costumes, y tient le rôle principal de Marie-Nuage. On comprend pourquoi le spectacle gagne les deux principaux prix au Régional et le grand prix au National à la simple lecture des articles signés respectivement par Jean Hamelin et Jean Vallerand :

> « Pour moi, Paul Buissonneau est d'abord et avant tout un animateur qui a sorti de l'ornière le théâtre amateur et l'a porté, après deux ou trois ans de travail seulement, à un degré de qualité tel qu'on le confondrait presque avec le théâtre professionnel ou semi-professionnel que nous connaissons actuellement à Montréal. »

> « J'ai rarement ressenti de façon aussi puissante que samedi soir dernier à quel point l'une des vertus fondamentales du théâtre est, selon l'expression de Louis Jouvet, de rendre la tendresse aux hommes. Cet éblouissement, je l'ai éprouvé en commun avec les spectateurs qui assistaient au *Gesù* à la représentation de *La Tour Eiffel qui tue* de Guillaume Hanoteau par le *Théâtre de Quat'Sous.* »

Tout cela est éloquent et donne une juste perception de la formidable réussite de ce spectacle. Mais c'est un peu plus tard, dans la semaine du 5 août, au *Théâtre de Verdure* du parc La Fontaine, qu'en sont appréciées la force et la résonance tel que nous le précise Michel Tremblay, un adolescent de quatorze ans qui, trente-cinq ans plus tard, fait état de la représentation.

Ce soir-là, vêtu de son chandail vert à encolure bateau, l'adolescent du Plateau Mont-Royal a choisi la meilleure place, en plein centre du théâtre. Il est d'abord déçu par une scène vide, sans le moindre indice, le moindre élément de décor pouvant suggérer Paris. À la télévision, on lui a pourtant vanté le côté folklorique parisien du spectacle et là... rien ! Rien jusqu'au moment où, à la faveur de la nuit, la cérémonie peut commencer.

> « Et les deux heures qui suivirent furent parmi les plus importantes, les plus décisives de ma vie.

Paul Buissonneau me donna ce soir-là l'une de mes plus grandes leçons de théâtre : il m'apprit la signification et la magie de la transposition. [...]

Tout m'était suggéré plutôt qu'imposé et les images qu'on m'offrait étaient nouvelles en plus d'être superbes ! On ne se contentait pas d'essayer de représenter Paris, on la réinventait à partir de presque rien[1]. »

L'adolescent est absolument subjugué par la mise en scène. Lui qui, depuis *Babar*, n'a vu jusque-là que deux pièces de théâtre dont il n'a pour ainsi dire gardé aucun souvenir, en prend plein les yeux. Non seulement les accessoires sont élaborés à partir d'objets de la vie courante, tels ces nombreux séchoirs à linge, non seulement les colonnes Morris dansent et la tour Eiffel s'étire vers le ciel, au-delà même du cadre de scène, mais en plus tout se fait à vue. Toute la machinerie théâtrale qu'on se donne d'habitude tant de mal à dissimuler prend cette fois les gens à témoin. L'enchantement est total.

« Les acteurs si drôles (merveilleux Jean-Louis Millette au talent déjà si multiple ; Paul Buissonneau lui-même en inénarrable silhouette de titi parisien paqueté ; Christiane Ranger qui me fit mourir de rire en prétendant que la tour Eiffel était entrée dans sa chambre pour la violer...) se transformaient devant nous au lieu d'aller se cacher pour changer de costume et par le fait même nous incitaient à être complices plutôt que simples spectateurs[2]. »

À n'en pas douter, le moment est historique pour Michel Tremblay au point de donner ce soir-là un sens à sa vie. Moment de grâce et d'éternité auquel tout adolescent rêve de goûter.

---

1. Michel Tremblay, *Douze Coups de théâtre*, Leméac, Montréal, 1992.
2. *Idem.*

> « [...] ce travail collectif, [...] je sus tout de suite qu'il fallait qu'un jour j'en fasse partie. Je dirais même plus, je sus ou, plutôt, j'eus la vision que j'en ferais un jour partie. Ce qui se passait ce soir-là sur la scène allait devenir, je le sentais, le but de ma vie ! [...]
>
> J'étais fou de joie, mais j'étais aussi très inquiet, comme lorsqu'on vient d'apprendre une grande nouvelle qui va transformer notre vie et qu'on ne sait pas encore si elle est bonne ou mauvaise[3]. »

Après ce spectacle, le dramaturge en herbe doit accuser le contrecoup d'une émotion trop forte, de ce moment artificiel et magique que seul l'art est capable d'offrir au risque de vous laisser encore plus démuni. À cause de Paul Buissonneau, ce soir-là, le petit Michel Tremblay ne veut tout simplement pas que la féerie continue sans lui.

Une fois de plus et même jusque chez les spectateurs, Paul Buissonneau a incité un être humain à plonger, à commettre l'un des actes les plus importants de la vie : se dépasser.

□

À cause de ce succès retentissant, pour la première fois de sa carrière, le metteur en scène et patron du *Théâtre de Quat'Sous* est sollicité par l'opéra. Plus précisément, c'est la télévision qui lui offre son premier contrat professionnel en qualité de metteur en scène. À l'initiative de François Bernier, réalisateur, il dirige *Le Mariage*, opéra en un acte de Modest Petrovitch Moussorgski sur un livret de Nicolaï Gogol.

Cette mise en scène offre à la fois des points communs et des différences importantes avec *La Tour Eiffel qui tue*. Tout d'abord, dans le même esprit, le metteur en scène entend suggérer.

3. *Idem.*

> « Drame ou comédie ? C'est au spectateur de choisir en premier lieu, mais c'est à nous de diriger ses pas. Le texte change à chaque lecture, on y voit même une tragi-comédie des mœurs bourgeoises au temps des tsars. »

Par contre, là où on pourrait s'attendre à une mise en scène débridée et caricaturale, dans le souci d'exploiter le filon juteux de *La Tour Eiffel qui tue*, on est surpris. Paul Buissonneau n'est pas un homme de recettes. Il n'entend pas se confiner dans un genre, même si certains critiques se sont donné bien du mal par la suite pour l'affirmer. Non ! il ressent naturellement ce qui émane d'un texte. En l'occurrence, il prend immédiatement la mesure de ce petit opéra.

> « Gogol travaille en demi-teintes, du noir au gris. Nos personnages ne devront agir qu'en raison de leur caractère propre : nuance des voix, nuance des déplacements. Il faut donner un style à l'ensemble : la demi-teinte dans le décor, la mise en scène et le costume. »

Pour le reste, sa formation acquise auprès des Compagnons de la Chanson lui permet de chanter si aisément au cours des répétitions que les solistes lui vouent le plus grand respect.

Après cette promenade télévisuelle, Paul Buissonneau crée l'Atelier du *Théâtre de Quat'Sous* afin de répondre aux demandes croissantes des troupes d'amateurs. Il est bien clair que cet Atelier n'est pas une école. Son rôle se borne à aider de toutes les façons possibles les jeunes troupes auxquelles il offre, en plus des conseils et parfois même de la prise en charge des mises en scène, l'aide indispensable à l'achat du matériel nécessaire pour la confection des costumes, décors et accessoires. C'est dans ce cadre que François Barbeau est engagé à titre de collaborateur pour la création et la réalisation de costumes au centre Henri-Julien.

La relation entre ce jeune créateur et Paul Buissonneau va durer plusieurs années, pendant lesquelles orages et éclaircies alterneront avec une intensité, une ambiguïté et une soudaineté propres à inspirer un enchevêtrement de monologues digne d'une comédie dramatique.

Paul Buissonneau : — Barbeau, c'est un vrai personnage, un homme de talent avec une classe folle et un charisme extraordinaire. Mais il me minimise tout le temps parce que c'est un lion.

François Barbeau : — Paul a toujours eu cette qualité qui est également un défaut : il commence les choses et quand ça réussit, il s'en désintéresse.

Paul Buissonneau : — Je lui ai appris à coudre. Il a été chanceux, car il a appris son vrai boulot grâce à la Ville avec tous les tissus que je lui ai donnés. Il s'est fait la main en maudit, mais il en a gâché aussi des costumes.

François Barbeau : — J'ai travaillé très fort pour lui sans être payé vraiment. Je faisais des costumes de judo, des costumes folkloriques. J'ai aussi été comédien à la Roulotte, c'est ce qui m'intéressait le plus. Il ne m'a pas créé, mais il a su déceler mon potentiel.

Paul Buissonneau : — Barbeau était un très bon mime, mais il ne fallait pas le faire parler.

François Barbeau : — Paul était un homme qui connaissait son corps de l'extérieur, mais qui ne s'en est jamais occupé de l'intérieur.

Paul Buissonneau : — À un moment donné, il me dit : « Je vais rentrer chez les moines. » T'es malade, j'lui ai dit, qu'est-ce que tu vas foutre chez les moines ? Coudre des bures, ramasser de la marde ! Ici au moins tu sers à quelque chose.

François Barbeau : — Mes rapports avec Paul ont toujours été plus émotifs que les siens avec moi. C'était dur. Paul peut être très lâche devant une situation ou une décision.

Paul Buissonneau : — J'ai eu à supporter tant de choses avec lui.

Paul Buissonneau agace beaucoup François Barbeau, qui voue cependant une affection particulièrement sensible à ce maître. Un soir, alors qu'il revient de chez son beau-père avec une machine à écrire en fonte sous le bras, Paul Buissonneau retrouve son assistant. Fidèle à son habitude, il l'asticote, le provoque, le harcèle avec un tel acharnement que celui-ci, à bout de nerfs, sort de ses gonds. Il saisit la machine et la jette de toutes ses forces sur son patron. Le destinataire évite de justesse ce paquet pour le moins encombrant, qui rebondit sur le sol avant d'éclater en mille morceaux. L'expéditeur ne dit plus un mot. Il est blême.

Dans ces relations d'amour et de haine, il y a aussi des moments moins tumultueux. C'est ainsi qu'un midi les deux compères décident d'aller casser une petite croûte chez *Magnani*, l'un de leurs restaurants préférés. Paul porte cravate et veste alors que son compagnon est en chemise. Lorsque la patronne, solidement assise sur ses cent cinquante-neuf kilos, toise l'apprenti costumier débraillé, elle entre dans une colère monstrueuse et lui ordonne de déguerpir sur-le-champ. Choqué, François Barbeau sort et gagne l'atelier. Quelques minutes plus tard, il pousse de nouveau la porte du restaurant vêtu d'une redingote, d'une lavallière et d'un chapeau melon. Il avance dignement, accroche son chapeau au portemanteau avec un flegme très britannique et passe fièrement devant la matrone, qui le surveille avec son air de bouledogue. Elle grogne à peine pour la forme avant de hocher la tête, l'air mauvais, en signe d'acquiescement.

Paul Buissonneau : — Tout le monde dit que Barbeau a un caractère de chien, mais il faut bien admettre que c'est pas drôle de faire des costumes. C'est le pire métier du théâtre, les gens ne sont jamais contents. Quand un comédien critiquait un costume, il devenait blanc, ses lèvres tremblaient, il était soudainement méchant. On le déchirait.

François Barbeau : — Paul aurait eu besoin d'une mère. La sienne travaillait trop avant de mourir, il n'a pas pu en profiter. Il est tellement pudique qu'il aimerait mieux mourir plutôt que d'avouer quelque chose. Paul se fuit lui-même.

Relations humaines complexes entre deux grands créateurs, deux personnalités sans doute trop fortes pour coexister durablement et pacifiquement.

Néanmoins, dans ce tumulte quotidien, Paul Buissonneau embarque son costumier préféré dans une nouvelle aventure théâtrale. Après avoir aidé à la mise en scène de *Voulez-vous jouer avec moâ* auprès de Jacques Kanto, à la demande du Festival national d'art dramatique, il monte *Les Oiseaux de lune* à *La Comédie-Canadienne*, le théâtre de Gratien Gélinas, en mai 1958.

Cette pièce de Marcel Aymé qui a pour cadre un collège raconte l'histoire d'un jeune surveillant général disposant d'un étrange pouvoir ; il lui suffit de désirer qu'un être humain se transforme en oiseau pour que la métamorphose s'accomplisse. Encore une fois, la distribution est généreuse puisqu'on y trouve pas moins de vingt-six comédiens et comédiennes dont les plus fidèles, auxquels s'ajoutent entre autres Yvan Canuel, François Barbeau, François Guillier et François Tassé. En guise de décor, Paul Buissonneau demande à Claude Jasmin de réaliser un vrai tour de force.

« Il avait eu l'idée d'une immense cage à oiseaux qui s'ouvre avec des roulettes partout, même sous le mobilier. Véritable casse-tête pour moi et mon constructeur. Bon succès, mais peu de public. »

En réalité, la critique est partagée, voire contradictoire, ce qui n'est pas nouveau ! Un tel parle de « représentation toute professionnelle » et « d'une mise en scène ingénieuse, ainsi que les décors et les costumes » pendant que tel autre parle d'un « spectacle frustrant, donné par des jeunes comédiens non encore rompus au dur métier de la scène» tout en ajoutant: «Paul Buissonneau aurait-il eu peur de pousser à fond certains personnages, d'exploiter au maximum certaines situations?»

Ce qu'il convient de noter, toutefois, pour mieux éclairer ces différents propos, c'est la nature de cette production: elle a été montée à l'initiative de Claire Lachance, fondatrice du *Centre dramatique du Nord*, qui a elle-même sollicité Paul Buissonneau. Sa démarche, comme le mentionne le programme, précise bien qu'il s'agit de permettre à certains jeunes comédiens de se produire en public et de faire connaître le théâtre aux jeunes amateurs. Dans ces conditions, il semble que la comparaison avec des troupes professionnelles soit un peu injuste.

Mais déjà, pour Buissonneau, il est inutile de s'attarder sur telle ou telle réflexion. À quoi bon se retourner.

En vue de sa troisième participation au Festival régional d'art dramatique, il jette son dévolu sur une pièce d'Henry-François Rey inspirée d'un fait divers qui a marqué l'histoire criminelle de la France à la veille de la Première Guerre mondiale: *La Bande à Bonnot*.

Au dire de son auteur, ce spectacle est plus précisément «un ensemble de gestes, paroles et musiques qui s'inscrit dans une forme délibérément irrespectueuse d'expression dramatique. C'est le poil à gratter dans le lit de toutes les bonnes consciences». Voilà déjà de quoi attiser les envies de Paul Buissonneau.

Mais son choix prête tout de même à réflexion. Si on y retrouve les ingrédients d'*Orion le tueur* et de *La Tour Eiffel qui tue*, on constate assez rapidement que la fantaisie est plutôt amère. Cette pièce véhicule une certaine odeur d'anarchie et de provocation à l'égard de la bourgeoisie. Certes, il est évident qu'au Canada la stratification sociale n'est pas aussi marquée qu'en Europe et qu'en ce sens la bravade perd de sa force, mais c'est la première fois que Paul Buissonneau fait un choix aussi symbolique.

D'un point de vue scénique, il décide d'utiliser en guise de fond de scène un grand écran sur lequel sont projetés les décors. À chaque tableau, un nouveau fond apparaît tandis que l'on installe le mobilier pour ensuite faire disparaître ce fond et jouer ainsi devant le grand écran blanc bordé d'arabesques dans le plus pur style nouille : c'est la possibilité de travailler en ombres chinoises quand cela le permet, comme c'est le cas pour l'attaque de banque. L'effet n'en est que plus saisissant.

Dans la distribution, on voit apparaître une jeune comédienne, Françoise Millette, sœur adoptive de Jean-Louis Millette, ainsi qu'un apprenti comédien, coursier lui aussi à Radio-Canada et qui répond au nom de Gilles Latulippe. Ce dernier, affublé d'un chapeau melon et d'une énorme moustache, flotte dans un costume noir trop grand pour lui tandis que François Tassé, son alter ego qui le dépasse de plus d'une tête, est habillé de la même manière mais avec de toute évidence un costume beaucoup trop étroit ; effet comique reposant sur le contraste de ces deux Dupont façon Buissonneau ! Enfin, avec son collier de barbe, Yvon Deschamps s'aventure du côté des méchants.

Dans le cadre du Festival, ce n'est pas la police que *La Bande à Bonnot* doit craindre mais la présence d'une vieille gribiche. Cette femme tient absolument à voir son spectacle triompher et s'emploie à monter l'un des jurés contre le *Théâtre de Quat'Sous.* Elle y travaille si bien qu'elle finit par emporter le grand prix sous l'œil écœuré de Paul Buissonneau, qui doit calmer ses comédiens.

La troupe du *Quat'Sous* se sent flouée et abandonnée par tous sauf par Marcel Dubé, qui lui apporte son soutien le lendemain dans *Le Devoir.*

> « En sortant de chez Bonnot, j'avais le goût de réécrire du théâtre. Donnez à Buissonneau deux chaises, une lanterne magique, un drap et il vous fait un spectacle. »

Foin de toute cette histoire ! Au Centre dramatique, dès le mois d'octobre 1959, Paul Buissonneau crée une spécialité jusqu'alors inexistante à Montréal : l'expression corporelle. Deux fois par semaine, il accueille environ cent quarante personnes d'âges et de milieux différents. Depuis l'étudiant jusqu'au bureaucrate en passant par la mère de famille et le jeune comédien, il dispense cet enseignement sans distinction ni sélection préalable, fidèle en cela à son rôle de fonctionnaire au service de la collectivité municipale.

À ces cours s'ajoute la classe de mime où nombre d'apprentis comédiens viennent s'initier aux rudiments du geste. À titre d'exercices, Paul Buissonneau explore différentes scènes de la passion du Christ avec ses élèves. Très vite, ce qui n'est au début qu'un simple prétexte à la pratique dépasse le cadre de l'atelier. Les élèves eux-mêmes, impressionnés par la puissance et la qualité du travail, poussent leur professeur à en faire un spectacle. Sur le coup, celui-ci est sceptique. Les images ont beau être fortes, il ne voit pas comment s'y prendre sans répliques. Interrogation plutôt amusante pour celui qui, tout au long de sa carrière, va prendre les textes plutôt comme des prétextes mais qui, à sa décharge, a toujours affirmé que tôt au tard le mime se devait d'utiliser la parole.

Dans le cas présent, il mesure bien les limites de cette fresque mimée. Il se tourne alors vers celui qui tient le rôle de Pantalon dans *Picolo*, Yves Massicotte, pour lui demander d'écrire un texte. Comme il arrive très souvent lorsqu'on a à résoudre un problème qui nous est trop proche, l'évidence nous échappe, et c'est un observateur extérieur qui trouve la solution.

> « Mais Paul, il n'y a qu'une seule personne qui puisse écrire ce que tu cherches. C'est toi. »

De retour chez lui, Paul Buissonneau est saisi par le doute. Comment mettre en mots ce qu'il s'est justement employé à exprimer par le geste ? Comment faire en sorte que l'un ne nuise pas à l'autre? Tout en réfléchissant, il attrape un crayon, du papier et s'assoit sur l'accoudoir de son énorme fauteuil, juste à côté du bar. Il se penche sur la plaque de marbre et commence à écrire. Ainsi installé dans une position inconfortable, il noircit feuille après feuille jusqu'au petit matin. Heureusement, il ne pousse pas le zèle jusqu'à prendre sept nuits symboliques pour mener à bien cette entreprise. Au terme de la sixième nuit, toujours appuyé à son accoudoir, il rédige la dernière phrase de cette fresque dramatique qu'il intitule: *Le Manteau de Galilée.*

Au moment où il commence à travailler avec ses nombreux élèves il reçoit la visite de Tania Fédor, le professeur de Françoise. Devant la beauté et la qualité des scènes, elle s'extasie et incite aussitôt Paul Buissonneau à prendre des têtes d'affiche pour sa distribution. Elle offre d'y participer et se charge d'aller convaincre les comédiens et comédiennes réputés tels que François Rozet, Henri Norbert, Monique Miller, Nathalie Naubert, Jacques Godin, Albert Millaire, etc.

Elle fait si bien son travail qu'aucun ne refuse; tous acceptent même de jouer gratuitement, ce qui vaut à Paul Buissonneau une petite discussion dans un coin avec François Rozet.

> «Buissonneau, t'es le seul être qui m'a fait jouer pour rien!
>
> — Écoute, François, c'est Mme Fédor qui t'a demandé. Elle voulait tellement t'avoir...
>
> Il jouait le rôle du menuisier qui fabrique la croix avec une intensité extraordinaire. Il m'a fait promettre de ne jamais dire de son vivant qu'il avait travaillé pour rien. Aujourd'hui qu'il est parti, je suis délié de ma parole!»

Quant au choix de la salle, Paul va voir Jean Gascon à l'*Orphéum.* Ce dernier ne peut lui offrir que trois jours entre deux productions. Pour le jeune metteur en scène, c'est déjà beau. Il accepte humblement, non sans agacer son aîné:

« Gascon était en tabernacle quand il a vu la distribution. Il m'a pogné et m'a dit : "Comment t'as fait pour avoir ces comédiens-là ?" J'ai fait l'innocent, j'ai dit que c'est parce que c'était pas long. J'ai hésité à lui dire que je ne les payais pas, il m'aurait étranglé ou il aurait fait une crise cardiaque ! »

C'est la première fois que Paul Buissonneau dirige des comédiens et comédiennes chevronnés qui, en plus, doivent faire équipe avec des débutants. Pour les uns comme pour les autres, cette situation est un véritable stimulant. Quatre jours seulement avant la première, les répétitions réunissant près de cinquante personnes débutent au Centre dramatique, sous l'œil émerveillé de quelques journalistes privilégiés comme Nicole Charest.

« *Le Manteau de Galilée,* ce n'est pas une passion, c'est la vie. C'est-à-dire, d'après les répétitions que j'ai vues, le texte que j'ai pu lire, une œuvre d'exception. Une œuvre où les raisons du cœur et l'amour de tous, la compréhension des êtres, sont les plus forts. Elle est la solidarité de tous à travers le destin de chacun. »

Le Manteau de Galilée, c'est en fait la tunique rouge du Christ qui passe de main en main tout au long d'un spectacle où la chronologie et les rôles sont bouleversés. Ce sont des images successives qui créent chez le spectateur un état d'âme. Ce n'est pas l'histoire que tout le monde connaît mais une autocritique de petites gens, personnages secondaires qui défendent leur point de vue vis-à-vis de la Passion avec des mots et des préoccupations d'aujourd'hui. C'est ainsi qu'on y rencontre des chômeurs, un anarchiste, des gens de la pègre, des centurions S.S. et même des cartomanciennes !

Sur scène, Paul Buissonneau a choisi d'installer simplement une énorme pyramide tronquée qui permet d'introduire et de faire disparaître les mimes à volonté, sans brusquerie, dans une chorégraphie qui illustre les épisodes de la Passion. En avant, les comédiens viennent témoigner.

À l'issue de quatre représentations en trois jours, les réactions journalistiques ne se font pas attendre. L'unanimité n'est pas totale, mais presque. D'aucuns font un peu la fine bouche tel Yerri Kempf :

> « Paul Buissonneau a jeté au pied de la croix une brassée de belles images. Malheureusement ces admirables inventions visuelles étaient accompagnées d'un texte souvent inaudible. Appeler Jésus "le petit monsieur qui a lancé des slogans" n'est même pas admissible en style de journaliste. »

D'autres, par contre, ne boudent pas leur plaisir, comme Jean Paré :

> « L'impact visuel du *Manteau de Galilée* est à la hauteur du message humain que porte cette pièce, grâce surtout à l'excellente compagnie de mimes... Il faut citer au mérite les comédiens choisis parmi les meilleurs de la métropole, qui donnent le meilleur d'eux-mêmes...
>
> En cette époque de foi et de convictions téléguidées, Buissonneau a évité l'écueil du théâtre de patronage, et renoué avec la tradition des parvis d'église au Moyen Âge.
>
> Hélas ! Comme aux miracles du Jourdain, il y a eu trop peu de témoins... »

Cette dernière phrase n'est pas tombée dans l'oreille d'un sourd. Mais pour l'instant ce n'est pas la préoccupation essentielle du dramaturge-metteur en scène, qui doit sauter dans sa voiture et filer au plus vite à *La Poudrière*, sur l'île Sainte-Hélène, où l'attend une autre mise en scène.

Ce n'est pas avec un enthousiasme délirant que Paul Buissonneau emprunte le pont Jacques-Cartier. *Marlborough s'en va-t-en guerre,* de Marcel Achard, est peut-être une comédie, mais le contexte de la production n'en est pas amusant pour autant. S'il ne peut se soustraire à cette besogne, c'est parce que cette pièce est une coproduction de la Ville de Montréal avec *La Poudrière*, dirigée par Mme Beaubien. C'est elle qui a embarqué Claude Robillard dans cette opération.

En bon fonctionnaire consciencieux, Buissonneau s'acquitte de sa tâche. De cette pièce, qui est la transposition de la célèbre chanson du même nom, il fait un moment léger, pimpant et divertissant qui lui vaut, pour cette fois, les louanges du même Yerri Kempf qui a boudé *Le Manteau de Galilée.*

> « Paul Buissonneau a su créer l'atmosphère qui convenait aux marionnettes échappées d'une chanson et qui y retournent. L'art consommé avec lequel François Guillier campe le personnage principal et la ferveur sans mièvrerie d'Yvon Deschamps exigent une note spéciale. Et puis comment omettre l'espièglerie si personnelle de Mirielle Lachance ainsi que la sémillante fleur des champs nommée Margot Campbell. Sans oublier la présence de Benoît Marleau et d'Élise Charest. »

Comme quoi le devoir professionnel, même en art, est parfois récompensé !

À l'approche de l'été, il convient de ne pas négliger la Roulotte. Par ailleurs, il faut commencer à songer aux cours pour la rentrée. Puis, à l'automne, à la télévision de Radio-Canada, Paul Buissonneau fait une adaptation de son *Manteau de Galilée* sous le titre *Le Manteau rouge.* Cette version de soixante minutes est également tournée en anglais pour la CBC.

□

Au cours du premier trimestre de 1961, le *Théâtre de Quat'Sous* s'attaque à un nouveau spectacle.

L'histoire d'un personnage lunaire offert en holocauste sur l'autel de l'affreux mariage bourgeois, voilà le thème des *Trois Chapeaux claques*, cette pièce présentée en mars par Paul

Buissonneau au tout nouveau *Centre dramatique Laurier*. Ce type d'œuvre s'inscrit dans la continuité de *Bonnot* par son insolence antibourgeoise. Beaucoup moins acerbe, cependant, cette fantaisie poétique de Miguel Mihura n'est pas sans rappeler l'univers de Charlie Chaplin redessiné aux couleurs du surréalisme. Cela donne une comédie burlesque universelle où François Guillier, dans le rôle principal, offre une prestation remarquable.

Si l'affluence n'est pas au rendez-vous au début, il semble que, malgré certaines critiques un peu dures, le bouche à oreille fonctionne bien, de sorte qu'on décide de jouer des représentations supplémentaires.

Le plus amusant, c'est que la presse anglophone apprécie mieux le spectacle que la presse francophone, comme le prouvent les proses de Nicole Charest et de Lawrence Sabbath.

> « Le comique insolite et inattendu de cette pièce s'effondre vite : se forçant pour être drôle, il s'essouffle dès le 1er acte. Il y en a trois. »

> « *Paul Buissonneau has picked a piquant work, never before seen here. He has chosen his cast from among the several groups that he heads, all of them are uniformly good.* »

Avant l'été, un groupe de théâtre universitaire vient demander de l'aide au *Centre dramatique*. Les membres de cette troupe veulent à tout prix monter *La Farce des ténébreux* de Michel de Ghelderode, avec Paul à la mise en scène. Ce dernier ne refuse pas mais se demande bien où la pièce peut être jouée. Le *Centre dramatique* n'est pas fait pour ça. Il y a juste assez de place pour la grande scène et trois malheureuses rangées de chaises ; pas de quoi faire deux sous.

Et alors ! Ces étudiants s'en moquent. Ils veulent jouer ce spectacle devant d'autres universitaires, c'est tout. Ils n'ont pas d'exigences quant à la rentabilité. Ils se mettent donc à l'ouvrage. Paul se rend compte rapidement du talent de certains comédiens et d'une comédienne en particulier : Rita Lafontaine.

Celle-ci, avec quelques autres camarades, forment un petit groupe qui reste, au-delà des représentations, pour suivre les cours du *Centre dramatique* jusqu'à l'été. C'est aux premiers jours d'octobre 1961 que Paul part en France pour son année parisienne de formation, laquelle lui fait dire au retour :

> « J'ai appris énormément. J'ai vu tant de spectacles. J'ai travaillé un maudit coup. Ça m'a débloqué, cette année a été pour moi une régénération extraordinaire. Ce voyage a été la chance de ma vie. J'avais tellement travaillé dur pendant dix ans que je ne savais plus dans quelle direction aller. Ça m'a fait un bien fou. »

□

À l'automne 1962, après cette année riche en événements, et bien que son couple se désagrège comme une pierre trop calcaire sous l'effet des intempéries, Paul Buissonneau revient donc en pleine forme créatrice. Il n'a guère le temps de reprendre son souffle. Il faut s'occuper du *Centre dramatique*, écrire et préparer d'autres *Picolo* et s'enquérir de la Roulotte. À cela s'ajoute l'impatience de créer un nouveau spectacle.

> « Ce qui m'intéressait, c'était une recherche sur un théâtre total, un théâtre visuel sans pour autant utiliser les projections dont je me méfiais. »

Cet élan créateur ne peut pas mieux tomber. Claude Robillard lui demande de monter un spectacle d'envergure pour l'inauguration de la *Place des Arts*, dont il fait partie du comité directeur.

Aussitôt Paul Buissonneau se met à la tâche en s'associant avec Claude Léveillée pour la partie musicale. À partir d'un fait divers, l'histoire d'un jeune immigrant italien, *Edouardo*, assassiné par la police dans une ruelle, il crée une mimographie sans comédiens, à laquelle il donne un titre superbe : *Les Éphémères*.

Pendant des semaines et des semaines, les deux auteurs, avec la complicité d'Yvon Deschamps et de Jean-Louis Millette, donnent forme peu à peu à cette nouvelle fresque dont la présentation est prévue pour le début de l'année 1963. Sans même le savoir, le metteur en scène vient de créer ce qui deviendra le groupe fondateur du *Théâtre de Quat'Sous inc.*

Mais, pour l'instant, la préoccupation va aux répétitions, qui commencent dans le sous-sol d'une école de la rue Sanguinet. Le spectacle est tel qu'il nécessite un immense espace.

À la lumière des témoignages des rares privilégiés qui assistent ou participent à ces répétitions, ce spectacle promet d'être un événement unique dans l'histoire du théâtre. En sa qualité de compositeur, Claude Léveillée suit les répétitions avec une attention particulière.

> « J'étais ému. Paul avait décidé qu'il y aurait un dieu batteur dans le ciel avec quatre pianos à queue dans les airs. Des cerceaux de journaux, des scènes en plein cœur de l'Afrique, c'était dingue ! Pendant les répétitions, il donnait le signal avec une immense planche, installé derrière les comédiens. Il la faisait claquer. Personne ne savait quand ça allait éclater. Il cassait le temps, ça résonnait dans cette salle ! »

Yvon Deschamps, lui, est choisi par Paul pour jouer le rôle d'Edouardo. Il se soumet de bonne grâce et avec fascination aux directives du metteur en scène.

> « C'était fabuleux. Aujourd'hui encore, je peux affirmer qu'il y avait des trouvailles qui n'ont jamais été reprises depuis. C'étaient vingt ans d'ouvrage rassemblés en un seul spectacle, l'aboutissement d'un savoir-faire. Comme une réponse au cinéma, il y avait des gros plans sonores, des gros plans visuels, des travellings, des chansons merveilleuses. Ça reste ce que j'ai vu de mieux dans ma vie. »

Ce spectacle est en réalité une véritable fresque existentielle où la jeunesse se reconnaît, à travers Edouardo. Rien de tel que le fait divers pour susciter un propos universel, pour offrir au public, comme un ultime attachement à la vie, ce chant des *Éphémères* que le chœur interprète à la fin du spectacle.

« Éphémères...
Nous sommes condamnés...
À n'être plus...
Qu'insectes perdus...
Éphémères...
Cherchant le matin...
Qui ne sera plus
Plus que le dernier... »

Les répétitions se poursuivent et on intègre finalement peu à peu des comédiens aux mimes, comme dans l'esprit du *Manteau de Galilée.* Paul Buissonneau conçoit un plateau circulaire et invente même un procédé d'éclairage sur le principe du stroboscope.

« C'était pour mieux symboliser la mort d'Edouardo. Je voulais que les spectateurs aient cette illusion syncopée. C'était surtout un désir d'éviter le réalisme. J'ai toujours été contre, ma vie est comme ça. C'est une volonté d'abstraction, de surréalisme. Je ne le savais pas à l'époque. »

Mais si les répétitions augurent bien, quelques grains de sable commencent imperceptiblement à s'immiscer dans cette formidable mécanique. D'abord, Françoise est de retour à Montréal et la mésentente avec Paul atteint son paroxysme, comme en témoigne Claude Léveillée.

« Dans son appartement rue Saint-Hubert, Paul devenait fou. Il était en train de se séparer de Françoise. Il avait recouvert les murs de ses écrits, d'articles de journaux et de graffitis. »

De plus, l'univers de ce spectacle est tellement éclaté que Léveillée reconnaît avoir du mal à trouver l'inspiration. Enfin, en plein cœur de la production, Yvon Deschamps, qui doit assumer plusieurs fonctions, se sent quant à lui de moins en moins à l'aise.

> «Jusque-là j'étais l'assistant de Paul et j'étais très heureux, même si je changeais de job tous les mois et qu'on me disait que je n'arriverais à rien. Mais là j'ai commencé à être pris entre lui et les comédiens (cinquante à soixante personnes), héritant de toutes les insultes destinées à Léveillée, à Miller ou aux frères Létourneau. Je n'en pouvais plus.»

Soudain, comme un coup fatal, comme une énorme barre de fer violemment introduite au milieu des rouages, un événement imprévu vient tout bouleverser. Un conflit éclate entre la direction de la *Place des Arts*, le syndicat américain I.A.T.S.E. et l'Union des Artistes quant au choix du syndicat qui va avoir juridiction sur cet immense complexe culturel. Rapidement, le conflit s'enlise. Les paiements prévus pour *Les Éphémères* sont honorés, mais l'inauguration est déjà compromise. Dans ces conditions, le spectacle lui-même est remis en cause. La motivation de chacun s'amenuise. L'inauguration est annulée et reportée *sine die*. Les répétitions sont ajournées et l'évidence finit par s'imposer: *Les Éphémères* ne verront pas le jour.

Pour l'équipe du *Quat'Sous*, c'est un véritable séisme. Chacun tente de dissimuler ses émotions, mais le coup est dur. Les deux créateurs que sont Léveillée et Buissonneau n'échappent pas à ce véritable traumatisme, même si chacun s'en défend tout en prétendant que c'est l'autre qui en souffre le plus!

Yvon Deschamps saisit cette triste occasion pour s'éloigner un peu de son maître, avec une réelle émotion au plus profond du cœur.

> «Je ne connais personne qui, ayant vu une répétition des *Éphémères* même sous les néons d'une salle d'école, n'ait pas

eu la chair de poule. C'était insoutenable parfois au niveau des émotions. Nous avions la certitude de participer à quelque chose d'unique et de révolutionnaire. »

C'est peu après que Paul Buissonneau se sépare de Françoise. Si cette rupture n'est pas une surprise, elle prend toutefois une tournure à la fois théâtrale et dramatique que François Barbeau et Yvon Deschamps ne sont pas près d'oublier.

« Paul avait disparu depuis quatre jours. J'ai appelé Barbeau et nous sommes allés à l'atelier, rue Henri-Julien. Il était là, enfermé, il ne voulait pas sortir. On parlementait à travers la porte, mais rien. Finalement il a entrouvert tout doucement cette porte. Je me suis approché. Tout d'un coup il a attrapé mon bras et j'ai été happé à l'intérieur. Il a refermé la porte. J'ai eu peur. Paul avait mis en scène son malheur. Il portait des épées à la ceinture. Il avait accroché des spots. Il y avait des affiches partout avec des propos vengeurs. Les épées volaient bas. Barbeau a réussi à entrer. Paul hurlait et pleurait. C'était hallucinant ! »

Image à la fois tragique et émouvante de ces deux hommes entourant un ami. Moment intime et rare de la vie où les mots ne peuvent plus rien, où seuls les regards empreints de tristesse et les yeux brillants d'émotion tentent de ramener simplement un homme parmi les hommes.

Ce jour-là, dans le silence qui retombe au milieu de l'atelier, qui sait si la toute dernière phrase des *Éphémères* n'a pas résonné enfin pour celui qui l'avait écrite ?

« Au jour où tout s'effondre, ne m'abandonne pas. »

Heureusement, à l'été 1963, la Roulotte, elle, ne fait pas de caprices. Fidèle à son maître, elle se rappelle à son bon souvenir pour l'été. Même si Paul Buissonneau confie la mise en scène du *Roman de Renart* à Yvon Deschamps et à Jean Perrault, il supervise le travail.

D'autre part, s'il prend un certain recul avec la mise en scène, cela ne l'empêche pas de s'investir pleinement du côté de *Picolo* ainsi qu'au *Centre dramatique* et de participer à nombre de tournages publicitaires en qualité de comédien.

□

Au milieu du mois de juin 1964, le citoyen Buissonneau renoue avec son rôle de metteur en scène de façon inattendue. On lui demande de faire la mise en scène du défilé de la Saint-Jean-Baptiste. À l'origine, c'est Jean Gascon qui a été sollicité. Mais comme il est trop occupé à Stratford, il suggère le nom de son confrère en s'engageant à venir régulièrement suivre le travail.

> « J'étais son nègre au fond. J'étais découragé. Jamais je n'ai été autant fatigué par un travail. Il y avait Élise Charest, mon assistante, qui m'aidait beaucoup, mais ce n'était pas suffisant. J'étais dans une jeep de l'armée avec un système de communication pour coordonner tout ça, c'était terrible, il n'y avait pas assez d'aide. C'était un travail de fou. »

Le défilé se déroule de nuit, condition posée par Paul Buissonneau pour accepter d'en faire la mise en scène. Vingt-cinq ans avant le défilé créé par Jean-Paul Goude pour le bicentenaire de la Révolution française, sur les Champs-Élysées à Paris, Paul Buissonneau fait ainsi montre d'audace et de vision. C'est là qu'il engage pour la première fois Roland Lanoix dans une figuration de cuisinier sur un char allégorique. De plus, il commande cinq cents drapeaux québécois que bien des candidats s'offrent à brandir tout au long du défilé. Mais ce qu'il n'a pas vu, c'est que la majorité d'entre eux sont des felquistes pour lesquels on ne saurait se contenter d'un simple défilé. Il ne faut pas oublier que le FLQ (Front de libération du Québec) a déjà commencé à faire parler de lui au courant du mois d'avril en déposant des bombes dans des boîtes aux lettres de Westmount et en causant la mort du gardien de nuit du Centre de recrutement de l'armée canadienne à Montréal. C'est dire à quel point la détermination de ce groupe est grande. Mais le patron du défilé a beau ne pas cacher ses allégeances politiques, il n'est pas là pour promouvoir la subversion. Or, au terme du défilé, au moment de la dispersion, les choses se gâtent. À la hauteur de la rue Guy, les porteurs de drapeaux ne veulent absolument pas restituer leurs étendards fleurdelisés. Ils entendent poursuivre les réjouissances vers l'ouest, du côté de Westmount. Aussitôt alerté, Paul Buissonneau fonce avec la jeep. Arrivé sur les lieux, il tente de les convaincre de renoncer à leur projet. Devant la résistance des gaillards, il bondit du véhicule et commence à arracher de toutes ses forces les drapeaux pour les récupérer comme convenu. Le voilà seul au milieu de cette foule agitée. Il s'ensuit une petite escarmouche dont il réchappe presque par miracle. Finalement, le projet felquiste avorte.

Aujourd'hui, qui sait si le citoyen Buissonneau ne serait pas le premier à sortir de sa poche un drapeau plus grand que les autres pour entraîner la foule un peu plus vers l'ouest ? Encore que, s'il ne cache en rien son attachement à un Québec libre et soutient le Parti québécois, il ne fait pas acte de militantisme. En somme, il est indépendantiste non pratiquant.

Après ce défilé animé par les forces nationalistes les plus extrêmes, c'est à la Roulotte que Paul Buissonneau consacre son énergie avec la mise en scène d'une nouvelle version du *Chat botté.*

À l'automne, il est sollicité par l'opéra, à la télévision de Radio-Canada, pour la mise en scène du *Barbier de Séville.* C'est le réalisateur, Pierre Morin, qui s'attache les services de Paul Buissonneau dans le cadre de l'émission *L'Heure du concert.* Son choix n'est pas le fait du hasard. Les deux hommes ont déjà œuvré ensemble en 1961 à une émission intitulée *La Musique qui fait Popp.* En récidivant dans cette collaboration, le réalisateur manifeste une volonté réelle d'offrir aux téléspectateurs une version dépoussiérée de l'opéra-comique de Rossini.

> « La mise en scène de Paul Buissonneau s'écarte résolument de la tradition pour créer une nouvelle présentation d'une œuvre lyrique et dramatique qui, de ce fait, retrouve une jeunesse et un éclat nouveaux. Tout, dans la mise en scène du *Barbier de Séville*, est donc différent de ce qu'on a fait jusqu'ici, à commencer par l'ouverture, véritable pantomime pendant laquelle s'identifient les personnages. »

La seule consigne, c'est de respecter la musique. Morin, Buissonneau et le décorateur Hugo Wuetrich décident d'un commun accord de faire une folie. À titre d'exemple, lorsque le barbier fait son entrée, c'est sur une chaise de barbier montée sur roulettes qu'il se lance au milieu du plateau.

Après l'enregistrement de l'émission le 28 novembre 1964, Pierre Morin invite ses patrons à venir visionner le travail en présence de Jean Vallerand, critique au *Devoir*, et de Paul Buissonneau.

> « Moi-même, je n'avais pas vu l'enregistrement. Ça commence, je regarde, dans le studio, c'était sinistre, épouvantable. Je fermais ma gueule : une heure et demie, c'est long. À la fin je parlais avec Morin quand le dénommé Vallerand est venu me dire : "Oui, mon cher Buissonneau, l'opéra, c'est une chose sérieuse, on ne peut pas jouer dans la fantaisie." Je me suis fait ramasser comme une marde. Je suis sorti, je braillais. Je me suis remis au travail, mais j'étais vraiment blessé. »

Le lendemain, Pierre Morin reçoit une lettre d'un des patrons de Radio-Canada lui reprochant d'employer des metteurs en scène trop jeunes, sans expérience.

Finalement, l'émission est diffusée le 7 mars 1965. La critique l'éreinte et Paul Buissonneau passe cette mésaventure au compte des pertes et profits.

Il faut croire que la présentation du *Barbier de Séville* à Radio-Canada ne nuit pas à la réputation de son metteur en scène puisqu'il est entraîné dès le début de l'été jusqu'au *Centre d'art de Repentigny* pour y monter *Le Cirque aux illusions,* de René Aubert. La distribution de cette pièce musicale en guise de théâtre d'été fait place entre autres à Janine Sutto, Léo Ilial, Roger Joubert, Jean-Pierre Compain, Louise Latraverse et un étonnant Gilbert Chénier dans le rôle d'un lion. La fantaisie de l'intrigue, où une vieille demoiselle vit dans le rêve et l'attente de son fiancé qui la quitta sans mot dire trente ans plus tôt, semble convenir parfaitement à l'imagination débridée du metteur en scène. Une fois de plus, son art de la transposition, de la suggestion trouve là un terrain favorable. Le public suit et la critique est unanime.

> « Bravo Paul Buissonneau ! Bravo au *Centre d'art* ! »

> « À Repentigny : *Le Cirque aux illusions,* un vrai spectacle d'illusionnisme. »

> « C'est un spectacle qui a la fraîcheur et l'humour clownesques, l'impertinence et le clinquant d'un gentil impromptu estival qui ne s'interdirait pas pour autant la poésie grave, le thème désabusé de l'écoulement du temps et de la vie rêvée. »

Le lendemain de la première du spectacle, de nouvelles répétitions commencent. En effet, dans son ardeur insatiable, Paul Buissonneau assure la mise en scène de la seconde pièce à l'affiche aussitôt après, ainsi que d'un opéra prévu dans le cadre du Festival de Montréal. Il fonce entre Repentigny et Montréal pour mener ces deux mises en scène de front.

En ce qui concerne la pièce, c'est *La Jument du roi* de Jean Canole, qui coïncide avec le retour au théâtre de Dyne Mousso après cinq ans d'absence. Au côté de Henri Norbert, elle reprend contact avec la scène dans une comédie aux dialogues paillards qui a pour sujet le quatrième mariage d'Henri VIII d'Angleterre.

Si la pièce est appréciée, la critique y met cependant un bémol en soulignant les excès du metteur en scène.

> « Ce qui ne va pas, c'est le désir de faire du tape-à-l'œil, de se faire plaisir. »

> « Ce n'est plus de la comédie, c'est de la farce qui a tendance à devenir grosse. »

Et comme dans toute critique qui se respecte, la contradiction n'est pas loin.

> « Malgré la mise en scène, je crois qu'il faut aller voir *La Jument du roi* ; le rire est garanti. »

Il se pourrait donc que le public se trompe ? Ou se peut-il que le ciel soit contrarié par la truculence de la mise en scène ? C'est fort probable puisque après dix représentations, un ouragan s'abat sur le théâtre et détruit du même coup non seulement l'édifice mais également la saison du *Centre d'art de Repentigny.*

Est-ce que les gens ont trop ri ?

Ce n'est certainement pas Paul Buissonneau qui peut répondre, il est déjà loin. Il apporte les derniers ajustements à sa mise en scène d'opéra à la *Place des Arts.*

□

C'est Jean Drapeau lui-même, le maire de Montréal, qui est à l'origine de la création de *L'Opéra d'Aran* au Festival de Montréal. Ayant vu le spectacle trois ans auparavant à Paris, il tient à ce que celui-ci traverse l'Atlantique et impose Paul Buissonneau comme metteur en scène. Il lui fait prendre trois mois de congé sans solde avec, bien entendu, un cachet pour la mise en scène. Dès le mois de mai, le fonctionnaire municipal fait un saut de trois jours à Paris afin de rencontrer Gilbert Bécaud, le compositeur de cet opéra dont le *libretto* est l'œuvre de Jacques Emmanuel, Louis Amade et Pierre Delanoë.

Il est clair que dès cette première rencontre la partie n'est pas gagnée d'avance, ce qui n'est pas étonnant quand on connaît la forte personnalité de Gilbert Bécaud.

> « Notre problème, c'était de trouver des chanteurs-comédiens et c'était pas facile. J'ai écouté l'enregistrement sur disque de l'opéra et c'était pourri. J'étais certain que nos chanteurs étaient meilleurs ! »

À Paris, au moment de sa création trois ans plus tôt, l'opéra avait été un échec. Pour cette création nord-américaine, Paul Buissonneau décide de tout reprendre à zéro. Il fait appel à Hugo Wuetrich à titre de décorateur :

> « C'était très architectural. Une vraie folie. Pour l'église, j'ai reproduit une carcasse de goélette à l'envers. Nous avions du temps. La *Place des Arts* était à notre disposition. J'ai acheté trois granges que j'ai fait démonter. J'ai travaillé avec ça. »

Plutôt que de chercher à montrer la mer, le metteur en scène engage Claude Fournier et lui demande d'aller filmer des mouettes. Ensuite il fait étendre un énorme filet de pêche au-delà du cadre de scène et projette le film à travers. En voyant les mouettes voler dans le filet, les spectateurs ont l'impression d'avancer. L'effet est saisissant.

Jusqu'à deux jours avant la première, les répétitions vont bon train. Conscient que les chanteurs d'opéra ne savent pas bouger, Paul Buissonneau adopte une autre méthode. Comme il ne faut pas exagérer déplacement et mouvement à cause du diaphragme, il utilise les chœurs pour créer l'illusion du mouvement.

Caché au dernier rang, dans la pénombre, Jean Drapeau n'en manque pas une miette. En pleine période de convalescence, il se refait une santé en savourant les gesticulations de son employé municipal. Il vient s'émerveiller devant cette histoire d'amour tragique qui se déroule sur un minuscule archipel de granit, à une cinquantaine de kilomètres de la côte ouest de l'Irlande : les îles d'Aran.

Un après-midi, on annonce l'arrivée imminente de M. Bécaud. Grand bien lui fasse, il va pouvoir assister à un enchaînement !

À peine est-il entré dans la salle qu'il se glisse subrepticement dans les coulisses. Il interpelle alors figurants et chanteurs pour leur dire quoi faire. La réaction du ténor est immédiate :

> « Écoutez, monsieur Bécaud, nous avons un metteur en scène ici. Si vous avez quelque chose à dire, allez le voir lui. »

Bécaud pince ses lèvres et continue à interpeller d'autres chanteurs plus malléables à son goût. La joie des répétitions se dissipe en quelques minutes. L'ambiance s'alourdit. Deux Français vont se frictionner. Il y a de l'orage dans l'air du côté d'Aran.

> « J'ai piqué une crise auprès du directeur de la *Place des Arts.* Crissez-lui son ticket de bateau tout de suite parce que ça va chier tout à l'heure. Bécaud a bondi avec ses trente mille volts dans le cul et il est parti se soûler la gueule dans le bureau du directeur. Il a vidé un quarante onces de scotch. Tout le monde était pour moi, sauf le chef d'orchestre. »

Le soir de la première, dès l'accord final, les spectateurs sont debout, applaudissant à tout rompre. Bécaud se précipite sur scène pour irradier la salle de son génie et de sa grandeur astrale pendant que Paul Buissonneau reste bien sagement en régie. C'est sur l'insistance de Drapeau qu'il vient se joindre à la troupe.

> « Sur scène, j'ai salué avec les autres. Mais je guettais Bécaud. À un moment donné on a tous reculé, lui aussi. Le rideau descendait et là, il a bondi au dernier moment de manière à se faire applaudir tout seul en avant du rideau. J'pensais qu'il allait se foutre à quatre pattes. »

Ce soir-là, le metteur en scène de *L'Opéra d'Aran* n'a pas envie de se joindre au groupe pour fêter. Il préfère célébrer cette première à sa manière, dans un petit restaurant, en compagnie de Louise Latraverse, la femme de son cœur.

□

Deux mois plus tard, exceptionnellement, Paul Buissonneau rentre chez lui plus tôt que d'habitude. Machinalement il ouvre son téléviseur et commence à se préparer un repas.

Soudain, à travers les bruits de la cuisine et l'écho de la télévision, il discerne un nom familier.

> « C'étaient les *Emmy Awards*, organisés par la télévision américaine à New York. J'entends le nom du directeur de Radio-Canada : *"Mister Ouimet with the director Pierre Morin. First Price :* Le Barbier de Séville, *directed by Paul Buissonneau."* On dirait que l'image s'est arrêtée. Tudieu ! c'est pas vrai, et les deux pingouins qui vont chercher le prix. Le lendemain je suis allé voir Pierre Morin, qui était un peu mal à l'aise. Je lui demande : "C'est quoi cette ordurerie où ils m'ont fait brailler comme des fumiers ?" Il me dit : "C'est rien. Regarde, je viens de recevoir une lettre de félicitations écrite et signée par le même gars qui s'était plaint il y a six mois !" »

Paul Buissonneau demande les lettres pour les publier dans les journaux. Pierre Morin lui explique qu'il ne tient pas à perdre sa place. Buissonneau n'insiste pas. Sa seule vengeance, c'est que Radio-Canada n'a pas cru bon de lui faire signer un contrat par lequel il aurait renoncé aux droits internationaux. Étant donné que l'émission a obtenu le premier prix, elle est immédiatement achetée dans le monde entier et les chèques arrivent dans le compte du petit metteur en scène les uns après les autres.

> « J'ai toujours été vengé par une connerie que les autres font. Cela dit, je dois reconnaître que Morin avait eu une certaine audace de m'engager. Sans lui, je n'aurais rien monté ! »

□

De 1955 à 1965, très rares sont ceux qui ont donné autant que Paul Buissonneau pour le théâtre au Québec. Mais après cette décennie, sa situation de metteur en scène est fragile. En partant de rien, en travaillant avec des amateurs, si le succès est au rendez-vous on ne se fait pas que des amis.

> « Après *Orion le tueur*, il y a des comédiens professionnels qui m'ont dit : "Quand on voit ce que tu as fait avec des amateurs, imagine ce que tu aurais fait avec nous." Je leur ai répondu que je n'en étais pas sûr. »

Les faiseurs de vedettes non plus n'apprécient guère ce metteur en scène qui engage tout le monde et n'importe qui et minimisent dès qu'ils le peuvent son travail. Il est vrai que sa méthode est trop innocente. Dans une société où il convient de respecter les sacro-saintes règles de la nomenklatura et de l'intelligentsia théâtrales, Paul Buissonneau fait un peu figure de « fouteur de merde » . Même la critique se laisse parfois aller à certaines réflexions comme Nicole Charest à propos des *Trois Chapeaux claques* qu'elle qualifie de spectacle mi-amateur, mi-professionnel.

> « C'est le premier reproche que je ferai à Paul Buissonneau dont j'ai l'habitude d'aimer infiniment l'ingéniosité, la fantaisie, le dynamisme et le réel talent. Je ne vois pas pourquoi il refuse de faire le pas qui le sépare du théâtre professionnel et s'acharne à monter des pièces avec des comédiens débutants. »

Qu'à cela ne tienne ! Paul Buissonneau est prêt à lui donner raison sur le premier point et à garder son entière liberté sur le deuxième. Si l'acquisition d'un théâtre peut éventuellement permettre de faire ce pas prétenduement refusé, alors la transsubstantiation de l'amateur en professionnel va se produire sous ses yeux.

À la fin de l'année 1965, avec l'ouverture officielle du *Théâtre de Quat'Sous*, Paul Buissonneau offre à Montréal un nouveau lieu du culte voué à cette étrange religion dont le principal rituel consiste à asseoir une majorité de gens devant une minorité. Celle-ci se devant de faire rire et pleurer l'autre avec talent.

Quant au metteur en scène, il ne lui reste plus qu'à peupler ce lieu de ses fantasmes, de ses folies, de ses délires et de ses excentricités... en professionnel, bien sûr !

ACTE IV

Le métier

Je préfère passer pour fou que de passer tout droit.

CLAUDE PÉLOQUIN

SCÈNE I

La danseuse ou le détournement d'une synagogue

Personnages principaux

PAUL BUISSONNEAU : le patron
YVON DESCHAMPS, CLAUDE LÉVEILLÉE
et JEAN-LOUIS MILLETTE : les incorporés d'office
LOUISE LATRAVERSE : la muse, l'amie, l'ennemie puis l'amie
BENOÎT MAILLOUX : le chef mécanicien
LORRAINE RICHARD : madame *Quat'Sous*

L'action débute dans un ancien lieu de culte livré aux caprices du vent, l'année même où, à Dallas (États-Unis), le parcours d'un président-étoile filante s'achève.

Côté cour : encore rien, il faut tout construire
Côté jardin : moins que rien

IL SE FIGE UN INSTANT. Son regard clair se plante dans celui de son interlocuteur comme pour le traverser. Puis, les sourcils en bataille, il lève les yeux au ciel en se tapant la tempe du bout de l'index.

« Non, mais t'es fou, Vonvon ! T'es complètement marteau ! On s'ra jamais capables. Un théâtre ! Un théâââtre ! Oublie ça... »

Paul reprend sa marche. À ses côtés, Vonvon, Yvon Deschamps, n'insiste pas : il sait qu'il a semé, qu'il ne reste donc qu'à attendre...

L'air de rien, Deschamps vient de suggérer à Buissonneau qu'il est peut-être temps pour lui de posséder son propre théâtre. Le jeune homme n'est pas autrement surpris que Paul l'envoie promener sans ménagement. Depuis longtemps, il a découvert que son maître-ami cache derrière sa tonitruance un énorme manque de confiance en lui. Il met parfois les freins avant de sauter ! Mais Deschamps, le petit Québécois comédien-homme à tout faire qui amadoue la foule impatiente des parcs ou bien se glisse entre un Paul cataclysmique et un acteur aux abois, lui, déborde d'énergie et n'a peur de rien. Inconscient comme on l'est à vingt ans, il a décidé de se fier à son instinct et se verrait bien à ce moment-là comédien-homme d'affaires ! En tout cas, il a deviné que l'avenir du *Quat'Sous* passe par l'acquisition d'une salle qui lui soit propre.

Si la troupe vole de succès en succès depuis 1956, elle est, en dehors des festivals, l'hôte d'autres théâtres comme la salle Wilfrid-Pelletier, l'*Orpheum* ou le *Centre d'art de Repentigny*, et elle dépend donc de leur programmation.

Et puis, il y a la blessure des *Éphémères* : Claude Léveillée ne cache pas sa déception et crie son désespoir à qui veut l'entendre. Paul fait semblant d'avoir tourné la page. Mais chacun a appris que, tel un château de cartes, le résultat d'un rêve et de trois mois de répétitions acharnées peut être anéanti par des gens qui n'ont rien à voir avec le *Quat'Sous*. Il ne faut pas que cela se reproduise.

Paul Buissonneau, sans l'avouer, sait que c'est en possédant sa propre scène-laboratoire qu'il pourra donner libre cours à son énergie créatrice. Mais il hésite. Acheter un bâtiment ! Posséder un théâtre, se battre pour le remplir. Être responsable d'employés, trouver l'argent pour les payer. Devenir patron d'une sorte d'entreprise, lui ? Non, non, non... Quoique.

Un jour, Paul emprunte, au volant de sa voiture, l'avenue des Pins. Il ne devine pas qu'il a rendez-vous avec un des personnages les plus importants de sa vie, un personnage silencieux, au manteau de pierre. Il est accompagné de Louise Latraverse. La comédienne, qui a participé activement aux répétitions des *Éphémères*, partage depuis peu la vie du metteur en scène. La jeune femme a un charme fou, c'est une nature pétulante, talentueuse et drôle qui fait oublier à Paul ses dernières déprimes. Les deux artistes forment un couple qui passe rarement inaperçu. À eux deux, on dirait qu'ils ont inventé le mouvement perpétuel !

Alors qu'ils devisent gaiement, Buissonneau freine et immobilise brutalement son véhicule. Le metteur en scène a l'habitude de procéder ainsi dès qu'il aperçoit dans la vitrine d'un brocanteur un objet étonnant, attendrissant, ou l'indispensable pièce manquante à un nouveau décor. Cette fois, Paul claque la portière et se dirige vers une drôle de bâtisse sur laquelle veillent les trois seuls arbres du coin. Quelques marches... La lourde porte de bois n'est pas fermée à clé. Il entre et se retrouve alors au cœur d'un étonnant décor aux colonnes sculptées : une synagogue abandonnée ! Des lions de David immobiles et dorés le toisent. Buissonneau s'approche de l'autel d'acajou, tourne sur lui-même, lève les yeux vers le balcon encore garni des bancs réservés aux femmes. Il scrute, renifle, soupèse puis ressort, non sans avoir jeté un coup d'œil sur le panneau « À vendre » qui orne l'entrée.

À sa compagne, il ne fait pas de commentaires, mais il convoque une réunion du noyau de la troupe du *Quat'Sous*. Bientôt, Yvon Deschamps, Claude Léveillée, Jean-Louis Millette et François Barbeau découvrent en compagnie de Louise et d'un Paul mystérieux muni d'une lampe de poche — faisant tout pour dissimuler son enthousiasme — la synagogue abandonnée du 100, avenue des Pins Est. C'est l'émerveillement pour tous : aucun doute, voilà l'espace qu'il faut, l'atmosphère y est. Dans ce lieu mystique, déjà s'insinue le souffle de Dionysos !

On décide de se renseigner au plus vite et c'est notre homme d'affaires en devenir, Yvon Deschamps, qui entre en contact avec la congrégation juive Nusach Hoari, propriétaire de cet ancien triplex construit en 1913. Le rabbin Moshe Sapochinsky confirme que le lieu de culte est à vendre pour vingt-six mille dollars.

Dans les jours qui suivent, Paul se défait de sa maison du boulevard Saint-Michel acquise grâce aux premiers cachets de *Picolo* et aux économies accumulées du temps de la vie avec Françoise. Il avance une bonne partie de la somme, mais cela ne suffit pas et ses jeunes camarades ont les poches presque vides. Sou après sou, les quatre saltimbanques, Buissonneau, Deschamps, Léveillée et Millette, constituent un trésor de guerre et décident de former une compagnie incorporée pour acheter la bâtisse : le 23 avril 1963, naît officiellement le *Théâtre de Quat'Sous de Montréal inc.* Mais bientôt, le trésorier Deschamps doit se rendre à l'évidence : il manque bel et bien trois mille dollars pour être en mesure d'acheter la synagogue, et toutes les ressources sont épuisées. À la date convenue avec le rabbin pour conclure la vente, Paul, le cœur gros, se résigne à lui dire non puisque la somme n'a pu être réunie. « Qu'à cela ne tienne, répond le rabbin, nous ne sommes pas pressés, nous vous attendrons. »

Tout n'est donc pas perdu : il semble que la troupe des jeunes artistes plaise au rabbin. Paul n'a pas vraiment expliqué au responsable religieux qu'il avait l'intention de transformer ce lieu de culte en théâtre expérimental. On a plutôt parlé de centre culturel communautaire à multiples vocations et ouvert aux gens du quartier. On y jouerait du Molière, du Shakespeare, on y ferait de la céramique !

Barbeau, Deschamps, Léveillée et Millette se portent finalement garants d'un emprunt contracté par Paul au Montreal Trust. Sous l'œil du notaire Joseph Silverstone, le 17 septembre 1963, Paul Buissonneau achète la synagogue pour la revendre aussitôt, le 26 septembre, au *Théâtre de Quat'Sous de Montréal inc.* Paul et sa bande ont un théâtre ! Enfin presque... Il n'y a plus un sou pour effectuer la moindre transformation. Pendant plusieurs semaines, la synagogue demeure close et son aspect abandonné finit par attirer des vandales antisémites qui s'en donnent à cœur joie. Une nuit, Paul découve sa synagogue complètement saccagée : portes et fenêtres ont été défoncées, les lions de bois, les bancs ont été brisés, on a griffé les murs à coup de svastikas et d'inscriptions haineuses signées d'un certain Renouveau du national-socialisme. Quelqu'un a même tenté d'y mettre le feu. C'est la désolation. Pendant l'hiver 1963-64, la pluie et la neige se mettent elles aussi de la partie et la synagogue prend des allures de ruine, à tel point que la Ville lance un ultimatum aux nouveaux propriétaires : « Ou bien vous procédez à un minimum de travaux nécessaires ou bien nous rasons le bâtiment avant qu'il ne s'écroule ! » Paul vient faire des rondes la nuit, un pistolet caché dans sa voiture ! Découragé, il téléphone à Deschamps qui continue de faire preuve d'un optimisme inébranlable et s'écrie : « Tout est détruit ? Parfait ! C'est l'occasion ou jamais de faire du neuf ! On va créer un vrai théâtre à notre goût. » Mais où trouver l'argent ? Avec quelques sous glanés péniblement, on procède aux travaux d'urgence pour calmer la Ville. Un certain M. Asselin, entrepreneur, le père de Jean, se charge de boucher solidement portes et fenêtres. Et maintenant ?

Fidèle à son habitude quand tout va mal, Paul Buissonneau s'en va manger ! Sa nouvelle cantine s'appelle *Chez son père*, un restaurant français, repaire à la mode chez les artistes. Ce jour-là, la patronne, Mme Bouilleux, voit bien que son client a la mine sombre. Elle décide de le faire parler et Paul ouvre les vannes :

« Ah ! madame Bouilleux, si vous saviez... J'ai acheté une synagogue au coin de Des Pins et Coloniale pour en faire un théâtre, mais je n'ai plus un sou. Ma synagogue est une ruine infâme ! On s'acharne sur elle ! Je ne dors plus, c'est la catastrophe ! Je vais tout perdre !
— Allons, allons, monsieur Buissonneau, répond Claire Bouilleux, il ne faut pas vous décourager ainsi ! Je connais quelqu'un qui pourra peut-être vous aider. Mangez et je vous en reparlerai. »

Le lendemain matin, la mère Bouilleux téléphone à Paul et lui demande de revenir avec Louise au restaurant le soir même : « Je vous présenterai quelqu'un », affirme-t-elle mystérieusement. À vingt heures, comme convenu, Louise et Paul, sur leur trente et un — Louise a une collection de minijupes qui sème l'émoi dans les rues de Montréal —, se rendent à l'angle des rues Craig et Saint-Laurent. Dans un coin de la salle, Mme Bouilleux les attend, assise près d'un homme qui n'a pas l'air du premier venu. Sam Abramovitch, un Juif d'origine ukrainienne, est le comptable de la restauratrice. La patronne offre le champagne et la discussion commence. Abramovitch n'est pas seulement un homme de chiffres. C'est un amateur d'art. Il connaît Julian Beck, le créateur du *Living Theater*, et sa femme, Judith Melina. Au Québec, il a beaucoup fréquenté Borduas et les automatistes. C'est d'ailleurs le peintre Mousseau qui l'a présenté à Mme Bouilleux.

Paul, intimidé par la culture, l'élégance et le sourire légèrement ironique du comptable, entreprend de lui expliquer la situation en se disant que cet homme sera sensible au destin d'une synagogue... Mais Abramovitch — qui se moque totalement du côté religieux de l'affaire — l'interrompt dans un français impeccable légèrement coloré :

« Est-ce bien vous, monsieur Buissonneau, qui avez monté *La Tour Eiffel qui tue ?*
— Oui...

— Alors vous allez l'avoir votre argent. J'ai beaucoup, beaucoup aimé *La Tour Eiffel*... Il y avait dans ce spectacle, sous la légèreté du ton, un message un tant soit peu anarchiste qui m'a vraiment plu ! J'aime votre travail, j'aime l'énergie qui s'en dégage. »

Ce jour-là, Paul Buissonneau entend parler pour la première fois de sa vie de Roynat, un nom qui hantera maintes fois par la suite ses courtes nuits ! Sous cette appellation bizarre se cache la filiale de deux institutions financières : la Banque Royale et la Banque Nationale. Roynat s'occupe de financer les petites et moyennes entreprises à la place des deux banques, qui ne sont pas autorisées à l'époque, par le gouvernement, à offrir des prêts à long terme sur hypothèque, sauf pour les résidences.

Abramovitch, qui par ailleurs s'est discrètement renseigné sur les cachets de Louise et de Paul à la télévision, sur le salaire de Paul à la Ville ainsi que sur le succès grandissant de Claude Léveillée — chacun pouvait être saisi en cas de pépin —, parvient à convaincre les administrateurs de Roynat de donner une chance au *Quat'Sous*. Il faudra attendre les vacances du président de l'organisme — un ultra *Wasp*[1] de Westmount farouchement opposé à financer des beatniks — pour faire voter le crédit par le conseil d'administration !

Dès que le prêt est officiellement octroyé, les travaux commencent. Les plans sont dessinés par Claude Beaulieu, un architecte ami de Jean-Louis Millette qui fera par la suite une remarquable carrière dans la rénovation d'édifices religieux. Ce projet est un défi, car l'espace est particulièrement exigu et il faut y installer le maximum de places assises. Buissonneau tient absolument à avoir du marbre dans l'entrée et, pour parvenir à ses fins, il achète à l'Armée du Salut d'anciennes pissotières dont il

1. *Wasp* : *White Anglo-saxon professional.*

transporte lui-même les plaques jusqu'au *Quat'Sous*! Chaque jour, dès que son travail à la Ville est terminé, Paul chausse ses bottes de construction et s'en va surveiller les travaux, met la main à la pâte, suggère ou gueule, soutenu par Louise Latraverse. Deschamps et Millette viennent faire un tour régulièrement, mais Léveillée s'est inscrit aux abonnés absents : il avait prévenu qu'il se consacrerait avant tout à sa carrière et c'est ce qu'il fait. En juillet 1963, bien avant le début des travaux, dans le *Journal des vedettes*, Paul annonçait une scène amovible, cent soixante-quinze places, des loges confortables, une bibliothèque, des bureaux. En fait, on compte, outre la salle avec sa minuscule scène, un petit balcon, des bureaux qui ont l'air de placards et un bar au sous-sol.

Alors que l'essentiel des travaux achève, le prêt de Roynat est englouti et le théâtre ne possède encore ni sièges ni éclairage!... Le chèque de la subvention provinciale, très attendu, tarde à arriver. Un matin, Yvon Deschamps se pointe au théâtre, triomphant, un rectangle de papier au bout des doigts : « Le chèque! Le chèque est arrivé! » Paul s'en empare, regarde le chiffre et lit : deux mille dollars.

« Qu'est-ce que tu veux qu'on fasse avec deux mille piastres, Vonvon?

— Ben voyons, regarde mieux, Paul, regarde! »

Buissonneau s'exécute et se rend compte qu'il a oublié un zéro : ce sont vingt mille dollars qui tombent du ciel! On achète aussitôt une série de vieux bancs retapés et un peu d'éclairage. On parvient finalement à installer cent cinquante-neuf fauteuils. Plus de deux ans après l'achat de la synagogue, le *Théâtre de Quat'Sous* est prêt à fonctionner!

Le 3 décembre 1965, enfin, le premier spectateur pénètre pour la première fois dans la salle afin d'assister à la première de la première pièce créée au et par le *Théâtre de Quat'Sous : La Florentine.*

□

Pour ouvrir cette saison, Paul décide de monter une seconde œuvre du Français Jean Canol, auteur de *La Jument du Roy. La Florentine* a été créée précédemment au *Théâtre en rond* à Paris. Du théâtre français ? Le *Quat'Sous* deviendra dans les années 70 un des hauts lieux d'expérimentation du théâtre québécois, mais pour l'heure Buissonneau ne s'y aventure pas encore et, comme il l'a fait au début de la Roulotte et de *Picolo,* il puise dans ses racines européennes.

Pour les décors — six ou sept lieux différents — il fait appel à Hugo Wuetrich. Paul aime décidément travailler avec ce grand garçon issu d'une famille d'hôteliers suisses-allemands qui s'est installé à Montréal en 1961 après être passé par les États-Unis et Toronto. Wuetrich officie surtout comme décorateur à Radio-Canada, mais c'est au théâtre qu'il se sent le mieux et, avec Paul, pas besoin de grands discours ou de maquettes élaborées : les deux hommes se comprennent à mi-mots. Leur duo inventif a déjà fait merveille avec *L'Opéra d'Aran* quelques mois auparavant. C'est dans un atelier de la rue Saint-Dominique, loué à un marchand d'œufs, qu'on élabore les décors.

Par ailleurs, singulièrement, la réalisation des costumes est signée Ann Pritchard. Qui, de François Barbeau ou de Paul, a pris ses distances ? Barbeau, ayant suivi de près les péripéties de l'achat de la synagogue, est considéré officieusement comme l'un des membres fondateurs du *Quat'Sous.* Mais il n'y travaillera presque jamais. Paul ne le perd pas de vue pour autant. Trente ans plus tard, il le fournit en matériel, l'engueule ou le félicite comme un fils ! C'est un des paradoxes de la relation entre ces deux hommes.

Louise Latraverse, que Paul vient de diriger dans une reprise du *Manteau de Galilée* à la salle Wilfrid-Pelletier, joue le rôle de la Florentine. Buissonneau a choisi la pièce pour elle : c'est chez sa compagne qu'il puise une bonne part de l'énergie qui l'anime au moment de se lancer dans l'aventure de l'avenue des Pins. C'est avec elle qu'il partage ses inquiétudes de nouveau patron ;

alors, il lui rend hommage à sa manière. Latraverse est, sous l'œil amoureux de son metteur en scène, la première vedette féminine à rayonner de tous ses feux sur les planches du *Quat'Sous.* Pierre Boucher, Yvan Canuel, Luc Durand, Roland Ganamet, Guy Godin et Denise Proulx lui donnent la réplique.

Paul a travaillé jusqu'à ce que la mécanique du spectacle soit parfaitement au point. Cette fois encore, les comédiens ont trimé dur au cours des répétitions et ce n'est pas en vain. Le public est au rendez-vous et la pièce pleine d'inventions — le décor est constitué de tuyaux! — obtient un excellent succès critique.

Paul n'a pas d'ennemis et on ne voit pas d'un mauvais œil arriver le *Quat'Sous* dans le paysage théâtral montréalais: Buissonneau, avec sa Roulotte, son costume de Picolo et sa petite salle, n'est de toute façon pas pris au sérieux. On trouve ses succès sympathiques. Il ne dérange pas encore et on le laisse aller... pour voir. De son côté, Paul n'est pas Rastignac: il ne cherche pas à se tailler une place dans le milieu théâtral.

Le *Quat'Sous* est son échoppe, son atelier, son truc, « mon cheval de course, ma cocotte, ma maîtresse », dira-t-il plus tard. Chaque jour, il se rend avenue des Pins comme d'autres descendent dans leur potager sarcler, biner, arracher les mauvaises herbes, voir comment ça pousse. Il ne perçoit pas de salaire, il est donc libre. Il investira souvent de l'argent et surtout des heures et des heures de passion et de tendresse dans ce lieu qu'il aimera et maudira de tout son cœur, de la façon la plus buissonnienne qui soit.

En mars 1966, on reprend *Le Manteau de Galilée* à la *Place des Arts.* Paul n'y croit pas trop, mais c'est un vrai succès qui permet de financer quelques améliorations indispensables au théâtre. C'est de nouveau l'entrepreneur Asselin qui a la charge des travaux. Cette fois, son fils Jean est de la partie.

Au printemps, Paul Buissonneau confie la mise en scène de *Ciel de lit,* de Jean Hartog, à un comédien déjà notoire: Albert

Millaire. Les deux hommes ont déjà travaillé ensemble dans *Picolo.* Ils se respectent tout en ne partageant pas la même vision du théâtre. Autant Millaire aime les classiques et ne demande qu'à s'y frotter, autant Paul les fuit.

C'est une année de doutes et de remises en question pour Paul Buissonneau. Il a quarante ans, l'âge de ses parents lorsqu'ils sont partis, et leur mort l'obsède soudain. Et puis, dans la grande maison victorienne sise au coin du boulevard Dorchester et de la rue Saint-Mathieu, l'appartement du couple Latraverse-Buissonneau est dévasté par une tempête: Louise s'en va. Cet appartement, qui avait été décoré façon caverne d'Ali Baba par le duo d'artistes, devient le cadre des dernières déchirures, et bientôt Paul le quittera pour s'établir au milieu du fleuve où on a entassé les uns sur les autres, comme un jeu de construction, des appartements cubiques en béton. Habitat 67 va devenir le port d'attache montréalais de Paul Buissonneau. C'est de là que, trente ans plus tard, il observera, fatigué, par le gros hublot rectangulaire de son salon, la ville agitée et les petites autos fonçant comme des fourmis ridicules vers le Casino. Pour l'heure, au printemps 1966, l'homme s'étourdit dans une course effrénée, ne refusant jamais une rencontre, un conseil à un débutant, une convocation du maire Drapeau, une émission de télé, un message publicitaire...

En juin, le metteur en scène monte une autre pièce de Guillaume Hanoteau : *La Grande Roue.* Cette fois, c'est un échec total. Paul trébuche sérieusement et pour une salle de peu de places, à peine rentable, l'échec d'un seul spectacle est un coup dur.

« Dès le lendemain je passais à autre chose ! » affirme aujourd'hui le metteur en scène en prenant bien soin de dissimuler les cicatrices au cœur et à l'âme.

À la fin de l'année, Paul monte *Love,* du New-Yorkais Murray Schisgal, adaptée en français par Laurent Terzieff. Buissonneau a été immédiatement séduit par cette histoire d'un gars plein de vie qui rencontre sur un pont un ami d'enfance devenu beatnik et sa compagne. C'est l'histoire de trois paumés que l'on tourne en dérision : « Moi qui avais tendance à m'apitoyer sur mon côté orphelin, j'en prenais plein la gueule parce que dans cette pièce on se moque des émotifs. » Paul veut déranger et être dérangé, la pièce lui convient parfaitement.

Wuetrich relève une fois de plus le défi. Son décor, une structure de pont avec un ciel immense, est remarquable malgré la petitesse de la scène. Paul y est allé de trouvailles : Michèle Rossignol et Luc Durand traversent la scène en chevauchant une véritable minimoto ! Mais ça chauffe aux répétitions : le pauvre Durand doit disparaître en sautant par-dessus le garde-fou du pont. Un régisseur complète l'effet du plongeon en lançant une bassine d'eau. Or, l'espace est si étroit que Durand n'ose pas sauter, il est sûr qu'il va s'écraser contre le mur, qui est à moins d'un mètre ! Paul insiste : « Si Bernard Noël qui tient le rôle à Paris a pu le faire tous les soirs pendant un an, tu peux le faire toi aussi, trouillard ! » Durand tergiverse encore. Alors Paul n'hésite pas, il saute ! « Voilà ! Si je peux, tu peux ! » Cette fois, le comédien s'avoue vaincu : il saute à son tour. Mais au cours de la tournée, alors que la troupe joue dans une salle de cinéma, il se cogne contre le cadre de l'écran ! Quelques années plus tard, Paul apprendra que ce n'était pas Bernard Noël qui sautait à Paris mais une doublure, un vrai cascadeur !

Avec ce spectacle, le *Quat'Sous* renoue avec le succès public et critique. *Love* garde l'affiche d'octobre 1966 à avril 1967. Un record ! Michèle Rossignol, Marc Favreau et Luc Durand font un triomphe tous les soirs. Enfin, presque tous les soirs : une crise d'appendicite éloigne Luc Durand du théâtre pendant plusieurs jours. Qu'à cela ne tienne, pas question de stopper un spectacle qui marche. Paul reprend au pied levé le rôle... non sans se permettre quelque liberté avec le texte !

Grâce à une aide gouvernementale dans le cadre de l'Exposition universelle, le spectacle part ensuite en tournée pendant six mois dans tout le Canada. Les producteurs Klein et Languirand affrètent un *DC3* pour transporter décor et comédiens ! La tournée est une réussite... qui n'apportera pas le moindre dollar au *Quat'Sous* !

Pendant que le spectacle se promène, Montréal s'ouvre au monde. C'est le temps de l'Expo. Paul défile en compagnie de Marcel Parent, son patron à la Ville, devant le général de Gaulle grimpé sur son balcon. En juillet, il reçoit la médaille du centenaire de la confédération canadienne ! Et, surtout, il met en scène deux nouvelles pièces, *Le Knack* et *La Promenade du dimanche,* qui lui permettent enfin de faire jouer Jean-Louis Millette au *Quat'Sous.* Buissonneau l'impatient, qui brûle cigarette sur cigarette, adore travailler avec Millette. Le comédien a une grande qualité : il écoute ! Voilà un acteur comme Paul les aime ! Millette, excellent mime par ailleurs, n'a pas d'idée préconçue, il ne cherche pas à imposer son point de vue, « pas de discutailleries ! » Il se fond dans le spectacle et sert le rôle avant tout.

Au début de 1968, Paul confie à Yvan Canuel la mise en scène de *Un goût de miel,* de Schelagh Delaney. La pièce a été « traduite en canadien » par Canuel. L'adaptateur français, Gabriel Arout, se plaint du traitement que l'on fait à son texte. Il ne comprend pas qu'on soit obligé de le réécrire pour le Québec. N'y parle-t-on pas français ?

□

1968 ! Peu de temps avant que la révolte ne gronde à Paris, Paul se rend en Europe. Il rejoint son cher ami René Lamoureux, à qui il avait présenté Louise l'année précédente. Les deux hommes s'en vont en Pologne pour y explorer l'univers théâtral, se perdre dans des villes grises et... manger du chou.

Au retour, Buissonneau tombe sur un Yvon Deschamps qui l'attend avec impatience. Après avoir été brièvement batteur dans l'orchestre de Claude Léveillée, Deschamps a commencé à écrire des textes pour Clémence DesRochers. En 1964, il avait, grâce à Paul, rencontré Raymond Devos au cours d'un voyage initiatique extraordinaire à Paris pendant lequel les deux hommes avaient vu vingt et un spectacles en vingt et un jours, traversé Paris-la-nuit de part en part, mangé chez Odette, René et Fred Mella avec qui Paul s'était enfin réconcilié. Le goût de l'écriture comique s'est donc installé chez Vonvon mais il s'est aussi lancé en affaires et a ouvert deux restautants dans le Vieux-Montréal : *Le Saint-Amable* et *Le Fournil.* Malheureusement, les choses ont mal tourné et le pauvre Deschamps s'est retrouvé dans l'eau chaude. « En février 1968, j'ai été drôle pour la première fois et on a fait faillite un mois plus tard ! »

Yvon n'a même plus d'endroit où dormir ! Il se promène à droite et à gauche, avec sa blonde, une timide Torontoise de dix-huit ans qui comprend trois mots de français et en parle deux. L'« Anglaise », qui s'appelle Judi, est danseuse de ballet et elle pousse l'inconscience jusqu'à renoncer à une tournée de deux ans pour rester avec son chum. Deschamps est moins sûr d'avoir un don pour les affaires, mais son expérience de patron lui a laissé en mémoire une galerie de portraits savoureux. Buissonneau n'hésite pas longtemps : Vonvon, qui, lassé des orages buissonniens, avait pris ses distances avec Paul depuis quelques années, redevient illico administrateur-homme à tout faire. Il est engagé au *Quat'Sous* pour balayer et vendre des tickets en attendant mieux.

Cette année-là, il y a un gros trou dans la programmation du théâtre pour la fin du printemps. Paul aurait bien aimé monter la première pièce d'un jeune auteur dont il aime l'originalité et l'insolence. Mais la scène du *Quat'Sous* est beaucoup trop petite pour accueillir *Les Belles-Sœurs* de Michel Tremblay. Il faut trouver autre chose et pas le moindre texte intéressant en vue.

Buissonneau se tourne alors vers Yvon Deschamps : « Vonvon, il faut trouver quelque chose ! » Deschamps — que le théâtre dans sa forme classique ennuie — propose l'idée d'une revue musicale autour des chansons de son copain Robert Charlebois, un ancien de la Roulotte, qui a commencé une jolie carrière de chansonnier. Charlebois revient justement d'un séjour en Californie qui semble lui avoir donné une énergie extraordinaire. Il ne veut plus être chansonnier, il a lâché la rime classique. Il dit que le Québec, c'est aussi l'Amérique mais l'Amérique de ceux qui se taisent. « Ça suffit. Nous aussi, on va faire des *protest songs*! »

« Pourquoi pas ? » se dit Paul, mi-inquiet, mi-séduit par l'enthousiasme de la bande à Deschamps. Bientôt, Charlebois, sa copine Claudine Monfette, dite Mouffe, Louise Forestier, Yvon Deschamps et même Louise Latraverse commencent à répéter dans un joyeux désordre. Une odeur d'herbes brûlées flotte au *Quat'Sous*. C'est décidé, on va réveiller le Canadien français, le « nègre blanc d'Amérique » !

Charlebois a réussi à convaincre le quartet du Jazz libre du Québec de venir l'accompagner. Les musiciens Thouin, Préfontaine, Charbonneau, Richard puis Robidoux, bientôt accompagnés à l'orgue d'un jeune garçon de seize ans, Jacques Perron, ont du mal à se laisser convaincre : la chansonnette, ce n'est pas leur style, la mélodie, ça fait longtemps qu'il lui ont tordu le cou. Mais enfin ! Charlebois leur fait entendre un truc qui a du punch, ça s'appelle *Lindbergh*. Ça ne ressemble à rien de ce qu'ils ont entendu jusque-là, et finalement ils acceptent de tenter le coup. Trompette, saxophone, guitares électriques et batterie sont installés sur scène.

Germain Perron est chargé d'élaborer le décor. Comme la scène est décidément exiguë, il invente une structure tubulaire sur laquelle on grimpe l'orchestre ! Yvon Deschamps fait les cent pas en essayant d'ordonner ce spectacle qu'il a annoncé dans les médias comme « Un show sans nom ». Très vite cependant, l'ambiance s'alourdit : il y a beaucoup de réunions, peu de répétitions ! Charlebois vit dans son monde, il ne pense qu'à faire swinguer ses textes écrits avec Mouffe, ceux de Claude Péloquin et de Marcel Sabourin. Il n'a aucune vision d'ensemble du spectacle et ça ne le dérange pas vraiment. Il a juste le goût de s'éclater ! Il veut que ça brasse. Forestier fait des vocalises au milieu du désordre. Latraverse, découragée et appréhendant un four, s'enfuit à Paris ! Seuls Mouffe et Deschamps tentent de garder la tête froide. Mais, décidément, tout cela n'a ni queue ni tête. Les sketches qui doivent servir de liens aux chansons ne lèvent pas et on s'en va tout droit vers le désastre. Deschamps finit par appeler Buissonneau pour un petit coup de main : « Peux-tu venir rabouter les morceaux ? »

Paul est occupé ailleurs : il a été chargé par le maire Drapeau de la mise en scène du spectacle d'ouverture de Terre des Hommes, et il est en pleine préparation du *Chemin du Roy*, une pièce très engagée — ironisant sur la visite du général de Gaulle au Canada — écrite par Françoise Loranger et Claude Levac. La pièce doit être créée au *Gesù*, qui est devenu le *Théâtre de l'Égrégore*. Paul a décidé de bâtir la pièce comme une partie de hockey. Les comédiens ont revêtu les costumes des joueurs. « Du rythme ! Du rythme ! » Le leitmotiv de Buissonneau résonne jusqu'aux dernières minutes avant la première.

Mais, alerté par Deschamps, il rapplique à l'ancienne synagogue. On joue alors l'ébauche du « Show sans nom » devant le patron, qui découvre l'ampleur des dégâts et se dit qu'il n'y a pas de temps à perdre. C'est sans compter avec Charlebois, qui a la ferme intention de n'obéir à aucun ordre et de faire de ce spectacle un véritable happening. Les affrontements se multiplient entre un metteur en scène pour qui tout naît du travail et un jeune chanteur révolté pour qui tout naît du désordre. Mouffe passe son temps à tenter de « dompter les bêtes sauvages », mais Paul éclate : « Ah ! pis, ras le bol de vous pis d'vot'ostie de show ! » « Ostie de show... » Ostie de show... Ça sonne tellement juste que les jeunes comédiens décident aussitôt de baptiser ainsi le spectacle. Paul n'ose pas imaginer qu'on va écrire « Osstidcho » en grosses lettres sur la façade de son théâtre. Il essaie bien de convaincre la troupe de trouver un nom moins provocant, en vain ; c'est justement ça que le groupe veut : provoquer !

L'air du temps est à la révolte. Ailleurs dans Montréal, Raôul Duguay et Walter Boudreau font résonner leur *Infonie*. Partout dans le monde, les jeunes tentent de briser les barrières et les tabous avant que les chars d'assaut et les canons à eau s'en mêlent.

Paul Buissonneau est agacé par ce désordre qui est à l'opposé de ce qu'il a appris et défendu depuis toujours ; mais il se laisse emporter par le courant parce qu'au fond il sent aussi sourdre à l'intérieur de lui une grande colère. Bientôt, il poussera à son tour son cri ; ça s'appellera *Faut jeter la vieille !*

En attendant, il se doit de réaliser quelque chose avec ce truc. Tant bien que mal, le show s'organise autour d'une première partie essentiellement musicale et un second moment construit comme une suite de tranches de vie, pendant lequel Yvon Deschamps lâche ses craintes et se lance, entre autres, dans un extraordinaire et irrévérencieux texte sur les rapports entre un boss et ses employés : « Les unions, qu'ossa donne ? » clame-t-il dans un sketch devenu monologue par la force des choses, Charlebois ayant une fâcheuse tendance à oublier les rendez-vous, surtout lorsqu'il s'agit de répéter !

« Et les musiciens, comment on les intègre au spectacle ? » Paul se dit que tant qu'à délirer, allons-y gaiement. Il envoie les zigotos du Jazz libre se vêtir à même le costumier du *Quat'Sous*. On se retrouve ainsi avec un cardinal, des pages et des soldats d'un siècle incertain armés de guitares électriques et d'une trompette.

Quelques mois plus tard, le magazine *Maclean's* parle du plus grand spectacle pop au Québec, mais les débuts de l'*Osstidcho* sont timides et cahotiques. Les spectateurs n'en reviennent pas. La plupart sont cloués sur place, tentant de comprendre ce qui se passe ; d'autres s'enfuient, furieux. Le patron du théâtre est obligé de leur courir après dans l'escalier de l'ancienne synagogue pour tenter de les convaincre de regagner leur place et de regarder le spectacle jusqu'au bout... Puis, le bouche à oreille fait son travail : « Il se passe quelque chose d'incroyable au *Quat'Sous* ! » La salle se remplit ; dehors, c'est la queue. À Paris, Louise Latraverse, qui apprend la nouvelle de ce succès par hasard, n'en revient pas et éclate de rire.

L'*Osstidcho* n'a été joué que quarante soirs au *Quat'Sous*, mais il est presque devenu — et Buissonneau en sourit encore — un événement historique. Une fois de plus, à cause du nombre limité de places, le théâtre ne peut tirer un grand bénéfice de ce réel succès. Au terme de l'aventure, les comédiens souhaitent continuer et Paul cède alors le spectacle à Guy Latraverse, qui emmène la troupe dans une tournée épique — émaillée d'alertes à la bombe et de descentes de police — à travers le Québec profond.

Paul reste à Montréal... au bord du gouffre, car depuis sa naissance le théâtre de l'avenue des Pins ne rapporte pas d'argent. Les artistes, les créateurs, la secrétaire, le responsable de la billetterie et le barman sont payés — un salaire dérisoire — mais le *Quat'Sous* est incapable de rembourser le moindre dollar de sa dette envers Roynat. Quand la banque téléphone, on reste vague, on cherche en vain les patrons... « Ils rappelleront ! » Les responsables du dossier commencent à envisager le pire au moment où entre en scène un jeune homme qui n'aime pas le désordre.

Né dans le comté de Charlevoix, Benoît Mailloux est le fils d'un entrepreneur en construction. Plutôt trapu, Ben, comme le nomme souvent Paul Buissonneau, traverse la vie en bâtisseur avec une opiniâtreté peu commune. De son visage carré orné d'une chevelure bouclée, drue et argentée, il émane une force tranquille que vient seulement troubler un regard un peu lointain. C'est le genre d'être qui est déjà en avance sur le coup. Rien ne semble plus le motiver que les problèmes. Il arrive à Montréal en juillet 1964. Attiré par la finance, il entre alors chez Roynat. Un jour, en passant en revue la liste des prêts, il tombe sur celui du *Quat'Sous* effectué depuis quatre ans sans qu'il y ait jamais eu le moindre remboursement! Mailloux décide de prendre les choses en main; il attrape sa mallette et se rend directement avenue des Pins.

> « Je suis très mal tombé! L'électricité venait d'être coupée... Il n'y avait plus de téléphone. Paul était seul. Il gueulait que tout le monde l'avait lâché. Je me suis présenté et je lui ai dit qu'il faudrait au moins payer les intérêts de la dette... Alors il s'est tourné vers l'armoire à clés, il l'a ouverte et m'a dit: "Prenez-le votre ostie de théâtre!" J'avais jamais vu un bonhomme pareil! Je lui ai dit que je n'étais pas venu pour fermer et que s'il y avait des problèmes, on allait regarder ça ensemble... Comme j'étais arrivé à Montréal depuis peu, que je n'étais pas marié et que j'avais du temps devant moi, j'ai commencé à m'intéresser de près au *Quat'Sous.* »

« Intéresser de près! » C'est le moins que l'on puisse dire. À partir de 1968, Benoît Mailloux va devenir à vingt-cinq ans le chef mécanicien du *Quat'Sous.* Dans la soute, au milieu des machines, c'est lui, le roi de la bricole administrative, qui va faire avancer le navire. Il crée rapidement un conseil d'administration solide dont Paul reste le patron. Il s'attache les services d'un véritable administrateur: John Goodwin — un ancien confrère d'université qui, après avoir été directeur au service du personnel et de la planification à *La Presse*, vient d'ouvrir un bureau de consultation — et surtout il se met en quête de subventions plus consistantes grâce à la création d'une compagnie à but non lucratif: *La Compagnie de Quat'Sous.*

Il était temps! La coque prenait sérieusement l'eau. Que serait-il arrivé si un petit administrateur cul-serré, près de ses sous, imperméable au charme d'un Buissonneau furibard, avait débarqué ce jour-là avenue des Pins ? Il les aurait prises, les clés du *Quat'Sous*, et vlan ! Fini. Au lieu de cela, c'est Mailloux-Zorro qui s'amène. Il faut dire que le jeune homme a tâté du théâtre au collège et que le goût lui en est resté. Le monde du spectacle fascine Benoît Mailloux. Tous ces artistes, si puissants sur scène et pourtant incapables de se débrouiller dans la vie. Mailloux n'aime rien tant que de prendre sous son aile tel acteur, telle comédienne et de les tirer d'embarras. Une manière de participer à l'écriture du spectacle, une façon d'en être aussi.

Mais il reste la dette. Elle est conséquente. Ni Deschamps ni Paul n'ont trouvé, au fil du temps, des solutions pour colmater le gouffre qui approche les cent mille dollars quand Benoît Mailloux commence à s'en occuper. L'un des principaux créanciers est le journal *La Presse*: le *Quat'Sous* y a une ardoise de vingt-sept mille dollars en publicités non payées ! Mailloux commence par rassurer les fournisseurs, pas mécontents de pouvoir enfin parler à quelqu'un. Et chaque soir il retrouve Paul avenue des Pins. Cela va si bien entre les deux hommes que le patron du *Quat'Sous* ne peut plus se passer de l'émissaire de Roynat ! Non seulement Mailloux va entrer dans la famille buissonnienne et devenir au fil des semaines l'interlocuteur obligé des fournisseurs, mais il va être de toutes les décisions importantes pendant près de trente ans, partageant avec Paul le privilège de ne pas être salarié du théâtre. Les deux hommes vont finir par former une sorte de couple, deux larrons liés par une confiance indéfectible, décidés à ce que leur *Quat'Sous* traverse les tempêtes.

En juillet 1968, le théâtre de Paul Buissonneau continue de plus belle dans la provocation avec *L'Alphonse faite à Marie*, de Jean Lepage, mise en scène par Marc Harvey. La pièce commence par l'entrée en scène d'un comédien qui couvre d'injures les spectateurs. En haut lieu, on commence à être sérieusement agacé et une menace plane un temps sur les subventions. Avec

Les soldats de plomb se déchiraient au fer rouge, Paul accueille pour la première fois dans son théâtre une troupe d'amateurs : *L'Alambic* de Chicoutimi avec Jean-Pierre Bergeron et une certaine Marie Tifo. Paul, qui donne des cours tous les dimanches à Chicoutimi, a repéré cette troupe et l'a ramenée à Montréal. Il héberge les jeunes comédiens dans l'entrepôt du *Quat'Sous.* En septembre, alors que *L'Osstidcho* est présenté à *La Comédie-Canadienne*, le *Quat'Sous* est l'hôte du Festival du jeune théâtre. Ensuite, Yvon Thiboutot met en scène une pièce de Schisgal : *Les Dactylos et le Tigre.*

Noël approche ; après avoir fait un *Osstidcho King Size*, Charlebois et sa bande n'ont pas tout dit ! Le chanteur ainsi que Mouffe, Deschamps, Louise Latraverse, Jean-Guy Moreau et Michel Robidoux envahissent de nouveau la scène du *Quat'Sous* pour *Peuple à genoux*, une féroce satire des fêtes de Noël qui devait d'abord s'appeler *Minuit crétins.* Cette fois encore, Paul met en scène un spectacle qui dénonce la guerre — on est en plein Viêt-nam — et l'hypocrisie de la société québécoise. « *Peuple à genoux* attire plus de monde que la grand-messe », titre-t-on dans les journaux.

Buissonneau, rassuré par la présence de Mailloux, est en pleine forme. Il est le metteur en scène du grand défoulement général, il adore ça et ça marche : le *Quat'Sous* est plein. L'année 1969 est pour Paul, dans un Montréal de plus en plus agité, un tourbillon d'éclats de rire, de tirades dénonciatrices et d'images provocantes qui finira en apothéose.

En février, il met en scène *Vive l'empereur,* de Jean Morin, avec Jean-Louis Millette. En avril, il accueille enfin Michel Tremblay avec *En pièces détachées,* dont le tout jeune André Brassard assure la mise en scène. On reproche à Paul de faire jouer cet auteur qui écrit en joual... lui est ravi !

Pendant l'été, Buissonneau se rend au Festival d'Avignon étudier les différents procédés d'éclairage. En juin et en octobre, deux créations collectives sont inscrites au programme du

Quat'Sous: *Pot'T.V.*, avec Paule Baillargeon, Yvon Barette, Pierre Curzi, Claude Laroche et Gilbert Sicotte, dissidents de l'École nationale de théâtre du Canada qui fondent *Le Grand Cirque Ordinaire*; puis *Moi, ma maman m'aime* mise en scène par Jean-Pierre Ronfard, avec Gilbert Chénier, Yvon Deschamps, Louise Forestier et Pauline Julien.

Mais ce n'est pas avenue des Pins que le feu d'artifice buissonnien va finalement éclater, c'est sur la grande scène du respectable *TNM* dirigé par Jean-Louis Roux...

□

Paul Buissonneau ne s'est jamais bien expliqué pourquoi on avait fait appel à lui pour faire souffler « un vent de fantaisie sur le *TNM* » comme l'annoncèrent alors les journaux. Aujourd'hui encore, il se plaît à imaginer une sorte de complot de quelques grands pontes du théâtre québécois qui lui auraient refilé une pièce impossible, de façon à mettre un bémol à l'ascension de sa carrière.

La Signora è da Buttare est une pièce de Dario Fo, un auteur italien qui n'a, à l'époque, jamais été joué en Amérique du Nord. Dans la traduction française d'Augusto Tomasini, le titre est devenu : *Cette dame est à jeter...* L'action se situe dans le monde du cirque, dont Dario Fo et sa femme et collaboratrice, Franca Rame, sont très proches. Il s'agit de l'histoire d'un dompteur de puces savantes qui vient de perdre ses quatre spécimens et voudrait les remplacer par d'autres puces de la race supérieure des *coronoves mordex* ! Cela n'est que le prétexte à moult rebondissements qui permettent de dénoncer par la voie du gros comique la société de consommation — symbolisée par une vieille dame en train de mourir — , la religion, l'hypocrisie bourgeoise et l'impérialisme américain embourbé au Viêt-nam. Un vaste programme parfaitement inscrit dans le ton de l'époque et idéal pour un Buissonneau de plus en plus contestataire, traînant avec lui, depuis *L'Osstidcho*, *Le Chemin du Roy* et *En pièces détachées*, une forte odeur de soufre. Le patron du *Quat'Sous*, dont l'engagement politique n'a jamais été très clair, se répand depuis peu dans les journaux en diatribes contre l'ordre établi. Lui dont le leitmotiv était *Distraire! Distraire!* parle de prise de conscience et affirme être décidé à « ne pas discipliner son esprit inventif dans des cadres trop stricts et établis »! En réalité, Paul prend le prétexte de la contestation générale pour régler ses comptes. Toutes les révoltes, toutes les colères bien enfouies par le Buissonneau prolétaire et timide vont, maintenant qu'il a pris de l'assurance, jaillir dans un flot énorme. Il saute sur la table et, devant tout le monde, il éructe : Et pan! sur la France qui a laissé crever sa mère! Et pan! sur l'oncle tuteur qui n'en avait rien à cirer! Et pan! sur la faim! Et pan! sur les Compagnons, sur les bourgeois d'Outremont, les petits boss de la Ville ou de la télé, sur ceux qui ne l'ont pas compris, pas entendu, pas assez aimé. Et tiens! encore un petit coup sur les maudites Anglaises du temps d'*Archambault*. Et prout! et prout, et prout!

C'est Jean-Louis Roux qui fait la première adaptation du texte de Dario Fo avant de la confier à Paul, qui y met sa touche. La dame va devenir la « vieille » : « Faut jeter la vieille! » Dario Fo affirme qu'il est nécessaire de prendre des libertés avec le texte et que le spectacle doit évoluer au fur et à mesure des représentations, en fonction des réactions des spectateurs et du caractère des comédiens, comme au temps des saltimbanques italiens. Il va être servi! Buissonneau s'empare de l'histoire et la triture sans vergogne pour la faire sienne. Au diable le romantisme du cirque, c'est la vie qui est un cirque! Et c'est une vraie *dump* que Paul va déposer sur la scène du *TNM*! Un dépotoir énorme constitué de deux fardiers de rebuts que Buissonneau et son régisseur, Jean-Claude L'Espérance, sont allés chercher au service de récupération de la Ville. Le lendemain de la première, le critique de *La Presse,* Martial Dassylva, est sous le choc comme les autres spectateurs. Il ne peut s'empêcher de décrire le décor élaboré par Germain et Buissonneau :

« À la gauche une carcasse d'auto, un grand lit métallique, des réfrigérateurs, une laveuse peinte en rouge et à moitié entrouverte ; au centre, un immense réfrigérateur de boucherie ou d'épicerie ; à droite, une douche et un lourd chariot à ridelles de broche ; suspendus aux cintres, des contenants de formes et de couleurs diverses ; à l'arrière-plan, une plate-forme surélevée où nichent deux musiciens qui s'emploieront à fournir l'accompagnement musical en frappant sur des tôles et sur des bidons d'huile. »

Ce décor est sans conteste un des éléments essentiels de la pièce, mais il y a aussi neuf comédiens ainsi que deux musiciens issus de la Roulotte, entraînés dans ce que Dassylva appelle « l'extravagance délirante des buissonneries ».

Ça y est, c'est dit ! Buissonneau fait du Buissonneau ! À partir de maintenant, ce commentaire accompagnera presque systématiquement chaque nouvelle création du metteur en scène.

En attendant, les répétitions commencent dans l'effervescence et l'inquiétude. Pendant tout l'automne, les comédiens et le décorateur en bavent : Paul construit son spectacle jour après jour, comme un jeu de meccano sans mode d'emploi. Il ne sait absolument pas ce que cela va donner au bout du compte et parfois la révolte gronde. Quand ça coince, il fait le coup habituel dont ceux de la Roulotte sont coutumiers : grosse colère, flot d'injures, attaque en règle sur un individu jusqu'à l'écrasement total, suivis de la fuite du metteur en scène pendant un jour ou deux ou plus encore... Puis retour triomphal avec tendresse amicale et nouvelles idées à la clé. Marc Favreau dans le rôle de Dario, Hélène Loiselle dans celui de la vieille, Jean-Louis Millette, Lionel Villeneuve, Claude Gai, Robert Gravel, Guy Lécuyer, Christine Olivier et Luce Guilbeault sont transformés par Paul en clowns dérisoires des temps modernes : on les habille avec des *penmans*. Dans ces sous-vêtements d'hiver et avec des faux crânes en guise de couvre-chefs, les acteurs ont un air de têtards agités, de cloportes, de pantins ridicules. Et Paul attend d'eux qu'ils prennent des risques, qu'ils se dépassent : il a mis des roues à un lit à baldaquin...

> « Je voulais que les comédiens poussent le lit dans lequel était couchée Hélène Loiselle en dessinant un grand huit sur la scène. Ils refusaient, ils étaient sûrs qu'il n'y avait pas assez de place, qu'il y aurait un accident. J'ai pris le lit et je l'ai fait tout seul le grand huit... comme ça, ils ont vu que c'était possible. En fait, je n'étais pas sûr du tout que ça marcherait, j'ai tenté le coup. »

D'autres effets de scène viennent ponctuer un dialogue insolent parfois ordurier. Pour symboliser la drogue, un des comédiens reçoit des flèches dans un faux derrière en balsa. Lorsque le fils de la vieille joué par Christine Olivier meurt, Hélène Loiselle le ramasse, le plie et le met dans le réfrigérateur avant de fermer la porte ! Paul a apporté sa propre sécheuse sur scène : elle avale le drapeau américain et le fait tourner indéfiniment comme un vulgaire chiffon. Pour figurer le trajet de la balle qui tua Kennedy, il trouve un élastique de sept mètres de long que les comédiens tiennent et doivent lâcher tous ensemble au quart de seconde près ! Une fois de plus — et on le lui reprochera —, le jeu de chaque individu est parfaitement réglé selon le rythme imposé par le metteur en scène. Certains, à une époque où ailleurs on sollicite de plus en plus la participation des comédiens, n'hésitent pas à dire que le dictateur Buissonneau transforme les acteurs en instruments.

Mais c'est dans la salle — presque comble chaque soir — que la réaction est la plus forte ! Si certains spectateurs sont ravis, persuadés d'assister à un spectacle révolutionnaire certes mais salutaire, il n'en est pas de même pour tout le monde. Dans les jours qui suivent la première, les lettres scandalisées et les résiliations d'abonnement déboulent chez le directeur artistique du *TNM*.

> « Nous avons dû quitter la salle avant d'être envahis par la nausée que suscitaient en nous ce déchaînement de cris et de gestes orduriers, ces costumes sales et repoussants, cette scène surchargée d'objets hétéroclites et laids... [...] De grâce, monsieur Roux, donnez-nous du vrai théâtre ! »

> « J'ai perdu peu de temps dans ma vie, mais j'estime que ma soirée d'hier est inscrite dans mes soirées perdues. Ma femme et moi avons quitté le théâtre dès la fin du premier acte, choqués et écœurés de ce que nous y avions vu. Je ne suis pas pratiquant mais je n'accepte pas qu'on ridiculise quelque religion que ce soit. »

> « Je n'accepte pas facilement qu'une bouffonnerie de ce genre puisse être considérée THÉÂTRE digne du TNM. C'est plutôt du vaudeville, genre Ti-Zoune et Manda de l'ancien *Théâtre National.* »

> « Paul Buissonneau vous sied mal. Il n'est pas de votre classe et il serait dommage que vous adoptiez son genre... »

Et ainsi de suite... Le 29 novembre 1969, Paul Buissonneau persiste et signe dans les colonnes du *Montreal Star* en un anglais inimitable : « *I put everything into it and yes,* je suis d'accord *with the results.* » Quelques années plus tard, en Italie, alors que Paul assiste à un spectacle de Dario Fo, celui-ci fait monter son adaptateur montréalais sur scène pour lui rendre un vibrant hommage.

Quant à Jean-Louis Roux, il affirme aujourd'hui avoir fait appel à Buissonneau parce que la pièce cadrait parfaitement avec le personnage : « J'aimais bousculer les gens. Je m'attendais aux réactions du public et, en prenant Paul, je savais ce que je faisais. » Six ans après le fantomatique projet des *Éphémères*, Paul Buissonneau impose donc avec force sur une grande scène montréalaise son univers visuel. Mais la poésie a fait place au cynisme.

Faut jeter la vieille est encore ancrée dans les mémoires comme l'une des expressions les plus convaincantes du style de Paul Buissonneau. Le spectacle controversé influencera profondément la vision artistique de plus d'un créateur. Jean-Pierre

Ménard est l'un d'entre eux. À l'époque, il est un jeune homme de vingt-trois ans, pauvre, timide mais obstiné. Passionné par le spectacle, il vient d'abandonner des études d'architecture. Après avoir fait en vain le tour des théâtres de Montréal pour y obtenir une place de régisseur, il téléphone finalement au patron du *Quat'Sous.* Buissonneau, réticent, accepte toutefois un rendez-vous pour le lendemain à neuf heures. Lorsque Jean-Pierre Ménard se présente — en avance —, le metteur en scène n'est pas là. Ménard attend jusqu'en fin d'après-midi pour le voir enfin surgir et rugir !

> « Qu'est-ce que tu veux, toi ?
> – Faire n'importe quoi pour apprendre le métier. Vous suivre, travailler pour vous. Sans être payé !
> – J'ai pas le temps de m'occuper de toi et puis, je dois bouffer. Bon... Viens avec moi, on verra. »

Dès ces premiers échanges un peu brutaux, Jean-Pierre Ménard devient l'assistant de Paul Buissonneau.

> « J'ai tout de suite aimé cet homme-là. Au départ il s'en foutait complètement, m'observait de temps en temps. Parfois il me redemandait ce que je voulais vraiment. C'était toujours la même chose : apprendre ! Je le suivais comme un petit chien. J'habitais dans une communauté, je n'avais pas un sou. Il me nourrissait. Parfois les gens croyaient que j'étais son petit ami. Paul était toujours entouré de jeunes. »

Progressivement, Jean-Pierre Ménard est initié au théâtre et il entre dans l'équipe de la Roulotte au moment où Jean Asselin y réalise la mise en scène de *Il faut sauver la Lune.* Dans le sous-sol du *Théâtre Port-Royal,* c'est lui qui, bousculé, engueulé, pressé par son patron, fabrique les trois cent vingt-cinq accessoires de *Faut jeter la vieille.* S'il est alors aux premières loges pour apprécier le génie inventif de Buissonneau, il y est aussi pour en mesurer les limites :

« Un beau matin, Paul m'avait convoqué pour l'aider à déménager son appartement de Dorchester pour celui d'Habitat 67. J'avais remarqué avec inquiétude que nous n'étions que deux pour faire tout le travail... Après une journée épuisante passée à transporter une multitude de boîtes, nous sommes revenus sur Dorchester pour les derniers gros morceaux, dont une armoire canadienne qui devait être descendue du troisième étage par la fenêtre... Paul avait élaboré une technique infaillible : il avait décidé d'accrocher le meuble imposant à une corde, d'enrouler cette corde autour de sa propre taille et de laisser glisser l'armoire ainsi — en tournant sur lui-même transformé en treuil — jusqu'au trottoir où je devais l'attraper. Tout allait bien, l'armoire descendait tranquillement quand tout à coup, à trois mètres du sol, elle s'immobilisa. J'entendis Paul crier : "Alors tu la prends !" Mais elle était beaucoup trop haute : la corde n'était pas assez longue, il avait mal calculé son coup... Et il ne m'entendait pas parce qu'il gueulait trop fort ! Pris de fou rire, il fallut que je remonte au troisième pour l'avertir. Quand il m'a vu arriver, il voulait me tuer ! »

□

Engagé dans ses mises en scène, Paul Buissonneau déclare en 1971, au cours d'une entrevue donnée au journal *La Patrie* à l'occasion de la première de *DDT* de Michel Faure, avoir été bouleversé par les événements d'Octobre de l'année précédente. Mais aujourd'hui, il minimise sa réaction et affirme n'avoir pas été impressionné outre mesure par l'arrivée de l'armée canadienne dans les rues de Montréal.

« J'avais vu entrer l'armée allemande au pas cadencé dans Paris... C'était autre chose... Là, j'avais eu peur. »

De cette période de grande tension qui bouleversa les Québécois, il se plaît à ne retenir que les deux fois où il a semé involontairement l'émoi chez les forces de sécurité : d'abord en

Création de *La Tour Eiffel qui tue* en 1957 : (en haut) Ralph Ryman, Françoise Nicot, Paul Buissonneau, Claude Préfontaine ; (en bas) Jean-Paul Rochon et Claude Léveillée.

Paul et Marthe Mercure sur un banc public : Picolo est de plus en plus coquin. *(Photo : André Le Coz)*

Paul, Jean-Louis, Claude et Yvon: les fondateurs du *Quat'Sous* visitent le chantier de la *Place arts* en vue d'un spectacle au destin... éphèmère. *(Photo : Michel Saint-Jean)*

Robert Gravel, Claude Gai, Christine Olivier, Jean-Louis Millette, Marc Favreau, Lionel Villeneuve, Guy L'Écuyer, Hélène Loiselle et Luce Guilbeault: une distribution exceptionnelle pour une mise en scène originale et subversive. *(Photo : André Le Coz)*

Paul avec Julien Poulin, son bras droit, devant la maquette de *Pierre et le loup* en 1968. *(Photo : Ville de Montréal)*

L'Heure espagnole : le délire buissonnien s'empare des *Beaux Dimanches* à Radio-Canada (1974-1975). *(Photo : André Le Coz)*

Les fondateurs, le directeur et le chien-mascotte du *Quat'Sous* au milieu des comédiens d'un spectacle Ionesco.
(Photo : André Le Coz)

Ça va chauffer ! *(Photo : André Le Coz)*

La « danseuse », son stuco et ses fauteuils... *(Photo : Ronald Labelle)*

De parc en parc pendant plus de trente ans, le camion transporteur de rêves.

oubliant une valise dans un coin de la Cité du Havre, puis en transportant dans sa voiture, bien visible, un fusil destiné à servir d'accessoire dans une pièce !

L'année 1970 est plutôt pour Paul la concrétisation de l'implication de Benoît Mailloux. La santé du petit théâtre de l'avenue des Pins prend du mieux, grâce également à John Goodwin, l'un des artisans majeurs de ce redressement. Mais Goodwin sera aussi au centre d'un des premiers drames du *Quat'Sous* !

Après la création de la *Compagnie de Quat'Sous,* sans but lucratif et à laquelle sont versées les subventions, Buissonneau, Goodwin et Mailloux fondent en 1971 les Productions Paul Buissonneau, dont ils sont propriétaires à parts égales. Grâce à cette nouvelle compagnie, l'épisode de *L'Osstidcho,* devenu rentable entre les mains d'un autre, ne se reproduira plus : le *Quat'Sous* a un outil pour faire fructifier les spectacles ailleurs, aux quatre coins du pays. Ainsi, la production de la comédie musicale *Demain matin, Montréal m'attend,* de Michel Tremblay et François Dompierre, au *Centre national des arts* d'Ottawa puis à la *Place des Arts,* permet de dégager un solide bénéfice. À cette occasion, les talents de négociateur de l'élégant John Goodwin — qui est allé avec Mailloux glaner un peu de savoir-faire auprès des producteurs juifs de New York — font merveille : il réussit à convaincre Denise Filiatrault et ses collègues de se faire payer au pourcentage !

Exigeant, patient, habile et perfectionniste, John Goodwin s'implique chaque fois un peu plus dans son métier d'administrateur de théâtre. Lui qui a reçu une éducation stricte et a toujours évolué dans le milieu des affaires trouve, avenue des Pins, de quoi satisfaire un côté marginal jusque-là dissimulé de sa personnalité. Il commence à développer des projets avec Michel Tremblay et André Brassard, dont une tournée avec la pièce *À toi pour toujours, ta Marie-Lou.*

Bientôt, si le succès remporté par son équipe ravit Paul Buissonneau, celui-ci se sent de plus en plus mis à l'écart. Il s'en ouvre à son ami Mailloux, qui le rassure, mais une lézarde a commencé à se dessiner dans la relation entre le patron du *Quat'Sous* et Goodwin, son directeur général. Au début de 1974, un incident vient précipiter la rupture entre les deux hommes : le Conseil des Arts du Canada refuse de verser la subvention à la *Compagnie de Quat'Sous,* alléguant qu'il y a conflit d'intérêts entre celle-ci et les Productions Paul Buissonneau. À Ottawa, on ne voit pas d'un très bon œil le succès commercial de plus en plus grand d'une compagnie liée de trop près à un théâtre subventionné. Lorraine Richard, directrice, tombe sur une lettre du Conseil des Arts particulièrement pressente. On veut voir les états financiers ! L'imbroglio durcit encore un peu plus les positions de Goodwin et de Buissonneau. Le premier affirme sa bonne foi tandis que le second a soudain la conviction qu'on se sert de lui et que les spectacles élaborés au *Quat'Sous* rapportent à tout le monde sauf à son théâtre.

En fait, John Goodwin sent qu'il est temps de voler de ses propres ailes afin de faire fructifier ce qu'il a appris depuis qu'il est entré dans le milieu du spectacle. Il propose alors à Benoît Mailloux et à Paul Buissonneau de racheter leurs parts dans les Productions Paul Buissonneau, qui deviennent alors La Compagnie des deux chaises. Simone Martinet, un ancien professeur de français, née dans la banlieue parisienne, engagée dès 1972 par John Goodwin, reprend jusqu'en 1986 l'essentiel de ses activités administratives au théâtre.

La rupture est douloureuse. Paul Buissonneau se sent profondément blessé comme chaque fois qu'on le quitte, que la raison soit fondée ou non. Mais surtout, John Goodwin commet en toute bonne foi un crime de lèse-majesté en proposant à Paul de racheter aussi le *Quat'Sous.* Le jour du rendez-vous au cours duquel Goodwin doit soumettre sa proposition, Buissonneau recouvre le sol de son appartement d'affiches et de coupures de presse... Puis il attend, raide, prêt à mordre. Goodwin arrive, s'avance, ne sait où mettre les pieds... Alors Paul, théâtral : « Tu vois, on est en train de fouler vingt-cinq ans de ma vie... » La négociation s'arrête là !

Tandis que Buissonneau met en scène la rupture et fait porter à l'autre l'odieux de la séparation, Benoît Mailloux, lui, est déchiré. Doit-il demeurer avec Paul, qu'il aime et admire tellement, ou bien suivre son ami et se lancer dans l'aventure avec lui ? Mailloux choisit finalement le *Quat'Sous* et s'éloigne un peu de John Goodwin, refermant la porte sur une amitié de quinze ans. Ce n'est que peu de temps avant la mort de Goodwin — décédé de leucémie en novembre 1986 — que les deux hommes se rapprocheront de nouveau. Trop tard selon Benoît Mailloux, qui garde toujours des traces de regret au fond du cœur.

□

L'année 1969, c'est *Faut jeter la vieille,* mais c'est aussi l'année où une jeune femme de dix-neuf ans s'installe dans la vie de Paul Buissonneau.

Ils se connaissent déjà : Lorraine Richard n'avait que treize ans lorsqu'elle rencontra pour la première fois celui qui pour elle était avant tout Picolo. La jeune Longueuilloise avait alors le vaste projet de monter avec six autres copines une pièce de théâtre, *Les Sept Péchés capitaux,* de Félix Leclerc ! Mais elles avaient besoin de conseils et avaient entendu dire que Buissonneau, dans ses ateliers de la Ville, aidait les jeunes. Les sept jouvencelles traversèrent donc le pont Jacques-Cartier entassées dans la petite Dauphine du père Richard.

Paul invita les apprenties comédiennes à laisser tomber les péchés capitaux — Lorraine voulait jouer la luxure mais n'était pas trop sûre de ce que c'était ! — et à travailler plutôt sur une adaptation du *Petit Prince.* Mais la collaboration tourna court car le metteur en scène tomba malade et ne put mener à bien son travail.

Quelques années plus tard, Lorraine est devenue employée de Bell Canada. Elle s'y ennuie ferme et déprime dangereusement. Un jour, elle se souvient de l'épisode du *Petit Prince* et appelle de nouveau à son secours Picolo. Rendez-vous est aussitôt pris.

Lorsque Paul arrive au volant de sa Peugeot 204 cabriolet, il ne reconnaît évidemment pas la gamine qu'il avait connue six ans plus tôt mais lui sert quand même un sonore: « Salut ti-cul ! Comment ça va ? » La conversation s'engage et Lorraine raconte alors à quel point sa vie tourne en rond. Au lieu de perdre son temps sur une planche à dessin, elle rêverait de concevoir des décors... Paul la met au défi, lui donne les textes de trois pièces et l'invite à venir prendre les mesures de la scène du *Quat'Sous*. Lorsque un mois plus tard elle apporte, avenue des Pins, le résultat de son travail pour *Ciel de lit*, Paul est époustouflé et lui propose de plancher sur un vrai spectacle, en l'occurrence *Attends ta délivrance*, mené par Yvon Deschamps, qui doit être présenté pour Noël à *La Comédie-Canadienne*.

Lorraine Richard, qui a pris un congé sans solde, réalise donc les décors et les costumes avec Louise Jobin et François Laplante. Elle ne retourne ensuite que deux semaines chez Bell Canada avant d'intégrer à la demande de Paul l'équipe du *Quat'Sous*, sous l'œil inquiet de Jean-Pierre Ménard qui se demande ce que « la fille » vient faire dans ses plates-bandes. Au fil des mois, Lorraine dessine d'autres décors, d'autres costumes, puis s'occupe de la publicité, des relations publiques et enfin de tout le fonctionnement du théâtre, à la grande satisfaction de Paul Buissonneau. La jeune femme aux cheveux clairs et au menton volontaire a une joie de vivre et une détermination contagieuses. L'équipe de l'avenue des Pins l'adopte. De son côté, elle a l'idée d'embaucher Paul Dandurand, le vieil ami de Buissonneau, qui traverse une période difficile et qui s'occupera dorénavant de l'accueil avec la gentillesse et l'humour qui le caractérisent. La complicité entre la jeune femme et le patron du théâtre, qu'elle considère comme son maître, va se transformer en un lien amoureux profond et, en 1972, Lorraine s'installe à Habitat 67.

Lorsque, en 1976, on célèbre les vingt ans du *Quat'Sous*, Lorraine Richard en est devenue le moteur. Paul Buissonneau — qui vient de recevoir le prix Victor-Morin pour son importante contribution au théâtre québécois — a comme Benoît Mailloux entièrement confiance en elle.

Mailloux, qui a acheté une entreprise dans la région de Nicolet, prend alors un peu de recul. L'essentiel de ses apparitions tient au pèlerinage obligé à Ottawa et à Québec qu'il effectue régulièrement pour aller chercher les subventions, accompagné d'un Paul prenant un malin plaisir à hurler dans les couloirs.

Les subventions sont bien entendu l'oxygène indispensable et pourtant, un jour, le Conseil des Arts de la Communauté urbaine de Montréal décide qu'elles ne seront octroyées qu'après lecture des pièces. Le *Quat'Sous* s'associe aux autres compagnies de théâtre et refuse cette contrainte. Seul le *TNM* obtempère avec *Les fées ont soif* de Denise Boucher.

De 1970 à 1979, Lorraine Richard se consacre totalement au *Quat'Sous*, les succès alternant avec les périodes de vaches maigres. On y joue le dramaturge Michel Garneau ainsi que Jean Barbeau, Serge Sirois, Louis Saïa et Jean Sauvageau. Michel Tremblay, auteur ou adaptateur, y présente une œuvre presque chaque année. Son metteur en scène attitré, André Brassard, crée aussi une *Andromaque* d'anthologie. Michel Faure s'y fait connaître ainsi que Marc Drouin. *Le Grand Cirque Ordinaire*, *La Rallonge*, *La Manufacture* font des pas décisifs sur la petite scène de l'avenue des Pins, tout comme la troupe *Omnibus* de Jean Asselin.

Le destin de ce dernier est lié depuis longtemps à celui de Paul Buissonneau. Tous deux ont en commun la passion du mime. Asselin est l'un des élèves les plus assidus de Paul et dès

1966, alors âgé seulement de quatorze ans, il part seul pour Paris afin d'aller étudier à son tour chez Étienne et Maximilien Decroux. Après six mois passés dans une mansarde non loin de Notre-Dame, il rentre à Montréal sans un sou mais déterminé à poursuivre son apprentissage.

Comédien pour la télévision et le théâtre pendant quelques mois, il repart et choisit Londres cette fois avant de se rendre à Prague observer une troupe de mime. Lorsqu'il revient au Québec, avec Jean Richard, il prend le relais de Paul Buissonneau à l'école de mime du *Quat'Sous* installée dans l'ancien entrepôt de la rue Saint-Dominique. À une époque où les cours de danse sont rares, cette école obtient rapidement un large succès qui profite au *Quat'Sous.* Asselin enseigne aussi dans le milieu scolaire. En 1970, se sentant prêt à monter un véritable spectacle, il fonde la troupe *Omnibus.*

Paul Buissonneau réalise les décors de *Silence, on bouge!* qu'*Omnibus* présente avec succès au *Quat'Sous* en juin 1972. Les membres de la troupe choisissent ensuite de parfaire leur formation. Ils s'envolent pour la France et y demeurent jusqu'en 1977, travaillant avec les Decroux alors à l'apogée de leur carrière.

Au début des années 80, Jean Asselin rompt le cordon ombilical avec Paul et le *Quat'Sous* : l'école de mime devient autonome; mais les deux hommes travaillent encore ensemble lorsque Asselin réalise la mise en scène de *Titom*, la pièce de Marcel Sabourin et de Gilles Vigneault, en 1991.

□

Pendant dix ans, Paul Buissonneau ne rencontre aucun texte l'inspirant d'une manière aussi puissante que *Faut jeter la vieille.* Il réalise moins de mises en scène dans son propre théâtre mais travaille volontiers sur les décors.

Il est une vedette québécoise habituée des journaux et des émissions de télévision. Sa silhouette s'arrondit un peu plus, il porte de grosses lunettes rondes cerclées de noir et ses cheveux bouclés s'allongent. De plus en plus, il se caricature lui-même, dissimule l'homme derrière le personnage. Toujours vitupérant, toujours insatiable, il refuse peu de contrats et gagne bien sa vie. Mais il continue de tout entreprendre avec une intensité peu commune et, lorsque l'énergie le quitte, il s'effondre. Alors, Lorraine ne veille plus seulement sur le théâtre mais aussi sur son patron. À quelques reprises, Paul se laisse convaincre par elle de s'échapper en vacances. Le couple se rend en France, découvre Venise et s'offre une croisière sur un voilier dans les Antilles.

En 1972, il monte avec les élèves de l'École nationale de théâtre *Arbalètes et Vieilles Rapières.* En 1975, il reprend *Orion le tueur* et l'associe dans le même spectacle aux *Exercices de style* de Queneau que les comédiens interprètent non sur scène mais dans tous les autres lieux du théâtre : billetterie, vestiaire, bar, etc., accueillant les spectateurs avec de surprenantes et réjouissantes tirades.

En 1976, *Soudain l'été dernier,* de Tennessee Williams, dirigée par Jean Salvy, est un grand succès. Il faut attendre la fin des années 70 pour que Paul réalise d'autres mises en scène majeures, dont celle de *La Crique* du Français Guy Foissy. La démarche de Paul est alors parfaitement inverse à celle de 1969 pour *Faut jeter la vieille.* Cette fois, il choisit le dénuement total. Le décor et les accessoires sont réduits à leur plus simple expression. Un agrandissement photographique d'un nuage atomique occupe le fond de la scène et c'est tout. Les répétitions avec les deux comédiens, Hélène Loiselle et Gérard Poirier, donnent lieu une fois de plus à de belles empoignades car Paul cherche, tâtonne, inquiète... disparaît quand il ne sait plus.

Hélène Loiselle est sans aucun doute une des comédiennes qui servent le mieux l'esprit buissonnien et malgré cela, chaque fois que les deux artistes travaillent ensemble, ils se font la guerre !

Finalement, Paul construit un univers qui n'a rien à voir avec la version parisienne de la pièce jouée simultanément de l'autre côté de l'Atlantique. Mais l'auteur est ravi et les critiques montréalais saluent le travail accompli: « Simple, subtil et amusant », titre Martial Dassylva dans *La Presse.* Personne ne peut cette fois accuser Paul d'avoir transformé les acteurs en pantins: le spectacle repose avant tout sur le jeu des comédiens. *La Crique* permet à Loiselle et à Poirier de faire éclater leur talent.

Pendant l'hiver 1978-79, le couple Buissonneau-Richard réalise, l'un à la mise en scène, l'autre aux décors et costumes, deux spectacles remarquables. D'abord au *Théâtre Denise-Pelletier*, *La Cantatrice chauve* et *La Leçon* de Ionesco; puis, après une première version jouée en 1977, le *Quat'Sous* accueille en février *Théâtre de chambre* de Jean Tardieu. Les comédiens sont dix finissants du Conservatoire d'art dramatique de Montréal.

Paul prétend ne pas aimer le théâtre de Tardieu. Il a pourtant créé pour servir ce texte délirant, constitué de six courtes pièces, une mécanique extraordinaire d'efficacité. Il a effectué un travail d'horloger et partout on salue à la fois la finesse et la rigueur de sa mise en scène ainsi que la qualité des décors et costumes de Lorraine Richard.

Dans *Le Devoir*, Jacques Larue-Langlois parle de

> « [...] la rencontre de ces acteurs avec l'extraordinaire metteur en scène le plus inventif, le plus minutieux, le plus "swinguant" qu'est Paul Buissonneau. Rien n'est laissé au hasard. Les dix comédiens continuellement en scène pendant tout le spectacle [...] évoluent avec une infinie précision dans ce sublime ballet. »

□

À la suite du vingtième anniversaire du *Quat'Sous,* Lorraine Richard se dit qu'il est temps de célébrer avec éclat la carrière de Paul. Une grande décision est prise: monter à Paris *La Tour Eiffel qui tue*, le spectacle qui, avec *Orion le tueur*, marqua de façon extraordinaire les débuts du metteur en scène à Montréal. Il est temps que là-bas, au bord de la Seine, ils sachent que Buissonneau est un grand artiste. Il faut que Paul retourne chez lui planter son doigt dans le nombril du monde...

La pièce a été présentée avec succès au *Théâtre Port-Royal* de la *Place des Arts* en mai et juin 1976 pour l'ouverture des Jeux olympiques. Paul a fait venir René Lamoureux de France pour qu'il peigne les toiles de fond du décor. René... le guide, le maître, l'ami de toujours.

Cinq comédiens présents en 1957 sont de l'aventure parisienne : Paul alias l'ivrogne Duguesclin, Claude Léveillée, Jean-Louis Millette, Louis de Santis ainsi que Mirielle Lachance dans le rôle de Marie-Nuage. François Barbeau réalise les costumes.

Malheureusement, non seulement le retour triomphal au bercail n'aura pas lieu, mais le sort va pendant plusieurs mois s'acharner sur Buissonneau jusqu'à mettre en danger l'existence de son théâtre.

Au printemps 1979, Lorraine s'envole pour Paris préparer la production du spectacle qui aura lieu à la fin de l'année. Le choix de la salle se porte sur *Chaillot*... à deux pas de la vraie tour Eiffel.

Lorsqu'elle revient, Paul apprend que sa compagne a eu là-bas une aventure. Il est effondré. Mais la machine est lancée, il faut continuer les préparatifs, le budget est important. Les répétitions commencent et les décors sont reconstruits à une plus grande échelle pour l'immense scène parisienne. Bientôt, les mauvaises nouvelles se succèdent : les subventions escomptées sont refusées et le conseil d'administration du *Quat'Sous*, Jean Bazin en tête, fait savoir qu'il n'apprécie pas du tout cette idée de spectacle en France. Benoît Mailloux sent que l'affaire est mal partie. Il s'en ouvre à Paul, qui ne peut reculer et se porte garant financièrement du spectacle. Avant le départ de la troupe pour Paris, on décide de prendre une photo de famille. Benoît Mailloux refuse de se joindre aux autres. Tout va trop mal, il ne croit plus à la réussite du projet et se creuse déjà la tête pour trouver un moyen de payer les pots cassés à venir. Mailloux, qui a un billet pour Paris, refuse même de s'y rendre ; c'est Andrée Lachapelle qui accompagne son épouse !

En arrivant dans la capitale, Paul et Lorraine louent un petit appartement. La malchance continue : un jour qu'il s'en va promener son chien Quat'Sous, Paul trébuche dans l'escalier et se blesse sérieusement au dos. Il souffre le martyre pendant toutes les représentations. Son moral est au plus bas. Même si la promotion va bon train, même si *La Tour Eiffel qui tue* fait la une de *Pariscope*, le spectacle ne lève pas. La salle est trop grande et la magie opère moins. Une grève des techniciens vient perturber les représentations. L'ambiance entre les comédiens est très lourde. Et puis, c'est de *Starmania* que tout le monde parle à Paris : la première production de la comédie musicale de Michel Berger et Luc Plamondon frappe un grand coup. D'autres Québécois font parler d'eux !

Guillaume Hanoteau, l'auteur vieillissant de *La Tour Eiffel qui tue*, se met aussi de la partie : il affirme dans une entrevue qu'il ne se souvient même plus d'avoir écrit cette pièce ! Pour que le spectacle soit rentable, il faudrait que la salle soit pratiquement pleine tous les soirs, or c'est souvent loin d'être le cas !

Le tout se solde par une perte de deux cent quatre-vingt-cinq mille dollars ! Benoît Mailloux se voit obligé d'hypothéquer de nouveau le théâtre alors que la dette chez Roynat vient juste d'être épongée. À Paris, dès la dernière représentation, tout le monde s'enfuit afin d'oublier ce mauvais souvenir. Paul reste seul avec son décor et sa peine. Les relations avec Lorraine sont très tendues, mais il ne veut pas la perdre.

Au début de 1980, le nom de Lorraine Richard apparaît pour le décor et les costumes de *Rêve d'une nuit d'hôpital*, mise en scène par Gérard Poirier. Puis, elle s'en va.

Pendant les mois qui suivent, le désordre règne avenue des Pins. L'absence de Lorraine pèse lourd. Tandis que Paul erre, complètement démotivé, Benoît Mailloux se démène pour trouver de nouvelles rentrées d'argent. Il vend la maison mitoyenne avec le théâtre, dans laquelle étaient installés les bureaux. Et c'est à ce moment qu'on lance le *Théâtre de Picolo* et le *Quat'Saoûls bar* qui permet de produire de petits spectacles inédits, après les pièces régulières. On joue parfois trois spectacles par jour! Mailloux parcourt la province en tout sens dans sa Porsche 911 pour superviser quatre théâtres d'été, dont le *Manoir Richelieu* où en 1981 *La Duchesse de Langeais* de Tremblay, jouée par Claude Gai, fait scandale et est retirée de l'affiche sous la pression du directeur, M. Carraro. Celui-ci trouve la pièce trop vulgaire pour sa clientèle!

De nouveaux noms apparaissent au *Quat'Sous*: Alexandre Hausvater, Francisco Olaechea, André Montmorency, Richard Martin, Lorraine Pintal, René-Daniel Dubois et Denis Marleau.

Bientôt, la tempête se calme. Simone Martinet reprend sa place après quelques mois d'absence et remet de l'ordre dans la comptabilité. Pour prendre en main la production, Buissonneau va chercher Jean-Pierre Saint-Michel qui, après avoir fait de la pantomine avec Claude Saint-Denis et fondé le *Théâtre de carton*, a auditionné au début des années 70 à la Roulotte, devenue l'école, le passage obligé pour les jeunes qui se destinent au théâtre. Saint-Michel a derrière lui huit ans de Roulotte quand Paul vient le solliciter!

Paul déclare au *Journal de Montréal* qu'il est las du travail de metteur en scène: «J'ai le goût de faire des choses différentes et de ralentir.» À la Ville, il passe au Service des activités culturelles. Avec Monik Verschaelden, son chef de service, il va travailler à la mise en place des maisons de la culture.

Fatigué de la mise en scène? Buissonneau offre quand même, au début de l'année 1981, un superbe spectacle Ionesco. Épaulé aux décors et à la mise en scène par un jeune comédien du nom de Lothaire Bluteau, Paul monte *Les Chaises* et *Exercices de diction pour étudiants américains,* dans lesquelles dix jeunes comédiens issus du Conservatoire se partagent les répliques. Dépouillement, éclairages d'une densité rare, rythme... Le style Buissonneau est là. « C'est une véritable pièce musicale », affirme Martial Dassylva avant de poursuirve :

> « Des expériences de ce genre, et surtout aussi réussies, font reculer les barrières des conventions et nous font prendre conscience de la valeur intrinsèque du verbe qui est bien autre chose qu'un simple assemblage de syllabes et qui peut devenir, suivant les circonstances et l'inspiration du créateur, poème, chant, cri, musique. »

□

Au printemps 1983, après une interruption de deux ans, Paul revient à la mise en scène avec *Arturo Ui* de Brecht. Il continue d'épurer son style. En septembre, une critique cinglante de Robert Lévesque dans *Le Devoir* démolit une pièce de Michel Faure. Mais en novembre, au cours d'une réunion du conseil d'administration, on constate que les résultats sont meilleurs et que la dette est presque épongée. Pourtant, quelqu'un présent à cette réunion ne semble pas satisfait de la tournure des choses... Selon André Odet, depuis trois saisons, le *Quat'Sous* ne va plus nulle part, il n'a plus d'âme, plus de ligne directrice. Le propos est vague, sans attaque directe, mais bientôt dans le salon du *Ritz* qui tient lieu de salle de réunion, l'atmosphère s'alourdit. Benoît Mailloux ne dit rien, il attend, sait que Paul va réagir. Silence.

Soudain, la voix de Buissonneau se fait entendre : « Le problème du *Quat'Sous,* c'est moi ! » Et Paul admet alors qu'à cinquante-sept ans il est fatigué, vidé, qu'il n'a plus le cœur à l'ouvrage. On décide d'un commun accord que, tout en restant le patron du théâtre, Paul passera la main à quelqu'un de son choix pour assurer la direction artistique. Triste et soulagé à la fois, Buissonneau rentre chez lui ce soir-là en se demandant à qui il pourrait bien confier l'âme du *Quat'Sous.*

Avec Benoît Mailloux, ils en discutent sans parvenir à trouver de nom jusqu'au jour où Paul croise dans la rue Louise Latraverse. Il est déprimé et se confie à elle.

« L'autre soir, il n'y avait qu'une personne dans la salle, une dame... Je lui ai demandé si elle voulait que l'on joue quand même. Elle a dit : "Oui car vous savez je suis venue de loin pour voir ce spectacle." Alors on a joué pour elle seule et c'est nous qui avons applaudi cette dame à la fin... Ça ne te donne pas envie de brailler ?

— Écoute, Paul, veux-tu que je m'en occupe de ton théâtre ? Au moins pendant un an... » répond alors la comédienne.

Buissonneau observe un moment celle qui l'accompagnait vingt ans plus tôt au moment de la découverte de la synagogue... Pourquoi pas ? Il prévient Mailloux. On réunit le conseil, la candidature de Louise est acceptée, et le 15 février 1984, Nathalie Petrowski annonce la nouvelle dans *Le Devoir.*

Qu'a réellement Paul Buissonneau en tête lorsqu'il confie à Louise Latraverse la direction artistique du *Quat'Sous* ? Une petite phrase à la fin de l'article de Petrowski n'annonce-t-elle pas déjà la tempête qui éclatera deux ans plus tard : « Cela ne m'empêchera pas de me mêler des productions futures du *Quat'Sous*, dit-il, mais je le ferai d'un autre œil » ?

Tandis que Paul se joint à la tournée d'adieu au Québec des Compagnons de la Chanson, avenue des Pins Louise Latraverse impose son style et son enthousiasme. Dans *Le Devoir*, elle affirme vouloir « secouer les habitudes théâtrales montréalaises et faire du *Quat'Sous* un lieu de création toutes portes ouvertes ». La comédienne est une grande rassembleuse et elle se fait rapidement adopter par l'équipe du *Quat'Sous*, même par les plus réticents tel Jean-Pierre Saint-Michel, qui va devenir un vrai complice. Louise s'entoure de jeunes et fait venir autour d'elle des gens en qui elle a entièrement confiance et dont elle devine le potentiel, comme l'attaché de presse Pierre Bernard.

Personne ne s'attendait à une si rapide et si nette réussite. Pendant deux saisons, Louise Latraverse ramène le *Quat'Sous* sous les projecteurs, poussant par la même occasion sous ces feux des jeunes créateurs, pour la plupart de parfaits inconnus. Elle inaugure son mandat avec le spectaculaire *Aurore, l'enfant martyre,* un montage de textes mis en scène par René-Richard Cyr. Puis, en novembre 1984, c'est au tour de Robert Lepage de diriger *Circulations,* dont il est aussi le coauteur avec Lyse et Bernard Castonguay. La programmation des saisons 1984-85 et 1985-86 est exceptionnelle : Denis Marleau et Daniel Léveillé (*Théorème 1985),* Yves Desgagnés (*Nature morte, Les Nouilles*), René Richard Cyr de nouveau (*Couple ouvert* de Dario Fo), Michèle Magny (*Anaïs dans la queue de la comète* de Jovette Marchessault, avec Andrée Lachapelle dans un de ses plus beaux rôles), Daniel Roussel (*Being at home with Claude,* de René-Daniel Dubois, avec Lothaire Bluteau, Robert Lalonde, Guy Thauvette et André Thérien), Lepage encore avec son *Vinci,* et puis *Le Grand Cirque Ordinaire.* Les murs du théâtre eux-mêmes prennent un coup de jeune puisque Louise fait procéder à une toilette générale de la salle grâce à une subvention du ministère des Affaires culturelles alors dirigé par Clément Richard : le système d'éclairage et de sonorisation est modernisé, on change tous les fauteuils — on passe de cent cinquante-neuf places à cent soixante ! —, on enlève des colonnes et on rehausse la scène.

En septembre 1985, appuyé par Latraverse et Mailloux, Pierre Bernard a l'idée de créer les *Auditions générales du Quat'Sous* qui, chaque mois de mai, permettront à des dizaines de jeunes comédiens de faire voir et entendre leur talent.

Paul Buissonneau n'a pas changé ses habitudes, il vient régulièrement et assiste à toutes les productions. Il encourage sa directrice artistique, heureux apparemment des succès remportés. Pense-t-il en son for intérieur que son *Quat'Sous* est de moins en moins le sien et de plus en plus celui de Louise et de quelques jeunes inconnus? A-t-il l'impression que ses invités en prennent un peu trop à leur aise? Comme si on changeait le décor de sa propre maison sans même lui en parler?

Apparemment, l'entente est parfaite entre la directrice artistique et le patron. La preuve, au printemps 1986, alors qu'il s'apprête à partir en vacances, Paul reçoit un appel de Louise. Elle a besoin de lui. Le spectacle *Vinci* de Lepage est en rade. Fidèle à son habitude, le jeune metteur en scène monte et démonte depuis des jours la mécanique de sa pièce. Or, la date de la première approche et on pense que le spectacle ne sera jamais prêt à temps. Le soir même, Paul se rend au *Quat'Sous* et travaille une bonne partie de la nuit avec Latraverse et Lepage. La tension est forte... Les deux créateurs vont-ils se déchirer? Non, bientôt le rythme est enfin trouvé, la pièce se tient. Deux hommes opposés et proches à la fois, deux inventeurs d'imaginaire, ont collaboré avec succès: *Vinci* confirme bientôt de façon éclatante le talent de Robert Lepage.

Malgré tout, au mois de juin 1986, un coup de tonnerre éclate: Louise Latraverse envoie une lettre de démission à Paul Buissonneau qui, trois jours plus tard, l'accepte sans tenter le moins du monde de retenir sa collaboratrice. La comédienne invoque, d'une part, une ingérence inacceptable du président par l'intermédiaire de son vice-président Benoît Mailloux, et, d'autre part, l'impossibilité d'obtenir des moyens financiers adéquats pour faire fructifier les succès du *Quat'Sous* tel *Being at home with Claude.*

Paul, de son côté, défend son ami Mailloux — en guerre larvée depuis plusieurs semaines avec une Latraverse plus frondeuse que jamais — et accuse plutôt la comédienne de vouloir «prendre le pouvoir». C'est la guerre de tranchées et Buissonneau sort l'artillerie lourde.

Stupeur dans le monde du théâtre. Bataille de communiqués et de conférences de presse: la chicane éclate au grand jour, les journaux s'en font l'écho pendant tout l'été. Latraverse, épuisée par deux saisons menées à un rythme d'enfer, est brisée par cette fin abrupte. Elle part et se sent trahie. Pierre Bernard la suit. Peu de temps après, Simone Martinet donne sa démission à son tour.

Trois mois plus tard, Jean-Pierre Saint-Michel s'éloigne de l'avenue des Pins, accompagnant néanmoins dans une production du *Quat'Sous* Robert Lepage et son *Vinci* au Festival d'Avignon. Au *Quat'Sous*, Buissonneau et Mailloux, plus unis que jamais, reprennent les choses en main et, pour ne pas prêter le flanc à la critique aux aguets, décident de former un comité restreint qui choisira un successeur à Latraverse.

Louison Danis, une comédienne franco-ontarienne de trente-deux ans originaire d'Ottawa et qui a joué la marâtre dans *Aurore,* pose sa candidature parmi cent douze autres... Elle est finalement choisie et entre en fonction à l'automne 1986. À deux reprises, Danis a occupé le poste de directrice artistique d'un théâtre. Mais, outre son talent, elle semble aussi avoir été engagée parce que, étant à Montréal depuis peu d'années, elle n'était pas mêlée aux querelles qui divisaient alors le petit monde théâtral.

Toutefois, malgré une programmation riche (*Écart-temps* de John Hopkins, montée par Alexandre Hausvater, *Fool for love* de Sam Shepard, *Pour en finir une fois pour toutes avec Carmen* de Robert Lepage et Daniel Toussaint, *Extremities* de William Mastrosimone, qu'elle traduit elle-même, et enfin *Fragments d'une lettre d'adieu lus par des géologues* de Normand Chaurette), l'expérience ne dure pas. En 1988, Louison Danis démissionne après avoir guerroyé quelques mois avec Benoît Mailloux. Ce dernier et Paul Buissonneau vont alors chercher celui auquel ils pensent depuis longtemps : Pierre Bernard.

Buissonneau mène une subtile entreprise de séduction pendant six mois auprès du futur président et directeur artistique du *Quat'Sous* :

« Benoît Mailloux, l'émissaire, m'a approché le premier. Je me sentais très mal à l'aise car j'avais quitté l'avenue des Pins par solidarité avec Louise... Je me suis toujours senti très proche d'elle, tant artistiquement que personnellement. Si finalement j'ai accepté de revenir, c'est parce que je ne voulais pas demeurer attaché de presse, j'avais la passion de la création théâtrale et, surtout, j'avais été atteint une bonne fois pour toutes par le virus du *Quat'Sous.* »

Louise Latraverse pardonne difficilement à son adjoint cette volte-face, mais le lien ne sera jamais vraiment rompu. En 1992, Pierre Bernard fait des débuts remarqués de metteur en scène pour *Traces d'étoiles.* Il poursuit avec succès la politique instaurée par Louise et fait la part belle chaque année dans la programmation aux jeunes artistes québécois.

À la fin des années 80, après avoir joué dans la comédie musicale *Napoléon-Lama* avec le chanteur français, Paul Buissonneau met en scène la première pièce de Gilles Carle : *La terre est une pizza,* qui est présentée au Québec et au Festival d'Avignon. Avenue des Pins, il monte *Léola Louvain écrivaine,* d'André Ducharme, avec un succès mitigé.

Depuis, il n'a pas monté d'autres pièces au *Quat'Sous.* Mais il assiste à toutes les premières, gueule, félicite, conseille. Il est là même quand il n'est pas là !

En 1990, à la suite d'une suggestion de Benoît Mailloux, Paul se décide à vendre son théâtre. Les difficiles négociations durent des mois.

Et quand, en 1996, Pierre Bernard souhaite prendre ses distances avec le *Quat'Sous,* Paul Buissonneau, qui n'en est plus le propriétaire, et Benoît Mailloux, qui n'est plus président du conseil d'administration, parviennent à le convaincre de ne point s'en aller trop loin... Pierre Bernard ne prend qu'une année sabbatique et confie les rênes à Robert Lalonde.

Décidément, dès que le temps se gâte autour du *Quat'Sous,* Buissonneau et Mailloux arrivent à la rescousse...

SCÈNE II

La mise en scène ou l'impérieuse nécessité de vaincre le néant

Personnages principaux

LE TEXTE : le prétexte
JACQUES COPEAU, LÉON CHANCEREL : l'influence
PAUL BUISSONNEAU : le metteur en scène

Nous sommes en pleine grossesse de la dramaturgie québécoise.

Côté cour : un monde d'objets offerts aux délires les plus fous
Côté jardin : une terre à défricher

PLUSIEURS DIZAINES DE MILLIERS DE MOTS imprimés en noir sur des centaines de pages blanches. Un espace légèrement surélevé la plupart du temps, vide, éclairé par la lumière trop crue de lampes dites de service. Face à celui-ci, quelques centaines, voire des milliers de fauteuils vides méthodiquement serrés et alignés dans la pénombre, de la façon la plus rébarbative qui soit. Un silence presque irréel, dont un esprit malin semble avoir retiré le moindre souffle. Une immense solitude qui, si on n'y prend garde, peut vous entraîner irrémédiablement vers la folie, vers le néant !

Voilà grosso modo la forme originelle d'une pièce de théâtre, son stade embryonnaire. Le point zéro où se trouve un être humain nommé metteur en scène qui s'engage à mettre au monde les fantasmes d'un autre spécimen que l'on désigne sous le vocable d'auteur !

Sa mission est impérative et sans ambiguïté : il lui faut donner la vie avec émotion et remplir chaque soir ces fauteuils jusqu'à former une masse sombre et compacte. Peu importe les moyens utilisés, il n'y a pas de limites. Il peut user du rire ou des larmes, de la douceur ou de la violence. Il peut recourir au mensonge ou à la fidélité. Il peut faire gémir, hurler, crier ou seulement respirer. Il peut créer l'illusion ou simplement reproduire la réalité. Il peut explorer n'importe quoi, n'importe comment, avec n'importe qui, à l'infini. Tout est possible, il n'y a pas d'interdit... sauf un : l'ennui. Ce dernier engendre inéluctablement le vide, qui est le seul ennemi du metteur en scène.

Créer la vie, c'est refuser ce vide !

Cette situation quasiment insupportable, Paul Buissonneau ne cesse de l'affronter tout au long de sa carrière. À chaque nouvelle mise en scène, il lui faut recréer l'illusion. Partir de ces mots patiemment ciselés par l'auteur pour que, tapi au fond de son siège, le spectateur n'en croie pas ses oreilles et ses yeux. Pour que dans ce lieu trop vide qu'est une salle de théâtre le rêve l'emporte sur le néant. Surprendre, émerveiller, effrayer ou subjuguer, il faut user de tout. Encore doit-on avoir la force et les ressources nécessaires pour entreprendre une tâche aussi démesurée. Tout acte de création trouve son inspiration dans le labyrinthe de soi-même. Puiser au plus profond de sa nature, de ses émotions, de sa culture et de son expérience, c'est le processus incontournable qui s'impose à chacun, donc à Paul Buissonneau. Dès sa première mise en scène, il se trouve confronté à lui-même avec ce que cela implique de carences et d'abondances.

D'un point de vue général, Buissonneau est un héritier naturel de Léon Chancerel. Sa conception du théâtre est dans le prolongement logique du scoutisme fondé en 1908 et qui donne naissance vers 1913 au *Théâtre* et à l'*École du Vieux-Colombier* de Jacques Copeau, lui-même inspirateur des comédiens-routiers de Chancerel. Dès 1930, ce dernier explore une nouvelle forme de théâtre en préconisant la suppression du décor en trompe-l'œil, une vive franchise des costumes, l'emploi du masque, la recherche d'un style dans la rapidité, la netteté et la précision du rythme, le côté sportif et jeune de la chose et enfin l'anti-cabotinage. Chancerel pose très clairement les fondations de ce théâtre qu'il qualifie de populaire :

> « Par théâtre populaire, nous entendons un art susceptible de rassembler, de toucher, d'émouvoir ou de faire rire, non une classe, mais toutes les classes qui composent un peuple, en l'espèce le peuple français et par-delà, s'il se peut, tous les autres peuples[1]. »

Cette démarche est également motivée par une volonté affichée d'« opposer à la propagande communiste autre chose que des saynètes de patronage[2] ».

Même si Paul Buissonneau ne suit pas les cours de Chancerel, le peu de temps qu'il passe au *Centre dramatique Kellerman* lui suffit pour se familiariser avec ce type de théâtre. Ses visites trop sporadiques sont compensées par une faculté d'assimilation exceptionnelle. Sans doute conditionné par une jeunesse pendant laquelle il a fallu apprendre très tôt à se débrouiller seul, il fait partie de ceux qui pigent vite. La simplicité de sa réflexion, sa vivacité d'esprit sont de véritables atouts. Il voit, il entend, il sent : il a déjà compris. À travers le filtre de sa personnalité opiniâtre et curieuse de tout, un transfert se produit depuis les orientations du fondateur des comédiens-routiers jusqu'à sa propre conscience. Les grandes réflexions de ce courant théâtral s'imposent tout

1. Conférence du 9 février 1937 aux Annales.
2. Gabriel Marcel dans *La Vie intellectuelle*, 1938.

naturellement. Paul Buissonneau adhère à l'idée que la beauté du spectacle réside dans l'unité du jeu et surtout dans son caractère collectif. Il comprend immédiatement que le spectateur est sensible au rythme, rythme du verbe et rythme du jeu. Il fait sienne la définition de Chancerel quant à la récitation chorale :

> « La récitation chorale est, avec des exercices fréquents d'assouplissement corporel, le premier stade de la formation d'un chœur. Elle habitue à ne pas songer qu'à soi, oblige l'individualité à faire sa partie dans un ensemble, à s'efforcer d'exprimer, non pas sa propre pensée, mais celle de l'équipe. »

Il réalise cette autre définition de Chancerel comme quoi :

> « Le masque oblige le corps tout entier à exprimer les sentiments, puisque le masque n'exprime que le caractère. Il interdit tout naturalisme. »

Il découvre les vertus de la farce, toujours dans l'esprit de cet infatigable animateur :

> « La farce, proche de la danse par le chemin du burlesque et de la pantomime, je crois qu'elle mène tout droit à la poésie pure. »

Enfin, il applaudit des deux mains quand Copeau va jusqu'à prédire :

> « C'est peut-être, c'est sans doute d'une renaissance de la farce que procédera le renouvellement dramatique total auquel nous voudrions contribuer. »

Paul Buissonneau est donc un enfant légitime de cette révolution théâtrale. Mais comme tout enfant, il n'est pas une reproduction ennuyeuse et parfaite de celui dont il est issu. Sa personnalité et sa force créatrice résultent d'autres paramètres qui, s'ils ne sont pas dominants, jouent un rôle primordial par leur originalité.

Pour Jean-Claude Germain, il y a un élément qui s'ajoute à cette filiation :

> « Paul Buissonneau a été influencé par la rive gauche à Paris, celle de Michel de Ré et de Boris Vian, par le petit théâtre issu de la tradition des Quat'Zarts, c'est-à-dire un théâtre monté à la va-vite avec un genre de texte tarte. »

À l'époque où le néophyte consomme son union sacrée avec la scène, à l'époque de la création d'*Orion le tueur*, le théâtre québécois est en pleine mutation. Il en a fini avec le théâtre « scouteux-moyenâgeux-chrétien » des Compagnons de Saint-Laurent, lui-même directement issu des théories de Jacques Copeau. À la suite de troupes éphémères comme *La Comédie de Montréal* de Paul L'Anglais, *Le Jeune Colombier* de Jean Duceppe et *L'Équipe* de Pierre Dagenais, sans oublier le *Théâtre d'essai de Montréal* fondé par Jean-Louis Roux et Jean Gascon, de nouvelles compagnies prennent solidement racine dans le paysage montréalais. Nés principalement de la volonté des mêmes protagonistes, le *Théâtre du Rideau Vert* fondé en 1949 par Yvette Brind'Amour, le *Théâtre du Nouveau Monde* créé par Jean-Louis Roux, Jean Gascon, Georges Groulx ainsi que Guy Hoffman en 1951 et le *Théâtre Club* instauré par Jacques Létourneau et Monique Lepage à la fin de 1953, ces trois groupes font autorité chacun à leur manière.

Par ailleurs, durant cette période qui va du milieu de la Seconde Guerre mondiale à l'année 1956, la dramaturgie québécoise n'est pas en reste. Elle se manifeste en empruntant des voies radicalement opposées, deux approches qu'incarnent parfaitement deux noms : Claude Gauvreau et Gratien Gélinas. Si ce dernier fait mouche avec *Tit-Coq*, qui devient un véritable succès populaire et un symbole de l'identité théâtrale québécoise, Claude Gauvreau travaille plutôt dans la confidentialité avec entre autres deux pièces automatistes qui ne sont jouées qu'un seul soir mais dont l'appartenance au mouvement du *Refus global* offre une garantie de modernisme et de provocation dans l'esprit du surréalisme.

En somme, aux premiers jours de 1956, le théâtre québécois est bien vivant et semble avoir rattrapé à sa manière le décalage habituel qui le maintenait jusqu'alors à la remorque du théâtre « français de France ». En ce sens, le succès de *Don Juan* par le *TNM* à Paris en 1954 a valeur de symbole.

C'est donc dire que Paul Buissonneau ne débarque pas dans un pays sous-développé en matière théâtrale, mais arrive au bon moment, dans un milieu qui n'a pas encore atteint sa pleine maturité. Chaque groupe se cherche encore et c'est sans doute ce qui explique qu'il y a de la place pour les plus téméraires comme lui. Enfin, il est à noter que le théâtre est essentiellement entre les mains d'une certaine bougeoisie et que les meneurs sont à classer du côté des intellectuels plus que des ouvriers.

Bien qu'issu lui aussi de Copeau et de Chancerel, Paul Buissonneau atterrit dans le monde du théâtre comme un être atypique. Il est impossible à classer, sans principe ni théorie, il n'est guidé que par l'instinct : il surprend autant le milieu que le public. Pour Jean-Claude Germain, Paul Buissonneau arrive dans un terroir parfait.

> « Paul crée une tradition du théâtre pauvre et une capacité de transformer les objets du quotidien en des objets magiques. Paul montre qu'il est possible de faire du théâtre avec peu. Après lui, les autres ont suivi et moi également. »

Jean-Louis Roux, pour sa part, trouve rapidement comment définir ce nouveau metteur en scène.

> « J'ai été impressionné d'emblée par la rigueur du spectacle que la fantaisie n'empêchait pas. C'était très drôle et plein d'inventions.
> Au fond on peut considérer que, bon an mal an, le *TNM* était dans une tendance traditionnelle, plus inspirée de ce qu'avait

fait en France le *Cartel*[3]. Paul, lui, était dans une tendance révolutionnaire plus proche des comédiens-routiers. Nous n'étions pas nombreux à l'époque, donc pionniers par la force des choses. »

En fait, avec l'arrivée de Paul Buissonneau, le théâtre au Québec subit un véritable choc. À travers lui, il s'ouvre à tout le public sans distinction. Il se débarrasse de sa raideur intellectuelle sans tomber pour autant dans la bassesse et la complaisance. Tout le monde y trouve son compte et son plaisir. En somme, au début du moins, le patron du *Quat'Sous* est fidèle à la mission que lui a confiée Claude Robillard : la culture par tous et pour tous.

D'autre part, il ne faut pas mésestimer l'importance du cadre de travail dans lequel évolue l'employé municipal Buissonneau au cours de son éclosion en tant que metteur en scène au Québec. De par sa fonction, l'homme n'est pas dans la même situation que les autres metteurs en scène et directeurs de troupe. Les contingences sont bien différentes. Avant tout, il est payé par le contribuable et dans ces conditions il n'est là ni pour faire du profit ni pour en tirer lui-même un quelconque avantage matériel. C'est son salaire qui est engagé dans ses mises en scène en qualité de moniteur de district. S'il monte ses premiers spectacles, c'est à l'initiative de son patron qui, par le truchement des festivals d'art dramatique, veut montrer aux Montréalais et Montréalaises le résultat d'un travail effectué tout au long de l'année durant les ateliers et les cours.

Il est donc hors de question de fonctionner selon les critères en vigueur dans le théâtre, qui lui est une entreprise privée. Cette situation spécifique à la compagnie du *Théâtre de Quat'Sous* implique nécessairement une approche différente. Au

3. Regroupement de compagnies : *Le Vieux-Colombier* de Jacques Copeau, *L'Atelier* de Charles Dullin, *L'Athénée* de Louis Jouvet, le *Théâtre Montparnasse* de Gaston Baty, *Les Mathurins* de Georges et Ludmilla Pitoëff.

début du moins, les comédiens ne sont pas payés, ce sont des amateurs recrutés et formés par le metteur en scène lui-même. Le vedettariat et les auditions sont donc naturellement exclus. Ensuite, l'idée d'une programmation réfléchie, cohérente quant au choix des pièces, ne se pose même pas. La seule règle consiste à trouver un spectacle attrayant pour le public et qui offre assez de rôles pour faire jouer un maximum de gens. Enfin, il est indispensable que ce spectacle soit bon marché puisque, à part son salaire, Paul Buissonneau ne dispose de presque rien, si ce n'est le maigre budget d'animation, pour payer décors, costumes et accessoires.

Ainsi mandaté, le metteur en scène n'a guère de choix. S'il fait un théâtre pauvre, c'est par la force des choses. S'il s'investit autant dans ses mises en scène, c'est par un réflexe naturel, celui de faire son métier en bon fonctionnaire, comme il se doit. S'il n'a pas d'appréhension, c'est parce qu'il n'a pas d'ambition particulière.

> « Le mot *carrière* est à chier. Je ne me suis jamais pris pour un professionnel. Pour moi, la Ville c'était important parce que je suis un fainéant-né. Si j'avais pas eu cette discipline, je n'aurais pas fait tout ce que j'ai fait. La Ville, c'était un peu comme mon père ou ma mère qui me rappelaient à l'ordre : attention, ce soir tu as un atelier ou des répétitions. »

Assez rapidement, grâce à la réputation de son fondateur, la compagnie du *Théâtre de Quat'Sous* se met à voler de ses propres ailes, c'est-à-dire qu'elle n'a plus à rendre des comptes à la Ville de Montréal. C'est Paul Buissonneau, avec ses cachets de *Picolo* et de la publicité, qui finance lui-même complètement les productions tout en recrutant son équipe toujours de la même manière. Dans le fond, cela ne change rien, les méthodes restent les mêmes, mis à part les coûts de production incluant la location des salles.

À cette époque-là, c'est lui qui prend véritablement les risques. Cela explique sans doute l'assurance de plus en plus grande qui naît en lui, encore une fois par la force des choses. Lorsqu'on y va de ses propres deniers, on est parfaitement en droit d'être plus ferme, plus exigeant. *Le Manteau de Galilée* est certainement la production la plus représentative de cette évolution. Non seulement Paul Buissonneau écrit le texte, mais il loue l'*Orphéum* tout en obtenant la participation gratuite de comédiens professionnels parmi sa troupe d'amateurs. Situation cocasse dont il doit être le seul à jouir durant cette période au Québec. Et le plus singulier, encore une fois, c'est qu'il n'a rien demandé à personne. Si tout ce beau monde est venu vers lui, c'est à l'initiative de Tania Fédor. On lui fait confiance, on veut être de la partie, presque à n'importe quel prix !

Sa réputation de metteur en scène se solidifie même si ses méthodes commencent à faire jaser. Sa personnalité est vite connue dans le milieu. Les avis sont partagés, mais pas les envies. Il y a chez cet homme une façon de travailler qui lui est propre, qui échappe à l'entendement, inquiète et séduit en même temps. La curiosité des comédiens et comédiennes est plus forte que tout. Mais quelle est donc la méthode Buissonneau ?

Jacques Languirand, qui a créé le *Théâtre de Dix-Heures* la même année qu'est né le *Quat'Sous*, voue une certaine admiration à ce phénomène et donne une réponse partielle à la question.

> « C'est un véritabe génie. C'était ahurissant de le voir travailler. Je n'ai jamais vu un metteur en scène dire autant d'ordures à un comédien sans que cela porte pourtant à conséquence. Il avait cette faculté unique de briser chez les comédiens ce noyau d'amour-propre qui empêche de se donner totalement. »

Venant d'un homme qui connaît et explore depuis toujours l'âme humaine, la réflexion vaut son pesant d'or. Il est certain qu'à partir du moment où Paul Buissonneau commence à diriger des comédiens on entre dans un autre monde, un univers brut où le surperflu n'a plus cours, un espace aux dimensions presque inconcevables. Les rapports sont crus, le temps n'est plus aux précautions, à la diplomatie, à la mièvrerie, à la philosophie ou à la métaphysique. Les mots tombent avec rudesse, fermeté et violence, mus probablement par la motivation inconsciente de tout déstabiliser pour mieux retrouver la nature profonde du comédien, la plus sincère, la plus juste, celle qui se cache derrière cette espèce de boue gluante, informe et visqueuse qui recouvre peu à peu chaque être humain tout au long de son parcours social depuis sa naissance. Et ça, ce petit costume taillé par la société, sur une scène, Paul Buissonneau ne le supporte pas. Il entre dans des colères monstrueuses, use de comportements effrayants, utilise des mots qu'on oserait à peine prononcer tout bas. Il entre dans cet état second sans se forcer, parce que c'est ainsi qu'il faut faire, parce qu'il n'y a pas d'autres solutions, parce qu'il faut jouer le jeu tout nu, sans tricher avec soi-même. Il est comme ça parce qu'il ne sait pas être autrement. Il est lui et il veut qu'il en soit de même pour les comédiens qu'il dirige.

> « C'est plaisant de dire des ordures, mais c'est une provocation voulue. Il faut noter que je dis des ordures à tout le monde. J'ai toujours galéjé, déconné. C'est un besoin pour moi de dire des conneries.
>
> Je peux être cruel aussi. Moi-même je me déstabilise constamment pour être en esprit de recherche, d'invention. C'est fou, des fois je piquais des crises de nerfs qui me rendaient à bout et là ça partait. Un comédien qui n'arrivait pas à se trouver, je le provoquais. C'était le seul moyen. Il fallait que ça sorte. »

Avec cette attitude primitive impressionnante, inadmissible et ignoble pour certains, nécessaire et justifiée pour d'autres, Paul Buissonneau n'est pas loin de la théorie de l'enseignement dramatique telle que l'a exposée dès 1951 Claude Gauvreau dans *Le Canada.*

« L'observation me persuade que la seule fin saine d'un enseignement dramatique est de créer chez l'élève la disponibilité la plus vaste possible. C'est-à-dire annihiler tous les états moraux et physiques qui entravent ou paralysent la libre activité de la vie sensible.

Les apports les plus personnels d'un être lui sont généralement inconscients. Destructeur d'inhibition d'abord et avant tout, le professeur devient ensuite révélateur d'authenticité permanente.

La disponibilité intégrale est le seul but respectable de tout enseignement d'art[4]. »

Ce qui vaut pour l'enseignement théâtral est totalement vrai dans le cas de la direction de Paul Buissonneau. Et ce qui est étonnant par ailleurs, c'est que cette situation était déjà suggérée dans le travail de Chancerel, comme le souligne Jean Cusson.

« Pour être complète, cette épuration doit atteindre la personne intellectuelle et surtout morale de l'acteur. Pareille réforme exige la réunion autour d'un chef à qui ils (les comédiens) accordent toute autorité, lequel aurait voué sa propre personnalité, sa propre vie, à l'exaltation de la personnalité de ses compagnons, pour la plus grande vie de l'équipe[5]. »

Mais on ne hurle pas sans faire frémir le monde. Il est vrai qu'à la fin des années 50 et pendant les années 60 au Québec, la méthode a de quoi surprendre, comme le précise Jean-Louis Roux.

« Paul, c'est le genre de metteur en scène dictateur, d'après ce que j'ai vu. Il allait donc à l'encontre du mouvement qui s'esquissait à ce moment-là où, au contraire, on disait que les

---

4. Renée Legris, Jean-Marc Larrue, André-G. Bourassa, Gilbert David, *Le Théâtre au Québec*, 1825-1980, VLB Éditeur, Montréal, 1988.
5. *Un réformateur du théâtre, Léon Chancerel*, Éditions Fides, Montréal, 1942.

> comédiens et comédiennes devaient participer à la mise en scène, la mise en forme d'une pièce et que le metteur en scène était plutôt là comme une espèce de meneur de jeu. »

Pour le patron du *Quat'Sous*, la contribution du comédien à la mise en scène reste à prouver.

> « En quarante ans, il n'y a jamais eu beaucoup de propositions de la part des comédiens ou comédiennes. Il fallait qu'ils suivent, ils n'avaient pas le temps de penser, il fallait que ça roule. »

C'est là que Paul Buissonneau se démarque des autres metteurs en scène. Parce que au fond ses objectifs sont les mêmes. Il attend du comédien qu'il se libère, qu'il se mette en danger.

Mais lui n'a pas le temps. Il ne peut pas se permettre d'argumenter, d'expliquer, de décortiquer le rôle ou le personnage. Il lui faut agir vite, avec précision et efficacité. Et quand bien même il disposerait d'un peu de temps, il ne se croit pas assez instruit pour ça. Il réagit en pragmatique. Il précipite les choses là où d'autres ont le loisir de les manipuler, de les suggérer, de les susciter. Il surmonte son complexe de non-intellectuel en usant intinctivement de la méthode la plus crue. Il pulvérise le carcan du comédien sans ménagement.

Il le fait d'autant plus violemment qu'il veut à tout prix anéantir cette relation impudique qui constitue la base même du rapport entre l'acteur et le spectateur. Assis dans son fauteuil, ce dernier est un véritable voyeur qui vient pour se régaler ou s'indigner de la nudité de celui qui évolue sur scène, comme aux jeux du cirque. Et le seul moyen de modifier ce rapport pervers consiste à entraîner le voyeur hors de la réalité, à détourner son attention. Pour y parvenir, le comédien doit être absolument convaincant, irréprochable. C'est cet effort extrême que Paul Buissonneau suscite chez les comédiens et les comédiennes.

Et pour peu qu'on accepte de jouer le jeu, l'effet se fait rarement attendre, comme le précise Pascale Montpetit qui travaille avec lui à la fin de sa dernière année au Conservatoire.

> « Paul, c'est un continent. Avec lui il faut montrer notre fragilité sans complaisance mais sans dissimuler la vulnérabilité. Avec lui il faut aller au fond. C'est quelqu'un qui semble avoir une conscience aiguë du temps qui passe et de la précarité des choses. Il ne supporte pas le gaspillage du temps. Il ne supporte pas de voir que l'on n'est pas en vie. Il faut être là tout le temps. Et ses colères sortent de sa bouche malgré lui, comme un éternuement ! »

Il n'y a plus guère de retenue chez lui dès lors qu'il entreprend une mise en scène. Il y met une énergie presque surhumaine, comme en témoigne Jean Asselin.

> « Il mettait une telle intensité dans l'effort, c'est comme s'il fourrait !... Quand on entrait en répétitions avec Paul, il fallait vraiment se mettre au diapason et syntoniser exactement le rythme qu'il imposait. »

Au fond, peut-être s'arrange-t-il pour que la situation ne lui laisse pas le choix. Il réalise tellement de choses, il est tellement sollicité, il a tant d'idées et de projets en tête qu'il ne peut plus faire autrement. Il fonce tête baissée, et ceux qui acceptent de le suivre sont les bienvenus. Les autres, tant pis pour eux !

Il est intéressant de constater que ceux qui se plient à sa méthode le comprennent immédiatement. Et à quelques rares exceptions près, ces hommes et ces femmes ont de remarquables carrières. Ils ou elles ont saisi d'emblée qu'il y avait tout à gagner à travailler avec Buissonneau. Ce qui était vrai à ses débuts l'est encore presque quarante ans après.

Qu'on en juge par les propos de plusieurs personnes qu'il a dirigées. Claude Léveillée d'abord :

« Paul était extrêmement dur avec moi. Il était dur dans le bon sens du terme, c'est ça qui m'a formé, c'est ça qui m'a fait. Cette rigueur, je l'avais, innée, de mon père. Je comprenais très bien ce que Paul était en train de révéler en moi et que j'avais déjà. »

Ensuite, Julien Poulin, qui a été son assistant à la Roulotte pendant cinq ans :

« Un jour où les répétitions allaient mal, où tout semblait lourd, paresseux, il s'est exclamé : "Bande de nègres blancs d'Amérique, vous êtes des nègres drabes." Ça nous avait piqués mais on ne voulait pas le montrer. On se disait : "Tu vas le ravaler, mon maudit." J'aime ça ce côté-là, pour autant que l'individu ne se cache pas tout le temps derrière cette carapace. »

Enfin, Pascale Montpetit, qui est restée très proche de lui :

« Il nous a toujours encouragés à aller vers quelque chose de nouveau. Dans les improvisations, comme un sourcier avec son bâton, il détectait aussitôt ce qu'il y avait d'intéressant. Quand Paul nous traitait de fromages mous, ce n'était pas personnel. Cela voulait dire : sortez de votre personnalité quotidienne. C'était comme un ordre. »

Mais il arrive qu'il y ait des dérapages, des malentendus qui ne sont pas nécessairement le fait de comédiens ou de comédiennes. Il faut dire aussi que les propos de Paul Buissonneau vont très loin, parfois jusqu'à faire mal aux gens comme ce fut le cas avec Hélène Loiselle dans *Le Chemin du Roy*. Certes, elle reconnaît que la dureté de ce metteur en scène est une richesse et qu'il y a chez lui une tendresse sous-jacente, mais cela ne l'empêche pas d'avoir été blessée par un événement grave : « Il y a des choses qui sont difficiles à oublier. »

Elle veut sans doute parler de cette colère mentionnée par Jean-Louis Millette où, au cours des répétitions, Paul Buissonneau dit à la comédienne :

> « Si t'es pas capable de comprendre j'vais t'enfiler une crosse dans le cul jusqu'à temps qu'elle ressorte par la bouche et là tu comprendras. »

Devant la violence de cette sortie, Lionel Villeneuve intervient pour défendre Hélène Loiselle et obliger Paul Buissonneau à se calmer, à modérer ses propos.

Jean-Louis Roux, de son côté, rappelle, à propos de *Eux ou la prise du pouvoir,* qu'il avait confié au metteur en scène :

> « Il y avait une mésentente complète entre Geneviève Bujold et lui. À un moment donné, elle a exigé qu'il n'y ait pas de changements de décor. Est-ce que ça a déplu à Paul ? Je ne sais pas, mais c'est allé très loin. Ils se sont giflés mutuellement et il est parti. Je me suis retrouvé avec la pièce à terminer. »

Il convient de souligner que, dès le début des répétitions, Paul Buissonneau est déstabilisé, contraint d'exiger le remplacement d'un Jean Coutu désagréable par Jacques Godin. Par ailleurs, Geneviève Bujold dispose, selon son contrat, d'un droit de regard sur la mise en scène, ce qui est assez inusité. Cependant, il semble bien qu'il y a là un dérapage qui se prolonge après sa démission, toujours d'après Jean-Louis Roux.

> « Paul est revenu pendant les représentations. Il se tenait dans le hall d'entrée du *TNM* et gueulait : “Espèce de conne !” en parlant de Geneviève. C'était sans doute un moyen de défense mais ça, c'est le côté que je n'aime pas de Paul. »

Toujours est-il que, même s'il n'est pas dans un état de crise, il a tendance à prendre un comédien ou une comédienne comme bouc émissaire. Il s'acharne dessus, en évitant de s'adresser directement à la personne concernée, ce que confirment bien des observateurs. Cette attitude, en soi répréhensible, dénote une hypersensibilité. Il est probable que c'est l'investissement affectif démesuré dans son travail qui suscite ce type de réaction. Trop ému par les difficultés du comédien ou de la comédienne à donner ce qu'il désire, il ne parvient pas à contrôler la plaie qui s'ouvre en lui. Dans un véritable désordre émotionnel, il est alors incapable de se modérer et de raisonner pour obtenir ce qu'il veut. Il transfère ce bouleversement sur une peccadille qu'il lui est aisé de repérer chez un autre membre de la troupe. Encore une fois, il ne faut pas oublier que Paul Buissonneau n'est pas un homme de théorie ou de méthode. Il ne peut donc avoir recours à rien d'autre qu'à ses propres émotions qui, si elles ont bien souvent la richesse de celles d'un enfant, en ont parfois la pauvreté et les insuffisances.

> «J'ai la prétention de savoir où je vais, alors je n'ai pas à pérorer avec les uns ou les autres. On va voir. Si ce n'est pas bon, on change, mais on fait. Discuter d'une façon intellectuelle ça me fait chier, ça ne veut rien dire.
>
> J'étais très bien dans ce que je faisais. À ceux qui se plaignaient au bout de deux heures parce qu'ils étaient fatigués, je disais: "T'es fatigué, pauvre con. Qu'est-ce que tu ferais si tu travaillais en usine? T'aurais encore six heures à te taper, connard!"»

Argument simpliste mais concret illustrant bien l'état d'esprit qui règne au cours des répétitions.

Il arrive aussi que ses réactions prennent un tour inusité, comme le rapporte Michel Faure au moment des répétitions de sa pièce *Visite libre*.

> «C'était une période difficile; Paul est arrivé au *Quat'Sous* et au lieu de s'occuper du problème de distribution, il s'est intéressé aussitôt à une botte de poireaux qui traînaient dans une boîte, sur la scène. En colère, il a demandé ce que c'était. On lui a répondu qu'il s'agissait d'accessoires restant d'une répétition précédente. Il a trouvé ça dégoûtant de gâcher ainsi des poireaux. Il s'est emparé d'un couteau et a enlevé ce qui n'était plus bon pour ne garder que le meilleur. Ça a duré une

heure. Il a terminé en disant: "Je vais me faire une soupe avec!" »

D'un point de vue pratique, même s'il aborde chaque mise en scène différemment, sans méthode, Paul Buissonneau reconnaît toutefois qu'il existe pour le comédien une façon de travailler qui repose sur la notion de dominante. Une fois qu'il a envoyé promener l'ego de l'individu pour qu'il puisse mieux servir le rôle, Paul Buissonneau lui inculque cette dominante.

> « Ce que j'essayais d'apprendre à mes comédiens: pogner une dominante et rester dedans sans la forcer. Par exemple, ma dominante c'est: je vais me laver les pieds. J'agis, mais je ne pense pas à autre chose. Je ne me fais pas de cinéma. Je vais me laver les pieds parce que je suis sûr qu'une fois dans la salle de bains il va m'arriver quelque chose. Quand j'ouvre la porte, il m'arrive quelque chose. C'est toujours agir sans prévoir. »

C'est avec Maximilien Decroux que Paul Buissonneau a eu l'occasion d'expérimenter cette méthode. Decroux le prenait en exemple et le faisait agir. Ensuite, il expliquait sa démarche aux autres. Paul Buissonneau improvisait seul en trouvant sa dominante et, si rien n'arrivait, il continuait.

> « Mais à deux, c'est beaucoup plus difficile, il faut une générosité extraordinaire pour ne pas amener l'autre à faire ce qu'on veut. Il faut une grande écoute, de manière à saisir la dominante qui s'offre à nous.
>
> Decroux n'aimait pas ceux qui faisaient leur cinéma. Il les renvoyait s'asseoir. Je m'en rendais compte aussi, je les voyais venir comme des gros jambons! »

Quant aux notes de mise en scène, autant dire que c'est le dernier des soucis de Buissonneau. Tout est dans sa tête. Pour lui, c'est aux comédiens de saisir et de noter ce qu'il dit. C'est précis, mais ça passe vite. À chacun de conserver les traces.

> « J'ai toujours dit aux comédiens : vous n'êtes pas des mécaniques, vous avez la responsabilité du texte avec votre jeu. Ils ont tout un travail à faire, et s'ils l'assument, ça fait un succès. »

De son propre aveu, Paul Buissonneau jalouse les comédiens qui sont capables de mémoriser des textes incroyablement longs alors que lui ne se souvient de rien. Il faut dire que son rapport au texte en tant que metteur en scène est assez particulier.

Au début de sa carrière, son choix de pièces a donc d'abord été motivé par le nombre de rôles possibles. *Orion le tueur* et *La Tour Eiffel qui tue* sont des textes qui nécessitent une grosse distribution.

> « Les gens sont cons. Ils ne savaient pas que ce qui m'intéressait, c'était d'avoir le plus grand nombre de comédiens. J'avais plein de mômes à faire jouer. C'était le contraire des autres : plus il y avait de comédiens et plus j'étais heureux. »

Ensuite, dès la première lecture, il importe que le texte suscite en lui des images, une vision scénique immédiate, parce qu'il n'y a généralement pas d'autre lecture. Si incroyable que cela puisse paraître, Paul Buissonneau ne lit généralement le texte qu'une seule fois !

> « Je n'ai jamais aimé lire pour lire. Je ne lisais que ce qui était nécessaire aux pièces que je montais. Je ne lisais qu'une fois le texte parce que je n'avais pas le temps. Un plombier ne s'amuse pas dans les tuyaux pour le plaisir ! »

Dès lors qu'il a lu le texte, il procède aux coupures nécessaires, sans états d'âme ni le moindre soupçon de culpabilité vis-à-vis de l'auteur. S'il coupe, c'est avec le souci de donner à la pièce le rythme indispensable pour maintenir l'attention du spectateur.

> « On a tort de trop se coincer avec le texte. À de rares exceptions, je ne suis pas les demandes de l'auteur, car il n'est pas un metteur en scène. »

Si cette méthode qui consiste à jouer dans les textes peut en surprendre ou en irriter plus d'un, elle est par contre tout à fait normale pour un auteur-metteur en scène comme Jean-Louis Roux :

> « Paul a raison d'y aller franchement dans les coupures de texte. Surtout dans la création. À ses débuts, les auteurs n'avaient pas d'expérience de la scène et pouvaient présenter des projets peu réalisables avec des gros défauts, des longueurs. En accord avec l'auteur, je pense qu'il a raison de le faire. »

Les rapports de Buissonneau avec les auteurs sont souvent excellents. Il est finalement plus sensible à ces créateurs qu'à leur texte. Il les brusque peut-être en sabrant les mots, mais les auteurs comprennent rapidement que c'est aussi leur intérêt.

Si Dario Fo avait souffert du travail de Paul Buissonneau pour *Faut jeter la vieille*, il ne l'aurait pas fait monter sur la scène de son théâtre à Milan, afin de louer son talent devant une salle comble.

La seule fois où Buissonneau se fâche avec un auteur, en l'occurrence Marguerite Duras, ce n'est même pas à cause du texte ! Alors qu'il s'apprête à monter *Des journées entières dans les arbres*, la Française se plaint de la petitesse du *Quat'Sous*. Il en faut moins pour provoquer le metteur en scène, qui se met à hurler au téléphone.

> « Elle me faisait chier. Je lui ai dit : "Est-ce que je me mêle de vos écritures ? Vous allez nous foutre la paix. On montera la pièce ou on ne la montera pas, j'en ai rien à foutre. Je ne veux pas me faire dire des choses." »

Ce n'est pas la meilleure méthode pour obtenir les droits qui, évidemment, lui sont refusés.

Mais Paul Buissonneau n'en a que faire. Il n'a pas de temps à perdre et préfère mettre son énergie à monter les œuvres d'auteurs qui ne se prennent pas pour des divas. C'est sans doute pour ça qu'il joue un rôle déterminant dans l'émergence de la dramaturgie québécoise, faisant un peu de son théâtre l'Armée du Salut des auteurs dramatiques à partir de 1968.

La première création d'une pièce purement québécoise au *Quat'Sous* n'est pas celle d'un seul auteur, mais d'un groupe. Elle a indéniablement valeur de symbole puisqu'il s'agit de *L'Osstidcho,* qui tient plus de l'écriture spontanée ou même sauvage ! Après ce coup d'éclat, les dramaturges québécois vont se succéder au *Quat'Sous.* Dès 1969, avec *En pièces détachées,* Brassard et Tremblay s'installent chez Buissonneau pour longtemps.

Bien sûr, ce n'est pas Paul Buissonneau lui-même qui monte les pièces de Michel Tremblay, mais c'est lui qui les accueille dans son théâtre après avoir lu les textes.

> « Ce qui m'a fasciné quand j'ai lu Tremblay pour la première fois, c'est qu'il me donnait des émotions bien plus fortes que Racine et Corneille, dont je n'ai rien à faire. Je transposais ça dans ma famille, mon milieu. Je trouvais ça génial qu'un petit mec (je ne suis pas un oracle, je n'avais pas pensé que son œuvre deviendrait immense) puisse écrire quelque chose d'aussi fantastique. Il n'y a pas un crisse de Français qui a réussi ça. »

Mais il n'y a pas que cet auteur célèbre ; nombreux sont celles et ceux qui ont la chance aussi de voir leur pièce montée pour la première fois et parfois... la dernière. Ce sont entre autres Jean Lepage, Jean Morin, Marc-Gilbert Sauvageon, Serge Sirois, René Marcotte, Michel Beaulieu. Paul Buissonneau y tient.

« Il n'y avait pas de dramaturgie québécoise. Personne n'osait monter les pièces qu'on nous proposait. Si on ne l'avait pas fait, qui l'aurait fait ? Il fallait essayer de sortir de l'ombre des gars, même si on ne les a pas revus par la suite. Au moins les pièces ont été montées ! »

Cette démarche ne se limite pas seulement aux nouveaux dramaturges québécois. Lorsque Michel Faure débarque de Londres, tel un inconnu, et fait lire *N'écrivez jamais au facteur* et *Le Diable en été* au patron du *Quat'Sous*, ce dernier accepte de monter les deux pièces sans hésiter. Paul Buissonneau obtient toutefois quelques coupures et adapte même l'une des deux pièces avec Lorraine Richard. Par la suite, il monte d'autres pièces de cet auteur.

Finalement, même avec le texte, Paul Buissonneau entretient un rapport émotionnel. Il ne cherche pas quelque chose en particulier, il réagit à ce qu'on lui propose. D'ailleurs, à ce sujet on peut toujours lui reprocher un certain manque de vision dans son choix de pièces, mais il est le premier à s'en moquer. Il n'est pas homme de planification. Il est ouvert à toutes les propositions. Il aime ou il n'aime pas, il sent ou ne sent pas, c'est tout. Sans le savoir, il est un peu le précurseur d'un nouveau rapport au texte qui va naître des années plus tard et se résumer en une phrase majeure de Peter Brook : « Le texte n'est pas un maître mais un serviteur[6]. »

Mais Paul Buissonneau ne méprise pas les textes pour autant. Dès 1966, dans un entretien avec Gilles Courtemanche à propos des relations entre auteur et praticien, il préconise des méthodes afin d'encourager les auteurs à écrire pour le théâtre. Il suggère la création, avec l'aide massive du gouvernement, d'un atelier réunissant auteur et metteur en scène selon une méthode assez originale.

6. Peter Brook : *Questions sur le théâtre*, film de Jean-Claude Lubtchansky, 1986-1987.

> « Ce qu'il faut, c'est esquisser la pièce, la montrer à l'auteur pour qu'il y découvre les failles, les corrections à faire. Pas besoin de décors ou de costumes pour ça : il faut que ce soit fait économiquement mais de façon professionnelle, de telle sorte que si tout le monde juge après ce travail de défrichage que la pièce peut tenir le coup, on puisse proposer quelque chose de fini à un théâtre professionnel. »

□

Indéniablement, Paul Buissonneau suggère. Pour lui, le théâtre est précisément « l'art de la suggestion poussée à l'extrême ». Sans doute est-ce parce que, dès son plus jeune âge, les réalités de la vie lui sont apparues tristes, rébarbatives et atones qu'il a naturellement développé un instinct de transposition pour faire jaillir sur scène une autre vie bien plus intéressante au cours de laquelle il se produit des choses étonnantes et surprenantes. Rien ne l'ennuie plus que le réalisme au théâtre. En ce sens, il n'est pas apollinien mais bien dionysiaque. Paul Buissonneau veut émerveiller le spectateur, sinon il ne voit pas l'intérêt de ce métier et d'y dépenser tant d'énergie.

Dans *La Crique*, par exemple, l'auteur, Guy Foissy, propose une scène où l'un des personnages doit décrire une roulotte à partir d'une maquette posée devant lui. Pour Paul Buissonneau, c'est insensé, petit et mesquin. Il n'y a aucune chance de franchir le premier rang. Alors, il demande au comédien de mimer cette roulotte, grandeur nature. L'effet en est aussitôt décuplé et le ridicule recherché saute immédiatement aux yeux du spectateur. C'est cet élan constant de transformation qui anime Buissonneau.

Déjà, au départ, lorsqu'il lit le texte, il attend d'être surpris par une forte suggestion des mots. Sa motivation première, c'est d'avoir une vision globale qui fait naître presque immédiatement une idée de décor. On l'aura compris, Buissonneau est un visuel. Chez lui, c'est le décor qui saute d'emblée aux yeux pour la plus grande joie des décorateurs, qui ne demandent qu'à être stimulés. Ensuite, évidemment, c'est le gestuel qui prime.

> « Tout est dans le déplacement du comédien, tout se greffe à ça. On a tort de trop se coincer avec le texte. Moi, j'ai la faculté de trouver tout de suite, d'instinct, des solutions pour mettre en image ce que je viens de lire. Je ne subis pas les affres du metteur en scène qui se demande comment il va réussir à finir son affaire. »

Même s'il prétend avoir du mal à analyser sa méthode de travail, Paul Buissonneau livre, sans le savoir entre deux galéjades, quelques indices importants. C'est certainement parce que l'intellect et la raison viennent au second rang dans sa démarche de créateur qu'il lui est difficile de tenter de comprendre après coup. C'est donc cette instantanéité qu'il importe de saisir comme une image nette, précise, stupéfiante... mais si éphémère. Une chose est sûre : inconscient et subconscient constituent les zones d'influence majeures chez Paul Buissonneau. Il y a accès, malgré lui, de façon privilégiée et avec une rare intensité.

> « J'avais une facilité étonnante pour faire les choses. Les gens pensaient que je travaillais la nuit. En fait, il m'arrivait de m'endormir sans savoir rien de la mise en scène pour le lendemain. Je dormais très bien et le lendemain, paf! j'avais une vision précise. »

C'est sans aucun doute cette démarche irrationnelle qui fait dire de lui à André Brassard :

> « Paul n'était pas possesseur d'une technique particulière. C'est un crisse de fou d'une certaine façon, mais il a toujours eu cette chose importante qu'est la vie. Ça se transmet quand tu vois quelqu'un faire une mise en scène et que tu te dis : “Ah ! c'est possible de faire ça.” Chez lui, c'est la vie qui est l'essentiel. »

À cette faculté inouïe s'ajoute un trait particulier que Jean-Claude Germain considère également comme majeur chez le personnage :

> « Avec son talent de ramasseux, Paul a cette capacité de transformer les objets du quotidien en des objets de magie. C'est l'esthétique de la nécessité. C'est-à-dire de considérer le principe qu'on a ce qu'on a et de créer à partir de ça. C'est transformer une guenille en manteau de roi, c'est transformer la réalité. C'est ainsi qu'un réfrigérateur devient un char d'assaut. En théâtre, c'est une leçon extraordinaire parce qu'il n'essaie pas de faire un faux char d'assaut. Et en plus la force de la vie contemporaine est vraiment présente. »

Par ailleurs, cette urgence de la nécessité se manifeste de façon géniale aux moments les plus critiques, comme le souligne Jean-Pierre Saint-Michel :

> « C'était à une heure d'une générale. Les assistants décorateurs avaient repeint la scène au complet, mais s'étaient trompés. Ils avaient utilisé de la peinture à l'huile ! Pendant vingt-quatre heures, il était devenu impensable de monter sur scène... Paul est arrivé. Tout le monde était pétrifié à la pensée de l'orage qui allait éclater. Au contraire, Paul a ramassé toutes les affiches qu'il pouvait et les a étendues partout sur la peinture. L'effet visuel était saisissant ! »

Paul Buissonneau est absolument fasciné par les objets. Non pas en tant que tels, pour ce qu'ils sont, mais surtout pour ce qu'on peut en faire, pour ce qu'ils peuvent devenir. Toujours avec le souci d'échapper à la réalité, sa démarche s'apparente à celle de quelques grands sculpteurs du siècle comme Duchamp, Picasso, Dali, Armand et César : il faut détourner les objets pour mieux surprendre.

Au-delà de sa légende de chineur, fripier et brocanteur, Paul Buissonneau ramasse au cas où. Il flaire au-delà des apparences une autre vie beaucoup plus intéressante que celle à laquelle est confiné l'objet et, aussitôt qu'il entreprend sa mise en scène, c'est un bouillonnement de l'imagination qui s'empare de lui, comme une transe. Alors la féerie prend place, c'est ce qui saute aux yeux, même à ceux d'un critique comme Robert Lévesque.

> « Pour moi, Buissonneau est un metteur en scène fort inventif, il n'est pas un metteur en scène de modèle courant. Ce n'est pas... (il n'y a rien de péjoratif dans ce que je vais dire là), ce n'est pas un metteur en scène rigoureux, c'est plutôt un metteur en scène festif et, malgré le manque de rigueur, qui peut être une qualité primordiale en mise en scène, malgré cela il réussit à faire des spectacles qui ont une vie, une santé incroyables. Avec un spectacle comme *Faut jeter la vieille*, c'était la perfection sur le plan visuel, sur le plan de l'invention théâtrale.
>
> On a toujours l'impression qu'il a fait du théâtre d'adultes avec une méthode de théâtre pour enfants, dans l'approche en tout cas. »

Il est vrai que Paul Buissonneau ressemble à un véritable enfant lorsqu'il fait ses mises en scène. C'est comme s'il était assis par terre au milieu d'un fatras d'objets et qu'il se mettait à inventer une histoire à mesure qu'il voit et saisit l'un d'eux. D'un vieux cube en bois aux arêtes émoussées, il fait naître sous les yeux des spectateurs le Tāj Mahal. Mais, à la différence de l'enfant qui adopte pour quelques minutes, voire quelques heures un comportement autistique, Paul Buissonneau reste en contact avec la réalité en maintenant en éveil son rôle d'adulte, plus précisément son devoir d'adulte : faire son métier. Assez vite, dans ce processus, il commence à inverser les rôles. Il considère alors le spectateur comme un enfant, non pas de façon supérieure ou péjorative, pas du tout. Il entend lui raconter une histoire tout simplement, comme il le ferait avec un autre enfant. Il cherche à faire naître dans la pupille de l'adulte l'étincelle des premiers émois de l'enfance. Et puis, rapidement, il met en place un jeu auquel il participe lui-même. Par le truchement des comédiens, il fait croire au spectateur qu'ici on joue aux cow-boys et aux Indiens et là, aux gendarmes et aux voleurs. Il entretient l'illusion jusqu'au bout, jusqu'à ce que la lumière envahisse de nouveau la salle. Le spectateur se frotte alors les yeux, encore sous le coup des émotions qu'il a ressenties tout au long de ce conte, ou plutôt de cette histoire... enfin, de cette pièce!

On comprend dès lors les réfexions de Jean-Claude Germain.

> « Le théâtre de Paul m'apparaissait comme un théâtre perpétuellement jeune. Pour lui il fallait dès le départ que ce soit un jeu. En s'amusant, il nous permettait de nous amuser. Il était très fort dans ce plaisir du jeu théâtral. Nul plus que lui ne l'a apporté à ce moment-là. Cette tradition du théâtre pauvre est la sienne. On est tous plus ou moins tributaires de lui. »

□

> « J'ai décidé de ne point vous répondre, c'est mon droit! Il est sûr qu'une polémique à l'intérieur de vos colonnes z'artistiques vous donnerait matière à en écrire quelques autres et ainsi avoir de quoi vous mettre sous les dents, qui sont excessivement dures, de quoi remplir lesdites colonnes.
>
> Écrire est votre métier. Critiquer est votre marotte. Je n'ai ni pour l'un ni pour l'autre votre avantage; votre talent d'écriture n'a d'égal qu'une méchanceté chronique et maladive.
>
> Quelle frustration n'est-ce pas, monsieur! Le silence!... alors que l'on a tout fait pour provoquer le contraire... le bavassage, quelque chose où vous êtes passé maître.
>
> Je ne sais combien on vous paie pour les informations véreuses et pourries jusqu'à la corde qui garnissent certains de vos écrits. Je me doute que ce n'est pas cher.

Rongez votre os, petit monsieur, rongez-le jusqu'à la moelle. Votre jaunissement intellectuel vous mènera au jaunisme total et vous finirez tout court.

Je suis en vacances, je suis de bonne humeur avec moi-même ; les oiseaux ; les amis ; la nature... des valeurs sûres, quoi ! Et je doute qu'un pisse-vinaigre de votre acabit puisse réussir à gâcher cette belle fin d'après-midi.

Heureusement vôtre. Paul Buissonneau »

Cette lettre, classée dans les archives de Paul Buissonneau à la section « Lettres à ne pas lire et à ne pas envoyer », illustre assez justement ses rapports avec la critique tant par son contenu que son usage.

Si Paul Buissonneau s'en prend de la sorte à un critique c'est sans doute parce qu'il décèle un abus de pouvoir. D'après certains témoins, dont Claude Léveillée, Paul Buissonneau souffre beaucoup tout au long de sa carrière des assauts répétés de ces journalistes. La réalité est toutefois plus nuancée, en ce sens que si Paul Buissonneau suscite nombre de papiers acerbes à ses débuts, parce qu'il ose hisser le théâtre amateur au niveau professionnel, ensuite on peut considérer que la critique exécute normalement son travail. Qu'il y ait des frictions, cela s'inscrit dans les rapports obligés entre l'artiste et la critique, surtout dans un pays où l'on se connaît trop bien. Les relations s'apparentent plus à celles d'un village qu'à celles d'une métropole.

Mais ce qui est intéressant dans la présente lettre, c'est beaucoup plus l'usage qui en est fait, ou plutôt le non-usage. Si son auteur se refuse ainsi à l'envoyer, c'est pour trois raisons essentielles.

D'abord, comme au théâtre, il y a la catharsis. Le simple défoulement à travers les mots suffit à créer un effet purgatif assez puissant pour satisfaire celui qui l'écrit. Une fois la tâche accomplie, l'envoi n'a plus aucune espèce d'intérêt. La missive est classée avec une réelle jubilation au rayon de la dérision. C'est une méthode à laquelle Buissonneau a souvent recours.

Ensuite, il y a chez lui une certaine prudence dans la véhémence. Heureusement, Paul Buissonneau se connaît un peu et il sait très bien qu'en matière de critique, à moins d'être profondément malhonnête, ses réactions vis-à-vis des autres spectacles sont aussi, voire souvent, plus véhémentes que celles de n'importe quel journaliste. Dans ces conditions, il se méfie de lui-même. Enfin, et surtout, il y a le fait que le critique joue son rôle à sa manière dans l'aventure théâtrale :

> « Au fond, les critiques m'ont permis de mieux comprendre mon travail, de mieux l'analyser. »

Mais ce contrôle n'est pas toujours total. Il arrive qu'il y ait des incidents sérieux, comme c'est le cas après la critique de Robert Lévesque dans *Le Devoir* au sujet de *Visite libre* de Michel Faure.

L'histoire commence le 16 septembre 1983. Dans son article, Robert Lévesque attaque sans ménagement cette pièce mise en scène par Richard Martin. Il y va si méchamment qu'il écrit :

> « [...] Nous irons jusqu'à recommander à tous les Montréalais ou visiteurs de passage dans la métropole d'éviter le coin Coloniale et des Pins, de ne pas investir un sou au guichet du *Quat'Sous* pour en savoir plus. »

C'est ce paragraphe en particulier qui met le feu aux poudres. De plus, le *Théâtre de Quat'Sous* n'est pas le seul dans cette affaire. *La Compagnie Jean-Duceppe* et le *Théâtre d'Aujourd'hui* se plaignent également du mauvais sort que leur réserve *Le Devoir* dans ses critiques. Aussitôt, un certain nombre d'artistes se joignent à ce mouvement de protestation, si bien que le 24 janvier 1984 une pétition signée par cent cinquante-six artisans du théâtre québécois, dont Paul Buissonneau, est envoyée au journal ainsi qu'à l'Union des Artistes et à l'Association des directeurs de théâtre. Cette pétition est, entre autres, un engagement à refuser toute rencontre, discussion ou interview avec tout représentant du journal *Le Devoir.*

Le 25 janvier, sept des cent cinquante-six signataires de la pétition ont un entretien avec la rédactrice en chef, Lise Bissonnette. À l'issue de cet échange informel, il est souligné qu'il y a vasouillage entre les genres (critique, analyse, éditorial s'entremêlant) et que, tout compte fait, la crédibilité du journal est atteinte.

Le 27 janvier, Lise Bissonnette signe un article dans *Le Devoir* où elle précise, au sujet de la rencontre du 25 :

> « Cette pétition est essentiellement, et en fait exclusivement dirigée contre le principal critique de théâtre du *Devoir*, M. Robert Lévesque ; les pétitionnaires, du moins ceux que nous avons rencontrés, ne remettent pas en cause son jugement critique mais s'opposent vivement à sa "manière". »

Le 3 février, un article intitulé « Buissonneau explique son boycott » est publié dans *Le Devoir.* Il y parle de l'article du 16 septembre et de son injustice, en ce sens que le *Quat'Sous* présente souvent deux ou trois spectacles simultanément et que « l'anathème brandi par le critique pour une manifestation s'étend automatiquement aux autres ». Enfin, Paul Buissonneau ajoute :

> « Quelle entreprise irait s'escrimer à tenter de véhiculer une image publicitaire favorable dans un journal qui — dans la même page — abjure ses lecteurs de ne pas faire affaire avec elle ? »

Il justifie ainsi sa décision de ne plus acheter d'espace publicitaire dans ce journal.

La crise prend fin avec la nomination de Robert Lévesque à titre d'employé permanent au journal *Le Devoir* et avec la décision de lui imposer un régime particulier dans certains théâtres comme *La Compagnie Jean-Duceppe*, *La Veillée* et *La Licorne*, où il est le seul critique à devoir payer son billet.

Dans cette histoire qui ne fait pas honneur aux relations entre la presse et le théâtre, l'attitude de Paul Buissonneau est un peu surprenante. C'est bien la première fois qu'il s'associe à un mouvement de groupe visant à marginaliser un être humain. Cela ne lui ressemble guère. À sa décharge, il faut noter qu'il signe pour boycotter le journal et non l'homme. Pourtant, le règlement de comptes est tellement évident qu'on peut s'étonner que Paul Buissonneau ne flaire pas l'ostracisme qui guette l'individu.

Ce qu'il importe de constater, c'est que cet événement coïncide avec sa dernière année en tant que directeur artistique du *Quat'Sous*. Est-ce la fatigue, est-ce l'usure ? Il n'est pas certain qu'en d'autres temps sa réaction eût été identique, sans justifier pour autant les propos de Robert Lévesque. Paul Buissonneau lui-même fait un constat d'échec.

> « Je me suis suicidé avec *Visite libre* de Michel Faure et j'ai eu le culot de donner ça à monter à Richard Martin et je le savais. Quand Robert Lévesque nous a assassinés, je lui donnais entièrement raison, sauf que je ne pouvais pas accepter qu'il dise aux gens de ne pas aller avenue des Pins acheter des billets. C'est là que j'ai sauté. Non, ça non, qu'il dise que c'est un merdier oui...
>
> Robert Lévesque, je l'ai toujours trouvé un peu vache. Il connaît très bien le théâtre, c'est indéniable, il est un bon journaliste, mais il s'attaque aux individus de façon violente, méchante, à tel point que les gens pourraient se tuer ! »

Au-delà de ces péripéties, Paul Buissonneau respecte les critiques. C'est tellement vrai qu'il s'est toujours efforcé d'être prêt à temps.

> « Ça n'a jamais été mon bag, ce principe de roder un spectacle. Quand je montais une pièce, je le faisais avec assez de sécurité. Je n'ai jamais accepté l'idée que ça allait se roder. Ça doit être rodé le jour de la première, quand les journalistes sont là. »

□

Gabriel Arcand, Jean Asselin, François Barbeau, Pierre Bernard, Lothaire Bluteau, André Brassard, Robert Charlebois, Élisabeth Chouvalidzé, Angèle Coutu, Louison Danis, Yvon Deschamps, Clémence DesRochers, Luc Durand, Marie Eykel, Michel Faure, Sylvain Galarneau, Mirielle Lachance, Louise Latraverse, Robert Lepage, Claude Léveillée, Hélène Loiselle, Jean-Louis Millette, Pascale Montpetit, Yvan Ponton, Julien Poulin, Lorraine Richard, Marcel Sabourin, Guy Sanche, Michel Tremblay... entre autres, ont tous été plus ou moins formés ou influencés par Paul Buissonneau.

Véritable maître pour certains, formidable metteur en scène pour d'autres, meneur d'hommes, génie de la scène, magicien, alchimiste, Paul Buissonneau est incontestablement l'un des personnages marquants du théâtre au Québec dans la seconde moitié du XXe siècle.

Il est probable que nul autre que lui n'a contribué de façon aussi déterminante à la naissance de si nombreuses carrières artistiques. Sa présence au cours de quatre décennies est absolument indéniable.

Pourtant, bien que incontournable, il n'entre pas, d'après Jean-Claude Germain, dans la grille de lecture des universitaires.

> « Son théâtre n'est sans doute pas assez profond pour eux ! Paul veut charmer le public, l'amuser et se faire aimer de lui. Tout ceci est beaucoup trop simple pour la sémiologie.
>
> Finalement, Paul est un anarchiste et c'est pour ça que j'ai une sympathie profonde pour lui. Cela explique la présence de Péloquin dans son théâtre. Même si Paul n'endosse pas tout le personnage, il sent néanmoins l'anarchie. Il faut donner à Paul ses lettres de noblesse. »

Son rôle historique est d'autant plus fascinant qu'il n'est pas voulu. Jamais il n'y a chez lui une volonté de laisser des traces, d'ériger sa propre statue, de forger son mythe, de se bâtir une légende ou une réputation. Tout n'est chez lui que le produit de la simple nécessité, celle qui s'est naturellement imposée à lui dans son milieu. Son œuvre est directement façonnée par ses origines sociales. Il n'y a ni rupture ni réaction, il y a une continuité logique, sans la moindre préméditation.

> « Il faut toujours que je mette mon énergie dans les choses à venir plutôt que de m'expliquer. Je suis arrivé à passer au travers de tout, c'est incroyable, même des fonctionnaires municipaux ! Je travaillais vite. Plus je travaillais et plus j'avais le sentiment d'avancer.
>
> « Ce qui a fait ma force, c'est que je n'avais besoin de rien. Je n'ai jamais voulu faire de la mise en scène ! »

On peut regretter cependant que ses origines sociales ne lui aient pas donné assez tôt l'occasion de découvrir les grands dramaturges. Le livre est une denrée rare chez les Buissonneau, ce qui explique l'ignorance et ensuite la méfiance du metteur en scène envers des auteurs tels que Molière et Shakespeare.

« Ils sont étrangers à ma culture du XIIIe arrondissement. Shakespeare est réservé à une élite et Molière m'ennuie ! »

Si cette réflexion vis-à-vis de l'auteur d'*Hamlet* est compréhensible, elle est en revanche plus étonnante en ce qui a trait au père du *Bourgeois gentilhomme*. Comment se fait-il que Paul Buissonneau n'ait jamais jeté son dévolu de metteur en scène sur ce génie de la dramaturgie ?

Il y a peut-être une explication simple. Le texte de Molière est trop abouti, il est trop réaliste ! C'est justement parce que Jean-Baptiste Poquelin décrit le genre humain avec une précision maniaque que Paul Buissonneau s'en désintéresse : il n'y a pas matière à transposition. Tout est là, tout est trop là ! Il n'y a plus de place pour la fabulation. Dans le monde fantastique de Buissonneau, le travail d'orfèvre du plus célèbre dramaturge français n'a pas sa place.

Par contre, lorsqu'il s'agit de dramaturgie québécoise, l'homme jubile. Bien plus, il joue un rôle de premier plan, ce que confirme Jean-Claude Germain.

> « Paul est extrêmement sensible à la naissance du théâtre québécois avec Tremblay et Brassard : un théâtre absurde (et non pas réaliste comme on le prétend). C'est un théâtre de contestation où le trait est fortement appuyé, le quétaine, marqué. C'est le show. Par conséquent ce n'est pas anormal que Paul se retrouve avec *L'Osstidcho* et *Le Grand Cirque Ordinaire.*
>
> Paul n'a pas suscité le théâtre québécois, il l'a accueilli tout simplement parce qu'il était intéressé par la démesure de ce théâtre qui, dans les années 70, se refusait à être un théâtre intellectuel. C'est pour cela que sous son règne le *Quat'Sous* a une importance naturelle dans la dramaturgie québécoise. »

En réalité, dès sa première mise en scène de *Orion le tueur* en 1956, sans oublier *Pierre et le Loup* à la Roulotte trois ans auparavant, Paul Buissonneau traite le théâtre de manière affective ou plutôt avec une émotion surréaliste. Ce que Peter Brook découvre à travers trois années d'expérimentation autour de 1970, le metteur en scène du *Quat'Sous* le met en pratique dès ses premiers pas, quinze ans plus tôt ; il désintellectualise instinctivement le théâtre tout en poussant à l'extrême l'utilisation de l'instrument le plus subtil au service du théâtre : l'acteur.

Ce sont sa méthode, son caractère, les lieux qu'il a créés et le fait d'accueillir une dramaturgie naissante dans son théâtre et dans son œuvre qui marquent à l'encre indélébile sa contribution exceptionnelle au théâtre québécois et ce, malgré deux éléments qui auraient pu effacer cette formidable contribution : ses origines et l'oubli.

Même après avoir passé presque cinquante ans au Québec, c'est-à-dire la plus grande partie de sa vie, Paul Buissonneau reste un Français, en apparence du moins. Il n'a rien perdu de cette gouaille parisienne qui a tout naturellement imprégné son être dans la cour de récréation de l'école de la rue Baudricourt. Tant d'années dans une nouvelle patrie n'ont pas nécessairement suffi à assurer une intégration complète de l'individu. Non pas qu'il se soit refusé à cela, au contraire. À ce titre, il est un exemple parfait d'intégration.

Mais ici, sans doute parce que le pays est encore jeune, on intègre très lentement un nouveau venu. On dirait que le fait d'avoir à se battre soi-même pour son identité rend malaisée l'assimilation de celui qu'on nomme dans certaines régions avec beaucoup de poésie : l'étrange. Un effet plus ou moins identique se produit lorsqu'il s'agit de laisser l'un des siens prendre ses ailes et parcourir le monde avec succès ; on l'accepte difficilement.

À moins d'être né au Québec, on reste toujours un peu un étranger, même de façon imperceptible. La réussite d'un néo-Québécois dérange certains. On l'accepte normalement, sans plus. La meilleure preuve est le fameux *Emmy Award* remporté à New York pour *Le Barbier de Séville*. Dès le début, les cadres de Radio-Canada critiquent Pierre Morin pour son choix de metteur en scène. Après l'attribution du prix à Paul Buissonneau, c'est le silence le plus complet.

> « Si ça n'avait pas été moi mais un Québécois qui avait gagné l'*Emmy Award*, ça aurait fait un chiard. Aujourd'hui, le trophée serait exposé à l'entrée de Radio-Canada... Mais finalement, on s'habitue et on avance ! »

En réalité, Paul Buissonneau garde toujours une légère amertume de toute cette histoire. Il ne cesse de brandir cette anecdote, comme pour mieux panser la petite plaie qui subsiste en lui.

Quant à l'oubli, il faut reconnaître qu'on n'est guère enclin à entretenir des souvenirs en Amérique du Nord. Ce n'est pas un hasard si les maisons n'ont pas de grenier. Il n'y en a pas plus dans la tête des gens ! C'est sans doute à cause de son histoire, de sa jeunesse encore une fois, que la société québécoise vit au jour le jour. On est plus attentif à fêter le moindre anniversaire dans un souci mercantile qu'à entretenir le souvenir de celles et ceux qui ont marqué l'histoire de ce pays.

En ce sens, deux éléments sont révélateurs de l'état d'esprit du Québec contemporain. Le premier est le combat mené avec acharnement par Pierre Falardeau pour, image après image, sauver de l'oubli les événements cruciaux de l'histoire du Québec. Il fait appel à Paul Buissonneau afin de l'aider dans l'écriture des dialogues de son scénario *1839*. Le second élément, plus trivial, est cette devise reproduite sur des millions de plaques d'immatriculation de véhicules, preuve sans doute que la notion de souvenir est loin d'être évidente et qu'il importe de s'en convaincre chaque fois qu'on freine derrière un autre véhicule!

Dans cette vacuité de la mémoire, il est évident que l'œuvre de Paul Buissonneau, comme celle de bien d'autres créateurs québécois, ne compte pas beaucoup. Le souvenir de son travail théâtral s'évapore avec le temps et, sans le respect et l'admiration dont il jouit dans le milieu, il est probable qu'il flirterait chaque matin un peu plus avec l'anonymat.

Il convient de souligner toutefois que le principal intéressé lui-même ne facilite pas le travail ou du moins n'encourage pas particulièrement les velléités de celles et ceux qui font montre d'un certain désir d'entretenir sa continuité. Il y a chez Paul Buissonneau un double qui le suit pas à pas, un autre lui-même qui s'ingénie de façon maligne à donner une image publique à la fois très superficielle et souvent irritante.

Ce comportement de l'homme, loin d'être inconscient, occulte à son détriment le travail et le génie du metteur en scène. C'est sans doute la raison pour laquelle bien des gens portent sur lui un jugement réservé, pour ne pas dire défavorable.

Mais si on ne se laisse pas prendre au piège de l'artifice qu'il installe avec une certaine malice, derrière ce masque aux traits un peu trop grossiers, il y a peut-être celui que Louise Latraverse décrit tout simplement comme « un gros toutou qui crie ses manques d'enfant ».

ACTE V

Le repos du guerrier

Ubi bene, ibi Patria.
(Où l'on est bien, là est la patrie)

ADAGE POPULAIRE

SCÈNE I

Le saltimbanque ou la solitude fatale du funambule

Personnages principaux

LES SPECTATEURS : les buissonneauphiles et les buissonneauphobes
PAUL BUISSONNEAU : Falstaff

L'action évolue depuis l'invention d'un objet fétiche appelé télévision jusqu'à aujourdhui.

Côté cour : des studios de télévision voraces
Côté jardin : des plateaux de cinéma frugaux

« BUISSONNEAU ! Ah !... sait-il faire autre chose que gueuler ? » À la simple évocation de son nom, il n'est pas rare que des gens s'indignent. Certains y vont d'une moue dubitative suivie d'une onomatopée qui vient mourir dans un petit souffle de dépit au bord des lèvres. D'autres, plus hardis et confiants à l'égard de celui qui a prononcé ce patronyme, n'hésitent pas à s'exprimer.

« Qu'est-ce qu'il peut bien avoir d'intéressant ce gars-là ? Franchement, il ferait mieux de se taire. Comment peut-on être aussi stupide ? À part radoter sur la bouffe et son opulente personne, il n'a rien à dire. Chaque fois que je le vois, je change de poste. C'est quoi cet énergumène excité qui n'arrête pas de crier comme un macaque ? C'est inintéressant un type comme lui qui déblatère sur les autres à longueur d'émission. »

Le propos est souvent dur à l'égard de Paul Buissonneau, et si la majorité des gens de théâtre lui vouent respect et admiration, il est vrai que la proportion d'admirateurs et d'admiratrices est moindre depuis quelques années parmi le grand public. Parfois, bien sûr, on l'interpelle aisément, on le considère encore comme le rigolo de la famille. Sa silhouette ne laisse pas tout le monde indifférent. Mais il arrive qu'il suscite une réaction de rejet à peine dissimulée. On lui colle aussitôt l'étiquette du « gros Franchouillard gueulard »... À tort ou à raison ?

L'image de Paul Buissonneau a été en grande partie façonnée par la télévision. Quand on sait que ce médium est réducteur au point de n'offrir aucun recul au téléspectateur, on commence alors à pressentir les multiples raisons d'un malentendu que le principal intéressé, sciemment ou inconsciemment, ne cherche nullement à dissiper.

Habituellement et dans la vie de tous les jours, lorsqu'il est en public, Paul Buissonneau aime qu'on sache qu'il est là. Dans la rue, il avance en dodelinant sans trop se faire remarquer. Si on l'arrête, il joue le jeu mais ne s'attarde pas plus qu'il ne faut. Par contre, que ce soit dans un magasin, au cours d'une réception, à l'occasion d'une représentation théâtrale ou tout simplement dans un café pour prendre un verre, sa présence ne reste pas longtemps inaperçue. Non pas qu'il pousse sa voix de ténor pour qu'on l'admire, pas plus qu'il ne gonfle le buste avec mépris et dédain comme une célébrité pleine de suffisance pour qu'on se pâme d'émotion devant sa noble personne, pas du tout. Son comportement est plus enfantin, plus malicieux. Il veut qu'on participe, qu'on joue avec lui, et c'est pour cette raison qu'il provoque l'attention des gens dès qu'il pénètre dans un lieu public. Il ne peut pas s'en empêcher. Dès lors qu'il a réussi à capter l'attention d'une partie de l'auditoire, il poursuit ses fanfaronnades tout en guettant du coin de l'œil pour bien s'assurer que personne ne décroche. Il agit de la sorte aussi bien dans le restaurant le plus chic de Montréal que parmi les ouvriers, comme le souligne Julien Poulin :

> « Paul, c'est un homme de la base et ce que j'aimais, c'est lorsque nous allions dans des ateliers de la Ville de Montréal. Il se sentait tellement à l'aise et c'était très beau comment les gars le voyaient. Je n'ai pas souvent vu quelqu'un de connu grâce à la télévision avec une image si écrasante être aussi à l'aise à manger un club-sandwich ou à boire un café souvent dégueulasse. Je ne l'ai jamais vu lever le nez. Je lui disais bien que le café n'était pas terrible, il me répondait : "Tu as vu le gars, c'est un bon gars, t'as vu sa gueule, t'as vu ses mains..." »

Dès qu'il est en public, c'est très simple : Paul Buissonneau doit séduire et être séduit. Plus qu'un réflexe, c'est sans doute chez lui une simple question de survie.

À la télévision, tout prend une autre ampleur. La fébrilité d'un plateau, l'irréalité d'un studio, le magnétisme des caméras, la présence d'une équipe de tournage, la lueur surréaliste des projecteurs, l'attention de chacun, tout concourt à la métamorphose du personnage Buissonneau. Ce n'est plus seulement la pulsion enfantine des lieux publics qui l'anime, c'est une espèce d'excès qui est proportionnel au nombre de téléspectateurs, c'est-à-dire bien souvent à plusieurs centaines de milliers de paires d'yeux rivées sur lui. C'est immanquable, lorsqu'il s'agit de lui, Paul Buissonneau commence une émission tout à fait normalement pour rapidement verser dans une exagération qui n'est pas sans renforcer l'assertion d'Yvon Deschamps : « Au fond, Paul et Raymond Devos, ce sont deux frères jumeaux. »

En y regardant de près, on décèle effectivement d'étonnantes similitudes entre les deux personnages. Souvent, Paul Buissonneau s'embarque dans des démonstrations complètement loufoques à la Devos, où il triture les mots et les sens des mots. Mais, à la différence de son jumeau, il n'est pas véritablement en spectacle. Il ne fait pas un *one man show.* Il n'a pas écrit son texte. Il improvise selon son humeur. Et ces détails sont d'autant plus importants qu'ils sont imperceptibles pour le téléspectateur. Ce dernier ou cette dernière n'est pas en position de percevoir cette subtile nuance. On prend la télévision comme elle est : argent comptant. C'est ce qui amène tout naturellement bien des gens à s'indigner de ses prestations télévisuelles, comme une certaine Francine qui, en juillet 1992 par l'intermédiaire de l'Union des Artistes, fait parvenir à Paul Buissonneau une lettre dans laquelle elle écrit notamment :

> « Je suis "une bonne femme" de 45 ans (pour employer votre expression) ; une bonne femme qui consomme beaucoup d'émissions de radio et de télé... Je déplore grandement votre comportement de gueulard, de casse-pieds et d'emmerdeur. Je vous considère personnellement comme un trouble-fête, un *ennui public* [...]
>
> Chaque fois c'est la même chose : Monsieur "tire la couverte", cherchant à prendre toute la place, au mépris des autres invités et au mépris des téléspectateurs-auditeurs [...]
>
> *Vous êtes tout simplement lamentable et désespérant de bêtise!* Vous qui pourfendez tout le monde à grands coups de gueule depuis tant d'années, faites-nous le plaisir de vous pourfendre vous-même, une fois pour toutes. Nous serions très très très très très très nombreux à vous en remercier !...
>
> Il serait temps, monsieur Buissonneau, que vous profitiez de votre retraite pour vous recycler, à défaut (malheureusement pour nous) de disparaître enfin de nos médias [...]

J'espère simplement que cette lettre sera en mesure de vous gâcher quelques heures de bon temps, à titre de compensation. Bien maigre compensation malheureusement [...] »

Cette missive tirée du fameux dossier « Lettres à ne pas lire et à ne pas envoyer » est probablement révélatrice de la perception d'une certaine partie des téléspectateurs. Qu'elle soit totalement juste ou complètement fausse importe peu. Il y a nécessairement une part de lucidité et une part de méprise. Mais le plus étonnant est la réponse de Paul Buissonneau, bien entendu jamais envoyée, qui, contrairement à ce qu'on aurait pu attendre, n'est pas si virulente, au contraire.

« [...] Je vous retourne votre missive car je la trouve intéressante. Il serait cependant plus efficace de la faire paraître dans un journal ou une revue de votre choix pour en faire profiter tout l'monde.

Je vous remercie de cet amour haineux, cela me fait du bien de connaître grâce à vous mes quatre vérités... Vous êtes d'une espèce fort rare, il faut vous préserver.

Si ces deux pages que vous avez commises vous ont fait du bien, c'est le principal. Il faut lâcher son fou de temps en temps et ça coûte moins cher qu'une psychanalyse.

Sans rancune aucune. »

Même si cette réponse épistolaire tuée dans l'œuf n'échappe pas à l'ironie buissonnienne, le ton est cette fois moins acerbe. La réaction épidermique violente, cruelle, voire fiévreuse qui se déclenche en général instantanément semble s'être transformée, comme sous l'effet de quelque baguette magique, en une prose plus humaine. Buissonneau est loin d'être indifférent aux propos de sa contemptrice. Il est en effet assez sensible lui-même pour percevoir une certaine pertinence dans l'analyse.

Cette histoire prouve bien que Paul Buissonneau est conscient de l'image télévisuelle qui est la sienne. Et s'il se moque totalement du qu'en-dira-t-on, il est par contre ému par la franchise d'une téléspectatrice, même s'il a recours en toute logique à quelque artifice du ton pour rédiger sa réponse.

Cette Francine n'a pas tout à fait tort. Comme l'immense majorité des téléspectateurs, elle n'a pas l'occasion ou la chance de manger tous les soirs dans l'intimité avec Paul Buissonneau, loin des caméras et des projecteurs. Mais peut-on raisonnablement imaginer que plusieurs millions de francophones québécois défilent à tour de rôle chez cet amphitryon des ondes pour mieux comprendre sa véritable personnalité ? Francine doit donc se contenter de ce qu'on lui donne.

Mais si on ne peut rien changer à cette fatalité propre au téléspectateur courant, il est important d'aller voir du côté des initiés, de celles et ceux qui connaissent Paul Buissonneau intimement. Leur réaction devant la télévision est-elle la même que celle d'une Francine ou plus proche de celle d'une admiratrice inconditionnelle ?

Si l'on en juge par les propos de Louise Latraverse, le verdict est sans appel.

> « C'est un homme remarquable. Il n'a pas besoin de faire ça à la télévision. »

Michel Faure, qui a travaillé avec Paul Buissonneau et qui œuvre lui-même dans le monde de l'image, ne cache pas son opinion.

> « C'est une chose que je regrette parce que Paul, ce n'est pas ça. Aujourd'hui il va d'une émission de chaises à une émission de chaises en répétant souvent la même chose. Mais il est plus que ça. »

D'autres, comme Julien Poulin, mettent plus en cause un système.

> « Je me demande à quel point c'est pas souvent les gens qui lui demandent de faire ça. Il doit avoir ses raisons, ça l'amuse, mais moi, ce n'est pas ce Paul-là que j'ai côtoyé. »

Jean-Louis Millette, lui, se fait plus philosophe.

> « Est-ce qu'on devient fatigué des situations de péril ou a-t-il trouvé l'équilibre que l'on cherche tous ? Il n'est pas amer. Il fait seulement un peu peur au monde ! »

Enfin, c'est peut-être auprès de Jean-Claude Germain que l'on peut recueillir une analyse plus détachée.

> « La société impose différents rôles. Pour faire vivre son théâtre, on utilise ce qu'on est, c'est ce que Paul a fait. C'est aussi une façon de se protéger de l'envahissement : on renvoie aux médias une image des médias.
>
> C'est sûr que le risque, c'est que les gens pensent que tu es ça. Je n'ai jamais pensé que Paul était ça. Je pense que c'est un homme discret, pudique, qui n'est pas un clown involontairement mais qui est un clown parce que fondamentalement c'est sa réponse au monde, donc il n'a pas à dévoiler son cœur. Pourquoi le ferait-il ? »

Quant au principal intéressé, fidèle à lui-même, il est bien sûr incapable de théoriser là-dessus. Tout au plus arrive-t-il parfois à tenter de s'expliquer :

> « Je crois que j'ai créé cette image ambiguë d'abord consciemment puis ensuite inconsciemment. J'ai voulu déjouer dès le début parce que je n'ai aucune culture.
>
> Je fuis les choses tristes, j'ai peur de tomber dans le pathos. Je ferais peut-être un très bon dramaturge, mais je ne veux pas basculer là-dedans. »

Ces trop rares confidences trouvent leur écho dans une phrase importante de Pascale Montpetit :

> « C'est quelqu'un qui a le sens du tragique mais qui a la courtoisie et l'élégance de faire un sourire en coin au lieu de s'enfoncer là-dedans. »

Il est vrai que si l'on observe plus attentivement le spécimen Buissonneau au cours d'une émission de télévision, avec un peu d'expérience on finit par s'en rendre compte.

Dès que le propos s'enlise dans les émotions, l'homme commence à gesticuler comme un enfant lassé d'être obligé de demeurer sur sa chaise, tout en s'efforçant d'être très sage, très poli. Tel un élève moyen mais appliqué, il cherche à faire de son mieux. Son ton devient doux, sa bouche se tord dans une minuscule contorsion des lèvres qu'il faut avoir guettée longtemps pour réussir à la percevoir. Déjà il n'est plus tout à fait là. Ses lèvres se pincent bientôt plus nettement. L'effort devient insupportable. Sa vraie nature reprend le dessus et, dans un déluge verbal, il fait une véritable pirouette pour mettre un terme à la mascarade des émotions.

Ce n'est pas un hasard si, dès ses premières expériences théâtrales, il est fasciné par la *commedia dell'arte*. Nul mieux que lui ne sait user du lazzi en public pour colmater les brèches par lesquelles le trop-plein de sentiment pourrait s'infiltrer comme une eau en crue. C'est ce qui, dans le même souffle, lui fait avouer devant la caméra : « Je fais le con pour ne pas brailler. »

Cela dit, lorsqu'il n'est pas le principal interviewé et qu'il s'agit de parler d'un ami ou d'une connaissance, il se prête plus patiemment au jeu des sentiments. Il reste en retrait sans en rajouter, à condition que l'animateur ou l'un des invités fasse en sorte que la torpeur ne s'empare pas du plateau. Sinon, il veille et n'hésite pas à injecter une solide dose de mots et de cris pour redonner vie à chacun et par conséquent au téléspectateur.

Il ne faut pas oublier non plus que Paul Buissonneau est un homme de transposition, aussi bien sur scène que dans la vie.

« Je suis plus prestidigitateur que metteur en scène... Il faut faire croire, toujours. »

De ce côté-là, il faut bien admettre qu'à la télévision il s'emploie à faire illusion avec une démesure impressionnante qui fait dire à Jean-Louis Roux :

« Son image télé est sûrement une défense, du moins je pense, sans le connaître intimement. J'accepte cette image car il ne peut pas être autrement, cela fait partie du personnage. »

Indéniablement, Paul Buissonneau est un personnage, une nature hors du commun, mais ses frasques télévisuelles sont d'autant plus insupportables pour certains qu'il est probablement parmi les recordmen du Québec et peut-être même du monde pour ce qui est du temps passé à l'antenne à l'occasion d'un talk-show.

Pendant longtemps, le manque d'imagination des animateurs ou animatrices, sans oublier des recherchistes et des producteurs, a fait de Paul Buissonneau un véritable envahisseur des ondes. On peut comprendre que cette présence démentiellement inflationniste ait pu susciter de véritables nausées chez certains téléspectateurs.

Mais s'il n'est pas si évident de prendre le recul qui s'impose pour tenter de débusquer sa vraie nature au-delà des apparences, il est par contre assez naïf de lui faire porter toute la responsabilité de cette omniprésence.

Jamais Paul Buissonneau n'est allé quémander auprès d'un télédiffuseur la moindre apparition (le terme est totalement approprié quand on songe à la puissance presque sacrée de l'image télévisuelle). Dès le début, c'est la télévision qui lui a couru après. Il ne voulait même pas en faire. Il avait trop peur. Ensuite, après les aventures heureuses de Picolo, les choses se sont bien souvent précipitées sans qu'il demande quoi que ce soit. Et comme, dès l'adolescence, il a toujours eu peur de manquer, pour les raisons que l'on sait, on comprend qu'il n'ait jamais refusé de participer à une émission.

De plus, il y a aussi chez lui un réflexe qui s'apparente plutôt à la peur de l'oubli. Paul Buissonneau sait pertinemment que si les médias et surtout la télévision se détournent de lui, c'en est fini. C'est comme si on l'asphyxiait, comme si on débranchait le tuyau qui le relie à cette formidable bonbonne remplie d'oxygène, d'azote et de gaz rares qu'est la vie. Alors, il prend ce qui passe avec l'appétit d'un ogre, il se comporte à la télévision comme à table : il dévore sans retenue, avec frénésie.

Il se peut aussi que le temps joue inexorablement son rôle, comme le souligne Lorraine Richard.

> « Quand il a pris sa retraite, tout a changé. Il avait commencé à travailler dès l'âge de treize ans, il avait travaillé fort toute sa vie, il n'avait plus le goût de se faire chier (c'est son expression). Sauf que c'est un grand manque de confiance.
>
> Peut-être qu'à cause des circonstances il n'a pas trouvé quelque chose dans quoi mordre qui lui aurait permis d'aller chercher une fibre en lui.
>
> Je ne sais pas, je spécule, mais cette attitude est sans doute liée à sa fatigue, sa vraie fatigue à la fois morale et physique. Faire des pitreries, il est capable de faire ça comme rien, c'est une nature. Il est cabotin comme ce n'est pas permis. Ça, ça ne lui demande pas d'efforts.
>
> Je me suis dit c'est peut-être dommage mais il en a fait tellement des affaires, il a envie de se faire plaisir, d'arrondir ses fins de mois et en plus, l'argent, il aime ça, il est un peu comme un écureuil. »

Une chose est claire, Paul Buissonneau ne sera jamais un adepte du « C'est pas pire ». Il n'aime que le jugement brutal, à l'emporte-pièce, qui peut blesser l'autre, dans un pays où on affectionne la litote et l'euphémisme.

Quelles que soient les motivations les plus profondes de Paul Buissonneau, on ne peut pas reprocher à l'homme, metteur en scène de surcroît, d'avoir peur du vide. Pour lui, l'anonymat est une forme d'abîme, de néant. En ce sens, son comportement télévisuel est totalement cohérent.

Finalement, c'est plutôt la manière qui choque. La question qu'il convient de se poser est celle de la valeur réelle du comédien Buissonneau.

□

En considérant la formation de Paul Buissonneau, on remarque, sans avoir à chercher bien longtemps, qu'il est un pur produit du mime. À travers le scoutisme, près de Chancerel, avec Decroux et tout au long des nombreux cours de mime et d'expression corporelle qu'il a lui-même donnés, il a privilégié par-dessus tout l'approche physique. Cela a été un choix déterminant parce qu'il a marqué le comédien de façon très nette.

Cette amplification du geste et de l'expression propre au mime est caractéristique chez Buissonneau. Que ce soit au cinéma, à la télévision ou au théâtre, son jeu est totalement imprégné de cette expression normalement stylisée parce qu'elle compense ou pallie l'absence de paroles.

A priori, le jeu de Paul Buissonneau est totalement adapté à la scène, au théâtre. Sa formation corporelle lui permet de projeter chaque mouvement jusqu'au dernier rang sans la moindre difficulté, très naturellement.

Cette qualité trouve d'abord son épanouissement chez Les Compagnons de la Chanson. Avec la chanson animée, il ne peut pas mieux tomber, il est véritablement dans son élément. L'époque se prête parfaitement à ce type de spectacle où voix et corps se marient et se répondent dans un style presque pléonastique.

Ensuite, avec la création de la Roulotte, il dispose de tous les pouvoirs pour mettre en scène des spectacles où il arrive qu'il n'y ait pas moins de cinq à sept mille spectateurs ! Dans ces conditions, lorsque lui-même est sur scène, on comprend aisément que sa formation de mime n'est pas un artifice mais une nécessité. Il en va de même pour *Orion le tueur* et *La Tour Eiffel qui tue*, spectacles destinés à un large public, où il excelle grâce à ces qualités dans les rôles d'Orion et de Duguesclin.

À la même époque, Paul Buissonneau met au monde Picolo. Tout naturellement, il ne s'embarrasse pas d'un contre-emploi. Il incarne sur les ondes un personnage qui, même s'il possède son caractère propre, est de la famille de la *commedia dell'arte*. Ses mimiques, ses gestes amples, ses débordements conquièrent immédiatement les enfants, pour lesquels le mot *excès* est un mot d'adulte. Encore là, son jeu inspiré des stéréotypes de la pantomime fait merveille.

Puis, ses apparitions théâtrales se raréfient. Il est vrai qu'il est difficile de se trouver dans la salle à diriger les comédiens et en même temps sur scène. Néanmoins, il enchaîne avec succès les prestations télévisuelles et cinématographiques à travers des documents où son jeu s'adapte parfaitement au contenu. Le cas le plus éloquent est le petit film *Dimension*, qui a recours à ses qualités de mime pour démystifier les mesures métriques. Le film rafle plusieurs prix internationaux.

Et bien sûr il y a la publicité, domaine où la création repose sur l'excès, la démesure, l'ampleur et la mégalomanie. Il serait fastidieux de recenser, entre 1960 et 1980, les publicités où apparaît le comédien Buissonneau, mais il est probable qu'il détient là aussi, avec quelques rares privilégiés, un record mondial de participation. Une fois de plus, son style répond aux nécessités du genre.

Dans *Titom* en 1991 à la *Place des Arts* de Montréal, il montre toute l'ampleur de son talent dans le rôle d'un vieux Juif, réussissant à capter l'attention des enfants et à les émouvoir par son jeu. Il est probable que sans sa formation gestuelle bien des subtilités auraient échappé à la majorité des spectateurs de cette immense salle.

Enfin, cette présence scénique rare liée au mime trouve son illustration dans sa participation au *Marchand de Venise* en 1993 au *TNM*. Cette pièce, plutôt quelconque du point de vue de la mise en scène, illustre cependant avec éloquence en quoi le jeu du comédien Buissonneau, directement inspiré du mime, est parfaitement adapté à la scène. Alors qu'il y tient un second rôle, d'autant plus second qu'il doit apparaître vers le milieu du spectacle sur une passerelle à l'arrière-scène, il trouve le moyen de s'imposer magistralement.

Vêtu d'un énorme manteau qui lui tombe jusqu'aux pieds avec un faux crâne en guise de coiffe et de minuscules bésicles noires, il s'embarque sur cette passerelle suspendue en brandissant sa canne d'aveugle dans les airs, sans manquer bien entendu de pousser la voix comme il se doit. Aussitôt, un frisson collectif parcourt la salle. Cette minuscule silhouette rondouillarde et hystérique, gesticulant entre ciel et terre, devient tout d'un coup immense. Il se produit quelque chose de l'ordre de l'irrationnel, le comédien Buissonneau s'empare de la conscience de chacun des spectateurs pour l'entraîner dans son histoire. À chaque mouvement au bord du déséquilibre, il avance sur cette frêle structure comme un funambule sur son fil au milieu de la place du village. Il se joue du vide en le narguant d'autant plus qu'il a lui-même le vertige. Il n'apparaît plus au milieu du décor à distance normale de la salle sous le faisceau des projecteurs, pas du tout ! Il est au-dessus de nous, il est derrière nous, il est là suspendu dans le vide. Il invente une autre dimension où sa cécité rend chaque mot, chaque souffle, chaque centimètre gagné un peu plus tragique. Avec son corps, il transporte le réel dans sa folie à lui.

Bien sûr, la voix contribue à façonner le comédien chez Paul Buissonneau comme chez n'importe qui. Mais lui, il sait jouer sur de nombreux registres et n'a pas manqué les occasions d'en améliorer la puissance tout au long de sa formation, en particulier avec les Compagnons. Il varie instinctivement le volume, le débit et même le ton pour mieux casser le rythme et capter à coup sûr l'attention de l'interlocuteur, de la réplique ou du spectateur. Il joue de cet organe comme d'un pur-sang auquel tantôt on donne de la bride, tantôt on serre le mors pour mieux le faire caracoler au milieu de la piste. Il sait que le texte n'est rien sans cette charge constante d'émotions plus contrastées les unes que les autres... d'ailleurs, il a peur du texte.

S'il est un trait particulièrement étonnant chez Paul Buissonneau, c'est cette incapacité à mémoriser le moindre texte. Bien entendu, selon le vieux principe qui veut qu'on se doit de tirer profit de ses faiblesses, il en a rapidement fait une image de marque, si bien que dans le milieu Buissonneau vient nécessairement avec ses trous de mémoire et ses répliques improvisées, au grand dam de ses partenaires.

Mais au-delà de ce réflexe, somme toute légitime, il est vrai que le comédien est réellement handicapé de ce point de vue. Ce n'est pas une coquetterie d'acteur. Pour s'en convaincre, il suffit de le voir sur le tournage du film *Montréal? Quel Montréal?* en 1992.

Dans ce documentaire-fiction dont il tient le rôle principal, le texte, bien qu'écrit, est à chaque prise plus ou moins improvisé. Dans ces conditions, Paul Buissonneau n'a pas la moindre difficulté à jouer, au contraire! La seule contrainte qui lui est imposée est un poème de Gilles Vigneault qu'il lui faut déclamer en guise de remerciement aux habitants du petit village de Montréal-les-Sources, aux portes de la Provence.

Ce soir-là, au beau milieu des oliviers et des champs de lavande, sous l'écho des dernières stridulations des cigales, alors que le soleil s'empourpre de sommeil, la fête bat son plein.

Tandis que l'équipe de tournage fourmille parmi les habitants pour préparer la dernière séquence de la journée, Paul Buissonneau piétine dans son coin.

Avec l'aide de Monik Verschaelden, sa compagne, il tente de relire le poème non pas pour l'apprendre mais pour en saisir toutes les nuances. En effet, exceptionnellement, il a été convenu avec le réalisateur que Monik, à l'aide d'un petit micro sans fil, soufflerait ledit poème à Paul Buissonneau, lui-même muni d'un minuscule récepteur dissimulé au creux de son oreille.

Malgré cette précaution, l'homme est nerveux. Jamais depuis le début du tournage il n'a manifesté une quelconque impatience, mais soudainement il semble plus irritable. Le réalisateur tente délicatement de s'associer à Monik pour le rassurer, rien n'y fait. Pendant ce temps, la Terre commence à tourner le dos au Soleil. Les minutes sont comptées.

Finalement, on décide de tourner malgré l'agitation qui commence à sourdre à l'intérieur de Paul Buissonneau. Dans le brouhaha de la fête, sous les rires, les cris et les lampions, un conteur local y va d'un poème provençal qu'il déclame tout particulièrement pour le comédien. Ce dernier serre les lèvres, gesticule et commence à paniquer jusqu'au moment où son tour arrive.

Nerveusement, il se lève et prend une grande inspiration pendant qu'en arrière de la caméra Monik lui souffle les premiers vers. Paul Buissonneau tente lamentablement de les restituer, en vain. Soudainement, dans un geste de colère à l'adresse du réalisateur, il arrache son écouteur et hurle.

« C'est de la merde, ton truc !

— Coupez ! »

Monik et le réalisateur se précipitent vers Paul Buissonneau pour le rassurer et envisager une autre prise. Rien n'y fait ! Il est décidé d'un commun accord que le comédien va sortir le petit papier de sa poche afin de pouvoir déclamer son poème. La séquence est mise en boîte avant la nuit mais, quelques semaines plus tard, au cours du montage, elle est amputée de cette prestation qui n'est guère convaincante. Paul Buissonneau y est trop nerveux.

Parmi les raisons qui pourraient expliquer ce phénomène d'angoisse, il en est une qui mérite l'attention. Il se peut fort bien que cette réaction de Paul Buissonneau soit directement liée à un sentiment d'infériorité par rapport à tout ce qui est écrit. On sait que durant son enfance la lecture n'avait pas sa place dans la maison familiale, au point que toute sa vie l'intéressé sera complexé de ne pas être un intellectuel. À partir de cela, il est probable que l'enfant Buissonneau a compensé cette carence par un refus inconscient de mémoriser quelque texte que ce soit.

Cette théorie peut sembler elle-même très cérébrale ou alambiquée, il n'en reste pas moins que, dans certaines situations de mémorisation, c'est une véritable panique qui s'empare de Paul Buissonneau.

Par contre, il excelle dans la lecture. Il suffit de lui donner un texte pour voir ses yeux s'illuminer. Aussitôt, il s'en empare et, grâce à une formidable faculté d'interprétation, il lui insuffle une vitalité exceptionnelle.

C'est donc cette délicate harmonie entre sa formation de mime et les modulations de sa voix de ténor qui fait l'originalité du comédien Buissonneau.

Mais si cette voix recèle de multiples possibilités au point de capter l'attention des auditeurs les plus petits comme les plus grands, il en va autrement pour l'expression corporelle.

Il est vrai que la pantomime nécessite un apprentissage long et laborieux, voire parfois fastidieux, mais il semble par ailleurs tout aussi vrai qu'il est difficile et également long d'en atténuer les excès lorsqu'il s'agit de jouer tout simplement. Le mime ne plaît pas à tout le monde et sans doute encore moins aujourd'hui qu'il y a cinquante ans. Pour certains, cette technique d'expression paraît souvent un peu empruntée, de par sa stylisation. La vie moderne s'est accélérée à un point tel qu'il y a quelque chose d'un peu suranné dans la pantomime.

Dans le cas de Paul Buissonneau, c'est précisément cette habitude de trop souligner les émotions qui rend son jeu moins adapté, au cinéma en particulier. En fait, il faut le filmer en plan large ou à la rigueur en plan moyen si on veut tirer le meilleur de sa prestation. L'utilisation du gros plan est plutôt nuisible parce que Buissonneau se télescope inévitablement avec l'amplification de ses expressions, qui est déjà en soi une forme de gros plan.

Cela explique peut-être qu'il n'ait pas été plus sollicité pour jouer dans les longs métrages. Et on peut sans doute déduire que lorsque la télévision le cadre de trop près, même dans un talk-show, cela crée un malaise chez le téléspectateur, qui ne voit plus que l'exagération du personnage. En ce sens, son « trop-plein » de mime lui joue un tour !

Mais il est probable que contrairement aux autres comédiens Paul Buissonneau n'a pas eu tout le loisir d'atténuer cet aspect de son jeu dans la mesure où, bien au contraire, en tant que metteur en scène, il a souvent dû amplifier ses gestes et expressions aux yeux des acteurs pour mieux leur faire comprendre ce qu'il attendait d'eux.

C'est cet histrion, avec ses qualités trop riches et ses défauts trop évidents, qui s'offre au vampirisme d'une télévision qui, pour paraphraser Jean-Claude Germain, n'a peut-être que ce qu'elle mérite !

□

Pour Robert Lévesque, Paul Buissonneau est meilleur acteur qu'on ne le croit, et peut-être qu'il ne le croit lui-même.

> « Il me semble qu'il n'a pas donné sa mesure comme acteur. Il aurait pu être un Falstaff extraordinaire. Je pense que c'est un acteur qui, avec une humilité un peu trop exagérée, s'est retenu de jouer pour faire jouer les autres. Je crois qu'il pouvait être un très grand acteur. »

On peut en effet regretter que le comédien se soit effacé derrière le metteur en scène en privant ainsi le public d'interprétations puissantes et débridées. Mais dans le cas de Paul Buissonneau c'est une méprise puisqu'il n'y a qu'à le regarder vivre pour voir l'interprète dans toute sa splendeur. C'est ce que fait un ami proche comme Jean Asselin.

> « Paul ressemble à un personnage de Fernando de Rojas : Célestine. En fait, c'est une vieille putain qui dit : "Je doute des gestes alors imagine les paroles..." »

C'est au fond tout le problème avec l'image de Paul Buissonneau ; il doute tellement qu'il en rajoute à l'excès pour mieux dissimuler qu'il doute ! Dans ces conditions il n'y a pas d'autre manière de l'aborder qu'en s'inspirant du portrait de Pierre Bernard.

> « Paul est quelqu'un d'extrêmement pudique qui glisse toujours ce qu'il dit sur lui-même entre trois ou quatre cris. Mais si on est capable de le saisir, alors on comprend. C'est pour cela qu'il y a autant de cris, c'est parce qu'il y a une pudeur immense qui vient avec ça. »

SCÈNE II

L'homme ou le fabuleux voyage d'un bipède

Personnages principaux

PAUL BUISSONNEAU : l'homme
ELLES : la femme

L'action prend naissance il y a une éternité, quand un dénommé Dieu se mit en tête de créer Ève.

Côté cour : des décors surréalistes veillés par Cupidon
Côté jardin : la tanière du vieux loup

« LA LIBERTÉ vous la portez en vous gravement, alors que nous laissons traîner les choses. Et nous les hommes forts, mais aussi les gamins et tatillons et lâches, sommes fatalement soumis à votre liberté que vous portez si haut que j'ose vous envier[1]. »

Bien qu'à sa naissance Paul Buissonneau soit affublé de trois frères et d'une sœur, son arrivée au monde et son enfance semblent plutôt avoir été façonnées en plein gynécée. Certes, les hommes autour de lui sont en nombre, mais c'est la féminité qui

1. Paul Buissonneau, *Les Comptes de ma mémoire*, Les éditions internationales Alain Stanké, Montréal, 1991.

domine. Jusqu'à treize ans et demi du moins, lorsqu'il entre à l'usine, son apprentissage de la vie est plus proche de celui d'une petite fille que de celui d'un garçon. Sa position de petit dernier lui vaut un statut particulier, comme c'est le cas dans bien des familles. Chétif, fragile, évanescent à l'approche de son anniversaire, il est l'objet de toutes les attentions. On le couve, on le protège, on le réchauffe comme un poussin malingre et farouche. On craint qu'il n'expire de peur devant cette tâche immense qui l'attend et que l'on nomme la vie. Toutes ces prévenances qui l'entourent, tout cet esprit n'a rien de très masculin. Il baigne dans la féminité et la féminité s'épanouit au plus profond de lui.

Le départ prématuré d'un père déjà absent ne fait qu'exacerber cette influence. Sa mère prend alors une place immense, une place d'autant plus déterminante qu'Andréa doit tenir désormais deux rôles principaux. Dès lors, féminité rime avec courage, abnégation, obstination mais aussi avec autorité, fermeté et pouvoir.

Autour du petit Paulo, les femmes sont tellement fortes qu'une certaine confusion s'installe dans son esprit, au point qu'il écrira soixante ans plus tard :

> « D'aussi loin que je me souvienne, nous ne faisions chez nous nulle place au sexisme. L'égalité entre mâles et femelles régnait en maître ou plutôt en maîtresse... »

Que ce soit Andréa, mademoiselle Félie, marraine Vivise, tante Nini, mademoiselle Louise sa vraie marraine ou tout simplement Odette, ce sont ces femmes qui incarnent et lui inculquent les valeurs dont la transmission incombe généralement à un père.

Mais son éducation ne se résume pas qu'aux valeurs et principes de ces femmes de tête. Les femmes de corps y jouent aussi leur rôle, à commencer par l'infirmière de l'école Baudricourt que l'écolier visite sous prétexte de fièvre, en réalité pour mieux observer la pin-up qui doit dégrafer le petit pantalon de ce malade imaginaire afin de prendre sa température.

> « Elle me touchait le front... pendant que ses deux seins fermes et pointus semblaient guetter mes deux oreilles menteuses à l'image d'un Pinocchio qui n'était certes pas de bois. »

En famille également, le jeune Buissonneau découvre ses premiers émois érotiques lorsque, chez l'oncle Henri, il lui faut rejoindre sa place en passant sous la table. Il y admire alors les sublimes jambes gainées de soie de la cousine Elvira, superbe Italienne de la région du lac de Garde.

Et bien sûr, par-dessus tout, il y a l'initiation sexuelle miraculeuse et ô combien providentielle de Pauline, qui n'est pas sans nourrir la confusion de l'enfant.

> « Mes fantasmes de petit bonhomme suscitaient bien des questions chez l'enfant que j'étais encore. Le cul, c'était nouveau ; qu'allais-je faire avec ? C'était ça l'amour dont on parlait dans ces films niaiseux et infantiles ?
>
> Oh non ! Pour moi, l'amour se résumait à cette gymnastique à deux qui nous laissait pantelants et soûlés de fatigue avec à l'intérieur un bien-être indescriptible, une renaissance au rêve des plaisirs réservés et cet extraordinaire besoin de mourir dans l'autre et de ressusciter sans attendre le troisième jour. »

Les hommes ne pèsent pas lourd dans l'éducation du petit Paulo. Tout au plus ses frères lui inculquent-ils quelques rudiments de masculinité.

Mais, indéniablement, Paul Buissonneau est un homme qui découvre le monde et la vie à travers le filtre sensible et conjugué de femmes robustes et de femmes voluptueuses.

C'est ce qui explique sans doute cette part évidente de féminité qui est la sienne et qui n'est pas étrangère à sa formidable énergie créatrice. C'est aussi ce qui a fait de lui un merveilleux séducteur et un amant passionné, qui s'est toujours instinctivement lié à des femmes remarquables.

La première liaison véritable de Paul Buissonneau est celle qu'il établit avec Françoise Charbonneau. On peut s'étonner de l'alliance contre nature qu'elle représente. Comment se fait-il que ce véritable prolétaire ait été attiré par la petite-bourgeoisie outremontaise ? Cela ne lui ressemble guère ! A-t-il cherché inconsciemment à échapper à sa condition ? Toujours est-il que, dès le début, même si les deux y mettent tout leur cœur, on a le sentiment d'un amour fragile qui ne parviendra jamais à trouver son équilibre. La naissance de Martin n'y changera strictement rien !

Après cet épisode douloureux, en toute logique, l'homme papillonne. Certaines semblent s'en accommoder, comme Christine Olivier, mais d'autres en souffrent, comme Élise Charest. Cette dernière, du propre aveu de Paul Buissonneau, est la seule femme qu'il a laissée et il le regrette.

Sa seconde passion naît avec la rencontre d'une jeune actrice qu'il découvre dans *Le Marchand de Venise* à *La Comédie-Canadienne* au début des années 60.

> « Lorsque je l'ai vue pour la première fois, j'ai été subjugué. Cette femme-là avait un masque étonnant sur scène. Elle avait des traits assez marqués, tous au même niveau, créant ainsi une harmonie absolument rare. C'était la seule dont on voyait bien les traits. »

Lorsque Louise Latraverse entre dans la vie de Paul Buissonneau, elle a vingt ans. Elle habite avec Claude Léveillée qui revient de Paris. Ce dernier l'abandonne pour Monique Miller ; Louise va se faire consoler dans les bras de Paul.

Ils s'installent dans un appartement du boulevard Dorchester où la jeune comédienne s'émerveille devant le talent de son nouveau compagnon.

« Paul m'a donné un tel goût du théâtre, il ne parlait que de ça. Avec lui le quotidien était facile : il m'avait mise sur un piédestal, j'étais sa muse. »

En compagnie de cet homme aux multiples talents, Louise croque dans la vie avec appétit. Un jour, alors qu'elle abandonne une robe sur sa machine à coudre, c'est Paul qui la finit. À la cuisine, c'est un véritable feu d'artifice. Avec rien il lui prépare des plats extraordinaires... quand ils trouvent le temps d'être à la maison ! Parce qu'ils mangent plus souvent au restaurant que chez eux, ils doivent se défaire de la cuisinière que Louise a engagée !

Chaque jour elle s'attache un peu plus à cet homme, mue sans doute par un second sens qui fait dire à Paul Buissonneau :

« Elle était incroyable, elle réussissait chaque fois à me trouver. Elle savait toujours où j'étais alors que moi-même je ne savais même pas où j'allais être quinze minutes plus tard. »

Leur relation se solidifie autour de cette passion commune pour le théâtre. Ils ne se quittent pour ainsi dire plus. Elle l'aide de toutes ses forces, fascinée qu'elle est par la singularité de cet homme.

« Chez lui, même dans la laideur, il y a une histoire où le beau va prendre la place.

Paul n'est pas un bourgeois, dans le sens qu'il n'aime pas ce qui est organisé. Il n'appartient pas à une mode, à ce qui est structuré. Son regard est toujours intéressant, tout le temps. »

Pendant quatre ans à ses côtés, c'est-à-dire de 1962 à 1966, elle assiste vraiment à l'épanouissement du talent de ce metteur en scène dont la vision du théâtre conjuguée à une formidable énergie créatrice lui confèrent un charme époustouflant.

Bien sûr, tout n'est pas simple : rapidement, une rivalité s'installe entre Martin et elle.

> « Paul était si possessif, il surprotégeait Martin. Quand ce dernier était là, tout s'arrêtait. »

Mais la mésentente n'est pas majeure et Louise réussit même à se lier finalement d'amitié avec l'enfant au fil du temps.

Elle est consciente de vivre avec un être qui l'aide à se dépasser. Jeune comédienne en pleine ascension, elle est avide de participer à l'aventure théâtrale. Elle est de tous les spectacles de son homme. Elle le soutient autant qu'elle le peut, en particulier au moment de l'acquisition de la synagogue. Il est probable que sans Louise Latraverse Paul Buissonneau ne se serait pas embarqué dans cette aventure.

Elle est très belle. Ils s'aiment. Il la veut proche de lui. « Il était très possessif. J'étais comme une petite fille. »

Au bout de quatre ans, les choses se gâtent et ce qui était excitant au début perd irrémédiablement de sa saveur. Louise ne veut plus se laisser porter par Paul, elle en a assez d'être sa muse, elle voudrait pouvoir sortir un peu plus, rencontrer d'autres personnes, vivre la vie d'une jeune fille de vingt-quatre ans. Mais Paul ne comprend pas très bien tout ça.

> « Il ne me laissait jamais sortir. Il me défendait de voir mes amis. Je l'ai quitté pour pouvoir aller danser ! »

L'aventure prend fin dans le drame et chacun déverse alors son trop-plein d'amertume.

> « Je me suis tellement fait traiter de connasse que je ne supporte plus le mot. J'étais terrorisée, sans avoir peur de Paul pour autant, mais il n'y avait aucune place pour s'épanouir près de lui. »

> « C'est ma réussite qui agaçait Louise, d'autant que cette période fut particulièrement riche dans ma carrière. »

Dialogue de sourds entre deux êtres qui se sont vraiment aimés. Terrible épilogue à une histoire dont il reste quand même sûrement quelques fragments secrets de bonheur enfouis au plus profond de chacun.

Le jour où Louise s'en va, c'est épouvantable. Paul ne comprend pas. Le désespoir s'empare de lui avec une intensité proportionnelle à cet amour dont on vient de le priver. Comme un lion blessé, il hurle sa détresse, il crie tel un enfant abandonné et trahi. Sa vie bascule dans le chaos. Mais Louise n'y peut plus rien. Elle est déterminée à partir malgré la peur que Paul lui inspire.

> « Lorsque je suis venue chercher mes affaires rue Dorchester, il y avait des centaines et des centaines de chandelles partout avec des tissus qui pendaient. Sur le mur il était écrit en gros : Liberté ! »

Ce jour là, comme un Héraclès qui aurait puisé une force inimaginable dans sa souffrance, Paul Buissonneau s'empare d'une vieille armoire, tout seul, à bout de bras, et la descend sous les larmes et les gémissements de la femme qui l'aime encore et qu'il aime encore.

Paul Buissonneau se console avec Christine Olivier, coquine Colombine, complice du métier et bientôt de la nuit.

□

Quelques années plus tard, en 1969, l'aventure amoureuse qui prend naissance avec Lorraine Richard s'inscrit, elle, dans un tout autre registre, qui n'est pas sans rappeler l'amour de Pygmalion et Galatée.

C'est d'abord la rencontre de deux phénomènes, même si Lorraine, à dix-neuf ans, est encore en pleine maturation. Déjà Paul a jaugé son caractère, il sait de quoi elle est capable. Une fois de plus, la bien-aimée est belle et radieuse, et elle a un esprit vif et un talent créateur indéniable. L'amant a du goût !

Seulement, il a quarante-trois ans et la jouvencelle en a vingt-quatre de moins, ce qui situe d'emblée leur rapport dans une nouvelle tessiture.

> «Avec Lolo, c'était un peu différent dans la mesure où je me sentais plus son père que son copain.»

> «Paul, c'était plutôt un maître. Il a cassé bien des barrières en moi comme la timidité. J'ai même appris à jouer. Il connaissait des tas de choses. On a eu tellement, tellement de plaisir. On a ri, on a ri comme c'est pas possible.»

En pleine force de l'âge, Paul Buissonneau joue à merveille de son pouvoir séducteur, qui puise sa dynamique dans l'humour. Trop timide pour séduire selon les vieilles recettes, il excelle dans la fantaisie et gagne aussitôt le cœur choisi.

C'est donc sous le signe de la gaieté que cette relation amoureuse se développe. Paul Buissonneau associe Lorraine à sa vie professionnelle. Il lui fait découvrir l'Europe et en particulier la France. Les retours au pays natal ne diminuent en rien la vigueur du metteur en scène aguerri, en pleine possession de son art. Sa fougue n'épargne pas les vedettes du théâtre parisien et provoque un jour un véritable fou rire chez sa bien-aimée.

> «Nous étions allés chez Renaud-Barrault, installés à l'époque au *Théâtre Récamier*, pour assister à la représentation de *Harold et Maude*. Au premier rang, à mes côtés, Paul était emmitouflé dans son énorme manteau, comme un ours. La pièce jouait déjà depuis quelques minutes lorsque Madeleine Renaud s'est mise à faire des petits pas ridicules. En un éclair, Paul a bondi de son siège et s'est mis à hurler: “Mais qu'est-ce que tu fous, pauvre conne. Ton vieux, il te fait faire n'importe quoi, t'as pas honte? C'est pas ça *Harold et Maude*, non mais... fais chier!”
>
> Plus personne n'écoutait le spectacle. Tout le monde le regardait, certains étaient déjà debout. J'ai alors suggéré à Paul

> de sortir. Il a accepté, non sans quitter la salle en poussant des hurlements sous les regards aussi bien amusés que contrariés des autres spectateurs. »

L'événement ne se limite pas à cette seule prestation. Une fois sorti de la salle, alors qu'il passe devant le guichet, Paul Buissonneau, remonté à bloc comme un lapin en peluche frénétique frappant sur son tambour, dirige son courroux vers un petit homme en arrière du comptoir d'accueil. Ce dernier apparaît et disparaît derrière le meuble en bois comme une marionnette au rythme de ses chut!... chut!... chut! à l'adresse du trouble-fête. Grosse erreur, Paul Buissonneau a l'œil. Il redouble d'agitation et de puissance vocale.

> « Toi, tu m'intéresses le guignol. Hé les autres ! Tout le monde ! Descendez ! Venez ici, c'est là que ça se passe ! »

À côté de lui, Lorraine ne se contient plus. Elle est submergée par les spasmes d'un fou rire incontrôlable.

> « On est sortis. C'était hallucinant ! Je le regardais en m'accrochant tant bien que mal à un bec de gaz, le corps plié en deux. Il continuait à invectiver le monde, tourné vers la facade du théâtre illuminé dans la nuit parisienne. »

À Montréal, l'homme jette plutôt son dévolu d'agitateur public sur les restaurants. C'est ainsi qu'en plein cœur de l'été il se rend en compagnie de Lorraine à *La Tortina.*

> « On mangeait sur la terrasse. C'était franchement dégueulasse, mais personne ne disait rien. J'avais pris une barquette de fruits de mer et Paul l'assiette de rosbif.
>
> On m'a apporté une serviette en forme de gondole avec un petit plat au milieu contenant une malheureuse crevette et un morceau de pamplemousse. Rien à manger ! Paul, quant à lui, a reçu une assiette avec quatre tranches de rosbif grises, entourées de laitue iceberg.

Il a fait venir immédiatement le garçon.

— Qu'est-ce que c'est que ça, c'est pas de la viande, c'est du carton. Et là, en dessous, qu'est-ce que c'est?

Paul a pris la viande et l'a fait voler dans les airs. Je riais, je riais, j'en pouvais plus. Il a attrapé la serviette en forme de gondole et l'a montrée à tout le monde en disant:

— Et ça, c'est quoi, une vieille chaussette sale!

À la table voisine, les gens ont commencé à se lever et à crier:

— C'est vrai, c'est pas bon ici, le service est pourri.

Trois tables complètes se sont levées, la rébellion a commencé sous l'œil ravi de Paul, qui a bloqué le petit serveur.

— Pis toi, ils t'ont habillé comme un clown.

Il a attrapé sa veste et l'a ouverte pour prouver qu'effectivement elle était trop grande. Puis il a saisi le petit serveur par les bretelles afin de le soulever. Pour finir, après l'avoir relâché, il a sorti un crayon noir et a corrigé tous les menus. Il a rayé "rôti de bœuf"› pour écrire à la place "assiette de marde"! Les gens applaudissaient!»

À vingt ans, on ne peut guère rester indifférente à une insurrection aussi comique, menée avec une telle exubérance. Lorraine est directe, simple et sans détour; ce genre de comportement l'amuse par-dessus tout. C'est la magie du burlesque qui jaillit sous ses yeux, rien que pour elle. La petite fille est sans cesse émerveillée par les frasques et les facéties de celui qu'elle aime... à en mourir de rire.

Leur relation s'enrichit aussi au fil du travail, où Lorraine n'est pas en reste. Son talent, ses capacités, sa détermination trouvent auprès de cet homme les conditions idéales à leur épanouissement. La jeune fille apprend avec un appétit insatiable, mieux qu'à n'importe quelle école ou université. Elle bénéficie d'un véritable cours particulier où chaque instant lui en apprend un peu plus sur le mode d'emploi de la vie.

Elle est très vite investie de responsabilités aussi bien professionnelles que privées, aussi bien agréables que difficiles à assumer. Au théâtre, il lui arrive de jouer le rôle de médiatrice pour calmer Paul et parfois pallier ses absences ou ses crises.

Pendant neuf années passées à ses côtés, en découvrant bien évidemment la nature profonde de ce compagnon, elle doit faire face à deux dépressions majeures. Il lui faut alors vivre, à vingt-cinq ans, avec un homme qui prend tant de pilules qu'il lui arrive de ne plus la reconnaître.

> «Je l'appelais du *Quat'Sous*. Il me disait: "Je viens te chercher". Il partait d'Habitat et j'allais l'attendre au coin de la rue, devant la porte du théâtre. Il arrivait, passait tout droit juste devant moi et retournait à la maison. J'ai été obligée de lui faire jeter ses pilules dans les toilettes.
>
> Il y avait un fusil dans la maison. Je n'étais pas capable de prendre ma douche de peur qu'il ne retourne l'arme contre lui et que je n'entende pas. Je prenais juste des bains, je sortais vite afin de le surveiller.»

Mais jamais durant cette période Paul n'a de colères vis-à-vis de Lorraine, bien au contraire. C'est ce qui lui fait dire à elle:

> «Les qualités de Paul, c'est sa générosité et son exubérance. Par ailleurs c'est quelqu'un d'extrêmement rigoureux et persévérant, il ne lâche pas facilement. Par contre, un peu bizarrement, il est à la fois bordélique et ascétique!»

Il est évident que partager la vie d'un tel personnage n'est sûrement pas de tout repos. Mais Lorraine n'a peur de rien, elle est prête à tout, elle est déjà solide au point de supporter ses contrastes. Et pourtant...

Et pourtant vient le jour où les projecteurs s'éteignent, où chacun des protagonistes de ce duo ne maîtrise plus tout à fait son rôle. La reprise de *La Tour Eifel qui tue*, à Paris, au *Théâtre de Chaillot*, a beau être le cadeau de l'amante à son amant pour lui redonner vie, elle ne produit pas l'effet qu'elle souhaite au plus profond de son cœur.

La rupture, qui prend naissance ironiquement dans la ville natale de Paul Buissonneau, dure de mai à décembre 1979.

Durant cette période, au retour de Paris, Paul cherche à retenir Lorraine, allant même jusqu'à jouer au golf et à faire du jogging pour tenter de la reconquérir !

La tristesse est grande. Un soir de novembre 1979, Lorraine s'en va en larmes, un sac à ordures rempli à la hâte pour tout bagage. Au fond de l'appartement, seul dans la pénombre, comme après le brouhaha d'une repésentation, Paul gémit, écrasé par le silence, prostré et meurtri. La plaie est béante et vive. Il ne reste pour meubler ce grand vide que l'odeur nauséabonde du gâchis. Ce soir-là, le rire fait relâche.

La souffrance est insuportable et l'inconscient fait le reste en poussant l'amant malheureux à mettre en scène son propre désespoir.

Le lendemain, Paul fait agrandir un portrait de Lorraine de la taille d'une affiche et l'installe sur le mur de son salon. Dans un geste de déchirement, il écrit en grosses lettres dessus « maudite salope » et, hurlant de douleur, il lance des fléchettes dans le visage de celle qui vient de partager avec lui neuf années de joie.

Vision folle de cet homme en proie à une profonde affliction, image stupéfiante, mise en scène hallucinante que seule la souffrance extrême peut justifier. Jusque dans les moments les plus intimes et les plus douloureux de sa vie, Paul Buissonneau aura échappé à la banalité !

Des années plus tard, dans un rire qui prouve la sincérité et l'affection, Lorraine Richard apporte quelques précisions supplémentaires à l'événement.

> « Peu après notre séparation, Paul avait remis une boîte carrée à ma mère en lui disant que c'était pour moi. Quand j'ai ouvert la boîte, sous le papier frisé il y avait une petite toilette

ouverte avec une fourchette et un couteau collés au fond. Il était écrit: “mange z'en”! Quand j'ai vu ça, j'ai éclaté de rire. Je reconnaissais Paul dans ce geste.

En février, il avait aussi demandé à ma mère que je vienne reprendre mes affaires, dont quelques meubles que nous avions achetés ensemble. Lorsque je suis arrivée à Habitat, tout était devant la porte. J'ai sonné. Il a ouvert en disant que tout était là, puis il a claqué la porte. Dans le lot, il y avait un pyjama en soie rose acheté à Paris qu'il avait coupé en lambeaux!»

Ils ne se sont pas revus de sitôt!

Six ans plus tard, à l'occasion du tournage de *Sonia*, le film de Paule Baillargeon avec Kim Yarochevskaya, Lorraine est alors directrice de production. Elle sait très bien que Paul doit jouer dans le film, mais ne s'en formalise pas. Lorsqu'elle arrive le matin sur le plateau, elle passe devant la pièce où l'on a dressé une table avec quelques aliments pour l'équipe. Elle voit aussitôt la silhouette de Paul sérieusement occupé à se sustenter. Elle approche doucement et tente, l'air de rien:

«T'as pas changé, tu manges encore!»

Paul se retourne et hurle:

«Salope! ça fait six ans qu'on ne s'est pas vus et tu m'engueules comme si c'était hier!»

Et ils éclatent d'un rire aux notes harmonieuses, un rire qui n'appartient qu'à eux et dont ils ont longtemps exploré toutes les nuances, avant de se jeter dans les bras l'un de l'autre.

□

Si François Truffaut avait choisi de tourner au Québec son film intitulé *L'Homme qui aimait les femmes*, nul doute qu'il aurait offert le rôle tenu par Charles Denner à Paul Buissonneau. Il aurait ainsi eu la chance de disposer d'un homme d'expérience, d'un homme qui s'est toujours entouré de femmes, avec un goût certain et une grande générosité affective.

En 1979, alors que la relation avec Lorraine vire à l'agonie, Paul Buissonneau a déjà les yeux du cœur tournés vers une autre femme. Elle est belle, bien entendu, elle est vive, il va de soi, et elle est libre après un mariage qui a tourné en divorce, ce qui arrange bien les choses. Mais il est un détail qui vaut son pesant d'or tant il semble inusité dans les relations amoureuses du prétendant : Monik Verschaelden, puisqu'il s'agit d'elle, est chef de service à la Ville de Montréal. Pour la première fois, il n'est plus question d'une relation de maître à élève ou de père à fille. Cette nouvelle donne éclaire aussitôt la nature d'une liaison qui semble plus proche d'un certain équilibre.

Monik et Paul se connaissent depuis de nombreuses années en qualité d'employés municipaux dans le secteur culturel. Ils se sont côtoyés à différentes reprises, au début pour travailler, ensuite plus étroitement. Monik a toujours admiré le travail de ce collègue original, sa vivacité, son professionnalisme, son imagination. Paul, quant à lui, voue un respect sincère à cette femme qui mène son monde avec bon sens, impartialité et humanité, ce qui fait dire à l'intéressée :

> « Paul a toujours aimé travailler avec les femmes. Pas seulement avec moi, avec toutes les femmes. Je crois que ce qu'il aime en nous, c'est notre formidable capacité à nous organiser. »

Étonnamment, ce n'est pas de Paul que vont venir les premiers signes tangibles d'affection envers Monik, mais de son chien Quat'Sous. En effet, chaque jour, Paul Buissonneau traîne jusqu'à son bureau de la Ville ce membre de la famille des canidés qu'il partageait avec Lorraine. Le mammifère quadrupède en question est-il bien dressé ou simplement un peu las des gesticulations de son maître ? Toujours est-il que, immanquablement, dès qu'il arrive au bureau, l'animal disparaît. Jusque-là, il n'y a pas lieu de se formaliser puisque le cabot revient au premier coup de sifflet. Un jour, cependant, le toutou tarde à montrer le bout de sa queue et bientôt c'est le service tout entier qui est en pleine effervescence. Un employé de la Ville tente alors une petite incursion dans le bureau de Monik Verschaelden, son chef de service, pour demander de l'aide.

> « Monik, t'as pas vu le chien de Buissonneau ? Il le cherche partout jusque dans le parc La Fontaine. Si ça continue, il va faire une crise cardiaque.
> – Ben ! il est là son chien, à mes pieds ! »

Ouf ! C'est avec soulagement et l'air rasséréné que le maître vient reprendre possession du fuyard.

> « Mais qu'est-ce qu'il fout là, lui ?
> – Est-ce que je sais, moi ? Il vient là tous les jours. Il a l'air bien. Au moins ici, il est au calme ! »

Tactique de séduction ou simple caprice de l'animal, peu importe ! La recette a sûrement du bon puisque c'est à peu près à l'issue de cet événement que Paul Buissonneau entreprend assidûment sa cour auprès de Monik avec une patience qu'on ne lui connaît guère. Il n'a pas à le regretter et peut flatter son clebs en guise de remerciement pour service rendu puisque, dès le 1er janvier 1980, le cœur de la promise est emporté haut la main.

Naît alors une relation amoureuse qui bénéficie sans nul doute de l'expérience de vie des deux protagonistes car l'équilibre est ausitôt atteint.

D'abord, il n'est pas question de tout bouleverser ; à Montréal, chacun garde son chez-soi. La maison de Saint-Charles devient le lieu privilégié de la cohabitation. Ce choix est symbolique dans la mesure où la maison de campagne offre un univers calme et protégé, loin des soucis hebdomadaires de la ville. En ce sens, il y a une volonté réelle de se ménager un jardin secret où il fait bon recevoir famille et amis... selon l'humeur.

Au quotidien, c'est donc sur ces bases que grandit un amour qui semble être plus à la mesure de ces deux tempéraments forts.

De là à prétendre que tout baigne dans l'huile à chaque instant, il y a des limites ! Chacun vient avec les bagages d'un voyage entrepris depuis l'enfance.

Cela donne les meilleurs résultats lorsque Monik, chargée de créer les maisons de la culture de Montréal, fait appel à Paul avec son imagination débordante et son sens pratique. Par contre, c'est moins évident lorsque, fidèle à son éducation française, Paul assure qu'il n'y a rien de tel qu'une bonne fessée pour mettre du plomb dans la tête d'un enfant. Dans ces moments-là, Monik réagit.

Il y a aussi des périodes plus difficiles à vivre, par exemple lorsque Paul prend sa retraite :

> « Pendant six mois, il a fait une véritable dépression. Il ne disait pas un mot. Il refusait tous les contrats qu'on lui proposait. Je lui ai même offert de le laisser un peu tranquille. Il m'a demandé de rester. »

Et puis, bien sûr, on n'échappe pas à ses manies, surtout à cet âge.

> « Au début, Monik a voulu que je range mon bordel à Habitat. Je lui ai dit : "C'est comme ça que je suis et ici, à Montréal, ça restera comme c'est." Les bonnes femmes, il faut toujours qu'elles t'arrangent ! »

> « Ce qui est amusant chez Paul, c'est lorsqu'il est entêté. Il peut très bien faire semblant de ne pas comprendre quelque chose ou de ne pas l'entendre. Par ailleurs, c'est quelqu'un qui dépense de façon compulsive. Il dépense comme il mange. Mais jamais plus que ce qu'il possède, cependant. »

Petites contrariétés d'un voyage à deux qui en réalité engendre à chaque instant beaucoup de bonheur et de tendresse. Secret préservé par deux adultes qui en ont vu d'autres et qui pourtant ressemblent souvent à deux enfants simplement heureux de pouvoir jouer à la vie.

Et puis, Paul se transforme en patriarche. Les trois enfants de Monik ont mis du temps à adopter l'encombrant compagnon de leur mère. Mais lorsque l'aînée des filles donne naissance à un petit bout de chou du nom de Virginie, pour cette enfant, l'ogre devient tendre. C'est la Belle et la Bête, c'est le roi et sa princesse, c'est Picolo devenu grand-papa.

□

Tout au long de son aventure professionnelle au Québec, plus précisément dès son entrée à la Ville de Montréal, Paul Buissonneau tient malgré lui le rôle principal d'un film qui ne manque pas de surprises, de contrariétés et de rebondissements : *Docteur Fonctionnaire et Mister Créateur.*

Doté d'une énergie et d'une résistance physique hors du commun, il mène une véritable double vie qui n'est pas sans susciter certaines jalousies, comme le confirme Monik.

> « Il faisait de l'ombrage aux politiciens parce qu'il était trop connu. Ces gens-là étaient d'autant plus jaloux qu'ils ignoraient qu'on peut faire des reprises à la télévision ! »

En plus il lui faut combattre la bêtise de certains collaborateurs quand ce n'est pas le patron lui-même qui fait montre d'incompétence. Lorsqu'il travaille à édifier les maisons de la culture avec Monik et Jean-Claude Keromnes, il doit lutter contre la stupidité pour créer de véritables lieux polyvalents malgré l'acharnement d'un chef de service ignorant.

> « Il nous faisait chier. Lui, il voyait des salles avec des néons, c'est tout ! Un vrai salaud, misogyne avec Monik comme avec toutes les femmes du service. Cet incompétent a réussi à la faire brailler ! Le matin, il fallait que sa chaise soit exactement placée devant son bureau avec *La Presse* dépliée dessus. Il entrait et s'installait pour lire. C'était incroyable. J'ai jamais vu ça. »

L'amertume est telle que, le jour de son départ, le fonctionnaire Buissonneau déverse sans retenue le trop-plein dû aux mesquineries accumulées depuis tant d'années.

> « Quand j'ai quitté la Ville, j'ai dit à mon patron : "Je vous quitte parce que vous êtes un salopard et j'en ai plein le cul de vous." Ensuite, je suis allé voir son assistant : "Quant à toi, t'es mieux d'te watcher parce que je suis capable du pire. Fini l'armée ! Je suis citoyen !" Le mec ne comprenait pas ce qui lui arrivait. Dans le couloir, tout le monde riait. »

Durant ces nombreuses années à la Ville, on peut penser que Paul Buissonneau trouve alors le réconfort dans son autre vie, celle de metteur en scène et de directeur de théâtre. Ce n'est pas si sûr ! Même dans son entourage on lui reproche à mots couverts de manquer de courage, de s'accrocher à son emploi de fonctionnaire. Certains vont même jusqu'à prétendre que, sans cette situation rassurante et confortable, il aurait eu une carrière internationale. C'est possible, mais l'affirmation ne repose sur rien ! Par contre, est-ce que ceux-là mêmes qui lui ont tenu grief de cette sécurité matérielle auraient eu la force d'entreprendre chaque matin un travail à la Ville comme si de rien n'était, malgré le succès ou l'échec de la veille, malgré les soucis financiers pour tenter vaille que vaille de maintenir un théâtre debout ? C'est à voir !

Une chose est sûre. Si Paul Buissonneau a mené cette double vie professionnelle en se faisant le mécène de l'une grâce à l'autre, c'est parce qu'il ne s'est jamais bercé d'illusions. Tout au long de *Docteur Fonctionnaire et Mister Créateur,* si le personnage principal a tenu coûte que coûte son double rôle malgré les moments de désespoir, malgré les tentations clinquantes de la réussite, malgré les mesquineries, malgré la célébrité chaude et agréable, c'est simplement parce que, au plus profond de lui-même, pas une seconde il n'a oublié sa condition et ses origines.

Incroyable lucidité qui à chaque instant, jusque dans les replis les plus inconscients de ses trop courtes nuits, s'est acharnée à lui rappeler qu'il n'était rien d'autre qu'un petit prolo...

□

Il est bien loin le petit homme pâlot et frêle qui bondissait d'un bout à l'autre de Paris, le ventre vide. Il s'est rattrapé ou peut-être tout simplement vengé d'un sort que la guerre lui avait imposé, à tel point qu'aujourd'hui, seul devant le miroir, il lui arrive de philosopher :

> « Une inquiétude prémonitoire attire cependant mon attention sur la disparition de mon nombril, obsédant point noir du regard narcissique... plus rien qu'un trou d'ombre ! Il était pourtant là le seul lien qui soutenait ma croyance dans laquelle j'étais né de quelqu'un ! Je serais donc orphelin deux fois... et ce ventre, ce ventre qui vient vers moi dans ce miroir quand je l'approche, sans-gêne insolent ! »

Pour certains, comme François Barbeau, cette transformation physique s'apparente à une véritable démission qui lui fait dire :

> « Admettra-t-il un jour qu'il est à fleur de peau ? Et ce laisser-aller physique ? Pourquoi ? Est-ce un suicide ? »

Pour d'autres, comme Normand Biron, son ami et voisin à Saint-Charles-de-Mandeville, le lien entre Paul et la nourriture est plutôt à chercher du côté de l'oralité :

> « Dans l'oralité, il y a quelque chose de rassurant. C'est le lien à la parole, c'est le lien au sein, dont il ne s'est peut-être pas senti nourri. Et puis, un jour, il a eu enfin le droit d'amener à sa bouche quelque chose qui le rassurait jusqu'à l'excès. Paul n'a pas été assez nourri, au sens affectif et au sens propre du terme. »

On peut penser que ce sont ses multiples carences qui ont fait les qualités du personnage si étonnant qu'est Paul Buissonneau. Par exemple, ce père parti si tôt que l'enfant n'a pas eu à lutter contre la présence paternelle, comme le précise encore Normand Biron :

> « Cela donne une liberté extraordinaire. Et c'est pour cela que Paul n'a jamais eu peur de crier contre l'autorité et ce qui explique qu'il est encore aussi véhément à soixante-dix ans.
>
> L'enfant sauvage, celui qui n'a pas reçu beaucoup d'affection, lorsqu'on l'approche, il donne d'abord des coups de pied et on doit y aller doucement jusqu'à l'apprivoiser. Il devient alors très doux et on peut enfin le caresser, mais c'est long.
>
> Paul, lors de son premier contact avec les êtres, il hurle, comme ça il tient à distance, et il dit toutes sortes de mots forts qui dépassent sa pensée, pour se protéger, pas pour agresser. Une fois qu'il est apprivoisé, s'il n'y a pas de témoin, si l'on est un peu seul avec lui, à ce moment-là on peut s'approcher. Il est très tendre, il est très touché, bouleversé, et comme tout être écorché il ne sait plus comment remercier et il va donner des tas d'objets, apporter toutes les choses qui l'entourent pour te faire plaisir, pour te dire qu'il t'aime. C'est sa façon de le dire parce qu'il a du mal à le dire en mots. »

Venant d'un homme d'une grande culture tel que Normand Biron, ce portrait a une valeur inestimable parce que lui aussi a perdu son père en bas âge. Il sait que Paul va dire « connard » pour dire « je t'aime », usant ainsi de la provocation pour ne pas s'attendrir. Il sait que « cet homme est au fond un grand tendre qui a encore un peu peur de l'amour »...

En jetant un bref coup d'œil dans le rétroviseur du vélocipède qui a conduit Paul Buissonneau des bords de la Seine jusqu'au milieu du Saint-Laurent, on mesure la richesse et l'immensité du chemin que cet homme a parcouru. Mais à l'arrière, ficelées sur le porte-bagages, on voit bien que les valises sont les mêmes. Si elles se sont démodées et cabossées sous l'effet du temps, elles ont toujours accompagné l'homme, préservant comme un véritable trésor les valeurs et les souvenirs d'une autre époque.

Aujourd'hui, les premières années de la vie de Paul n'ont jamais été aussi proches. Tel un vent qui aurait traversé l'Atlantique pour transporter les arômes du passé jusqu'au port de Montréal, les années 90 ont réveillé la nostalgie.

Comme un clown céleste, René, le frère chéri, s'est envolé pour de bon vers une liberté qu'il n'a cessé de défendre au risque d'y laisser sa peau, abandonnant le petit Paulo trop seul avec le souvenir de leur dernière rencontre.

> « J'ai encore devant moi l'image d'un bouffon rondouillard, flagorneur et vieillot, le crâne rasé au quart de poil. Je reconnais son œil métallique, presque lubrique, ses paupières de caméléon qui lui permettent sans doute de regarder en arrière. Il me crie d'une voix claire, étonnante de jeunesse pour ses soixante-dix ans : "Alors, tu fais toujours le con ?" »

Odette, Lucien et André, sous l'effet inéluctable des reflux de la vie, se sont éloignés du travail, emportant avec eux les traces et les preuves de l'entre-deux-guerres de leur jeunesse.

René Lamoureux, à l'image du René buissonnien, a pris la poudre d'escampette vers d'autres mondes où ses qualités humaines et intellectuelles vont certainement faire des heureux.

Peu après son départ de la planète, il s'est produit un événement singulier qui en dit long sur la pudeur et la sensibilité de Paul Buissonneau. Au cours d'un spectacle auquel il participe au *Théâtre Saint-Denis*, il se rend compte qu'il a du mal à prononcer son texte. De retour dans sa loge, face au miroir, il voit bien que son visage est à moitié figé dans une espèce de rictus. Il vient de faire une paralysie faciale qui va le handicaper pendant plusieurs semaines.

Certains pleurent le départ d'un ami cher, d'autres sont submergés de pudeur ou sont peut-être trop durs avec eux-mêmes. Mais les sentiments, eux, ne se taisent pas. D'une manière ou d'une autre, il faut qu'ils s'expriment.

Cette réaction psychosomatique vis-à-vis de René Lamoureux est compréhensible. Il est l'un des rares hommes qui, avec Paul Dandurand, Claude Robillard et Benoît Mailloux, ont joué un rôle déterminant dans la vie de Paul Buissonneau, suivant en ce sens les préceptes d'une autre époque où la solidarité était érigée en valeur morale. C'est à l'image de ces êtres si généreux que Paul Buissonneau s'est employé à son tour, tout au long de son existence, à aider d'autres apprentis de la vie comme Yvon Deschamps, Jean-Pierre Ménard et Jean-Pierre Saint-Michel. Ils ou elles sont légion à avoir découvert la vie et le métier au contact rude et exigeant de Paul Buissonneau, de celui qui, s'il n'a jamais pris la vie au sérieux, l'a toujours traitée avec sérieux. Ceux et celles qui ont compris qu'il fallait à tout prix se dépasser jouent aujourd'hui un rôle de premier plan dans le milieu culturel local et international. Pour Paul Buissonneau, c'est certainement ce qui est le plus important : voir scintiller au firmament de l'art ces étoiles jetées au vent de la vie comme une poudre magique.

Il sait très bien que le théâtre est éphémère et que si le souvenir s'estompe avec le temps, les hommes et les femmes restent pour témoigner, pour pousser encore plus loin, chacun à leur tour et à leur manière, ce talent si fragile qu'ils ont eu la chance d'épanouir auprès de tel ou tel autre créateur.

Il sait que la vie n'a de sens que si l'homme s'en mêle. S'il arrive souvent que ce soit médiocre, parfois aussi c'est le sublime qui l'emporte et rien que cet instant... vaut tous les sacrifices.

Épilogue

DANS LA TORPEUR D'UN APRÈS-MIDI D'ÉTÉ, alors que la campagne somnole, engourdie sous l'effet de la chaleur, un homme à la silhouette ronde se lève de sa chaise difficilement, avec force précautions, au terme d'une sieste réparatrice. Tandis que les cigales profitent du sommeil des humains pour converser, l'homme aux yeux vifs, à la chevelure drue et argentée, avance à pas mesurés parmi les fleurs.

Il sait qu'elle est là-bas au fond, allongée sous les grands arbres, non pas Roxane, qui s'en est allée depuis belle lurette, mais la vie tout simplement.

Il s'approche d'elle avec prévenance. Épuisé par l'usure du temps, il dissimule la fragilité de ses mouvements, il camoufle tant bien que mal ce souffle désormais rauque et trop court. Arrivé à sa hauteur, il saisit délicatement cette vie et la serre contre lui. Alors, comme un enfant avec son nounours préféré, il lui murmure quelques mots. Juste de tout petits mots pour lui dire sans façon mais avec douceur combien il l'a aimée.

Ensuite, il s'enfonce tranquillement dans la nature, le corps un peu plus courbé à chaque pas. À mesure qu'il avance, un carrousel d'images tourne devant ses yeux, véritable kaléidoscope d'une histoire toute simple qui a pris naissance à des années-lumière de là. Il voit Picolo bondir jusqu'à la Lune en compagnie de son frère René. Il aperçoit Odette qui déclame sur la scène d'un petit théâtre de quatre sous devant Andréa Martin et son époux Lucien Buissonneau, sagement assis au milieu de cette salle. Il distingue à travers la prolifération d'images une Roulotte au loin, tirée par Lulu et André qui lui font un petit signe de la main. Il se sent heureux comme il ne l'a jamais été. Il est seul, la Terre entière est endormie.

Bientôt, avec un air serein, il ouvre ses mains et laisse s'échapper cette petite vie si fragile. Il ne craint pas la mort ; depuis l'âge de treize ans et demi, il n'y a plus personne entre elle et lui. Il y a si longtemps qu'elle fait partie de sa vie.

Au plus profond de la forêt, il arrive tant bien que mal à rejoindre une clairière, baignée par les rayons du soleil. Avec peine, il se dirige jusqu'au milieu et se laisse lentement glisser sur la terre dans un mouvement d'une souplesse et d'une agilité surprenantes, comme s'il avait fait cela toute sa vie.

Il ouvre alors grand ses bras, le corps tourné vers le soleil. Tout doucement, comme de minuscules stores vénitiens, ses paupières se referment sur ses yeux tandis qu'un sourire de béatitude se dessine imperceptiblement au bord de ses lèvres, d'où s'échappe un murmure comme une chanson :

« Pauvre con ! T'as improvisé ta vie comme tes mises en scène ! »

Montréal,
juin 1994–septembre 1997

Bibliographie

BEAUCHAMP, Hélène. *Le Théâtre pour enfants au Québec 1950-1980,* Montréal, Hurtubise HMH, 1985.

BERTEAUT, Simone. *Piaf,* Paris, Robert Laffont/Trévise, 1969.

BETTELHEIM, Bruno. *Psychanalyse des contes de fées,* Paris, Robert Laffont, 1976.

BIROTO, Albert et Raoul LASNAVE. *Les Déboires d'un pauv'mec,* Ingrandes-sur-Loire, Les Éditions du Mouton noir, 1926.

BUISSONNEAU, Paul. *Les Comptes de ma mémoire,* Montréal, Les Éditions internationales Alain Stanké, 1991.

CHENEBAULT, Chistophe et Marie GAUSSEL. *Guide des cinémas à Paris,* Paris, Syros-Alternative, 1992.

CONTE, Gérard. *C'était hier... le XIIIe arrondissement,* Paris, L.M.-Le Point, 1992.

CUSSON, Jean. *Un Réformateur du Théâtre Léon Chancerel,* Montréal, Fides, 1942.

DUCLOS, Pierre et Georges MARTIN. *Piaf,* Paris, Seuil, 1993.

DUTOURD, Jean. *Au Bon Beurre,* Paris, Gallimard, 1952.

FONTAINE, Nathalie. «*Maudits Françaîs!*» Montréal, Les éditions de l'Homme, 1964.

GARNEAU, Richard. *À toi, Richard...,* Montréal, Les éditions internationales Alain Stanké, 1992.

GASSION, Denise. *Piaf ma sœur,* Paris, Guy Authier, 1977.

GRIMAL, Pierre. *Dictionnaire de la mythologie grecque et romaine,* Paris, Presses Universitaires de France, 1951.

HAMON, Hervé et Patrick ROTMAN. *Tu vois, je n'ai pas oublié,* Paris, Seuil/Fayard, 1990.

JOUVET, Louis. *Témoignages sur le théâtre,* Paris, Flammarion, 1952.

KEMPF, Yerri. *Les Trois Coups à Montréal,* Montréal, Librairie Déom, 1960.

LANCELOT, Hubert. *Nous les Compagnons de la Chanson,* Paris, Aubier/Archimbaud, 1989.

LANGLOIS, Georges. *Octobre en question,* dans *Une Amitié bien particulière ; Lettres de Jacques Ferron à John Grube,* Montréal, Boréal, 1990.

LAPIERRE, Dominique et Larry COLLINS. *Paris brûle-t-il ?,* Paris, Robert Laffont, 1964.

LAPLANTE De, Jean. *Les Parcs de Montréal des origines à nos jours,* Montréal, Éditions du Méridien, 1990.

LEGRIS, Renée, Jean-Marc LARUE, André-G. BOURASSA et Gilbert DAVID. *Le Théâtre au Québec 1825-1980,* Montréal, VLB éditeur, 1988.

NARDOCCHIO, Élaine F., *Theatre and politics in modern Quebec,* Edmonton, The University of Alberta Press, 1986.

SABATIER, Robert. *Les Allumettes suédoises,* Paris, Albin Michel, 1969.

TREMBLAY, Michel. *Douze Coups de théâtre,* Montréal, Leméac, 1992.

TRUFFAUT, François. *Les Films de ma vie,* Paris, Flammarion, 1975.

Chronologie

LE METTEUR EN SCÈNE

1953 *Pierre et le Loup*, de Prokofiev.
L'Objet, chanson de Charles Aznavour, musique de R. Green.
Aux Marches du palais, chanson animée. La Roulotte. Montréal.

1954 *Pierre et le Loup*, de Prokofiev. Festival régional d'art dramatique. Palais du commerce. Montréal.
Princesse Chagrine, Scénario: Paul Buissonneau, d'après un conte populaire. Film couleur, 16 mm. Avec une centaine d'enfants de la Ville de Montréal.
Le Carnaval des animaux, de Camille Saint-Saëns.
Le Roi Dagobert, chanson animée de Charles Trenet.
Entrée de cirque, parade clownesque de Paul Buissonneau. La Roulotte. Montréal.
Le Roi Dagobert, film. Ville de Montréal

1955 *Barbe bleue*, de Charles Perrault et Paul Buissonneau.
La Lingère du palais, de Nolent de Fatouville.
La Pêche à la baleine, chanson animée de Jacques Prévert. La Roulotte. Montréal.

1956 *Orion le tueur*, de Jean-Pierre Grenier et Maurice Fombeure. Festival d'art dramatique régional: théâtre *Le Gesù*. Montréal. Prix de la meilleure pièce en un acte. Trophée Martha Allan, meilleure production visuelle.

Pinocchio, de Carlo Collodi et Paul Buissonneau.
Cadet Rousselle, folklore.
L'Héritage infernal, chanson animée de Charles Trenet. La Roulotte. Montréal.

1957 *La Tour Eiffel qui tue*, de Guillaume Hanoteau. Festival régional et national d'art dramatique: Edmonton, Winnipeg, Québec, Montréal. Premier prix. Trophée Martha Allan, meilleure production visuelle. Trophée Calvert, meilleure production.
Reprise au Théâtre de verdure, Parc Lafontaine, Montréal.
Voulez-vous jouer avec moâ?, de Marcel Achard. Théâtre Omega. Co-mise en scène avec Jacques Kanto. Montréal.
Le Tableau des merveilles, de Jacques Prévert. Centre d'essai de l'École des Beaux-Arts, Montréal.
Le Chat botté, de Charles Perrault et Paul Buissonneau.
Cinéma muet (Hommage à Charlie Chaplin), de Paul Buissonneau. La Roulotte. Montréal.
Le Mariage, opéra de Nicolas Gogol (1er acte), sur musique de Moussorgski. Télévision de Radio-Canada. Réalisateur: François Bernier.

1958 *Les Oiseaux de lune*, de Marcel Aymé. La Comédie Canadienne. Montréal.
Un Simple Soldat et le Briquet, de Hans Christian Andersen et Paul Buissonneau.
La Parenté, chanson animée. La Roulotte. Montréal.

1959 *La Bande à Bonnot*, de Henri-François Rey. Festival régional d'art dramatique: La Comédie Canadienne. Montréal.
Pierre et le Loup (nouvelle production).
Entrée de cirque, pantomime de Paul Buissonneau. La Roulotte. Montréal.
Princesse Chagrine, dans le cadre de La Boîte à surprises. Télévision de Radio-Canada.

1960 *Les Trois Chapeau claque*, de Miguel Mihura. Centre Laurier. Montréal.
Le Manteau de Galilée, de Paul Buissonneau. Orphéum. Montréal.

Malbrough s'en va-t-en guerre, de Marcel Achard. Théâtre de La Poudrière. Montréal.
Le Manteau rouge, film télévision (2 x 30 mn.). (Versions française dans *La Boîte à surprises* et anglaise). CBC et Télévision de Radio-Canada.
Barbe bleue et les Trois Mousquetaires, de Charles Perrault et Paul Buissonneau.
Arlequin chanteur de rue, *commedia dell'arte* de Paul Buissonneau. La Roulotte. Montréal.

1961 ***Orion le tueur***, de Jean-Pierre Grenier et Maurice Fombeure. ***Maison à vendre***, *commedia dell'arte* de Paul Buissonneau. La Roulotte. Montréal.
La Farce des ténébreux, de Michel de Ghelderhode. Avec les étudiants de l'Université de Montréal. Centre Campbell Est. Montréal.

1963 ***Les Éphémères***, de Paul Buissonneau. Prévue pour l'inauguration de la Place des Arts. Montréal. Annulée pour cause de conflit syndical.
Les Moyens de locomotion, de Paul Buissonneau. La Roulotte. Montréal.
Tête d'affiche, série variété-télévision. Réalisation : Richard Martin. Idéateur. Télévision de Radio-Canada.

1964 ***Le Manteau de Galilée*** (reprise). Salle Wilfrid-Pelletier, Place des Arts. Montréal.
Le Chat botté (reprise).
La Puce, *commedia dell'arte.*
Cinéma muet (reprise). La Roulotte. Montréal.
Défilé de la Saint-Jean Baptiste. Fête nationale du Québec.

1965 ***Le Cirque aux illusions***, de René Aubert. Centre d'Art de Repentigny.
La Jument du roi, de Jean Canole. Centre d'Art de Repentigny.
La Florentine, de Jean Canole. Ouverture du Théâtre de Quat'Sous. Montréal.
Le Barbier de Séville, opéra de Gioacchino Rossini. Réalisation : Pierre Morin. Télévision de Radio-Canada.

Gagnant de l'*Emmy Award* à New York (meilleure production).
L'Opéra d'Aran, de Gilbert Bécaud. Libretto de Jacques Emmanuel, Louis Amade, Pierre Delanoë. Les Festivals de Montréal. Place des Arts. Montréal.

1966 ***La Jument du roi*** (reprise). Centre d'Art de Repentigny.
La grande roue, de Guillaume Hanoteau. Théâtre de Quat'Sous. Montréal.
Love, de Murray Schisgal. Théâtre de Quat'Sous. Montréal.
La Belle au bois dormant, de Charles Perrault.
Les Marionettes, chanson animée de Christophe. La Roulotte. Montréal.
Quatre extraits d'opéra: Paillasse, de Ruggiero Léon-Cavallo. ***La Traviata***, de Giuseppe Verdi. ***Faust***, de Charles Gounod. ***Boris Godounov***, de Modest Moussorgski d'après A. Pouchkine et J. Karamsine. Réalisation: Pierre Morin. Les Beaux dimanches. Télévision de Radio-Canada.

1967 ***Le Knack***, de Ann Jellicoe. Théâtre de Quat'Sous. Montréal.
La Promenade du dimanche, de Georges Michel. Théâtre de Quat'Sous. Montréal.
Barbe bleue (reprise, nouvelle production).
La Bébitte à patate, *commedia dell'arte* de Paul Buissonneau.
Le Roi Dagobert, chanson animée de Charles Trenet.
La Bataille de Reichauffen, chanson populaire animée. La Roulotte. Montréal.

1968 ***L'Osstidcho***, création collective. Théâtre de Quat'Sous. Montréal.
Peuple à genoux, création collective. Théâtre de Quat'Sous. Montréal.
Pierre et le Loup (reprise).
Le Mariage de Pantalon, *commedia dell' arte* de Paul Buissonneau.
Cadet Rousselle (reprise). La Roulotte. Montréal.
Le Chemin du Roy, de Françoise Loranger. Théâtre Le Gesù. Montréal.

Ouverture de Terre des hommes, Île Notre-Dame. Montréal.

1969 *Hôtel Hilton Pekin*, de Eugène Cloutier. Comédie Canadienne. Montréal.
Faut jeter la vieille, de Dario Fo, adaptation de Paul Buissonneau et Jean-Louis Roux. Salle Port-Royal, T.N.M. Montréal.
Attends ta délivrance, création collective. Comédie Canadienne. Montréal.
Vive l'empereur, de Jean Morin. Théâtre de Quat'Sous. Montréal.
Du Feu S.V.P., série d'émissions variété télévision (30 mn.). Réalisation : Richard Martin. Télévision de Radio-Canada. Idéateur.
Picolo musique, interludes télévision. Réalisation : James Dormeyer. Télévision de Radio-Canada. Diffusés pendant 10 ans.

1970 *Attends ta délivrance* (reprise). Place des Arts. Montréal.
N'écrivez jamais au facteur et *Le Diable en été*, de Michel Faure. Théâtre de Quat'Sous. Montréal.

1971 *D.D.T.*, de Michel Faure et Paul Buissonneau. Salle Port-Royal. Montréal.
Les Balançoires, de Jean O'Neil. Théâtre de Quat'Sous. Montréal.
Chère Janet Rosenberg, Cher monsieur Kooning, de Stanley Eveling, adaptation de Michel Faure. Théâtre de Quat'Sous. Montréal.
La Musique folle des années sages, pantomimes musicales. Réalisation : Pierre Morin. Série de 6 émissions. Télévision de Radio-Canada.

1972 *Toi et tes nuages*, de Éric Westphal. Théâtre de Quat'Sous. Montréal.
Boom ou Arbalètes et vieilles rapières, de Georges Michel. Finissants de l'École Nationale. École nationale de Théâtre du Canada. Puis au Quat'Sous. Montréal.

Aujourd'hui peut-être, de Serge Sirois. Théâtre de Quat'Sous. Montréal.
La Locomotion, de Paul Buissonneau. La Roulotte. Montréal.
Impromptu à loisir, de René de Obaldia. Collège Lionel Groulx.

1973 *Le Chinois*, de Michel Faure. Théâtre de Quat'Sous. Montréal.
Eux ou la prise du pouvoir, de Édouardo Manet. T.N.M. Montréal.
L'Histoire du petit dragon vert, Les Toréadors, Le Crocodile s'est échappé, pantomime musicale et sketches de Paul Buissonneau. La Roulotte. Montréal.
La Belle Hélène, opéra de Jacques Offenbach. Centre national des Arts. Ottawa.

1974 *L'Aide-mémoire*, de Jean-Claude Carrière. Théâtre de Quat'Sous. Montréal.
Victor ou les enfants au pouvoir, de Roger Vitrac. Élèves du Conservatoire d'art dramatique du Québec. Québec.
L'Heure du concert. Réalisation : Pierre Morin. Télévision de Radio-Canada.

1975 *Orion le tueur*, de Jean-Pierre Grenier et Maurice Fombeure. *Exercices de style*, de Raymond Queneau. Théâtre de Quat'Sous. Montréal.
L'Heure espagnole, opéra de Maurice Ravel, livret de Franc Nohain. Réalisation : Pierre Morin. Télévision de Radio-Canada.

1976 *Tout chaud*, de François Guy. Théâtre de Quat'Sous. Montréal.
La Belle Hélène, opéra de Jacques Offenbach, paroles de Henri Meilhac et Ludovic Halévy. Adaptation du spectacle de 1973 au CNA. Télévision de Radio-Canada.
La Tour Eiffel qui tue, de Guillaume Hanoteau. Salle Port-Royal, Place des Arts. Théâtre de Quat'Sous. Montréal.

1977 *Bel Canto*, portraits d'artistes : Colette Boky (49 mn. 26 sec.). Réalisation : Pierre Morin. Télévision de Radio Canada.
Théâtre de chambre, de Jean Tardieu. Finissants de l'École Nationale. Théâtre de Quat'Sous. Montréal.
L'aide mémoire (reprise). Théâtre de Quat'Sous. Montréal. Manoir Richelieu. La Malbaie.

1978 *Parade de mode Elvia Gobbo*, de Elvia Gobo, avec participation de la troupe Mime Omnibus. Théâtre de Quat'Sous. Montréal.
La Leçon et *La Cantatrice chauve*, de Eugène Ionesco. NCT au Théâtre Denise Pelletier. Montréal.
La Crique, de Guy Foissy. Théâtre de Quat'Sous. Montréal.
Le Chat botté (reprise). La Roulotte. Montréal.
L'Œil du dragon, conte chinois. Le Vagabond. Montréal.
Feu la mère de madame et *Mais ne te promène donc pas tout' nue*, de Georges Feydeau. T.P.Q. au Grand Théâtre de Québec.
Le Bourgeois gentleman, de Antonine Maillet. Théâtre du Rideau Vert. Montréal.

1979 *La Tour Eiffel qui tue*, Théâtre National de Chaillot. Paris.
Théâtre de chambre (reprise). Théâtre de Quat'Sous. Montréal.

1980 *Les Folleries du samedi soir*, de Marcel Mithois. Théâtre de Quat'Sous. Montréal. Manoir Richelieu. La Malbaie.
Le Cirque Pantalon et *Le Crocodile s'est échappé*, de Paul Buissonneau. Théâtre de Quat'Sous. Montréal. Théâtre de la Vieille Pulperie. Chicoutimi.
Théâtre de chambre (reprise). Théâtre de la Vieille Pulperie. Chicoutimi.
Histoire de la méchante petite pomme et de la méchante petite poire, de Paul Buissonneau. Le Vagabond. Montréal.

1981 *Les Chaises* et *Exercices de diction et de conversation pour étudiants américains*, de Eugène Ionesco. Mise en scène avec Lothaire Bluteau. Théâtre de Quat'Sous. Montréal.

	Le Défunt, de René de Obaldia. Manoir Richelieu. La Malbaie. ***Histoire de Tit-pépin***, de Paul Buissonneau. Le Vagabond. Montréal.
1983	***La Résistible ascension d'Arturo Ui***, de Bertolt Brecht. Théâtre de Quat'Sous. Montréal. ***La Pavlova***, émission danse-musique. Adaptation de Pierre Morin, Hugo Wuetrich et Leslie Caron d'après la production du *Pendelton Festival*, texte de Henry Crossfield. Réalisation : Pierre Morin. Télévision de Radio-Canada. ***La Goutte***, de Guy Foissy. Conservatoire d'Art dramatique du Québec. Montréal.
1984	Spectacles avec les élèves en scénographie (1ère année) de l'École nationale de Théâtre. Montréal.
1985	***Couple ouvert***, de Dario Fo. Place Frontenac. Berthierville. ***Spectacle Ruzante***, création collective. Conservatoire d'Art dramatique du Québec. Montréal.
1987	***Masque n'tape***, création collective. Théâtre de la veillée. Montréal.
1988	***La Bonne Adresse***, de Marc Camoletti. Théâtre de Réjean Lefrançois. L'Île Charron. ***La Terre est une pizza***, de Gilles Carle. Salle L'Intro.
1989	***La Terre est une pizza***, de Gilles Carle. Festival d'Avignon. Le moulin à paroles. Paris. ***Léola Louvain écrivaine***, de André Ducharme. Théâtre de Quat'Sous. Montréal.
1990	***Monsieur Masure***, de Claude Magnan. L'Île Charron.
1993	***Le Sang de l'humour***, de Marc Drouin. Théâtre de Dix heures. Paris.
1996	***Pierre et le Loup***, de Prokofiev. La Ronde. Mise en scène avec Jean-Pierre Ménard. Montréal.

LE COMÉDIEN

1946-50 *Les Compagnons de la chanson.* Chanteur, ténor léger.

1947 *Neuf Garçons, un cœur,* film de Georges Freedman.

1952 *Échos de France,* radio CHLP

1953 *Pierre et le Loup,* de Prokofiev.
L'Objet, chanson animée de Charles Aznavour, musique de R. Green. Mise en scène : Paul Buissonneau. La Roulotte. Rôle : Pierre.

1954 *Pierre et le Loup,* de Prokofiev. Festival régional d'art dramatique. Palais du commerce. Montréal. Mise en scène : Paul Buissonneau. Rôle : Pierre.
Le Roi Dagobert, chanson animée de Charles Trenet. Mise en scène : Paul Buissonneau. La Roulotte. Montréal.

1954 *Les grands réalisateurs du cinéma américain,* émission de télévision de Michel Brault et Claude Jutra. Télévision de Radio Canada. Rôle : animateur.

1956 *Orion le tueur,* pièce de Maurice Fombeure et Jean-Pierre Grenier. Mise en scène : Paul Buissonneau. Festival régional d'art dramatique : théâtre Le Gesù. Montréal. Rôle : Pierre de Rochemole, dit Orion.

1957 *La Tour Eiffel qui tue,* pièce de Guillaume Hanoteau. Mise en scène : Paul Buissonneau. Festival régional et national d'art dramatique : Edmonton, Winnipeg, Québec, Montréal. Rôle : Duguesclin. Mention honorable.
Picolo, série télévision. Scénario : Paul Buissonneau. Réalisation : Guy Gaucher. Télévision de Radio-Canada, dans La Boîte à surprises. Rôle : Picolo.

1959 *Rouletaboule,* série éducative, télévision (17 x 30 mn.). Scénario : Jean Sarrazin. Réalisation : Jacques Giraldeau. Télévision de Radio-Canada. Rôle : Rouletabloule.
Le Neveu de Rouletaboule, série éducative, télévision (17 x 30 mn.). Scénario Jean Sarrazin. Réalisation : Pierre Castonguay, Maurice Falardeau. Télévision de Radio Canada. Rôle : Rouletaboule.

1959 *Le Grand duc*, série télévision (79 x 30 mn.). Réalisation : Charles Dumas, Pierre Lebœuf, Pierre Monnette. Télévision de Radio-Canada.

1960 *Le Professeur Calculus*, série marionnettes télévision (50 x 30 mn.). Scénario : Roger Garand. Réalisation : Maurice Falardeau et Roland Guay. Télévision de Radio-Canada. Rôle : voix de Calculus.
Point d'interrogation. Réalisation : Jean Loiselle. Télévision de Radio-Canada. Rôle : mime.

1961 *Picolo : le monde des objets*, série télévisée pour enfants (25 x 15 mn.). Scénario : Paul Buissonneau. Réalisation : Claude Caron. Télévision de Radio-Canada. Rôle : Picolo.
La Musique qui fait Popp. Émission de télévision (60 mn.). Mise en scène de Michel Conte sur musique d'André Popp. Réalisation : Pierre Morin. Télévision de Radio-Canada. Rôle principal dans cinq pantomimes.

1962 Stage de mime pendant un an chez Étienne et Maximilien Decroux à Paris. Étudiant à l'Université du théâtre des Nations.

1963 *Picolo*, disques (2). Scénario : Paul Buissonneau. Société Jacques Labrecque Ltée. Rôle : Picolo.

1964 *Tête d'affiche*, série variété-télé. Réalisation : Guy Parent. Télévision de Radio-Canada.
Bobino, émission spéciale. Scénario : Michel Cailloux. Réalisation : Fernande Chouinard. Télévision de Radio-Canada. Rôle : Picolo.

1966 *Dimensions*, film (12 mn. 13 sec.). Scénario et réalisation : Bernard Longpré. O.N.F. Rôle principal et mime.
Yul 871, film (70 mn. 37 sec.). Scénario et réalisation : Jacques Godbout. O.N.F. Rôle : Antonio.
Love, pièce de Murray Schisgal. M.e.s. Paul Buissonneau. Théâtre de Quat'Sous. En remplacement de Luc Durand pendant une semaine. Production : Théâtre de Quat'Sous.
La Boîte à surprises. Réalisation : Fernande Chouinard et André Pagé. Télévision de Radio-Canada. Rôles : Tibouchon et Ali-Ben Babouch.

La Bonne Nouvelle, émission de marionettes. Réalisation : Claude Desorcy. Télévision de Radio-Canada. Rôle : voix et manipulation.
Suivez cet homme. Réalisation : Pierre Castongay. Télévision de Radio-Canada. Rôle : Diego Rodriguez.
De toutes les couleurs. Réalisation : Yves Dumoulin. Télévision de Radio-Canada.

1967 *La Belle Province.* O.N.F.
C'est pas la faute à Jacques Cartier, film (72 mn. 21 sec.). Scénario et réalisation : Clément Perron, co-réalisé avec Georges Dufaulx. O.N.F.
Waiting for Caroline, film long métrage. Scénario : George C. Robertson. Réalisateur : Ron Kelly. O.N.F
Tale of Mail (version française).
Valérie, film. Scénario : Louis Gauthier. Réalisation : Denis Héroux. Rôle : le vendeur de frites.

1969 *Le Cirque magique*, film (30 mn.). Scénario : Émile Radok. Réalisation : Émile Radock. Terre des hommes. Rôle : clown, meneur de jeu.
Invention-Créativité, film. Réalisation : Claude Fournier. Onyx-Fournier inc. Rôle : voix annonceur.
Picolo Music, interludes (sketchs gags). Scénario : Paul Buissonneau. Réalisation : James Dormeyer. Télévision de Radio-Canada.
Situation du théâtre au Québec, film (111 min. 52 sec.). Réalisation : Jacques Gagné. Office du film du Québec et le ministère des Affaires culturelles du Québec. Rôle : mime et intervenant.

1970 *Deux Femmes en or*, film (108 mn.). Scénario et réalisation : Claude Fournier. Les Films Claude Fournier, Onyx film. Rôle : le plâtrier.
Beau fixe, émission radiophonique estivale. Radio-Canada. Coanimateur et idéateur avec Pierre Paquette.
Entrée libre, émission radiophonique. Radio-Canada. Rôle : animateur.

1971 *L'Inventeur*, film (30 mn.). Scénario: Justine Bouchard. Réalisation: Denis Héroux. Ministère de l'Industrie et du Commerce. Rôle: l'inventeur.
Cinéma Couleurs, interludes. Production: Télévision Radio-Canada. Rôle: Picolo.
La Musique folle des années sages, pantomimes musicales. Réalisation: Pierre Morin. Série de 6 émissions. Télévision de Radio-Canada. Rôle: animateur et mime.
Nic et Pic, série marionnettes. Scénario: Michel Cailloux. Réalisation: Hélène Roberge. Télévision de Radio-Canada. Rôle: voix épisodique.

1972 *Élections fédérales*, film (30 mn.). Réalisation: Yves Hébert. Projex Film-Yves Hébert. Rôle principal.
Le ministère de l'Industrie et du Commerce, film (20 mn. 30 sec.). Scénario: Marcel Lefebvre. Réalisation: Denis Héroux. O.N.F.
Le Travail à la chaîne, série Émission Quizz. Réalisation: L. Leroyer.
Madame est servie, émission télévisée (60 mn). Télé-Métropole.

1974 *Les « Troubbes » de Johnny*, film (20 mn. 43 sec.). Scénario: Marcel Sabourin. Réalisation: Jacques Godbout. O.N.F. Rôle: le serveur-vendeur.
Découvertes 74, série télévisée. Télé-Métropole. Rôle: Animateur
Emrec, film. Scénario et réalisation: Jean Cloutier. Centre audiovisuel de l'Université de Montréal. Rôle: Emrec (mime).
La Pomme, la queue et les pépins, film (90 mn.). Réalisation: Claude Fournier. Rose Film. Rôle: Docteur Belye.

1976 *Popol à la ferme*, film (27 mn. 47 sec.). Scénario: C. Levac. Réalisation: Yves Hébert. Télévision de Radio-Canada. Rôle: Popol.
La Tour Eiffel qui tue, pièce de Guillaume Hanoteau. Mise en scène de Paul Buissonneau (reprise pour les vingt ans du

Quat'Sous). Salle Port-Royal, Place des Arts. Rôle: Duguesclin.

1977 ***Popol à la garderie***, film (27 mn. 50 sec.). Scénario: C. Levac. Réalisation: Yves Hébert. Télévision de Radio-Canada. Rôle: Popol.

Popol à la pêche, film (24 mn.). Scénario: C. Levac. Réalisation: Yves Hébert. Télévision de Radio-Canada. Rôle: Popol.

Popol et le scoutisme, film (27 mn. 48 sec.). Scénario: C. Levac. Réalisation: Yves Hébert. Télévision de Radio-Canada. Rôle: Popol.

Popol à la confiserie, film (27 mn. 57 sec.). Scénario: C. Levac. Réalisation: Yves Hébert. Télévision de Radio-Canada. Rôle: Popol.

1978 ***La lettre de la Nouvelle-France***, film (13 x 25 mn.). Scénario et réalisation: Vincent Davy. Les Productions Yves Hébert. Rôle: clown forain.

1979 ***La Tour Eiffel qui tue***, pièce de Guillaume Hanoteau. Mise en scène: Paul Buissonneau. Théâtre National de Chaillot. Rôle: Duguesclin.

1982 ***Les Aventures de Virulysse***, série marionnettes télévision (26 x 24 min. 40 sec.). Scénario: Normand Gélinas, Louise Matteau. Réalisation: Maurice Falardeau, Jean Picard. Télévision de Radio-Canada. Rôle: voix de Virulysse.

1984 ***Fedra, la vengeance de la passion***, théâtre radiophonique (60 mn.). Texte: Jacques Folch-Ribas. Radio-Canada. Rôle principal.

1985 ***Lucrèce Borgia ou l'amour monstre***, théâtre radiophonique (60 mn.). Texte: Jacques Folch-Ribas. Radio-Canada. Rôle principal.

Montréal en direct. Télé-Métropole. Rôle: Chroniqueur.

1986 ***Sonia***, film (53 mn. 40 sec.). Scénario et réalisation: Paule Baillargeon. O.N.F. Rôle: Patrick.

La Guêpe, film (98 mn.). Scénario: Gilles Carle, Camille Coudari, Catherine Hermari-Vieille. Réalisation: Gilles Carle. Role: Joseph.

Mount-Royal, téléroman. Rôle: le photographe fou.
Le Prince Anard, théâtre radiophonique (60 mn.). Texte: Jacques Folch-Ribas. Radio-Canada. Rôle principal.
D'Or et déjà, émission télévision (30 mn). Télévision de Radio-Canada. Rôle: mime.
Peau de banane, téléroman. Réalisation: Claude Fournier. Télé-Métropole. Rôle: cuisinier.
Épopée Rock, téléroman. Télé-Métropole.

1988 **The Moderns**. Scénario: Allan Rudolph et John Bradshaw. Réalisation: Alan Rudolph. Rôle: le juif.
La Maison Deschênes, téléroman. Télévision Quatre Saisons.
Napoléon-Lama, comédie musicale d'Yves Gilbert, Serge Lama et Jacques Rosny. Rôle: Louis XVI et Louis XVII.

1989 ***Paul Buissonneau par Paul Buissonneau***, auto-portrait (30 mn.). Réalisation: Jean-Marie Bioteau. Télévision de Radio-Canada.
Madame Jocaste, théâtre radiophonique (60 mn.). Texte: Alain Pontaut. Réalisation: Gérard Binet. Télévision de Radio-Canada (série: théâtre du lundi). Rôle principal.

1990 ***Jamais deux sans toi***, téléroman. Rôle: Vittorio Neneghetti.
Nenette, téléfilm. Réalisation: André Mélançon. Les Productions du Verseau. Rôle: Léon le veuf.
Le Grand mur de John Travelling, film (18 mn.). Scénario et réalisation: Denis Villeneuve. Université du Québec à Montréal.
Charlot éternel. Production: Télévision de Radio Québec. Rôle: présentateur.

1991 ***Titom***, pièce de Marcel Sabourin et Gilles Vignault. Mise en scène: Jean asselin. CNA et théâtre Jean Duceppe.

1992 ***Montréal? Quel Montréal?*** film (52 mn.). Scénario: Jean-Marie Bioteau et Alain Stanké. Réalisation: Jean-Marie Bioteau. Télé-Métropole. Rôle: l'émissaire.

1993 *Le Marchand de Venise*, de William Shakespeare. Mise en scène de Daniel Roussel. T.N.M. Rôle : le père Gobbo.

1994 *Les Parlementeries*, théâtre Saint-Denis. Académie nationale de l'humour. Rôle : l'indépendant.
L'Oiseau invisible, de Francine Ouellette. Coffret-cassette. Éditions Stanké. Rôle : lecteur.

1996 *Picolo-École*, de Paul Buissonneau. Coffret-cassette. Éditions Coffragants. Rôle : Picolo.

1997 *La Conciergerie*. Film de Michel Poulette. Scénario : Benoît Dutrisac.

Paul Buissonneau a participé par ailleurs à un nombre incalculable de publicités ainsi que d'émissions pour la radio et la télévision ; sans compter ses lectures bénévoles de la Bible ! *Amen.*

L'AUTEUR

1954 *Princesse Chagrine*. Conte pour enfants. Ville de Montréal.

1957 *Picolo*. Série télévision pour enfants. Télévision de Radio-Canada.

1959 *Rouletaboule*. Scripteur. Télévision de Radio-Canada. Réalisation : Pierre Castongay et Maurice Falardeau.

1960 *Le Manteau de Galilée*. Pièce de théâtre. Orphéum et Place des Arts (1964).
Mes chansons. Série variété-télévision (13 x 15mn.). Télévision de Radio-Canada.
Le Manteau rouge (adapté du *Manteau de Galilée*) dans le cadre de *La Boîte à surprises*. Télévision de Radio-Canada.
Music-hall. Série variété-télévision. Réalisation : Maurice Dubois. Télévision de Radio-Canada.
Commedia dell'arte. Dans le cadre de l'émission *Domino*. Télévision de Radio-Canada.
Noir et blanc. Variétés. Télévision de Radio-Canada.

1961 *Picolo et le monde des objets*. Série télévision pour enfants (25 x 15 mn.). Réalisation : Claude Caron. Télévision de Radio-Canada.

1963 *Les Éphémères.* Fresque théâtrale pour l'inauguration de la Place des Arts (annulée pour cause de conflit syndical).

1971 ***N'écrivez jamais au facteur*** et ***Le Diable en été.*** Co-adaptation avec Lorraine Richard des deux pièces de Michel Faure.

1978 ***Les Caprices de Marianne.*** Réalisation : Roger Fournier. Télévision de Radio-Canada.

1991 ***Les Comptes de ma mémoire.*** Les Éditions internationales Alain Stanké.

1996 ***Picolo-Écolo,*** coffret cassette. Coffragants.

DIVERS

La Roulotte, adaptation de nombreuses pièces.

Jeu Picolo. Conçu par Daniel Tremblay et J. C. Dan, d'après une création de Paul Buissonneau. Produit par les Éditions Ici Radio-Canada et Héritage. Médaille d'argent, jeux éducatifs. Deuxième Salon international des inventions et techniques nouvelles de Genève.

Chansons: *Picolo, Les Éphémères* (La Roulotte) et plusieurs autres.

Index

Table

CET OUVRAGE
COMPOSÉ EN ADOBE GARAMOND CORPS 12 SUR 14
A ÉTÉ ACHEVÉ D'IMPRIMER
LE VINGT ET UN OCTOBRE MIL NEUF CENT QUATRE-VINGT-DIX-SEPT
PAR LES TRAVAILLEURS ET TRAVAILLEUSES
DES PRESSES DE L'IMPRIMERIE AGMV-MARQUIS
À CAP-SAINT-IGNACE
POUR LE COMPTE DE LANCTÔT ÉDITEUR.

IMPRIMÉ AU QUÉBEC (CANADA)